本书出版得到
国家重点文物保护专项补助经费资助

江西抚河流域先秦时期遗址

考古调查报告Ⅵ

——南城县·黎川县——

江西省文物考古研究院
西北大学文化遗产学院
西安弘道文化遗产保护工程有限公司
抚州市文物保护研究中心
南城县博物馆
黎川县博物馆
编著

文物出版社

图书在版编目（CIP）数据

江西抚河流域先秦时期遗址考古调查报告．Ⅵ，南城县·黎川县／江西省文物考古研究院等编著．--北京：文物出版社，2024.8

ISBN 978－7－5010－6812－8

Ⅰ．①江…　Ⅱ．①江…　Ⅲ．①文化遗址－考古调查－调查报告－南城县 ②文化遗址－考古调查－调查报告－黎川县　Ⅳ．①K878.05

中国版本图书馆CIP数据核字（2020）第178845号

江西抚河流域先秦时期遗址考古调查报告Ⅵ（南城县·黎川县）

编　　著：江西省文物考古研究院　西北大学文化遗产学院　西安弘道文化遗产保护工程有限公司
　　　　　抚州市文物保护研究中心　南城县博物馆　黎川县博物馆

责任编辑：陈　峰　王　戈
封面设计：程星涛
责任印制：张　丽
出版发行：文物出版社
社　　址：北京市东城区东直门内北小街2号楼
邮政编码：100007
网　　址：http：//www.wenwu.com
邮　　箱：wenwu1957@126.com
经　　销：新华书店
印　　刷：河北鹏润印刷有限公司
开　　本：889mm×1194mm　1/16
印　　张：24.75
版　　次：2024年8月第1版
印　　次：2024年8月第1次印刷
书　　号：ISBN 978－7－5010－6812－8
定　　价：680.00元

目　录

插图目录

图版目录

第一章 前 言

抚河是江西境内的主要河流之一，由南至北从崇山峻岭汇聚多条支流注入鄱阳湖，与赣江等河流一道孕育了古代江西地区的农业发展与社会进步。对抚河流域先秦时期遗址进行考古发掘与调查工作，无疑对揭示该区域物质文化史、区域文化发展特征、区域社会演进规律等方面具有十分重要的意义。由于抚河流域以往开展的考古工作较少，对区域内考古学文化面貌及聚落形态等信息不甚明晰，亟待进行考古调查与发掘工作。正是基于以上各方面的考虑，我们启动了“江西抚河流域先秦时期遗址考古调查与发掘”工作。该项目得到了国家文物局的批准及经费支持。在国家文物局及江西省文物局等部门的领导下，由江西省文物考古研究所、西北大学文化遗产学院、西安弘道文化遗产保护工程有限公司、抚州市文物博物管理所及各县区文博机构联合组成考古调查队，对抚河流域所涉及的10县2区进行详细的考古调查工作。以抚河干流及支流为重点调查对象，对区域内先秦时期遗址进行详细调查，并选择具有代表性的遗址进行考古试掘，深入揭示抚河流域先秦时期的文化面貌和聚落形态，该项工作为进一步深入研究提供了充足的实物资料。通过2014～2017年的考古工作，已完成了对乐安、宜黄、崇仁、金溪、资溪、东乡、临川、黎川、广昌、南丰、南城等11个县/区的调查，并组织人员对采集遗物进行整理，及时出版调查报告，自2016年度开始出版《江西抚河流域先秦时期遗址考古调查报告Ⅰ》后，又陆续出版了Ⅱ～Ⅴ册考古调查报告，公布了已完成的9个县/区的调查成果。本报告是对南城、黎川最后两县调查所获材料的详细刊布。

第一节 项目概况

一 项目缘起

江西省处于长江中游地区，地理位置优越，自然资源丰富。发达的水系是区域内先民生产、生活的重要条件。江西省文物考古工作开展较早，经过几代考古人的不懈努力，区域内文物考古资料的积累不断得到丰富，对区域历史研究与文明进程探索做出了重要贡献。但仍需注意的是，由于江西境内山脉、河流较多，地域文化面貌复杂，各地区考古工作开展不均衡，部分地区考古工作仍是空白。面对严峻的现实，江西省文物考古研究所通过调研、分析，制定《江西抚河流域先秦遗址2014～2017年考古调查立项报告》，旨在通过专业人员对以往工作薄弱的抚河流域进行考古调查、勘探与发掘，并利用现代科技手段建立抚河流域先秦时期遗址地理信息系统及考古资料数据库。希望在一系列工作的基础上，建立抚河流域的文化编年序列，了解先秦时期聚落形态及结构等信息。

同时以此工作为范例，总结工作方法和经验，进一步完善和制定其他流域先秦遗址的考古计划，为最终建立江西省区域文化编年序列提供丰富的第一手调查资料。

二　工作范围

本项目以江西境内抚河流域为考古工作对象，主要对抚河干流及其支流进行考古调查、勘探及发掘工作，以获得丰富的区域文化信息。

抚河是鄱阳湖水系的主要河流之一，发源于武夷山西麓广昌县驿前乡的血木岭，上游又称盱江。抚河自广昌县而下，纳南丰、南城、金溪、抚州、临川、进贤、南昌等地支流后汇入鄱阳湖。河流全长 312 千米，流域面积 1. 5811 万平方千米。一般称盱江为上游，河流两侧山势较高，河谷狭窄；抚州以下为下游，河岸为冲积台地，地势略显平坦。抚河流域属于亚热带湿润季风区，植被茂盛，水资源丰富，是适宜人类居住的佳地。

本项目的工作范围主要集中在抚河流域，从行政区划上来看，抚河流域绝大部分位于抚州市境内。抚州位于赣东地区，辖 1 区、10 县和 1 经济开发区（临川区、南城县、黎川县、南丰县、崇仁县、乐安县、宜黄县、金溪县、资溪县、东乡县、广昌县以及金巢经济开发区）。抚州市东邻福建省建宁县、泰宁县、光泽县、邵武市，南接江西省赣州市石城县、宁都县，西连吉安市永丰县、新干县和宜春市的丰城市，北邻鹰潭市的贵溪市、余干县和南昌市进贤县。区域南北长 222 千米，东西宽约 169 千米，总面积约 18816. 92 平方千米，占江西省总面积的 11. 27%。抚州市辖区以抚河水系为主，信江、赣江两大水系为辅，共计有三大水系，大小河流 470 余条。

三　工作方法

本项目的工作对象为抚河流域先秦时期遗址，采用考古调查、勘探、发掘的方法，严格按照《田野考古工作规程》进行野外工作。在调查与勘探过程中，充分利用空间信息技术，将科技手段贯穿于整个考古工作之中，以提高野外工作水平。

田野考古调查采用野外踏查的方式，调查主要集中在河流两岸的山坡、台地及平地上凸起的小台地等地区。通过人为踏查确定遗址，再进行精细的考古勘探，明确遗址的堆积情况和分布范围。利用 RTK、小型航拍器对遗址进行测绘与高空拍照，获取有关遗址的更多信息。

野外调查与勘探工作结束之后，对调查采集标本进行清洗、绘图、测量、描述，将器物标本与已发现遗存进行比较分析，以获得该遗址的相对年代信息。

通过以上基础资料分析，将调查与勘探所获资料进行整合，利用 ArcGIS 等软件，建立抚河流域先秦时期遗址的考古地理信息系统；利用数据处理软件建立抚河流域内先秦时期遗址数据库。

第二节　年度工作概况

“江西抚河流域先秦时期遗址考古调查与发掘项目” 自 2014 年 10 月正式启动，2014 年底至 2015 年初完成对乐安、宜黄、崇仁三县的调查工作，并于 2015 年 10 月出版有关乐安、宜黄两县的考古调查资料。按照项目计划，2015 年 11 月至 2016 年 2 月，先后对金溪、资溪、东乡三县及临川区进行考古调查与勘探工作；2016 年 10 月至 2017 年 2 月，对南丰、广昌、黎川、南城四县进行了考古调查，均发现了丰富的先秦时期遗址。本报告是对 2016 ~ 2017 年度调查的南城及黎川两县工作的详细报道。

此次南城县调查遗址 28 处，黎川县调查遗址 32 处，其中南城县发现有环壕遗址分布，而黎川县受地形所限，区域内尚未见有环壕遗址。两县先秦时期众多遗址的发现，填补了多项区域考古空白，为抚河流域考古工作的深入开展提供了重要条件。

一　工作区域

依据《江西抚河流域先秦遗址 2014 ~ 2017 年考古调查立项报告》计划，2016 年末至 2017 年初对南城、南丰、广昌、黎川四县进行考古调查。

南城县位于江西省东部，地处抚州市东南部，东临资溪县、黎川县，南连南丰县、黎川县，西毗宜黄县、临川区，北靠临川区、金溪县。地形呈不规则状。境内盱江两侧山峦起伏，两岸平原广阔、山川相错。地势东、西高，中部为南北贯通的河谷平川地带，山地分布在东西两侧边缘，山地、丘陵、平原占县内土地面积绝大多数。南城县地处盱江下游，绝大多数支流从东西两面汇入贯穿县境中部的盱江，形成叶脉状水系，境内河溪纵流网布。

黎川县位于江西省中偏东部，地处抚州市东南部，东临福建省光泽县、邵武市，南毗福建省泰宁县、建宁县，西接江西省南丰县，北连南城县、资溪县。地形呈南北长、东西狭窄的不规则形状。县境内群山环抱，丘陵起伏，山地广阔，整个地势南高北低。县域东部、西部和南部三面环山，武夷山脉环绕县境东南部。县境东北诸水汇集成资福水，县西各水汇集成龙安水，县中、东各水汇集成黎滩水，三条水系均注入抚河。

本次调查主要以南城和黎川两县境内抚河、盱江及其支流为重点对象，对其进行细致的考古调查与勘探工作。

二　人员构成

本年度对南城、黎川两县考古调查工作中的地面踏查部分由江西省文物考古研究所、西北大学文化遗产学院及抚州市文物博物管理所、南城和黎川文物保护所组织实施；遗址的探勘、测绘、航空拍照、器物绘图与拓片等技术工作由西安弘道文化遗产保护工程有限公司负责。以下对各项工作人员进行介绍：

1. 江西省文物考古研究所

项目负责：王上海（副所长、研究员）

业务人员：严振洪（副研究员）、张杰（副研究员）、余琦（副研究员）、赵耀（馆员）、余志忠（德安县博物馆、特聘人员）

2. 西北大学文化遗产学院

负责人：冉万里（考古学系副主任、教授）

业务人员：豆海锋（副教授、博士）、刁通源（讲师、博士）及硕士研究生数名。

3. 西安弘道文化遗产保护工程有限公司

负责人：程林泉（研究员）

业务人员：毛林林、史智伟、史一甜、程威嘉、吴磊、王倩、张满财及调查、钻探、测绘、资料录入等人员若干名。

4. 抚州市文物博物管理所

负责人：王淑娇（所长）、丁潮康（副所长、副研究员）

业务人员：抚州市文物博物管理所工作人员

5. 南城县博物馆

负责人：金会林（馆长）

业务人员：南城县博物馆工作人员

6. 黎川县文物保护所

负责人：郭勤（所长）

业务人员：黎川县文物保护所工作人员

三　调查收获与存在问题

1. 主要收获

①新发现多处先秦时期遗址

本年度对南城、黎川两县的调查收获颇丰，共发现先秦时期遗址 60 处，发现环壕遗址 3 处。大大增加了该地区古遗址数量，特别是环壕聚落的发现，对揭示该地区先秦时期聚落形态多样性有重要的意义。所发现的多处遗址均采集到丰富的陶器、石器标本，对了解诸遗址的文化面貌及相对年代的判定均有重要作用。

②发现环壕聚落为区域内考古工作的新突破

本年度在南城县的调查过程中，辨识并发现 3 处环壕聚落。此类环壕遗址在以往的调查中发现其聚落结构十分多样，或在平地垒土形成，或在山脚挖出环壕，亦有在山顶挖出壕沟者。各类环壕规模大小有异，或存在等级方面的差异。南城县发现的 3 处环壕类聚落面积均在一万平方米左右，均为平地垒土形成。环壕聚落建造所需的大量劳动力及聚落规模的差异都体现了当时社会结构的复杂化现象。因此，有关环壕聚落的发现和研究，将有助于区域社会复杂化进程方面的深入揭示。

③初步建构抚河上游地区先秦时期的文化序列

通过对南城、黎川两县 60 处遗址采集所获遗物进行初步分析，基本可以建立该地区从新石器时代晚期至汉代以前的文化发展序列。总体上可划分为新石器时代晚期、夏至早商时期、商代晚期、西周时期、东周时期等阶段。

④为该区域田野考古调查提供了十分丰富的经验

在此次调查过程中，依据地形特征寻找遗址已得到较好的实践。南城、黎川两县主要以低山丘陵山区地形为主，河流较多，其中南城县地势较为平缓，有部分山地平原分布，河流两岸台地及丘陵坡前多见有岗地类遗址，环壕类遗址则多分布在地势较为开阔的平原地区。除此之外，本次调查还积累了难得的实践经验：首先，利用卫星照片寻找环壕聚落，即在高清卫星图片上，利用植被和地形的差异，可以明显寻找到呈方形或长方形的环壕聚落，由于内壕地势较低，多成水田，此类环壕形状极为规则，较容易寻找；其次，以环壕聚落为中心，在其周边地区寻找山岗聚落，即向周边两千米范围进行辐射性调查，常发现不同规模的山岗聚落；再次，地形复杂的山区，主要以山间小型盆地为调查重点，即在盆地寻找小型台地或低矮坡地，特别是与水系邻近的台地或坡地，均有可能为古代遗址分布地。

2. 存在问题

①山区调查难度大，调查存在“遗漏”的可能

所调查遗址往往植被茂密，地表难以采集到遗物。由于植被茂密，部分遗址采集遗物困难，对遗址的年代和性质判断产生不利影响。只能通过钻探了解地层堆积，获知该地点是否为古代遗址。对环壕聚落的功能、产生的动因及发展规律的研究还需要进一步的深入工作。

②对岗地类聚落与环壕类聚落的年代判断有待进一步的研究

调查所见环壕与岗地两类聚落，考察需要在建立年代判断的基础上，并对其进行文化性质等方面的考量。有关环壕聚落的功能目前仍不明晰，从钻探结果来看，此类环壕聚落一般堆积较厚，延续时间较长，时代多为新石器时代晚期至东周时期。而岗地类聚落也发现有不同时期的遗存，说明岗地聚落和环壕聚落存在共时的可能。考虑到环壕聚落的建造需要大量的劳动力和时间，或许可以推测，环壕聚落代表了等级略高人群的居住场所。有关环壕聚落的功能及其与岗地聚落关系的判断，还有待考古发掘来解决。

③遗址破坏严重，文化遗产保护工作亟待加强

本年度调查的遗址数量较多，令人痛心的是，采集遗物丰富的遗址均被破坏严重，多被取土、建筑、耕地所破坏。在发现一处遗址的同时，此遗址也就面临着已被破坏或即将被破坏的“命运”状况。因此，保护文化遗产应深入人心，文化遗产的保护意识的教育工作仍有较长的路要走。

第三节　本报告编写体例及相关说明

一　报告编写体例

本报告系“江西抚河流域先秦时期遗址考古调查”项目的年度成果，2016～2017 年，先后对四县区进行了调查工作，由于受篇幅的限制，本报告仅以南城、黎川两县调查所获为主要内容，其余县区调查成果将陆续刊出。

本报告编写体例与以往调查报告相同，侧重资料的翔实报道。报告共分为四章：第一章为前言，是对项目开展情况与年度工作的介绍与总结，并对报告编写体例及相关问题进行说明；第二章是对南城县地理环境与历史沿革以及调查所获遗址的详细介绍，将调查所见遗址主要分为两类，即环壕类遗址与岗地类遗址；第三章是对黎川县地理环境与历史沿革以及调查所获遗址的介绍；第四章为结语，是对该地区调查工作的总结，并对区域文化序列及聚落结构进行了初步分析。报告最后

附有调查遗址统计表及调查日记摘录等内容。

二　本报告相关说明

1. 遗址名称编号说明

本报告对诸遗址所获遗物进行介绍时，为了描述方便，对遗址名称进行了编号。编号原则是以调查年份、遗址所在县名的字母拼音简写，与遗址名称前两个字的拼音字母缩写组合而成，如“黎川县边山遗址”编号为“2016LCBS”，“2016”为调查年份，“LC”代表黎川县，“BS”代表边山遗址。由于区域内部分遗址名称前两个字母缩写有相同的可能，本报告则选择遗址名称三个字或多个字的字母缩写，亦有选用大小写以示区别。此外，由于部分地域遗址所在小地名不清，本报告以遗址所在的村名进行命名，如果同一区域发现多处遗址，且小地名不清，则在已知地点名后增加“Ⅰ”“Ⅱ”“Ⅲ”等数字加以区分，如黎川县燎原水库发现三处遗址，Ⅰ号和Ⅲ号遗址分别编号为“2016LCLYⅠ”“2016LCLYⅢ”。

2. 图版说明

为了便于读者阅读，本报告将器物图版附于每个遗址报道之后，同时将遗址位置、地貌、远景、近景、航拍照片、重要遗物线图、地层剖面等图版均直接插入正文，以尊重读者的阅读习惯。

3. 附录说明

本报告的附录主要是对调查所见两个县的遗址进行统计，以便于读者对报告的整体有直观的了解。附录同时对调查日记进行摘录，以对调查过程及调查人员的工作感想予以展示。

第二章　南城县先秦时期遗址

第一节　南城县自然环境与历史沿革

南城县位于江西省东部，地处抚州市东南部，东临资溪县、黎川县，南接南丰县、黎川县，西毗宜黄县、临川区，北靠临川县、金溪县。南城县地形呈不规则形状，境内盱江两侧山峦起伏，两岸平原广阔、山川相错。整个地势东、西两侧高，中部为南北贯通的河谷平川地带，山地分布在东西两侧边缘，山地、丘陵、平原占县内土地面积绝大多数（图一）。南城县地处盱江下游，境内河

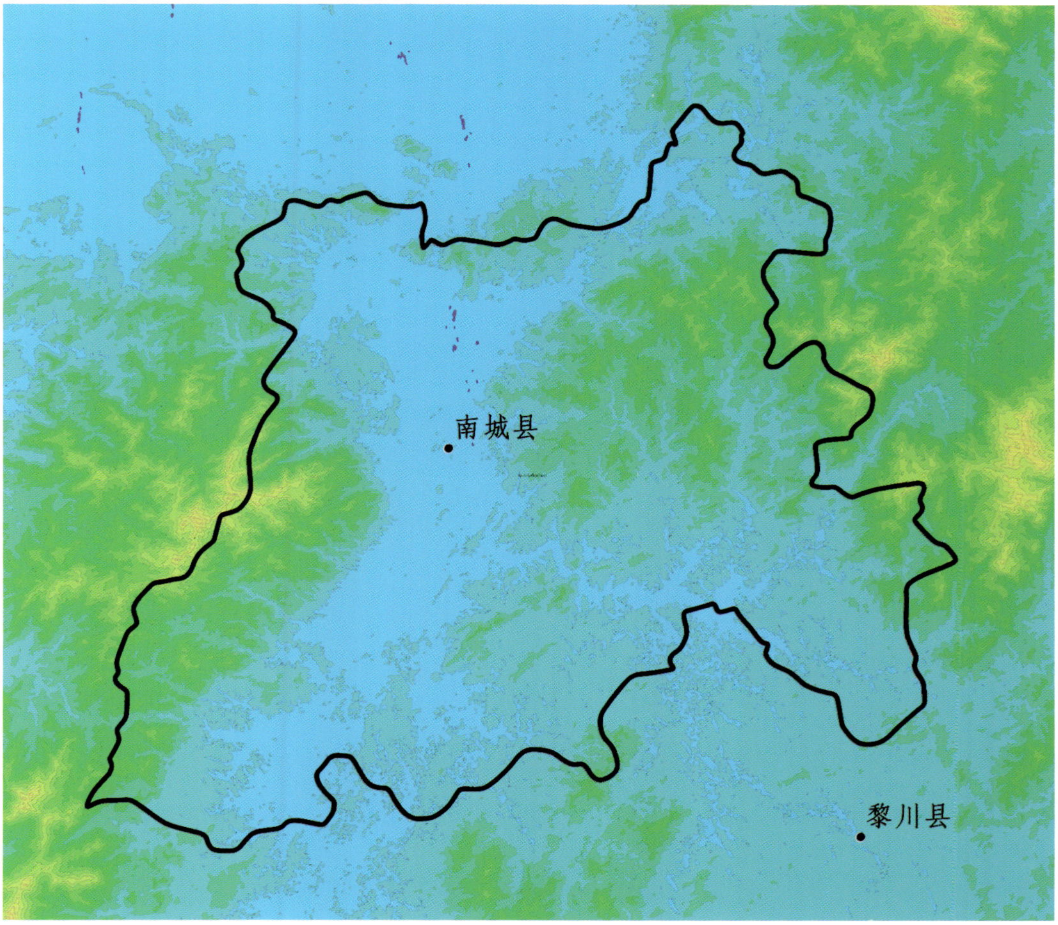

图一　南城县地形示意图

溪纵流网布。南城县面积为1697.97平方千米[1]。

一　自然环境

1. 地形与地貌

南城县因受多次地壳运动的影响，地层裂隙发育复杂，出露的地层主要有第四系、第三系、白垩系、侏罗系、三叠系、石炭系及震旦系等。

南城县地形呈不规则形，境内盱江两侧山峦起伏，两岸平原广阔、山川相错。整个地势东、西高，中部为南北贯通的河谷平川地带，山地分布在东西两侧边缘，地貌可分为中低山区、丘陵、河谷平原等三种类型。中低山区位于东西两侧边缘，山势总体西高东低，呈西南—东北走向，一般山地占全县土地面积18%，海拔300~700米。丘陵区多傍生发育在盆地边缘，主要分布在盱江、黎滩河、抚河西侧低山之下，丘陵占全县土地面积77%，海拔数米到数十米，地表分割零碎，波状起伏。冲积平原位于盱江两岸，占全县土地面积5%，海拔66~100米。

县境内土壤类型主要包括水稻土、潮土、红壤、紫色土等。

2. 山脉与水系

南城县诸山均系武夷山余脉，山地主要分布于县境东北部和西部边缘地带，占全县土地面积的18%，西部较高，东北部较低。东北部主要有黄泥尖、乌牛嵊、义仙峰、紫云岩、连头峰等，大体为南北走向，海拔500~600米。西部主要有白果寨、云盖山、白沙坳、王仙峰、麻姑山、猪牯岭、石榴花尖等，大体为南北走向，海拔500~1100米。芙蓉山绵延西部边境，主峰海拔1170米，为境内最高点。

南城县河流属抚河水系，主要水系有盱江水系、黎滩水系和芦河水系，此外有大支流18条、小溪河58条。绝大多数支流从东西两面汇入贯穿县境中部的盱江，形成叶脉状水系（图二）。河流总长550.79千米，盱江水系（包括黎滩河）和芦河水系的汇水面积，分别占全县土地面积的94.2%、5.8%。

盱江水系　盱江又名南河，发源于广昌县血木岭，经里塔莌港入境，由南至北流经县境52.3千米。过南城县城后，在东岸汇合黎滩河，向北流经潭江、廖访潭，进梁家峡入临川县境后，称抚河（古称汝河）。主要支流由南自北共14条。

黎滩水系　又称东河、黎水。发源于黎川县北岭隘，流经县境20.2千米。自东南入境，注入洪门水库，从水库大坝流出，循西北方向经洪门镇、沙坪，至渡口村以北，注入盱江。主要支流共4条。

芦河水系　源自资溪县石峡芦家，由东北入县境，流经南城境内约14千米。境内芦河水系分东西两段二进二出，东起横山，北至沙洲，又北起新村，西至李家，流经沙洲乡东北部，再入金溪县南部汇入抚河。

---

① 南城县志编纂委员会：《南城县志》，新华出版社，1991年。

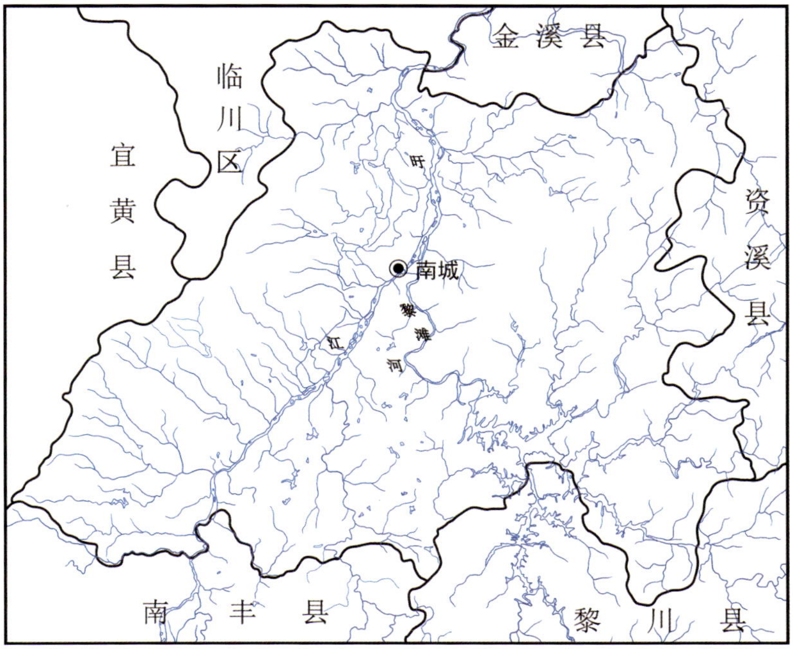

图二　南城县水系示意图

3. 气候

南城县地处华南气候区与华中气候区的过渡地带，气候温和，雨量丰沛，季风显著，无霜期较长，农业气候条件优越。属亚热带湿润性季风气候区。

南城县春、秋季短，冬、夏季长，四季较为分明。其主要特点是：春季低温多阴雨，日照偏少；初夏高温多暴雨，盛夏晴热少雨；秋季低温少雨；冬季受冷空气控制，干燥少雨。

该县年平均气温约为 17.8℃。山区气温随海拔升高而降低，一般海拔升高 100 米，年平均气温降低 0.5℃。平原丘陵地区年平均气温 17.5℃～18.3℃。在最冷月（1 月）的平均气温各地一般均在 5.6℃，在最热月（7 月）的平均气温各地一般均在 29.1℃。

南城县平均日照时数为 1807 小时。全县日照存在差异，县城附近及中部平原地区日照较充足，东、西部山区日照较少。

南城县各地的霜雪期因地而异，山区降雪、冰冻天气比低丘平原出现多且时间较长。各地平均无霜期 277 天。

该县降雨较丰沛，年均降水量 1642 毫米。各地降水分布不均。

二　历史沿革

1. 历史沿革

南城县所辖区域先秦时期分别属吴、越、楚国，汉高祖五年（公元前 202 年）建县，东汉划东北及西北境地域置临汝县。三国时期划出南部、东部地域置南丰、东兴、永城三县，西晋时期称为新南城，东晋恢复南城一称。宋太祖开宝二年（969 年），东兴、永城并入南城，南宋绍兴八年（1138 年），划南城东南五乡置新城县，划南丰南部三乡置广昌县，后基本定制。

建县以来至清末，曾先后属豫章郡、临川郡、抚州、建武军、建昌军、建昌府所辖。民国年间先后属第八、七行政区管辖。新中国成立后，南城属抚州专区（今抚州市）。

2. 行政区划

1985 年南城县共设 14 个乡（岳口乡、万坊乡、麻姑山乡、株良乡、睦安乡、里塔乡、新丰街乡、包坊乡、天井源乡、龙湖乡、严和乡、浔溪乡、沙洲乡、徐家乡），3 个乡级镇（建昌镇、上唐镇、洪门镇），170 个村，1113 个自然村，17 个居民委员会（其中建昌镇10 个、里塔、上唐、新丰街、洪门、株良等乡镇各 1 个、沙洲乡 2 个）[①]。

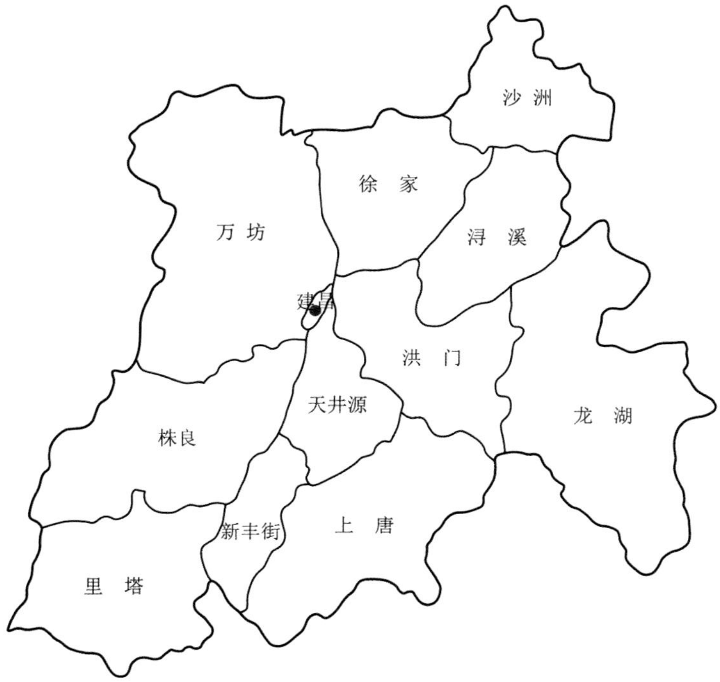

图三　南城县行政区划示意图

1995 年之后，南城县对各乡镇的行政划分进行过多次的调整与合并，但大多乡镇的直辖区域未有变动（图三）。

第二节　南城县先秦时期环壕类遗址

本项目共在南城县境内调查遗址 28 处（图四），均为该县首次发现。该地区先秦时期环壕遗址的发现，为此次调查的重要收获。在所调查的诸遗址中，可按遗址所处地形及分布特征将其划分为两大类，即环壕类遗址与岗地类遗址。以下对所见的三处环壕类遗址进行详细介绍。

① 南城县志编纂委员会：《南城县志》，新华出版社，1991 年。

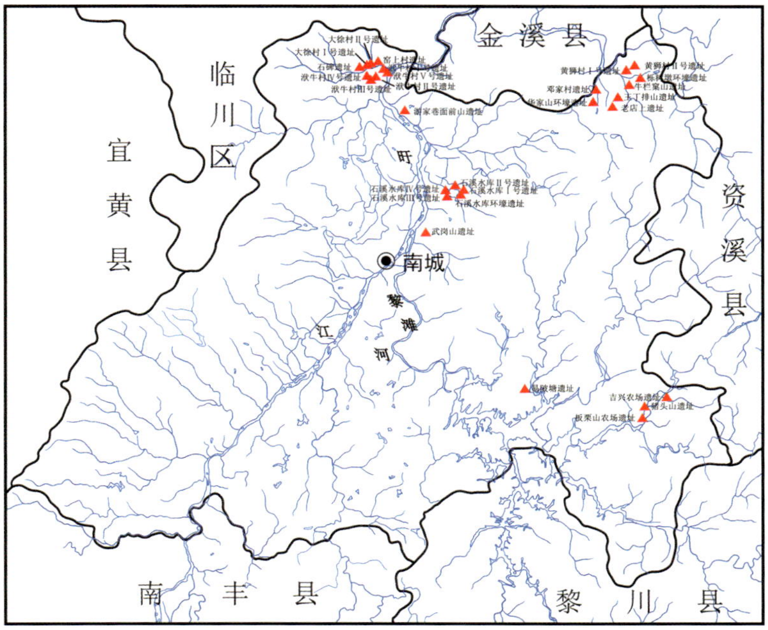

图四 南城县调查遗址分布示意图

一 华家山环壕遗址

1. 遗址概况

华家山环壕遗址位于沙洲镇林坊村委会邓家村的东南方向（图五），西南距华家约 450 米，东南距济广高速约 340 米，西北距邓家约 160 米（图六）。地理坐标为北纬 27°42′56. 12″，东经 116°45′56. 53″，海拔 81 米。

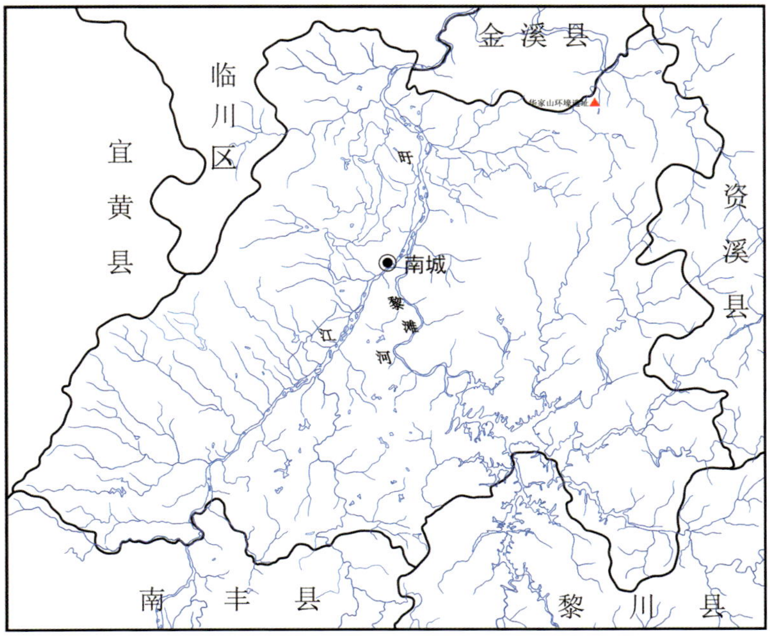

图五 华家山环壕遗址位置示意图

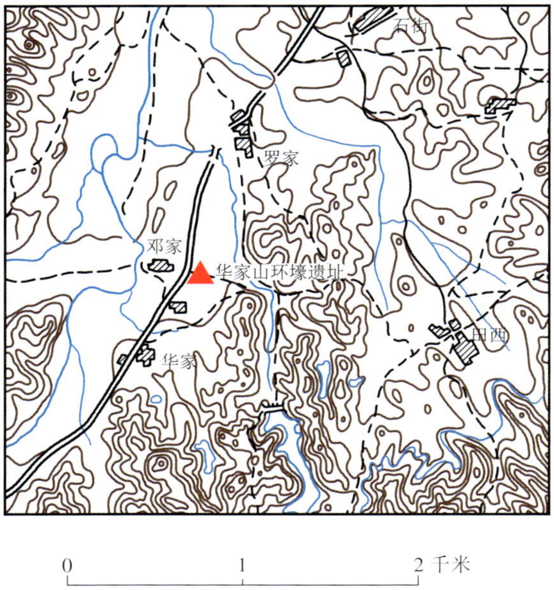

图六　华家山环壕遗址地貌示意图

遗址所处地形较为平坦，四周为丘陵地貌，遗址附近有小型水系流经。

该遗址主要由中部台地、四周壕沟和壕沟外台地组成（图七），地势四周边沿地带较高，中部稍低且平坦，平面近方形。中部台地西侧和西北侧分别被国道（G206）和村道（水泥路）破坏，

图七　华家山环壕遗址航拍图

中部台地现长径约98米，现短径约92米。台地现被树木与杂草覆盖，地表植被茂密，台地中部建有民房，台地整体高于四周稻田1~4米（图八、九）。四周现存仅有南侧壕沟（图一〇），南壕沟现宽约25米，其间种植水稻。壕沟外现存南壕沟外台地，宽3~15米，被毛竹、树木和杂草等覆盖，植被十分茂密。

图八　华家山环壕遗址远景图（由东北向西南）

图九　华家山环壕遗址远景图（由东南向西北）

图一〇　华家山环壕遗址南侧残存壕沟图（由东南向西北）

2. 地层堆积

对遗址所见断面进行清理，发现遗址地层总共有3层（图一一）：第①层为耕土层，土质疏松，土色为灰褐色，未见陶片；第②层土质较疏松，土色为红色，夹杂有少量石块及烧土，未见有陶片；第③层分为两个亚层，第③a层土质疏松，土色为灰褐色，夹杂有较多烧土块以及少量碎石块，

图一一　华家山环壕遗址地层剖面图

该层采集遗物较少，主要为陶器，均为夹砂陶，陶色有灰色、灰褐色、黄色，均为素面，器形见有鼎（足）；第③b层土质较致密，土色为灰色偏红，包含有少量烧土块及碎石块，采集遗物较少，主要为夹砂陶，陶色主要有灰色、红色，陶质较疏松，部分器表施绳纹（图一二），器形见有鼎（足）。

图一二　华家山环壕遗址第③b层采集陶片纹饰拓片（绳纹）

鼎足　4件。

2016NCHJ③a：1，夹砂灰陶，扁足，一侧足上部有一对按压凹窝。残高10.0厘米（图一三，1；图版一，1）。

2016NCHJ③a：2，夹砂黄陶，扁柱状实心足。素面。残高7.2厘米（图一三，2）。

2016NCHJ③a：3，夹砂黄陶，扁柱状足，截面近矩形。素面。残高6.6厘米（图一三，3）。

2016NCHJ③b：1，夹砂灰陶，扁状实心足，足两侧沿内折。素面。残高5.0厘米（图一四）。

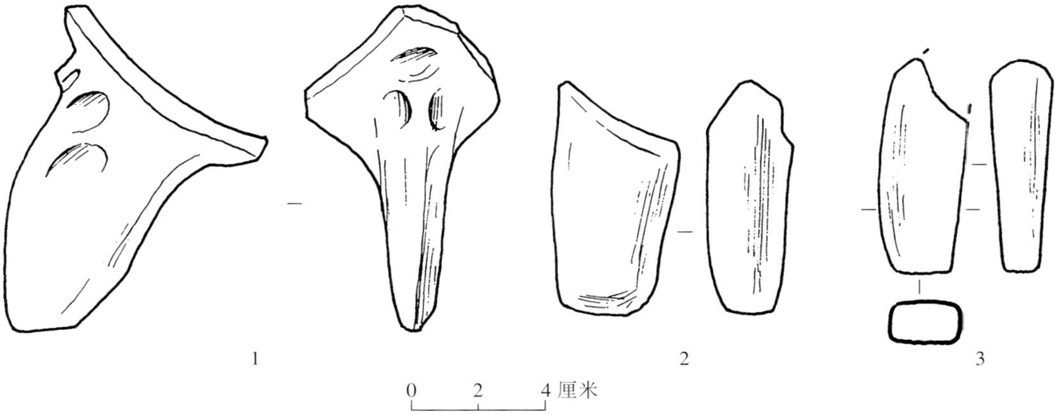

图一三　华家山环壕遗址第③a层采集陶器
1～3. 鼎足（2016NCHJ③a：1、2016NCHJ③a：2、2016NCHJ③a：3）

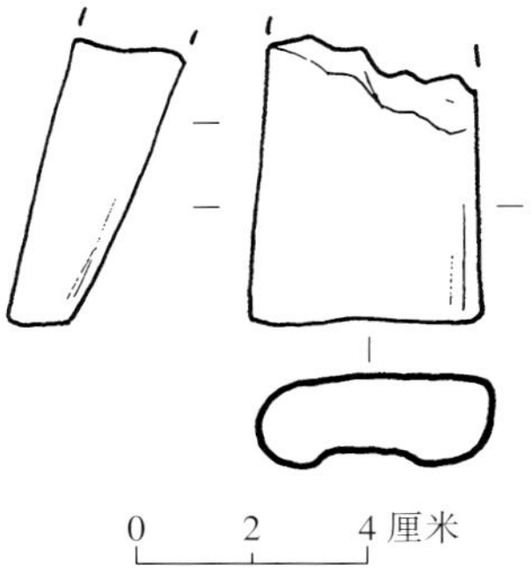

图一四　华家山环壕遗址第③b层采集陶鼎足
（2016NCHJ③b：1）

3. 遗物介绍

华家山环壕遗址采集遗物较多，包括少量石器及较多陶器。

（1）石器

发现数量较少，仅有1件石斧。

石斧　1件。

2016NCHJ：1，青灰色闪长岩，顶端残，一侧斜直，底端双面磨制成刃。器表磨制光滑。残高8.7、残宽7.4厘米（图一五；图版一，2）。

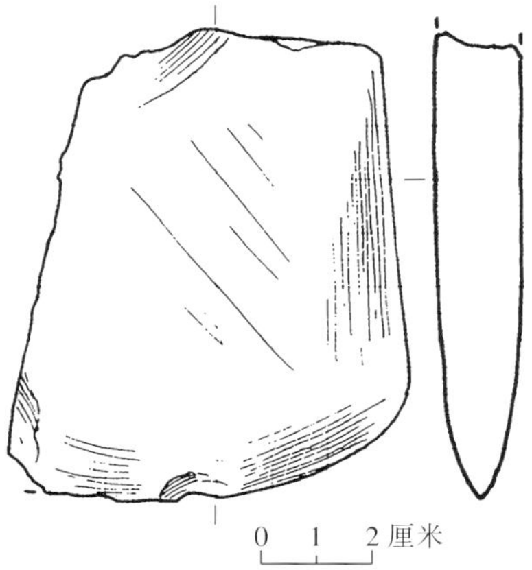

图一五　华家山环壕遗址采集石斧
（2016NCHJ：1）

（2）陶器

该遗址采集陶器主要为印纹硬陶与夹砂陶。印纹硬陶较少，陶色为浅红色，纹饰有席纹（图一六），器形见有罐；夹砂陶较多，陶色有灰色、灰褐色、浅黄色，素面为主，器形见有罐、豆、鼎（足）等。

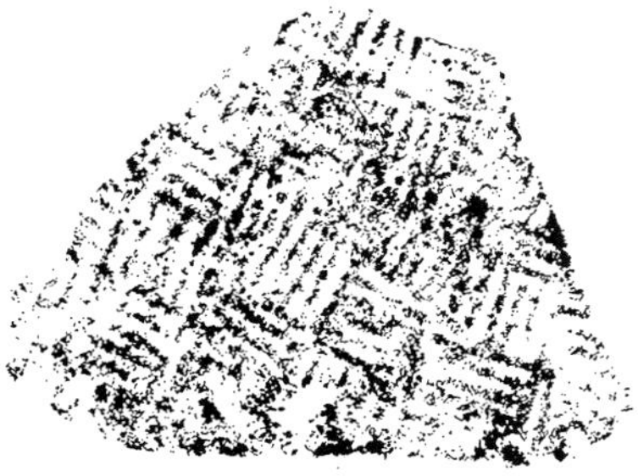

图一六　华家山环壕遗址采集陶片纹饰拓片（席纹）

罐　1件。

2016NCHJ：2，夹砂黄陶，侈口，折沿，方唇。素面。残高4.0厘米（图一七，1）。

鼎　2件。

2016NCHJ：3，夹砂灰陶，仅存上部，盆形鼎，敛口，圆唇。口沿外侧有两道凸棱。残高4.4厘米（图一七，2；图版一，3）。

2016NCHJ：4，夹砂黄陶，仅存上部，盆形鼎，敞口，圆唇。腹部有两周凸棱。残高6.0厘米（图一七，3）。

鼎足　8件。

依据足部形态的差异，可分为五型。

A型：扁足，外侧边缘见有按窝，3件。

2016NCHJ：6，夹砂黄陶，扁足，截面呈扁圆形。一侧足上部有两个按压凹窝。残高11.2厘米（图一八，1；图版一，4）。

2016NCHJ：7，夹砂黄陶，扁足，截面呈扁圆形，一侧足上部有两对按压凹窝。残高8.6厘米（图一八，2；图版一，5）。

2016NCHJ：9，夹砂浅黄陶，扁足，截面呈扁圆形。一侧足上部有一对按压凹窝。残高6.0厘米（图一八，3）。

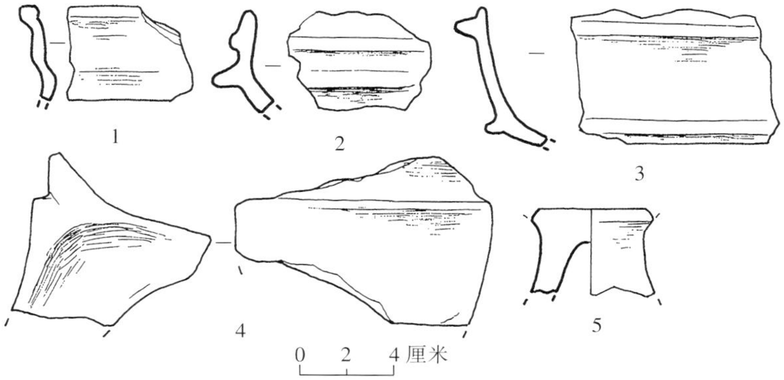

图一七 华家山环壕遗址采集陶器
1. 罐（2016NCHJ：2） 2、3. 鼎（2016NCHJ：3、2016NCHJ：4）
4. 鼎足（2016NCHJ：5） 5. 豆柄（2016NCHJ：13）

B 型：扁柱状，素面，2 件。

2016NCHJ：10，夹砂灰陶，柱状足，截面呈不规则长方形。素面。残高 4.6 厘米（图一八，5）。

2016NCHJ：11，夹砂黄陶，扁足，截面呈不规则四边形，足根部有捏痕。素面。残高 6.0 厘米（图一八，4）。

C 型：扁平状，外侧缘内凹状，1 件。

2016NCHJ：12，夹砂黄陶，扁足，截面呈扁条形，足一侧有竖向凹槽。残高 6.0 厘米（图一八，6）。

D 型：圆弧状，1 件。

2016NCHJ：8，夹砂黄陶，瓦状足，两侧内卷，截面呈弧形。素面。残高 8.6 厘米（图一八，7；图版一，6）。

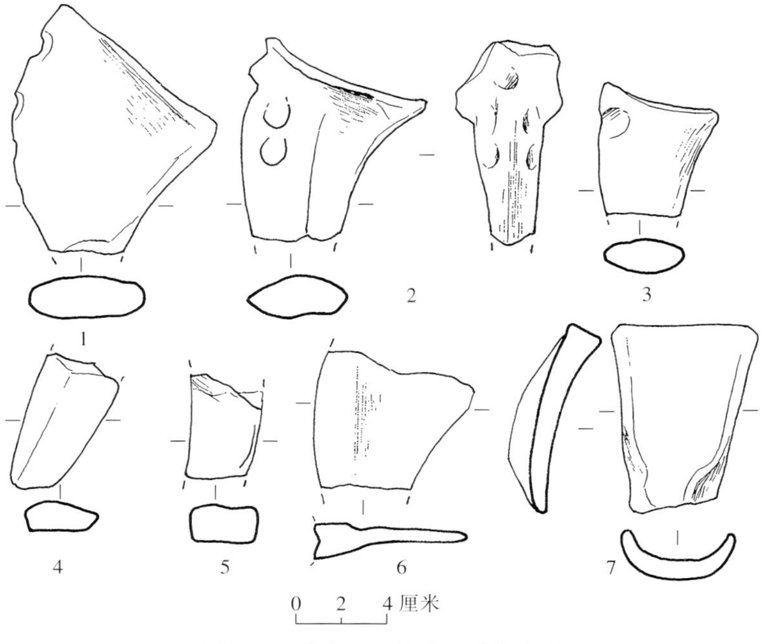

图一八 华家山环壕遗址采集陶器
1～7. 鼎足（2016NCHJ：6、2016NCHJ：7、2016NCHJ：9、2016NCHJ：11、2016NCHJ：10、2016NCHJ：12、2016NCHJ：8）

E 型：足截面呈“T”形，1 件。

2016NCHJ：5，夹砂黄陶，扁状实心足，截面呈“T”形。素面。残高 7.6 厘米（图一七，4）。

豆柄 1 件。

2016NCHJ：13，泥质黄褐陶，空心柄，喇叭口状外撇。素面。残高 3.8 厘米（图一七，5）。

1. 陶鼎足（2016NCHJ③a：1）

2. 石斧（2016NCHJ：1）

3. 陶鼎（2016NCHJ：3）

4. 陶鼎足（2016NCHJ：6）

5. 陶鼎足（2016NCHJ：7）

6. 陶鼎足（2016NCHJ：8）

图版一　华家山环壕遗址采集遗物

4. 遗址性质与年代

华家山环壕遗址是一处典型的环壕遗址。采集遗物较为丰富，为该遗址的年代判断提供了条件。华家山环壕遗址采集遗物主要为夹砂陶，印纹硬陶数量较少。由于该遗址地层堆积采集遗物较少，均为夹砂陶，仅大致根据鼎足的形态推断第③层的年代或可能为西周时期。从遗址采集遗物分析，该类遗址所见“T”形鼎足、盆形鼎及器表有凸棱的特征可判断该遗址具有新石器时代晚期文化特征。此外。该遗址所见瓦状鼎足具有商时期的特征。

因此，通过以上分析，结合地层堆积所获陶器信息，可初步判断华家山环壕遗址的年代为新石器时代晚期、商时期及西周时期。该遗址的发现为区域文化序列的构建及聚落形态研究提供了十分重要的考古学材料。

二 栎树墩环壕遗址

1. 遗址概况

栎树墩环壕遗址位于沙洲镇黄狮村委会万坊村西部（图一九），西北距济广高速约 480 米，南距 316 国道约 460 米，东距万坊村约 610 米（图二〇）。地理坐标为北纬 27°44′15. 88″，东经 116°47′54. 80″，海拔 84 米。

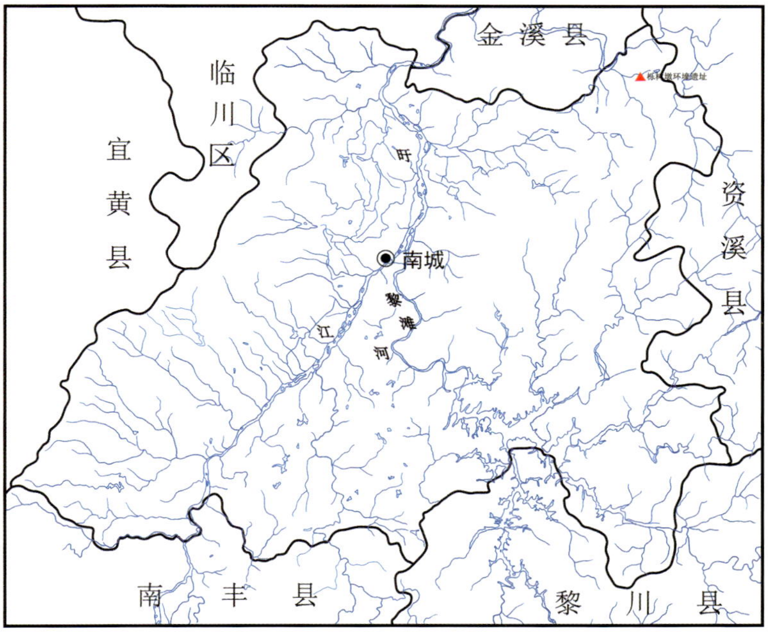

图一九 栎树墩环壕遗址位置示意图

遗址所处的地形为平坦的小型盆地，四周有丘陵地貌。

该遗址主要由中部台地、四周壕沟和壕沟外台地组成（图二一），地势西北高东南低，平面近方形（图二二）。中部台地现存长径约 61 米，短径约 56 米。台地表面被栎树、毛竹和杂草覆盖，植被茂密（图二三）。台地整体高于四周地表 2 ~ 4 米。壕沟保存较为完整，宽 15 ~ 26 米，现均为稻田（图二四）。壕沟外墙体现存的仅有壕沟外东部台地，现宽 1 ~ 8 米，其表面被毛竹、树木和杂草覆盖，地表植被较为茂密（图二五）。

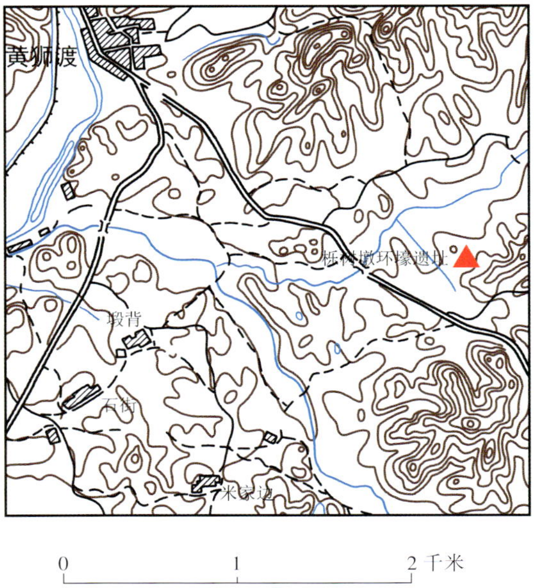

图二〇 栎树墩环壕遗址地貌示意图

图二一 栎树墩环壕遗址航拍图

图二二　栎树墩环壕遗址远景图（由西北向东南）

图二三　栎树墩环壕遗址远景图（由南向北）

图二四　栎树墩环壕遗址东壕沟图（由东南向西北）

图二五　栎树墩环壕遗址壕沟外台地图（由东南向西北）

2. 遗物介绍

栎树墩环壕遗址采集遗物较少，主要为夹砂陶。陶色为黄褐色，素面，器形见有鼎（足）。

鼎足 1件。

2016NCLS：1，夹砂黄褐陶，柱状空心足。素面。残高3.2厘米（图二六）。

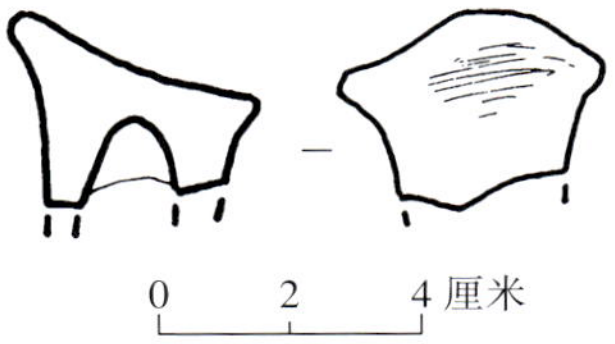

图二六 栎树墩环壕遗址采集陶鼎足
（2016NCLS：1）

3. 遗址性质与年代

栎树墩环壕遗址是一处典型的环壕遗址，该遗址北侧山岗发现有三处岗地类遗址，其与环壕遗址的关系密切。从遗址采集遗物情况分析，所见陶鼎足为柱状空心，其特征为新石器时代晚期陶鼎足特征。因此，推测栎树墩环壕遗址的年代为新石器时代晚期。栎树墩环壕遗址的发现与初步研究，增加了区域环壕遗址的数量，为该区域聚落形态的研究提供了十分重要的考古学材料。

三 石溪水库环壕遗址

1. 遗址概况

石溪水库环壕遗址位于湖东村石溪水库的东北侧（图二七）。遗址西距周家源村约2千米，西北距饶陂村约118千米（图二八）。地理坐标为北纬27°37′03.4″，东经116°40′52.9″，海拔75米。该遗址地形为中部较平坦、四周地势略高的坡地或丘陵地形。四周有多条水系支流汇聚于地势较低

图二七 石溪水库环壕遗址位置示意图

处，后被当地村民整修为水库。冬季枯水期在水库北侧可见该环壕遗址，其结构保存较完整，丰水期该遗址则被库水所淹没。

图二八　石溪水库环壕遗址地貌示意图

图二九　石溪水库环壕遗址航拍图

图三〇　石溪水库环壕遗址远景图（由西北向东南）

该遗址中部为一长方形高台地，台地外侧围绕一圈壕沟，壕沟外侧为外台地残段（图二九）。中部台地地势为中间低、四周高，根据台地断面推测应为台地周边垒砌石块所致，其平面形状近方形（图三〇）。遗址地表生长有苔藓类植物，部分裸露土壤和石块。

图三一　石溪水库环壕遗址近景图（地表陶片）

图三二　石溪水库环壕遗址近景图（地表陶片）

图三三　石溪水库环壕遗址近景图（地表陶片）

2. 遗物介绍

石溪水库环壕遗址采集遗物较多，包括较多的石器及陶器（图三一～三三）。

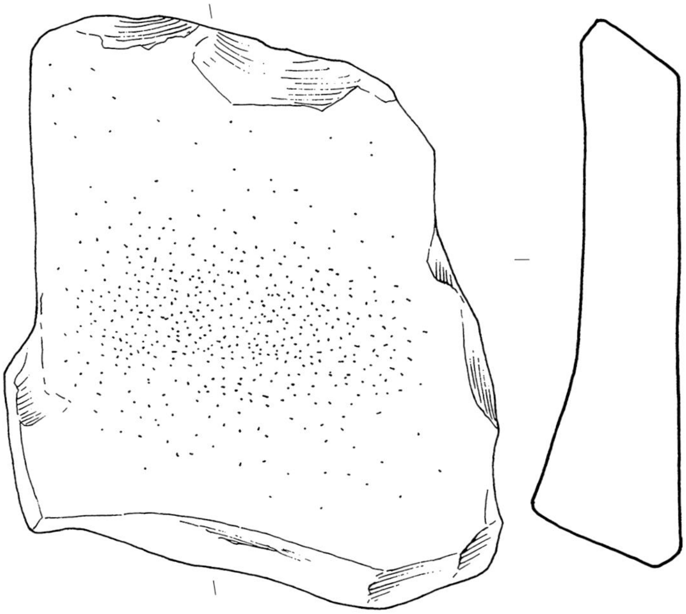

图三四 石溪水库环壕遗址采集砾石
（2016NCSX：1）

（1）石器

砺石 6件。

2016NCSX：1，灰褐色砂岩，四面较残，一面磨制内凹。器表磨制光滑，有使用痕迹。残长24.0、残宽19.0、厚6.2厘米（图三四；图版五，1）。

2016NCSX：2，黄褐色砂岩，两端较残，两侧磨制内凹，上下面较为规整，器表有打磨痕迹，截面近方形。残高10.8、残宽6.6厘米（图三五，1；图版五，2）。

2016NCSX：3，黄褐色砂岩磨制而成，顶端近直，一侧斜直。器表见有打磨痕迹，截面近三角形。残高7.2、残宽5.9厘米（图三六，2）。

2016NCSX：110，青灰色页岩磨制而成，残甚，一面磨制较为光滑。残高2.2、残宽2.4厘米（图三五，6）。

2016NCSX：113，黄褐色石英岩，呈不规则状，一面较为平整，有打磨痕迹。残高4.2、残宽2.9厘米（图三五，2）。

2016NCSX：119，青灰色砂岩，顶端平直，两侧斜直有打磨痕迹，器表较为规整。残高8.8、残宽6.4厘米（图三六，1；图版五，4）。

石杵 2件。

2016NCSX：4，黄褐色砂岩磨制而成，顶端圆弧，两侧近直。器表较为规整，截面近三角形。残高11.0、宽4.0厘米（图三五，3）。

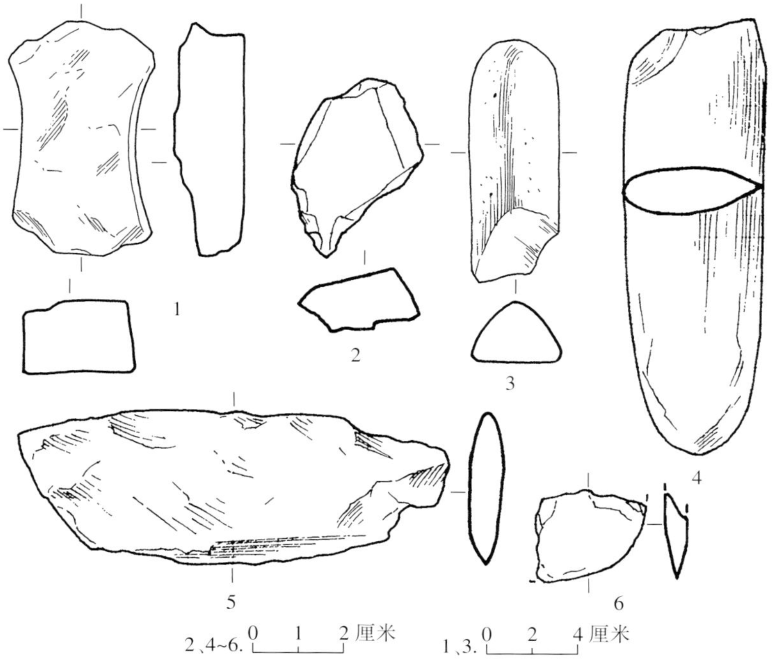

图三五　石溪水库环壕遗址采集石器

1、2、6. 砺石（2016NCSX：2、2016NCSX：113、2016NCSX：110）

3、4. 石杵（2016NCSX：4、2016NCSX：120）　5. 石刀（2016NCSX：104）

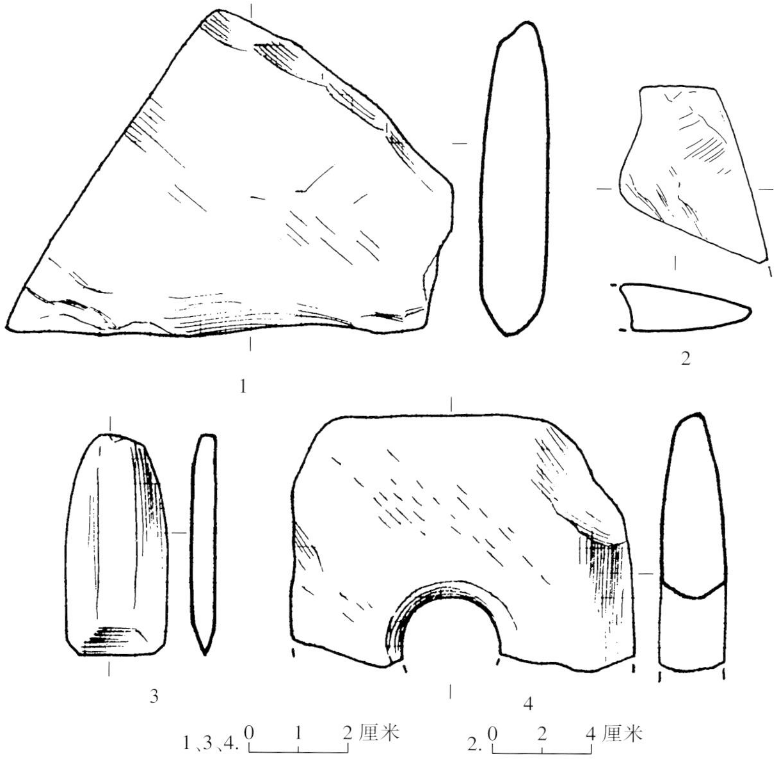

图三六　石溪水库环壕遗址采集石器

1、2. 砺石（2016NCSX：119、2016NCSX：3）

3. 石锛（2016NCSX：100）　4. 石斧（2016NCSX：126）

2016NCSX：120，黄褐色砂岩磨制而成，顶端圆弧，两侧竖直，一端残。器表较为规整。残高9.9、残宽3.7厘米（图三五，4；图版三，6）。

石锛 10件。

据器形的差异可划分两型。

A型：无段石锛，8件。

2016NCSX：5，褐色砂岩磨制而成，顶端残，两侧斜直，底端双面磨制成刃，器表磨制光滑。残高11.2、宽7.2厘米（图三七，2）。

2016NCSX：100，青灰色页岩磨制而成，顶端略弧，两侧斜直，底端双面磨制成刃。器表磨制光滑。高4.5、宽2.1厘米（图三六，3）。

2016NCSX：107，青灰色闪长岩磨制而成，顶端残，刃部近直，器表磨制较为光滑。残高1.7、残宽1.9厘米（图三九，4）。

2016NCSX：117，青灰色闪长岩磨制而成，顶端残，一侧竖直，底端双面磨制成刃。器表磨制光滑。残高3.7、残宽3.0厘米（图三九，1；图版四，1）。

2016NCSX：118，黄褐色砂岩磨制而成，顶端平直，两侧竖直，底端单面磨制成刃。器表磨制光滑。高5.4、宽3.0厘米（图三七，3；图版四，2）。

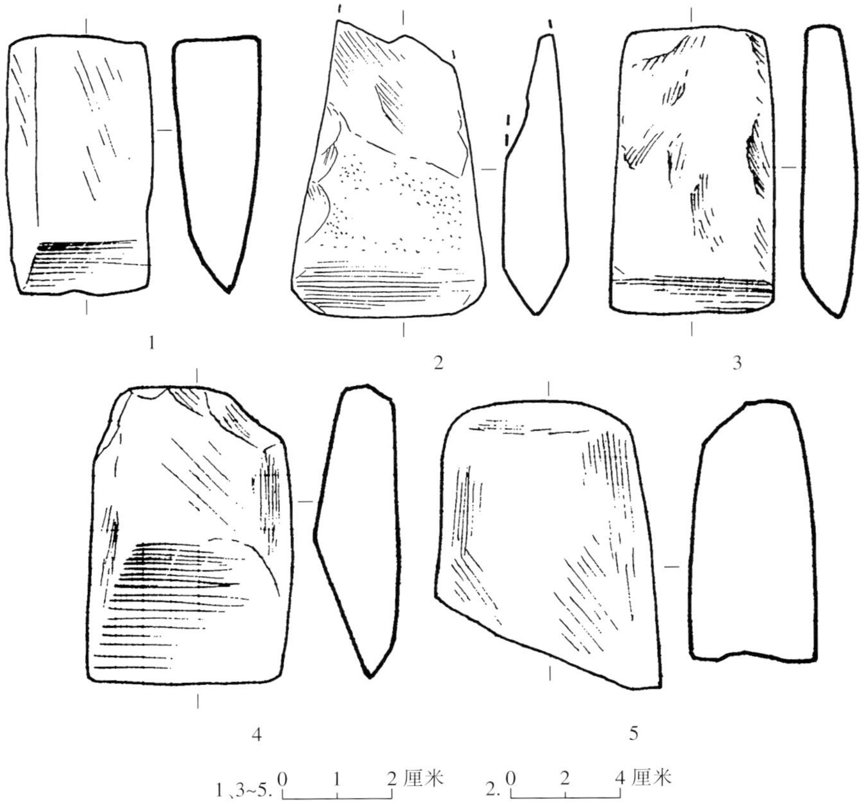

图三七 石溪水库环壕遗址采集石器

1～5. 石锛（2016NCSX：123、2016NCSX：5、2016NCSX：118、2016NCSX：125、2016NCSX：121）

2016NCSX：121，青灰色砂岩磨制而成，顶端近直，两侧竖直，底端残，器表磨制较为规整。残高 5.3、残宽 4.0 厘米（图三七，5；图版五，5）。

2016NCSX：122，灰褐色砂岩磨制而成，顶端平直，两侧斜直，底端单面磨制成刃。器表磨制规整。残高 3.2、残宽 2.0 厘米（图三九，2；图版四，3）。

2016NCSX：123，灰褐色砂岩磨制而成，顶端平直，两侧竖直，底端单面磨制成刃。器表磨制规整。高 4.8、宽 2.7 厘米（图三七，1；图版四，4）。

B 型：有段石锛，2 件。

2016NCSX：124，青灰色闪长岩磨制而成，顶端平直，两侧竖直，底端单面磨制成刃，一面中部有阶。器表磨制光滑。高 10.6、宽 4.2 厘米（图三九，3；图版四，5）。

2016NCSX：125，灰褐色砂岩磨制而成，顶端近直，两侧竖直，单面斜刃。器表磨制光滑。残高 5.7、残宽 3.7 厘米（图三七，4；图版四，6）。

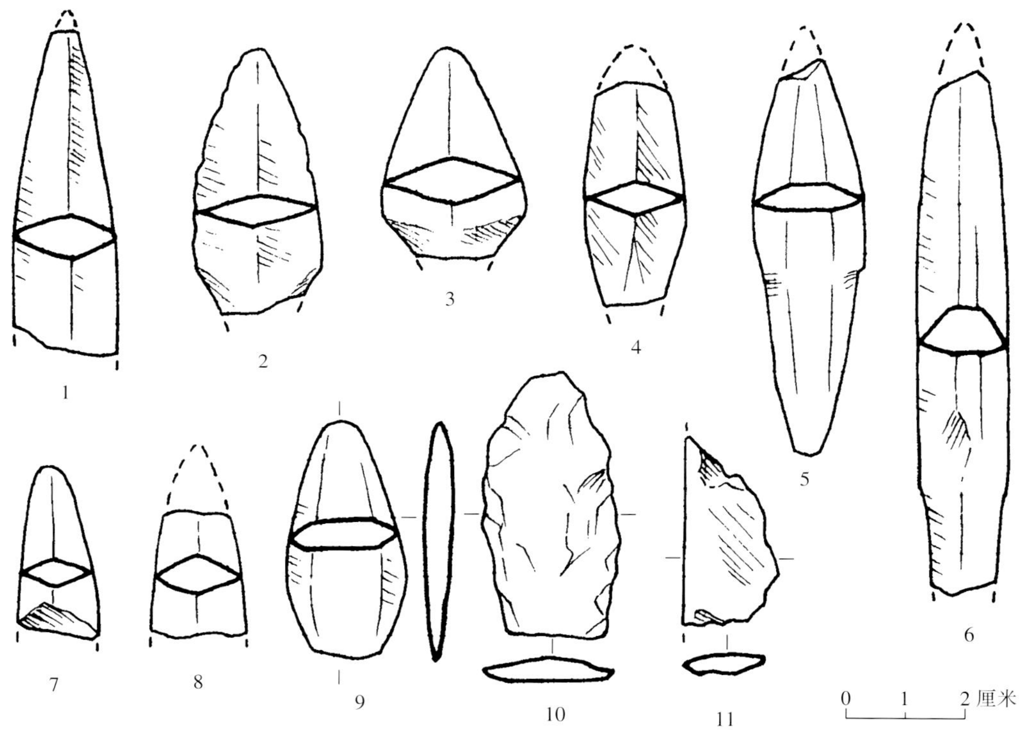

图三八　石溪水库环壕遗址采集石器

1～11. 石镞（2016NCSX：112、2016NCSX：109、2016NCSX：108、2016NCSX：98、2016NCSX：102、2016NCSX：105、2016NCSX：99、2016NCSX：101、2016NCSX：111、2016NCSX：106、2016NCSX：103）

石镞　11 件。

据器形特征可分为三型。

A 型：磨制，扁状，截面呈棱形，6 件。

2016NCSX：98，青灰色砂岩磨制而成，锋端及铤端残，刃部锐利，中部起脊。器表磨制光滑。残高 3.9、残宽 1.8 厘米（图三八，4；图版二，1）。

2016NCSX：99，青灰色页岩磨制而成，尖锋，铤端残，刃部斜直，较锋利，中部起脊。器表磨制光滑。残高 3.0、残宽 1.7 厘米（图三八，7；图版二，2）。

2016NCSX：101，青灰色砂岩磨制而成，锋端及铤端残甚，刃部斜直，中部起脊，器表磨制较为光滑。残高 2.2、残宽 1.6 厘米（图三八，8；图版二，3）。

2016NCSX：108，青灰色页岩磨制而成，近三角形锋，刃部较为锐利，铤端残，中部起脊，器表磨制光滑。残高 3.6、残宽 2.4 厘米（图三八，3；图版三，2）。

2016NCSX：109，青灰色闪长岩磨制而成，尖锋，刃部锐利，铤端残，中部起脊。器表磨制规整。残高 4.6、残宽 2.1 厘米（图三八，2；图版三，3）。

2016NCSX：112，黄褐色砂岩磨制而成，尖锋略残，刃部斜直，铤端残，中部起脊。器表磨制较为规整。残高 5.6、残宽 1.8 厘米（图三八，1；图版三，5）。

B 型：磨制，扁状，截面呈六边形，4 件。

2016NCSX：102，灰褐色页岩磨制而成，尖锋残，刃部斜直，较为锐利，直铤较长。器表磨制光滑。残高 6.8、残宽 1.8 厘米（图三八，5；图版二，4）。

2016NCSX：103，深褐色闪长岩磨制而成，残甚，一侧刃部较为锋利，器表磨制较为光滑。残高 3.5、残宽 1.2 厘米（图三八，11）。

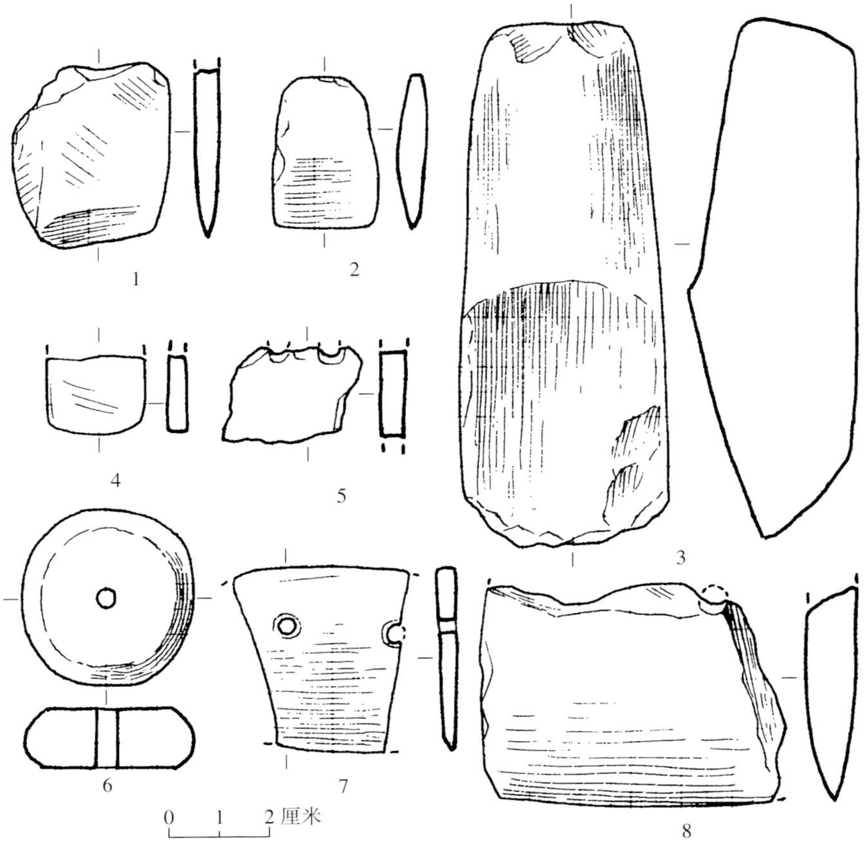

图三九　石溪水库环壕遗址采集遗物

1～4. 石锛（2016NCSX：117、2016NCSX：122、2016NCSX：124、2016NCSX：107）

5、8. 石刀（2016NCSX：114、2016NCSX：116）

6. 陶纺轮（2016NCSX：97）　7. 陶刀（2016NCSX：115）

2016NCSX：105，青灰色闪长岩磨制而成，两端残，截面六边形。器表磨制光滑。残高9.2厘米（图三八，6；图版二，6）。

2016NCSX：111，青灰色闪长岩磨制而成，尖圆锋及刃部较为圆钝，铤端残。器表磨制较为光滑。残高4.2、残宽2.0厘米（图三八，9；图版三，4）。

C型：打制而成，扁平状，1件。

2016NCSX：106，灰褐色页岩磨制而成，残甚。器表较为粗糙。残高4.6、残宽2.3厘米（图三八，10；图版三，1）。

石刀　3件。

2016NCSX：104，青灰色页岩磨制而成，弧背，两端残，单面磨制成刃。器表较为粗糙。残高3.6、残长9.6厘米（图三五，5；图版二，5）。

2016NCSX：114，黄褐色闪长岩磨制而成，上下面较为平整，中部见有两圆形对钻穿孔。器表磨制较为光滑。残高1.9、残长2.8、两孔径均0.4厘米（图三九，5）。

2016NCSX：116，青灰色砂岩磨制而成，上下面较为规整，底端双面磨制成刃，中部有一圆形对钻穿孔。器表磨制光滑。残高4.5、残宽6.1、孔径0.5厘米（图三九，8；图版五，3）。

石斧　1件。

2016NCSX：126，灰褐色砂岩磨制而成，顶端平直，两侧近直，一端残，中部有一圆形对钻穿孔。器表较为规整。残高5.2、残宽7.0、孔径1.7厘米（图三六，4；图版五，6）。

（2）陶器

该遗址采集陶器主要为印纹硬陶与夹砂陶。印纹硬陶较多，陶色主要为灰色、浅灰色，部分器表见有施釉痕迹。纹饰较为丰富，见有方格纹、小方格纹（图四〇，1～3、6；图四二，4；图四三，1）、菱格纹（图四〇，4；图四二，2、3、5；图四三，2、3；图四四，3）、雷纹（图四一，4、5）、绳纹（图四二，1；图四四，4、5）、“菱格纹”＋“圆点纹”的组合纹饰、折线纹、交错绳纹（图四一，1、7、8）、席纹（图四一，3；图四四，1）、叶脉纹（图四一，2；图四四，2）、短线纹（图四〇，5）、刻划纹（图四一，6）等，器形主要为罐、尊、钵、盘等。夹砂陶较少，陶色有浅红色、黄褐色、灰白色，多为素面，部分器表见有绳纹、刻划纹，器形主要为罐、器盖、鼎（足）等。

罐　27件。据其形态分为四型。

A型：20件。侈口，折沿。据口沿特征划分为两亚型。

Aa型：14件。窄折沿。

2016NCSX：6，灰色硬陶，侈口，方唇，器表施绳纹。口径22.0、残高5.7厘米（图四五，1）。

2016NCSX：11，灰色硬陶，侈口，方圆唇内勾。器表有轮修痕迹。素面。残高4.3厘米（图四八，5）。

2016NCSX：12，夹砂灰陶，侈口，方唇。器表施绳纹。口径22.0厘米，残高5.0厘米（图四五，2；图版六，2）。

2016NCSX：13，灰色硬陶，侈口，方唇。器表施绳纹。残高3.7厘米（图四七，3）。

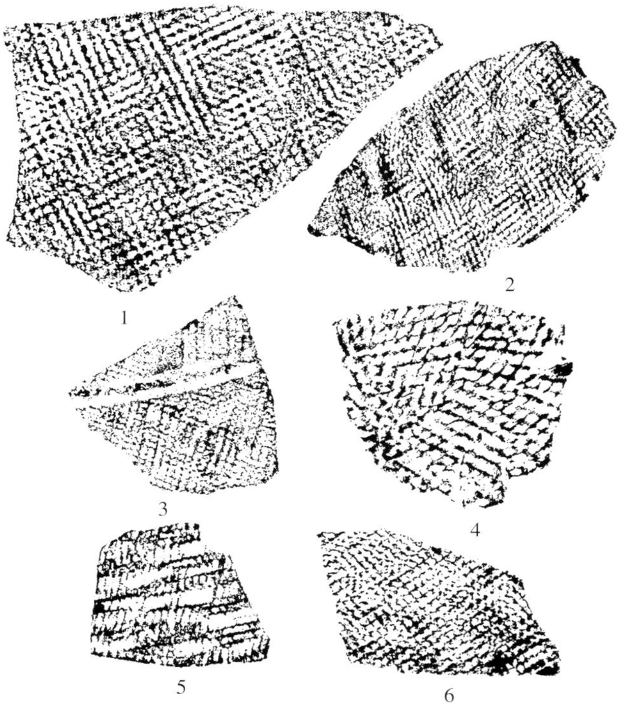

图四〇　石溪水库环壕遗址采集陶片纹饰拓片
1～3、6. 小方格纹　4. 菱格纹　5. 短线纹

图四一　石溪水库环壕遗址采集陶片纹饰陶片
1、7、8. 交错绳纹　2. 叶脉纹　3. 席纹　4、5. 雷纹　6. 刻划纹

2016NCSX：18，夹砂灰色硬陶，侈口，方唇。器表施绳纹，大部分被抹平。残高7.2厘米（图四七，7）。

2016NCSX：19，浅黄色硬陶，侈口，方唇。器表施绳纹。残高4.4厘米（图四七，1）。

2016NCSX：23，灰色硬陶，侈口，圆唇。沿面有一周凸棱。素面。残高3.4厘米（图四八，4）。

2016NCSX：24，灰色硬陶，侈口，方圆唇。器表施菱格纹。残高2.6厘米（图四七，2）。

2016NCSX：25，黄褐色硬陶，侈口，方唇。器表施绳纹。残高9.0厘米（图四七，6；图版六，3）。

2016NCSX：28，灰色硬陶，侈口，方唇。沿面有一周凸棱，器表施菱格纹。残高4.0厘米（图四七，4）。

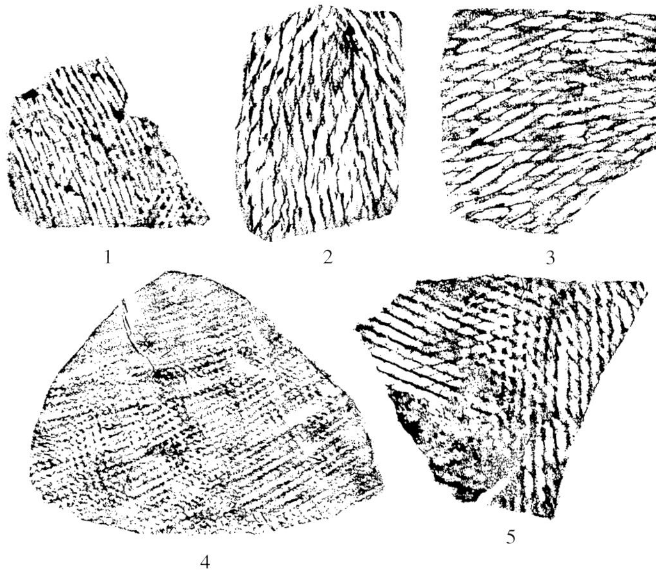

图四二　石溪水库环壕遗址采集陶片纹饰拓片
1. 绳纹　2、3、5. 菱格纹　4. 小方格纹

2016NCSX：29，灰色硬陶，侈口，方唇。唇面内凹。器表施菱格纹。残高5.2厘米（图四八，6）。

2016NCSX：36，灰色硬陶，侈口，方唇。器表施交错线纹。残高3.5厘米（图四六，2）。

2016NCSX：37，夹砂浅黄硬陶，侈口，方唇。沿面有一周凸棱。素面。残高3.1厘米（图四六，3）。

2016NCSX：41，浅黄色硬陶，侈口，斜方唇。器表纹饰被抹平。残高4.6厘米（图四六，7）。

Ab型：6件。宽折沿。

2016NCSX：7，灰色硬陶，侈口，方唇。沿面有一周凸棱。素面。残高4.0厘米（图四六，6）。

2016NCSX：15，灰色硬陶，侈口，方唇。器表施绳纹。残高5.6厘米（图四八，2）。

2016NCSX：31，夹砂浅黄陶，侈口，方圆唇。素面。残高7.0厘米（图四八，1）。

2016NCSX：33，夹砂红陶，侈口，方唇。素面。残高4.9厘米（图四六，5）。

2016NCSX：44，泥制红陶，侈口，方唇。沿外壁有一周凸棱，素面。残高6.7厘米（图四八，7）。

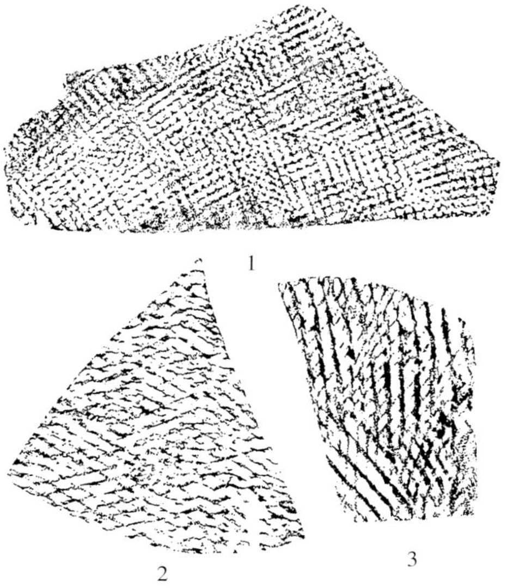

图四三 石溪水库环壕遗址采集陶片纹饰拓片
1. 小方格纹 2、3. 菱格纹

2016NCSX : 46，夹砂黄陶，敛口，尖圆唇。口沿外侧有一周凸棱。素面。残高 4.0 厘米（图四九，2）。

B 型：3 件。折沿，鼓腹。

2016NCSX : 16，灰色硬陶，侈口，方唇。沿面有一周凸棱，器表施菱格纹。残高 5.2 厘米（图四七，5）。

2016NCSX : 17，灰色硬陶，侈口，高领，方圆唇。器表施绳纹。残高 5.0 厘米（图四六，4）。

2016NCSX : 21，灰色硬陶，敛口，方唇。沿面有一周凸棱，口沿烧制变形，器表施菱格纹。残高 2.8 厘米（图四六，1）。

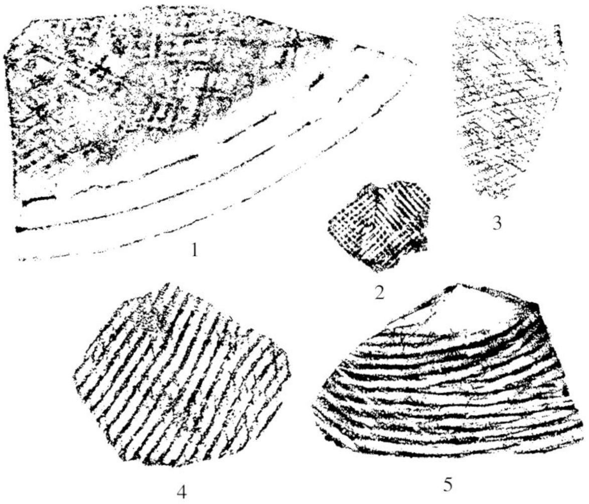

图四四 石溪水库环壕遗址采集陶片纹饰拓片
1. 席纹 2. 叶脉纹 3. 菱格纹 4、5. 绳纹

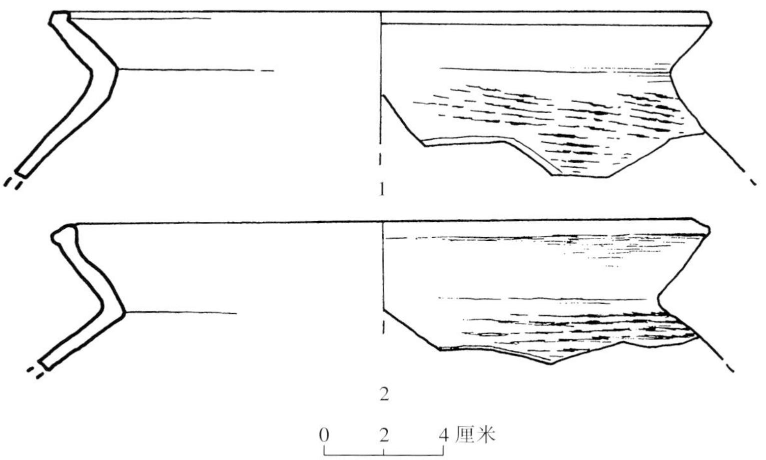

图四五　石溪水库环壕遗址采集陶器
1、2. 罐（2016NCSX：6、2016NCSX：12）

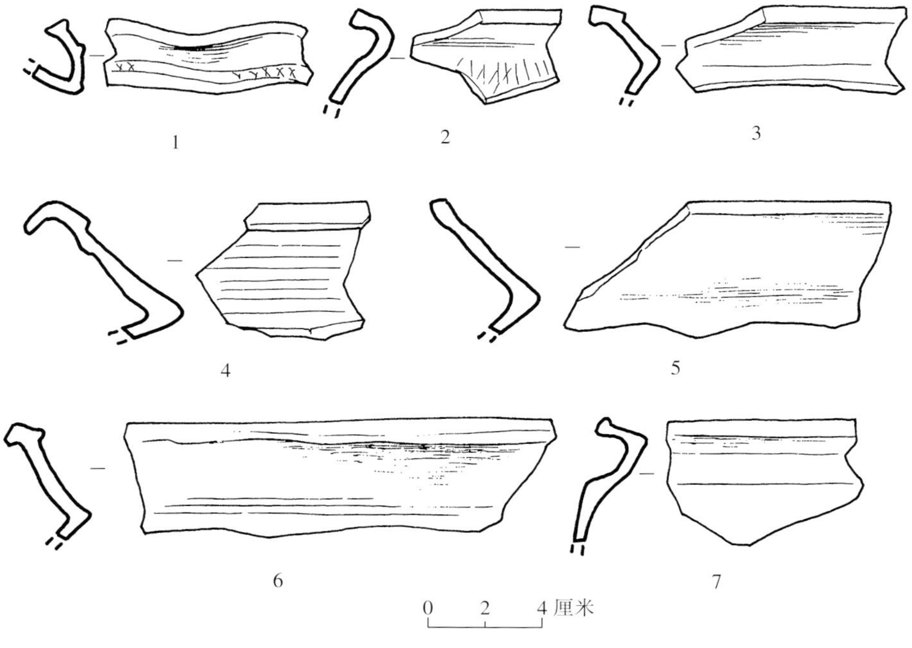

图四六　石溪水库环壕遗址采集陶器
1～7. 罐（2016NCSX：21、2016NCSX：36、2016NCSX：37、2016NCSX：17、2016NCSX：33、2016NCSX：7、2016NCSX：41）

C型：3件。敛口。

2016NCSX：38，夹砂灰陶，方唇。器表有一圈凸棱。残高4.8厘米（图四九，1）。

2016NCSX：42，泥制黄陶，折肩。素面。残高3.0厘米，口径7.4厘米（图四八，8）。

2016NCSX：47，泥质红陶，高领，折肩。器表施方格纹。残高6.8厘米（图四九，3）。

D型：1件。直口。

2016NCSX：35，浅灰色硬陶，斜方唇。器壁内外侧有轮修痕迹。素面。残高6.4厘米（图四八，3）。

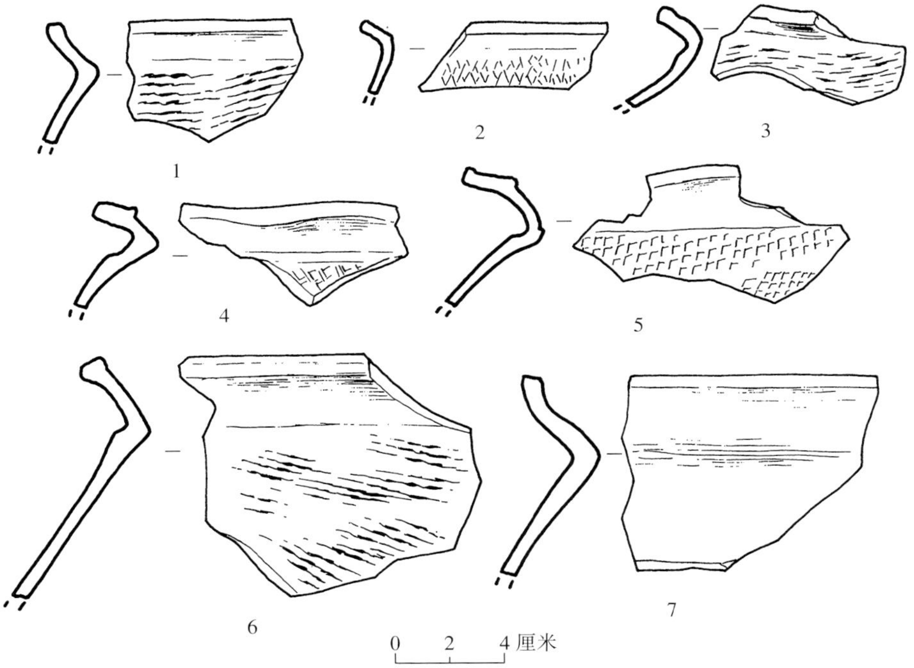

图四七　石溪水库环壕遗址采集陶器

1～7. 罐（2016NCSX：19、2016NCSX：24、2016NCSX：13、2016NCSX：28、2016NCSX：16、2016NCSX：25、2016NCSX：18）

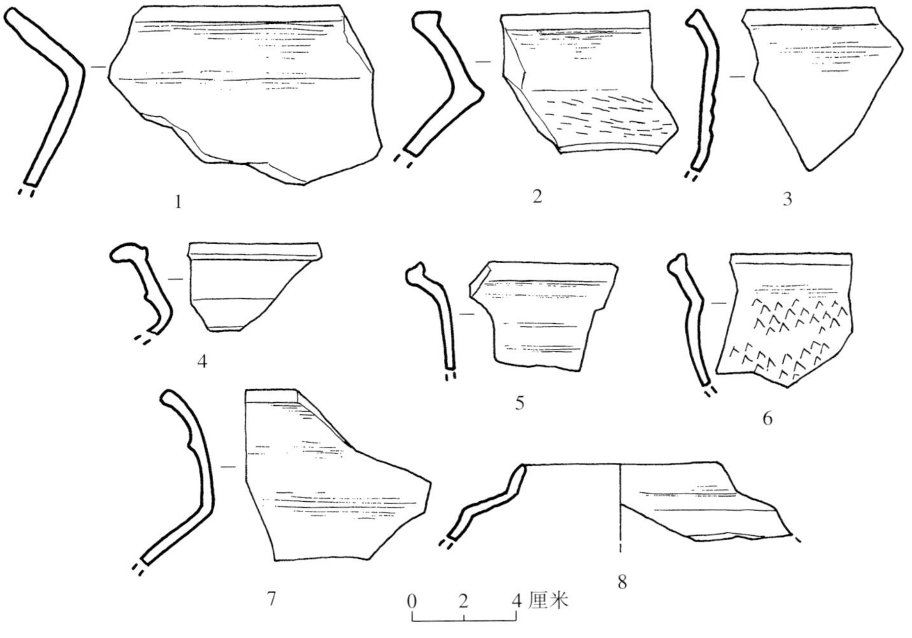

图四八　石溪水库环壕遗址采集陶器

1～8. 罐（2016NCSX：31、2016NCSX：15、2016NCSX：35、2016NCSX：23、2016NCSX：11、2016NCSX：29、2016NCSX：44、2016NCSX：42）

钵　2件。

2016NCSX：14，夹砂红陶，敛口，方圆唇，圆弧腹。器表施方格纹。残高8.2厘米（图五〇，2）。

2016NCSX：27，夹砂黄陶，敛口，圆唇，斜弧腹。素面。残高5.4厘米（图五〇，1）。

尊　4件。

2016NCSX：10，灰色硬陶，侈口，宽折沿，方唇。沿面有一周凸棱，器表施方格纹。残高6.4厘米（图四九，5；图版六，1）。

2016NCSX：22，灰色硬陶，侈口，宽折沿，方唇。素面。残高4.5厘米（图四九，7）。

2016NCSX：30，夹砂黄陶，侈口，宽折沿，方唇。素面。残高6.0厘米（图四九，6）。

2016NCSX：40，夹砂黄陶，侈口，宽折沿，唇部残。器表施绳纹。残高7.0厘米（图四九，4）。

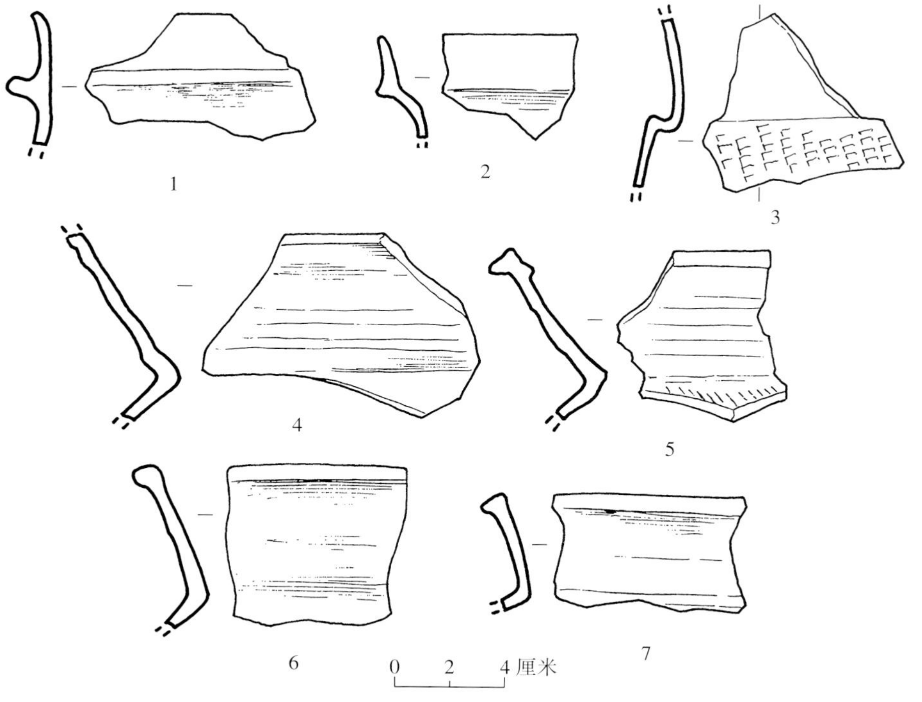

图四九　石溪水库环壕遗址采集陶器
1～3. 罐（2016NCSX：38、2016NCSX：46、2016NCSX：47）
4～7. 尊（2016NCSX：40、2016NCSX：10、2016NCSX：30、2016NCSX：22）

盘　2件。

2016NCSX：9，泥质灰陶，敞口，尖圆唇，斜弧腹。素面。残高3.2厘米（图五〇，7）。

2016NCSX：43，褐色硬陶，侈口，尖圆唇。沿面有一周凸棱，素面。残高3.0厘米（图五〇，6）。

盆　3件。

2016NCSX：26，灰褐色硬陶，敛口，方唇，斜折腹。器表施绳纹。残高2.9厘米（图五〇，3）。

2016NCSX：34，灰色硬陶，敛口，卷沿，方唇。素面。残高3.1厘米（图五〇，4）。

2016NCSX：45，夹砂黄褐陶，侈口，圆唇。沿面有一周凸棱，内外壁可见明显轮修痕迹，素面。残高5.4厘米（图五〇，5）。

豆　8件。

2016NCSX：20，夹砂灰陶，圆唇，喇叭状足外撇。素面。残高4.0厘米（图五一，5）。

2016NCSX：48，夹砂红陶，圆唇，浅弧腹。素面。残高2.0厘米（图五一，1）。

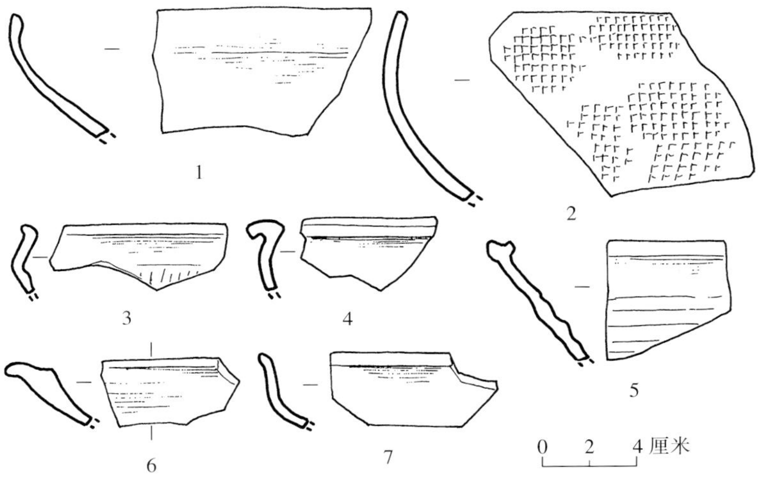

图五〇　石溪水库环壕遗址采集陶器
1、2. 钵（2016NCSX：27、2016NCSX：14）
3～5. 盆（2016NCSX：26、2016NCSX：34、2016NCSX：45）
6、7. 盘（2016NCSX：43、2016NCSX：9）

2016NCSX：88，夹砂红陶，空心柄，喇叭口状外撇。柄中部有三周凸棱。残高 8.6 厘米（图五一，3；图版七，5）。

2016NCSX：89，夹砂红陶，空心柄，圈足喇叭口状外撇。上部见有两周凸棱，底部见有一周凸棱。残高 8.8 厘米（图五一，4）。

2016NCSX：90，夹砂红陶，圆筒状空心柄。素面。残高 3.6 厘米（图五一，8）。

2016NCSX：91，夹砂灰色硬陶，筒状空心柄。素面。残高 4.4 厘米（图五一，2）。

2016NCSX：92，泥质灰陶，空心柄，圈足呈喇叭口状外撇。素面。残高 4.8 厘米（图五一，6）。

2016NCSX：94，夹砂黄陶，空心柄，圈足呈喇叭口状外撇。素面。底径 6.0 厘米，残高 3.9 厘米（图五一，7）。

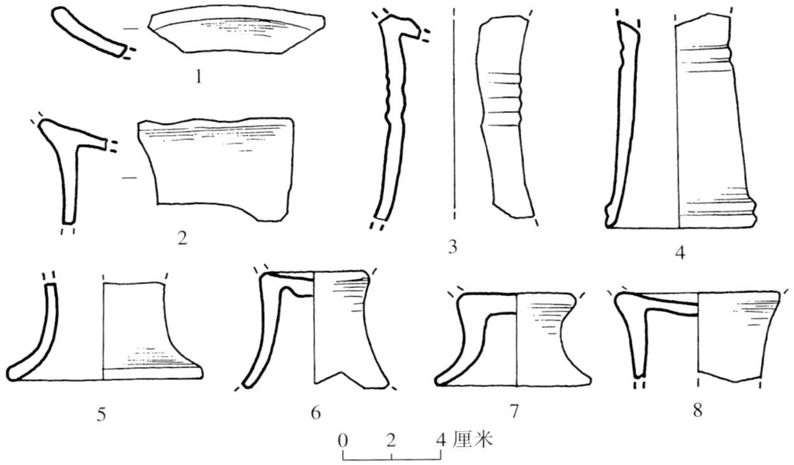

图五一　石溪水库环壕遗址采集陶器
1. 豆盘（2016NCSX：48）2～8. 豆柄（2016NCSX：91、2016NCSX：88、2016NCSX：89、2016NCSX：20、2016NCSX：92、2016NCSX：94、2016NCSX：90）

鼎足　36件。可据形态分为五型。

A型：15件。扁柱状。

2016NCSX：54，夹砂黄陶，截面呈半圆形。素面。残高18.0厘米（图五二，2）。

2016NCSX：55，夹砂灰陶。素面。残高7.4厘米（图五三，1）。

2016NCSX：56，夹砂红陶，截面呈扁圆形。素面。残高14.0厘米（图五二，3）。

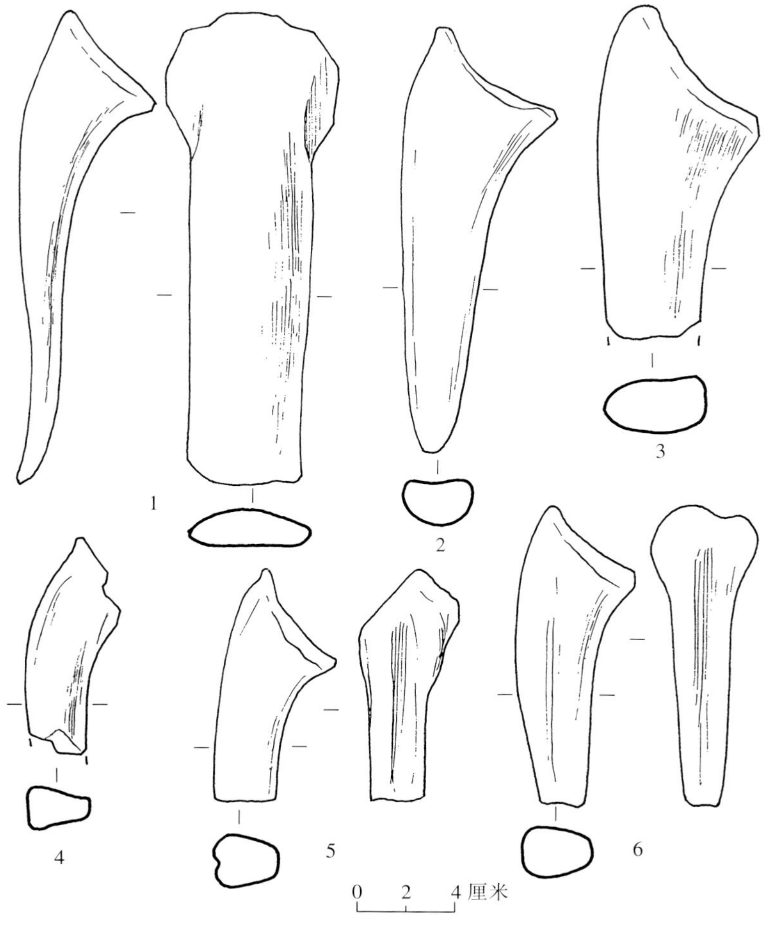

图五二　石溪水库环壕遗址采集陶器

1～6. 鼎足（2016NCSX：53、2016NCSX：54、2016NCSX：56、2016NCSX：57、2016NCSX：58、2016NCSX：61）

2016NCSX：57，夹砂浅灰陶。素面。残高9.2厘米（图五二，4）。

2016NCSX：58，夹砂灰陶，足外侧有一竖向凹槽。残高10.0厘米（图五二，5）。

2016NCSX：59，夹砂灰陶，截面近圆形。素面。残高12.4厘米（图五三，7）。

2016NCSX：60，夹砂黄陶，扁柱状足。素面。残高7.0厘米（图五三，2）。

2016NCSX：61，夹砂灰陶，截面呈椭圆形，足外侧有一竖向凹槽。残高12.8厘米（图五二，6；图版六，5）。

2016NCSX：62，夹砂黄陶，足一侧有竖向凹槽。残高9.0厘米（图五三，4）。

2016NCSX：64，夹砂黄陶。素面。残高9.4厘米（图五三，3）。

2016NCSX：66，夹砂灰陶，截面近圆形。素面。残高10.0厘米（图五三，10）。

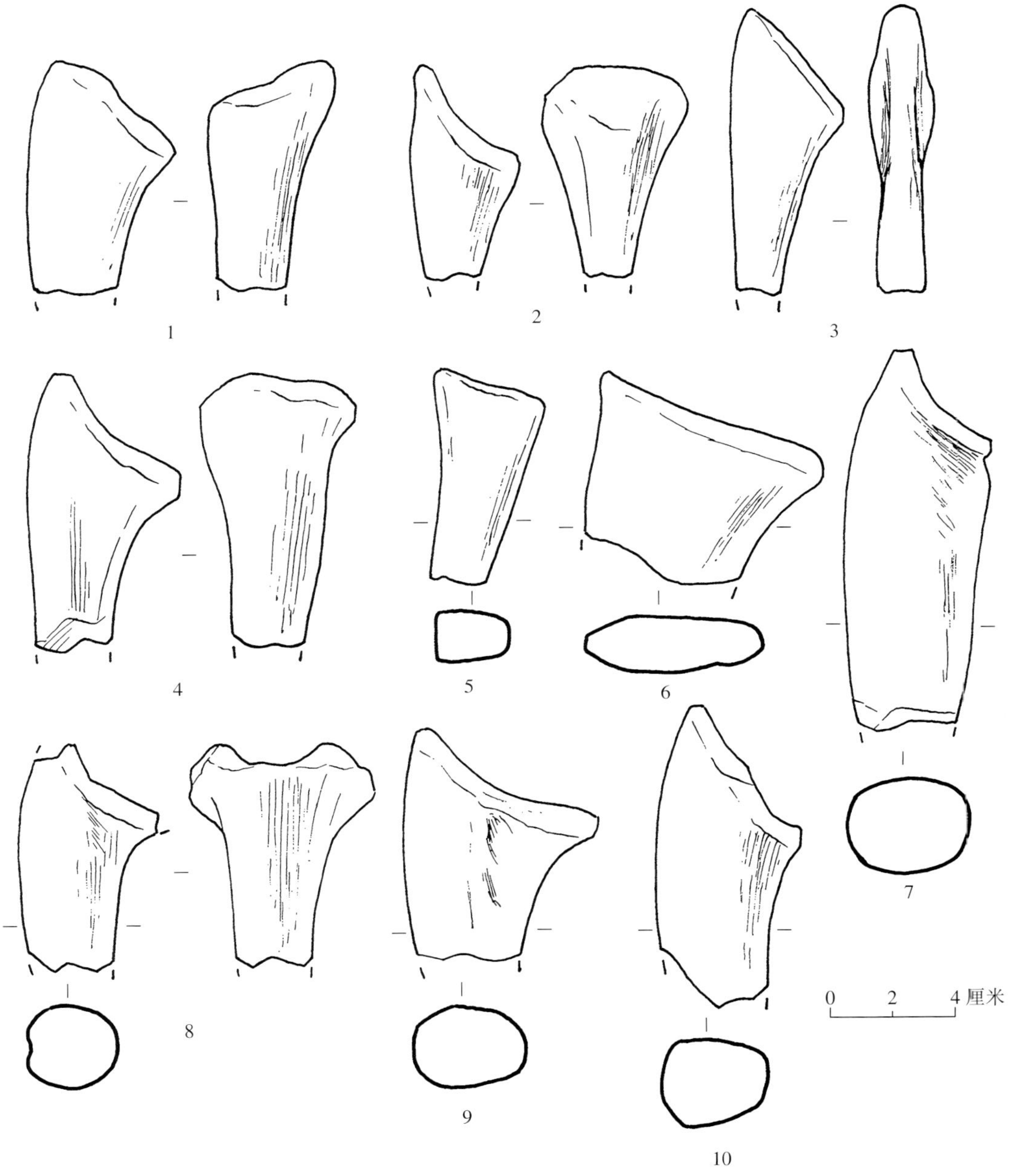

图五三　石溪水库环壕遗址采集陶器

1～10. 鼎足（2016NCSX∶55、2016NCSX∶60、2016NCSX∶64、2016NCSX∶62、2016NCSX∶67、2016NCSX∶70、2016NCSX∶59、2016NCSX∶68、2016NCSX∶69、2016NCSX∶66）

2016NCSX∶67，夹砂灰陶，截面近矩形。素面。残高7.0厘米（图五三，5）。

2016NCSX∶68，夹砂灰陶，截面呈圆形。素面。残高7.4厘米（图五三，8）。

2016NCSX∶69，夹砂黄陶，截面呈椭圆形。素面。残高7.6厘米（图五三，9）。

2016NCSX∶70，夹砂黄陶，截面呈扁圆形。素面。残高7.0厘米（图五三，6）。

B型：7件。扁状。

2016NCSX∶53，夹砂黄陶，截面呈扁圆形。足根部有捏痕。残高20.0厘米（图五二，1；图版六，4）。

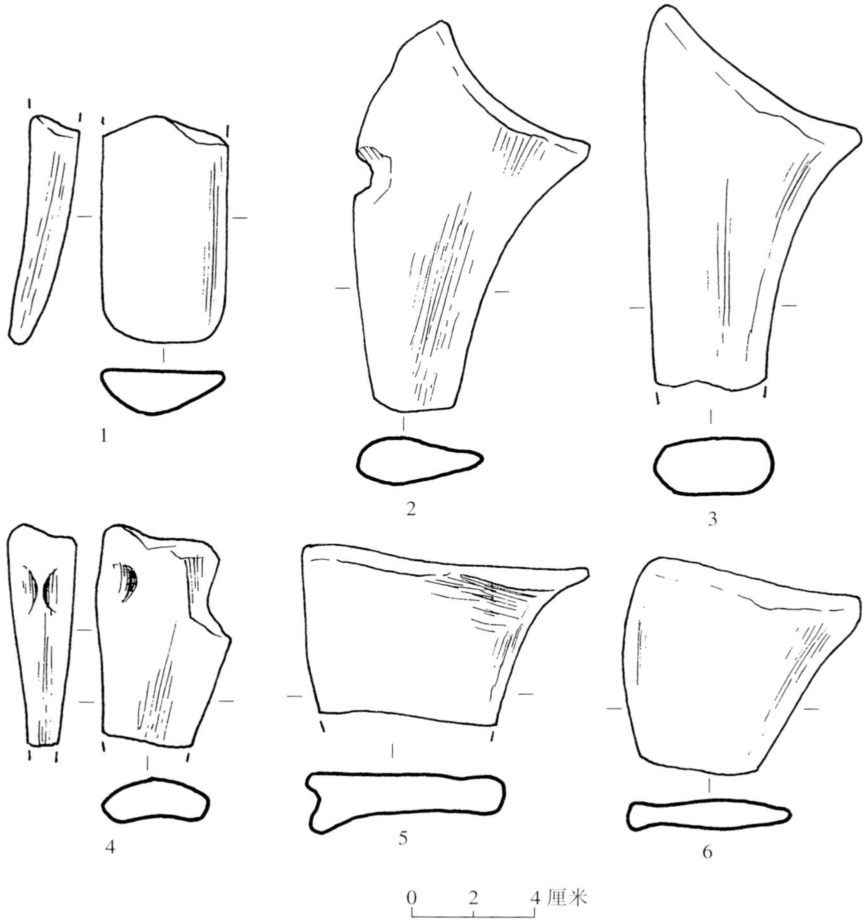

图五四　石溪水库环壕遗址采集陶器
1～6. 鼎足（2016NCSX：72、2016NCSX：75、2016NCSX：65、2016NCSX：63、2016NCSX：76、2016NCSX：73）

2016NCSX：63，夹砂红陶，截面呈扁圆形。一侧足上部有一对按压凹窝。残高 7.4 厘米（图五四，4）。

2016NCSX：65，夹砂红陶，截面呈扁圆形。素面。残高 12.6 厘米（图五四，3）。

2016NCSX：72，夹砂黄褐陶，截面呈扁圆形。素面。残高 7.6 厘米（图五四，1）。

2016NCSX：73，夹砂红陶，截面呈长条状。素面。残高 7.2 厘米（图五四，6）。

2016NCSX：75，夹砂黄陶，一侧足上部有一对按压凹窝。素面。残高 13.0 厘米（图五四，2）。

2016NCSX：76，夹砂黄陶。足外侧有竖向凹槽。残高 6.0 厘米（图五四，5）。

C 型：6 件。截面呈“T”形。

2016NCSX：39，夹砂灰陶。素面。残高 3.9 厘米（图五五，3）。

2016NCSX：74，夹砂黄陶。素面。残高 10.4 厘米（图五五，2；图版六，6）。

2016NCSX：82，夹砂红陶。素面。残高 8.8 厘米（图五五，6）。

2016NCSX：84，夹砂黄陶。素面。残高 8.0 厘米（图五五，5）。

2016NCSX：85，夹砂黄陶，一面凹弧，一面可见竖向凸棱。素面。残高 5.2 厘米（图五五，4）。

2016NCSX：87，夹砂红陶，一面凹弧。素面。残高 11.6 厘米（图五五，1；图版七，4）。

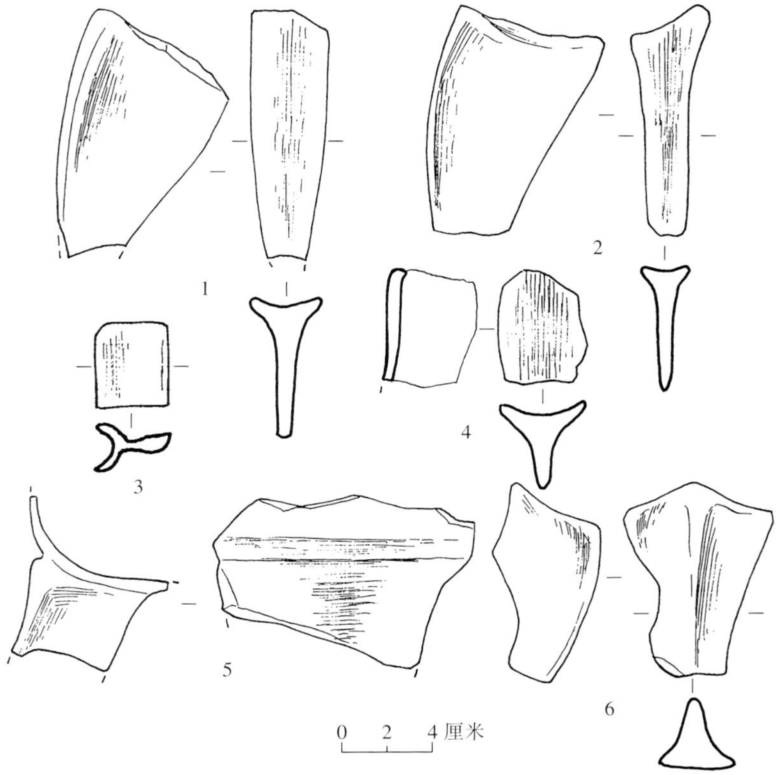

图五五　石溪水库环壕遗址采集陶器
1～6. 鼎足（2016NCSX：87、2016NCSX：74、2016NCSX：39、2016NCSX：85、2016NCSX：84、2016NCSX：32）

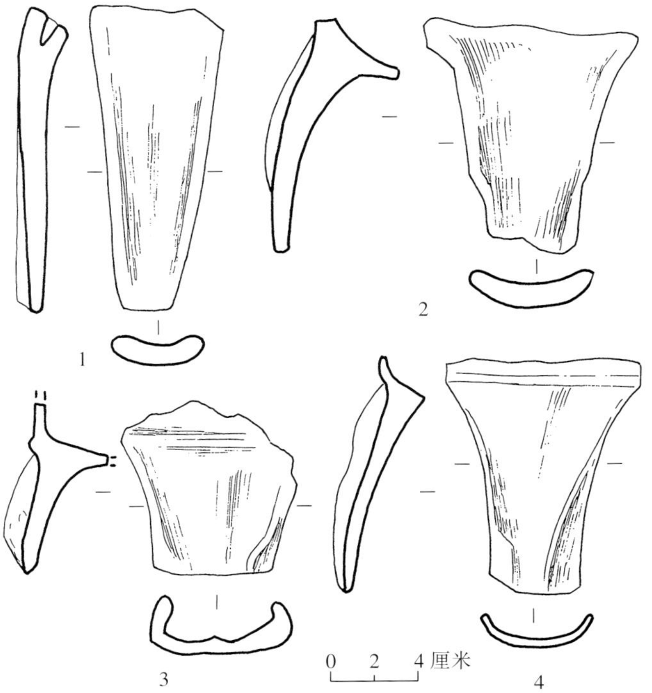

图五六　石溪水库环壕遗址采集陶器
1～4. 鼎足（2016NCSX：71、2016NCSX：79、2016NCSX：80、2016NCSX：78）

D 型：4 件。瓦状足。

2016NCSX：71，夹砂黄陶，截面呈弧形，足腹接合处中空。素面。残高 14.4 厘米（图五六，1）。

2016NCSX：78，夹砂黄陶，截面呈弧形，两侧内卷，下端内捏呈铲状。素面。残高 11.12 厘米（图五六，4；图版七，2）。

2016NCSX：79，夹砂黄陶，截面呈弧形，两侧内卷。素面。残高 11.06 厘米（图五六，2）。

2016NCSX：80，夹砂黄陶，截面呈弧形，两侧内卷。素面。残高 8.0 厘米（图五六，3；图版七，3）。

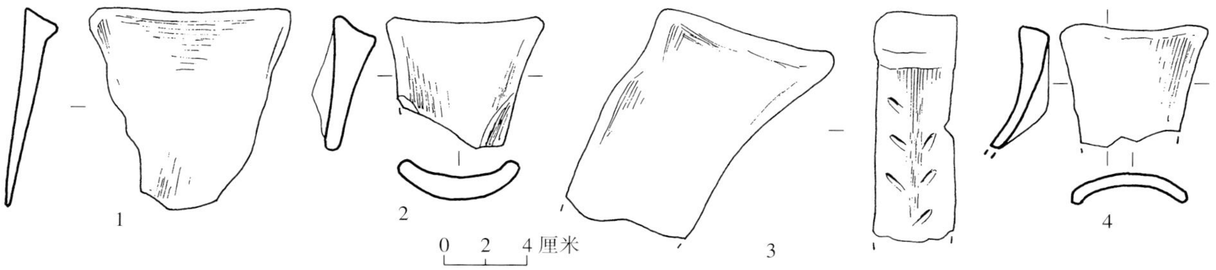

图五七　石溪水库环壕遗址采集陶器
1～4. 鼎足（2016NCSX：86、2016NCSX：83、2016NCSX：77、2016NCSX：81）

E 型：4 件。侧装扁足。

2016NCSX：77，夹砂浅红陶，足外侧有两排斜向短刻槽。残高 11.4 厘米（图五七，3；图版七，1）。

2016NCSX：81，夹砂黄陶，两侧内卷，截面呈弧形，素面。残高 6.0 厘米（图五七，4）。

2016NCSX：83，夹砂红陶，两侧内卷，截面呈弧形，素面。残高 6.6 厘米（图五七，2）。

2016NCSX：86，夹细砂红陶。素面。残高 9.88 厘米（图五七，1）。

圈足　6 件。

2016NCSX：8，灰色硬陶，平底，高圈足，圈足外侧施一圈凸棱。素面。残高 2.4 厘米（图五八，5）。

2016NCSX：32，夹砂灰陶，矮圈足，外撇。素面。残高 3.4 厘米（图五八，8）。

2016NCSX：49，夹砂黄陶，矮圈足外撇。素面。底径 10.0 厘米，残高 2.4 厘米（图五八，4）。

2016NCSX：50，夹砂灰陶，矮圈足外撇，弧腹，平底。素面。底径 16.8 厘米，残高 3.6 厘米（图五八，3）。

2016NCSX：51，夹细砂红陶，斜弧腹，矮圈足，略残。素面。残高 2.0 厘米（图五八，6）。

2016NCSX：93，泥质灰陶，高圈足外撇，内侧有轮修痕迹。素面。残高 3.0 厘米（图五八，7）。

器耳　1 件。

2016NCSX：52，泥质灰陶，呈舌状，中部有一凹槽，素面。残高 6.4、残宽 3.4 厘米（图五八，9）。

器盖　2 件。

2016NCSX：95，夹砂灰褐陶，喇叭状。素面。直径 13.4、高 5.0 厘米（图五八，2；图版八，1）。

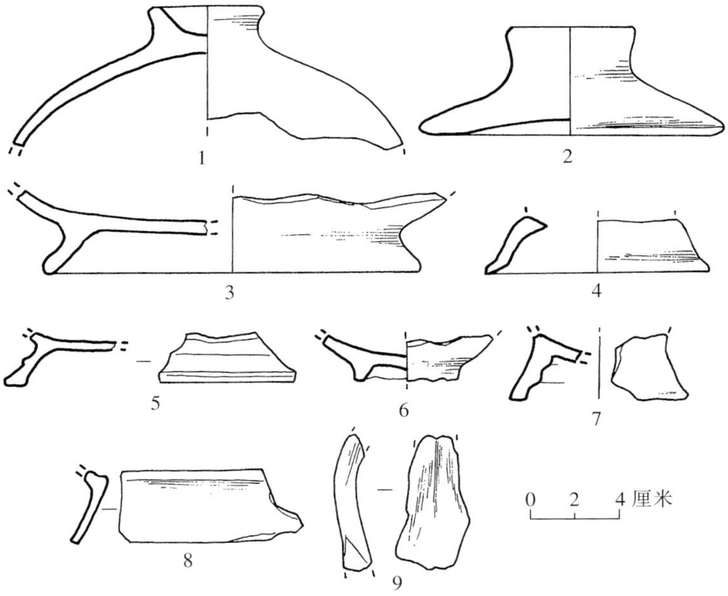

图五八　石溪水库环壕遗址采集陶器
1、2. 器盖（2016NCSX：96、2016NCSX：95）
3～8. 圈足（2016NCSX：50、2016NCSX：49、2016NCSX：8、2016NCSX：51、2016NCSX：93、2016NCSX：32）9. 器耳（2016NCSX：52）

2016NCSX：96，夹砂灰陶，伞状。素面。残高6.4厘米（图五八，1；图版八，2）。

陶刀　1件。

2016NCSX：115，灰色硬陶，弧背，上下面较为平整，单面斜刃，中部近背部有两个圆形穿孔。残高3.9厘米（图三九，7；图版七，6）。

纺轮　1件。

2016NCSX：97，夹砂灰褐陶，上下面平直，四周外弧，呈圆鼓状，中部有一圆形穿孔。直径3.5、高1.2厘米（图三九，6；图版八，3）。

3. 遗址性质与年代

石溪水库环壕遗址是一处典型的环壕遗址，该遗址采集遗物较为丰富。从采集遗物情况来看，该遗址采集遗存主要可分为以下三组：

第1组：以瓦状鼎足、“T”形鼎足、夹砂罐等为代表。该类型陶器主要见于该地区新石器时代晚期或略晚时期。因此，推断该组年代应为新石器时代晚期或略晚。

第2组：以扁状鼎足、印纹硬陶罐、豆、尊为主，纹饰以绳纹、折线纹、雷纹等为代表。该类器形特征与该地区商时期器物形态相似。因此，可推测该组年代为商时期。

第3组：以小方格纹及器表施釉的陶片为代表。该组器物形态常见于该地区周代遗存中，可推测该组年代为周代。

综上所述，石溪水库环壕遗址的年代延续时间较长，主要为新石器时代晚期或略晚时期、商时期及东周时期。该遗址的发现与初步研究，为区域文化序列的建立以及区域聚落形态的研究提供了十分重要的考古资料。

1. 石镞（2016NCSX：98）

2. 石镞（2016NCSX：99）

3. 石镞（2016NCSX：101）

4. 石镞（2016NCSX：102）

5. 石刀（2016NCSX：104）

6. 石镞（2016NCSX：105）

图版二　石溪水库环壕遗址采集石器

1. 石镞（2016NCSX：106）

2. 石镞（2016NCSX：108）

3. 石镞（2016NCSX：109）

4. 石镞（2016NCSX：111）

5. 石镞（2016NCSX：112）

6. 石杵（2016NCSX：120）

图版三　石溪水库环壕遗址采集石器

1. 石锛（2016NCSX：117）

2. 石锛（2016NCSX：118）

3. 石锛（2016NCSX：122）

4. 石锛（2016NCSX：123）

5. 石锛（2016NCSX：124）

6. 石锛（2016NCSX：125）

图版四　石溪水库环壕遗址采集石器

1. 砺石（2016NCSX：1）

2. 砺石（2016NCSX：2）

3. 石刀（2016NCSX：116）

4. 砺石（2016NCSX：119）

5. 石锛（2016NCSX：121）

6. 石斧（2016NCSX：126）

图版五 石溪水库环壕遗址采集石器

1. 尊（2016NCSX：10）

2. 罐（2016NCSX：12）

3. 罐（2016NCSX：25）

4. 鼎足（2016NCSX：53）

5. 鼎足（2016NCSX：61）

6. 鼎足（2016NCSX：74）

图版六　石溪水库环壕遗址采集陶器

1. 鼎足（2016NCSX：77）

2. 鼎足（2016NCSX：78）

3. 鼎足（2016NCSX：80）

4. 鼎足（2016NCSX：87）

5. 豆柄（2016NCSX：88）

6. 刀（2016NCSX：115）

图版七　石溪水库环壕遗址采集陶器

1. 器盖（2016NCSX：95）

2. 器盖（2016NCSX：96）

3. 纺轮（2016NCSX：97）

图版八　石溪水库环壕遗址采集陶器

第三节　南城县先秦时期岗地类遗址

一　板栗山农场遗址

1. 遗址概况

板栗山农场遗址位于龙湖镇凤洲村委会于家府亭（图五九），东距327省道约80米，东北距万家村约900米，东南距327省道约160米（图六〇）。地理坐标为北纬27°28′46.05″，东经116°53′19.79″，海拔113米。

遗址为丘陵山岗地貌，遗址南侧有小溪流经。

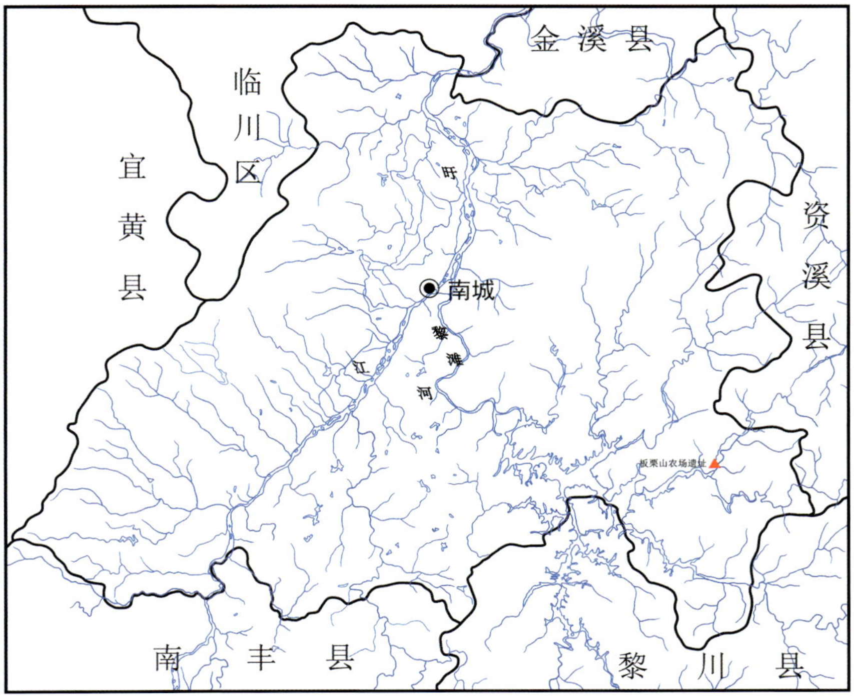

图五九　板栗山农场遗址位置示意图

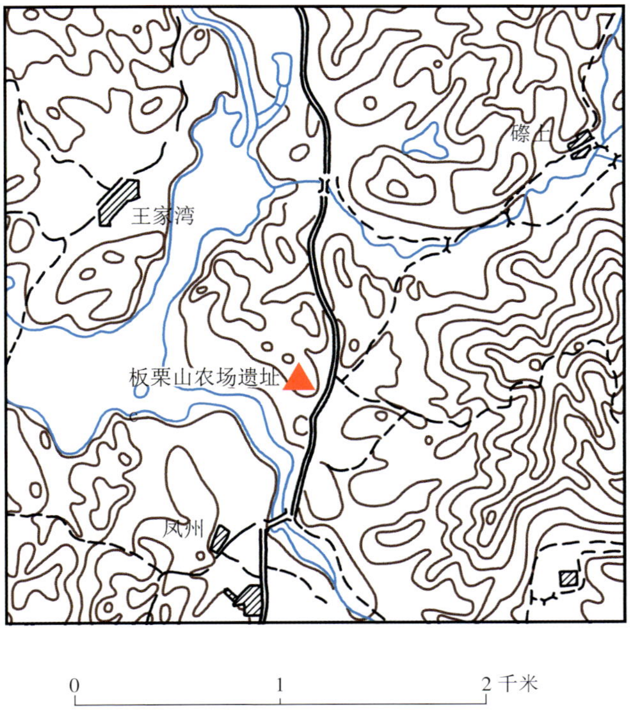

图六〇　板栗山农场遗址地貌示意图

图六一　板栗山农场遗址远景图（由东北向西南）

图六二　板栗山农场遗址近景图（由东向西）

该遗址现存为一斜坡状山岗（图六一），地势中间高，四周低，平面呈西北至东南向不规则形。长径约117米，短径约84米。遗址现已被人为修整为梯田种植橘树苗，地表植被稀疏（图六二）。

2. 遗物介绍

该遗址采集遗物较多，主要为印纹硬陶与夹砂陶。印纹硬陶较少，陶色有灰色、灰褐色、浅黄色、浅红色，纹饰有菱格纹（图六三，1～7）、绳纹（图六四，1、4、7～9）、方格纹（图六四，2、5）、短线纹（图六四，3、6），器形见有盘、罐；夹砂陶较多，陶色有灰褐色、灰黑色、浅黄色、灰色、红色，多为素面，器形见有罐、尊、鼎（足）等。

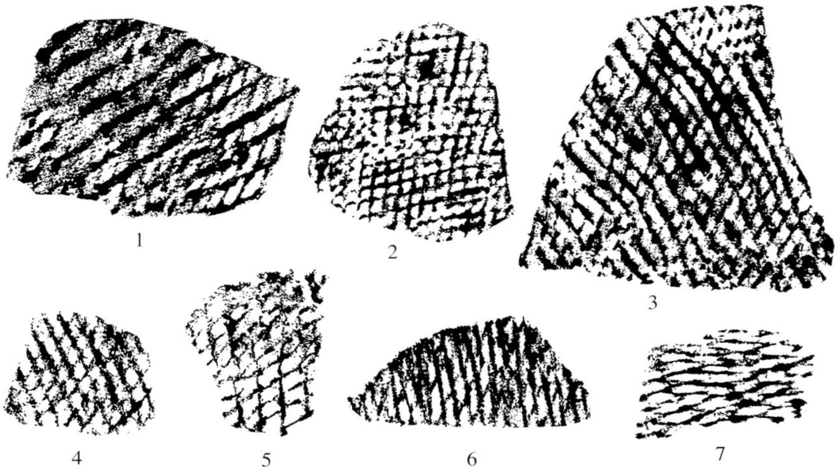

图六三　板栗山农场遗址采集陶片纹饰拓片
1～7. 菱格纹

罐　6件。

2016NCBL：1，灰色硬陶，敛口，折沿，方唇内勾，折肩。器表施菱格纹。残高4.0厘米（图六五，1）。

2016NCBL：3，夹砂灰陶，侈口，宽折沿，方唇。素面。残高3.8厘米（图六五，3）。

2016NCBL：6，夹砂灰陶，侈口，方唇。素面。残高4.1厘米（图六五，4）。

2016NCBL：9，夹砂黄陶，小直口，尖圆唇，斜肩。素面。残高6.2厘米（图六五，7）。

2016NCBL：12，灰色硬陶，敞口，方唇，浅折腹。器表施菱格纹。残高3.8厘米（图六五，2）。

2016NCBL：16，夹砂红褐陶，敛口，高领。器表施绳纹，大部分被抹平。残高5.7厘米（图六五，6）。

盘　1件。

2016NCBL：2，灰色硬陶，敞口，方唇，浅折腹。器表施方格纹。残高4.2厘米（图六五，5；图版九，1）。

尊　1件。

2016NCBL：14，夹砂红褐陶，近直口，微卷沿，圆唇，高领。器表施绳纹。残高8.4厘米（图六五，8；图版九，2）。

图六四　板栗山农场遗址采集陶器纹饰拓片

1、4、7～9. 绳纹　2、5. 方格纹　3、6. 短线纹

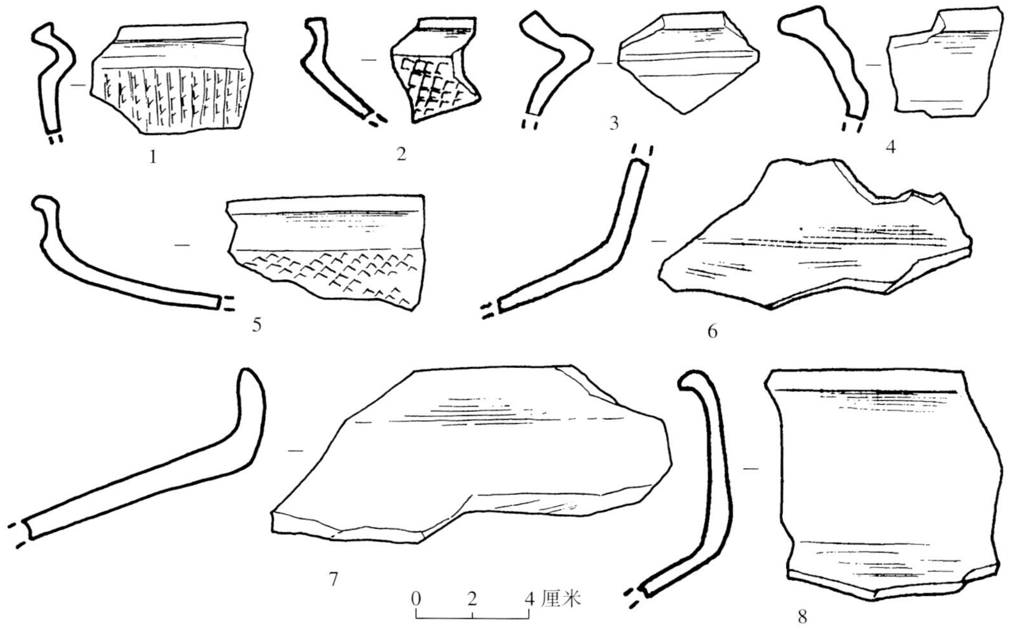

图六五　板栗山农场遗址采集陶器

1～4、6、7. 罐（2016NCBL：1、2016NCBL：12、2016NCBL：3、2016NCBL：6、2016NCBL：16、2016NCBL：9）

5. 盘（2016NCBL：2）　8. 尊（2016NCBL：14）

豆　1件。

2016NCBL：10，夹砂黄陶，柱状实心柄。素面。残高2.0厘米（图六六，3）。

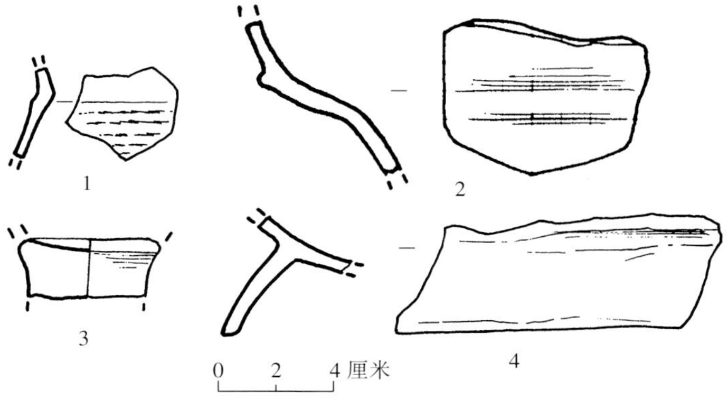

图六六　板栗山农场遗址采集陶器

1、2. 腹部残片（2016NCBL：5、2016NCBL：17）

3. 豆柄（2016NCBL：10）　4. 圈足（2016NCBL：8）

器腹残片　2件。

2016NCBL：5，夹砂浅黄陶，敛口，折沿，唇部残。器表施绳纹。残高3.2厘米（图六六，1）。

2016NCBL：17，夹砂灰褐陶，侈口，曲腹。素面。残高5.4厘米（图六六，2）。

鼎足　6件。

2016NCBL：4，夹砂灰陶，铲状足，截面呈扁条形。素面。残高9.0厘米（图六七，4；图版九，3）。

2016NCBL：7，夹砂黄褐陶，扁足。素面。残高4.8厘米（图六七，1）。

2016NCBL：11，夹砂灰褐陶，铲状足，截面呈扁圆形。素面。残高6.0厘米（图六七，2）。

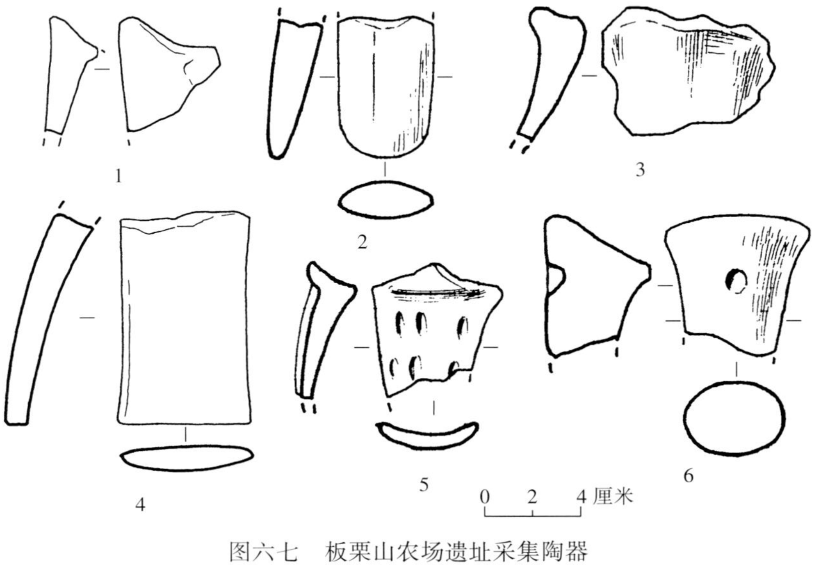

图六七　板栗山农场遗址采集陶器

1～6. 鼎足（2016NCBL：7、2016NCBL：11、2016NCBL：18、

2016NCBL：4、2016NCBL：13、2016NCBL：15）

2016NCBL：13，夹砂黄褐陶，瓦状足，截面呈圆弧形。足一侧可见竖排按压凹窝。残高5.6厘米（图六七，5；图版九，4）。

2016NCBL：15，夹砂灰陶，柱状实心足，截面近圆形。足一侧上部可见一圆形凹窝。残高6.0厘米（图六七，6）。

2016NCBL：18，夹砂浅黄陶，扁状实心足。素面。残高5.4厘米（图六七，3）。

圈足　1件。

2016NCBL：8，夹砂红陶，圈足较高，外撇。素面。残高3.7厘米（图六六，4）。

3. 遗址性质与年代

板栗山农场遗址是一处典型的坡状岗地类遗址。从采集遗物情况分析，该遗址所见遗存可分为以下两组：

第1组：以夹砂罐、刻槽鼎足、扁状足等为代表。该类陶器与该区域新石器时代晚期所见遗存形态相近。因此，可推测该组年代为新石器时代晚期。

第2组：以方格纹、菱格纹、印纹硬陶罐等为代表。此类陶器与区域内西周时期遗存形态相似，其年代也应为西周时期。

综合以上分析可知，板栗山农场遗址的年代应为新石器时代晚期与西周时期。该遗址的发现与初步研究，为区域内文化序列及聚落形态等方面的研究提供了十分重要的实物资料。

1. 盘（2016NCBL：2）

2. 尊（2016NCBL：14）

3. 鼎足（2016NCBL：4）

4. 鼎足（2016NCBL：13）

图版九　板栗山农场遗址采集陶器

二 大徐村Ⅰ号遗址

1. 遗址概况

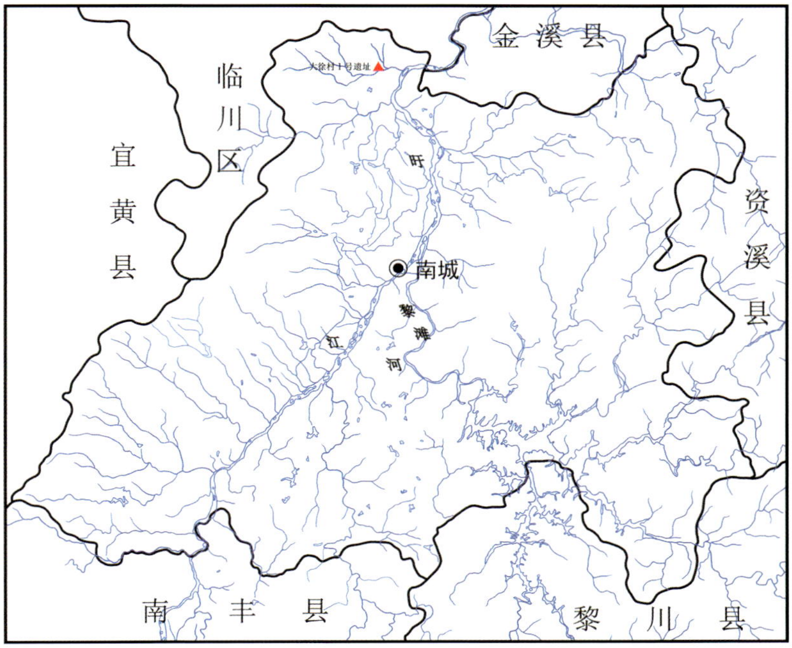

图六八 大徐村Ⅰ号遗址位置示意图

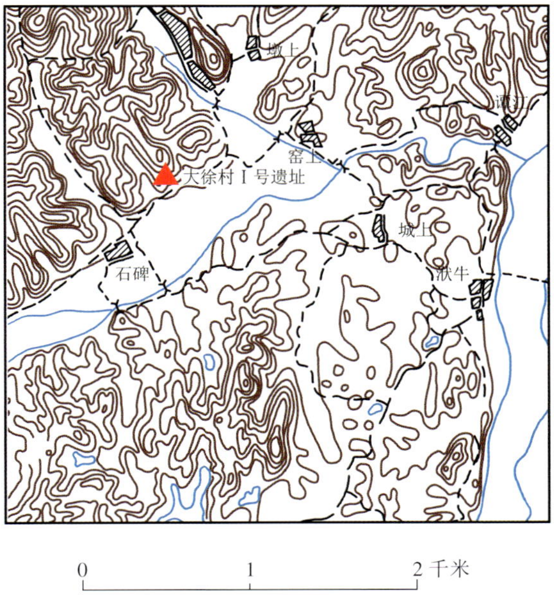

图六九 大徐村Ⅰ号遗址地貌示意图

大徐村Ⅰ号遗址位于万坊镇大徐村三组（图六八），南距169乡道约90米，西南距石碑遗址约270米，东距169乡道约60米（图六九）。地理坐标为北纬27°41′30.02″，东经116°34′38.42″，海拔74米。

图七〇　大徐村Ⅰ号遗址远景图（由东北向西南）

图七一　大徐村Ⅰ号遗址近景图（由东南向西北）

该遗址现存为一斜坡状山岗，地势北高南低，平面呈不规则形（图七〇）。长径约97米，短径约56米。遗址现被修整为梯田并种植橘树（图七一），地表植被较为稀疏。

2. 遗物介绍

该遗址采集遗物较少，主要为1件石镞及少量陶器。

（1）石器

石镞　1件。

2016NCDXⅠ：1，青灰色闪长岩，锋端及铤端残，刃部斜直，较锐利，中部起脊，器身截面呈菱形。器表磨制较为光滑。残高3.0、残宽1.5厘米（图七二）。

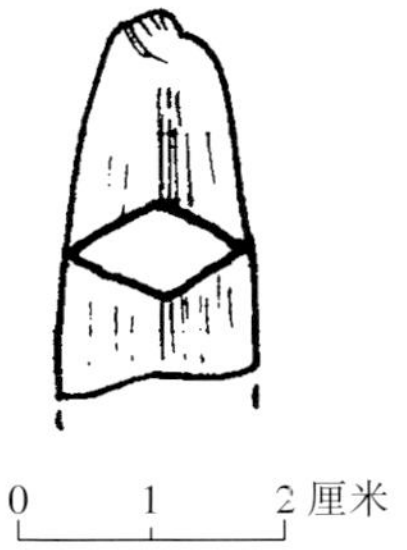

图七二　大徐村Ⅰ号遗址采集石镞
（2016NCDXⅠ：1）

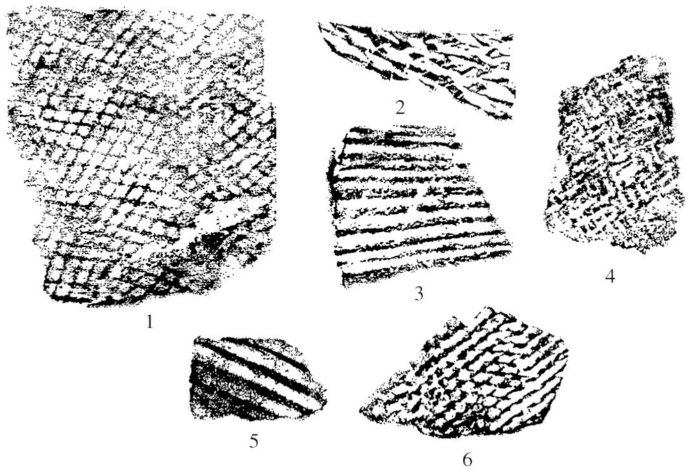

图七三　大徐村Ⅰ号遗址采集陶片纹饰拓片
1、2、6. 菱格纹　3、5. 弦纹　4. 席纹

（2）陶器

该遗址采集陶器主要为印纹硬陶。陶色有灰色、灰褐色，纹饰有菱格纹（图七三，1、2、6）、弦纹（图七三，3、5）、席纹（图七三，4），部分器表施釉，器形见有罐。

罐　1件。

2016NCDXⅠ：2，夹砂灰陶，侈口，斜方唇，沿面可见一周凸棱。素面。残高2.4厘米（图七四）。

3. 遗址性质与年代

大徐村Ⅰ号遗址是一处典型的斜坡状岗地类遗址。采集遗物较少，对遗址年代的判断造成了一定困难。该遗址所见遗存多为印纹硬陶，纹饰多见菱格纹，陶罐内侧口沿见有凸棱，此类特征与该区域东周时期遗存形态相似。因此，可判断该遗址的年代为东周时期。

该遗址的发现与初步研究，对该区域文化序列的构建以及文明演进的研究提供了十分重要的考古资料。

图七四　大徐村Ⅰ号遗址采集陶罐
（2016NCDXⅠ：2）

三　大徐村Ⅱ号遗址

1. 遗址概况

大徐村Ⅱ号遗址位于万坊镇大徐村三组（图七五），西距169乡道约131米，东北距窑上村约500米，北距169乡道约190米（图七六）。地理坐标为北纬27°41′36.30″，东经116°34′57.68″，海拔68米。

该遗址现存为一斜坡状山岗（图七七、七八），地势西北高东南低，平面呈不规则形，长径约87米，短径约49米。遗址表面现被杉树和毛竹等植被覆盖（图七九），地表植被较茂密。

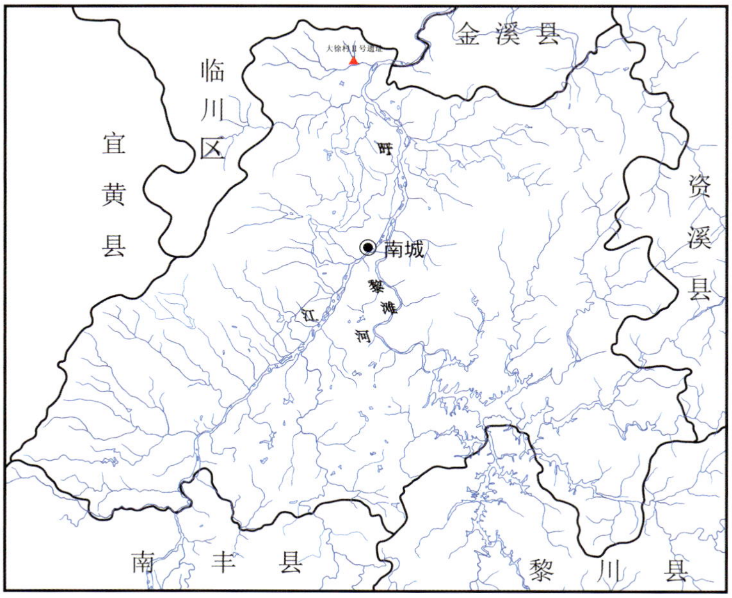

图七五　大徐村Ⅱ号遗址位置示意图

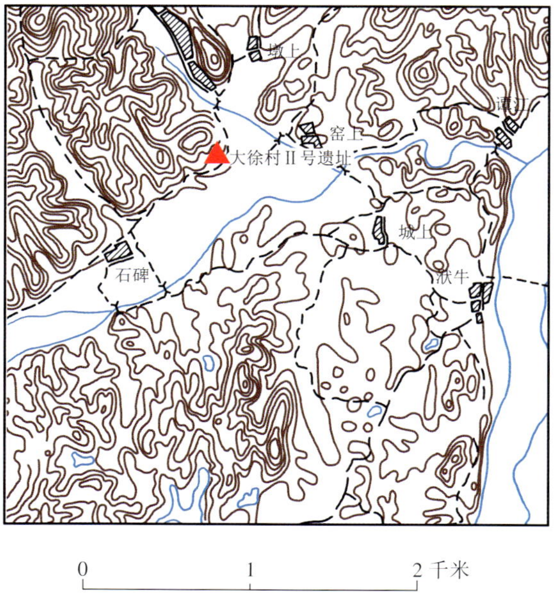

图七六　大徐村Ⅱ号遗址地貌示意图

图七七　大徐村Ⅱ号遗址远景图（由西南向东北）

图七八　大徐村Ⅱ号遗址远景图（由西向东）

图七九　大徐村Ⅱ号遗址近景图（由西南向东北）

2. 遗物介绍

大徐村Ⅱ号遗址采集遗物较少，主要为1件石杵及少量陶器。

（1）石器

石杵　1件。

2016NCDXⅡ：1，黄褐色砂岩制成，呈长条状，一端略残，顶端尖圆，两侧近直，底端有残断痕迹。器表较为规整。残长18.2、残宽5.0、残高2.2厘米（图八○；图版一○，1）。

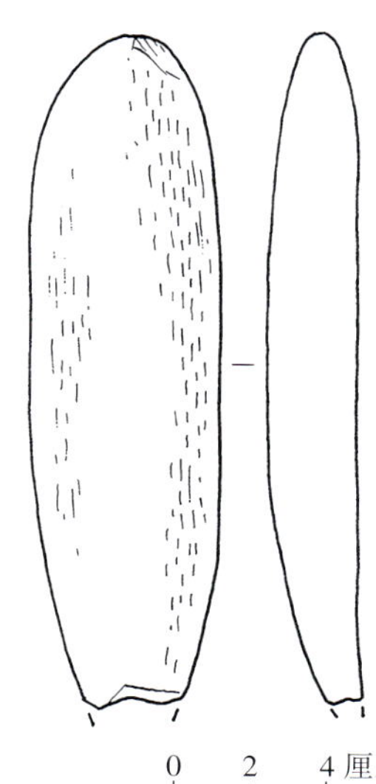

图八○　大徐村Ⅱ号遗址采集石器
石杵（2016NCDXⅡ：1）

（2）陶器

该遗址采集陶器主要为印纹硬陶与夹砂陶，以印纹硬陶为多，陶色有灰色、灰褐色，纹饰有绳纹（图八一，2、6）、方格纹（图八一，1、5）、重菱纹（图八一，3）、短线纹（图八一，4），器形见有罐；夹砂陶较少，陶色主要为灰色、浅灰色，多为素面，器形见有罐、鼎（足）。

罐　2件。

2016NCDXⅡ：2，夹砂黄陶，侈口，方唇。沿面有一周凸棱。素面。残高3.8厘米（图八二，1）。

2016NCDXⅡ：4，夹砂黄陶，侈口，宽折沿，斜方唇。沿面有两道凸棱。器表施绳纹。残高6.4厘米（图八二，4；图版一○，2）。

图八一　大徐村Ⅱ号遗址采集陶片纹饰拓片
1、5. 方格纹　2、6. 绳纹　3. 重菱纹　4. 短线纹

鼎足　2件。

2016NCDXⅡ：5，夹砂灰褐陶，扁状足，截面呈扁圆形。器表施竖排斜向短刻槽。残高5.6厘米（图八二，5；图版一〇，5）。

2016NCDXⅡ：6，夹砂黄陶，圆柱状足，截面呈圆形。素面。残高3.6厘米（图八二，3）。

圈足　1件。

2016NCDXⅡ：3，灰色硬陶，矮圈足，外撇，弧腹。器表有轮修痕迹。残高4.0厘米（图八二，2；图版一〇，3、4）。

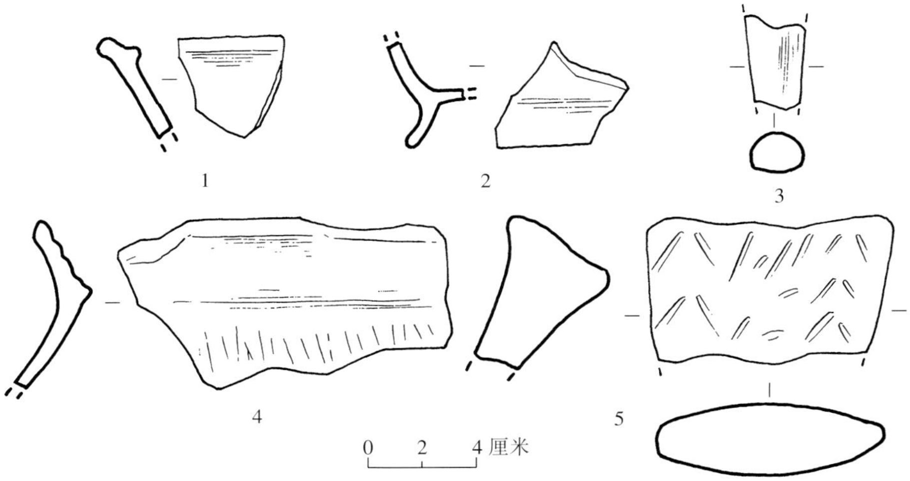

图八二　大徐村Ⅱ号遗址采集陶器
1、4. 罐（2016NCDXⅡ：2、2016NCDXⅡ：4）
2. 圈足（2016NCDXⅡ：3）　3、5. 鼎足（2016NCDXⅡ：6、2016NCDXⅡ：5）

3. 遗址性质与年代

大徐村Ⅱ号遗址是一处典型的缓坡岗地类遗址，从采集遗物来看，该遗址所见遗存可分为以下两组：

第1组：以器表有戳印纹的扁柱状鼎足为代表。该类器为新石器时代晚期常见器形，判定其年代为新石器时代晚期。

第2组：以印纹硬陶罐等为代表。部分陶罐口沿内侧常见有凹槽或凸棱，此类特征为商周时期陶器常见风格。因此，可推断该组年代为商至西周时期。

通过以上分析可知，大徐村Ⅱ号遗址的年代主要为新石器时代晚期及商至西周时期。该遗址的发现与初步分析，为区域文化序列及文化内涵的进一步揭示提供了十分重要的考古学材料。

1. 石杵（2016NCDXⅡ：1）

2. 陶罐（2016NCDXⅡ：4）

3. 陶圈足（2016NCDXⅡ：3）

4. 陶圈足（2016NCDXⅡ：3）

5. 陶鼎足（2016NCDXⅡ：5）

图版一〇　大徐村Ⅱ号遗址采集遗物

四 邓家村遗址

1. 遗址概况

邓家村遗址位于沙洲镇林坊村委会邓家村北部（图八三），南距邓家村约400米，东距206国道约150米，东南距华家山环壕遗址约530米（图八四）。地理坐标为北纬27°43′13.76″，东经116°45′53.4″，海拔78米。

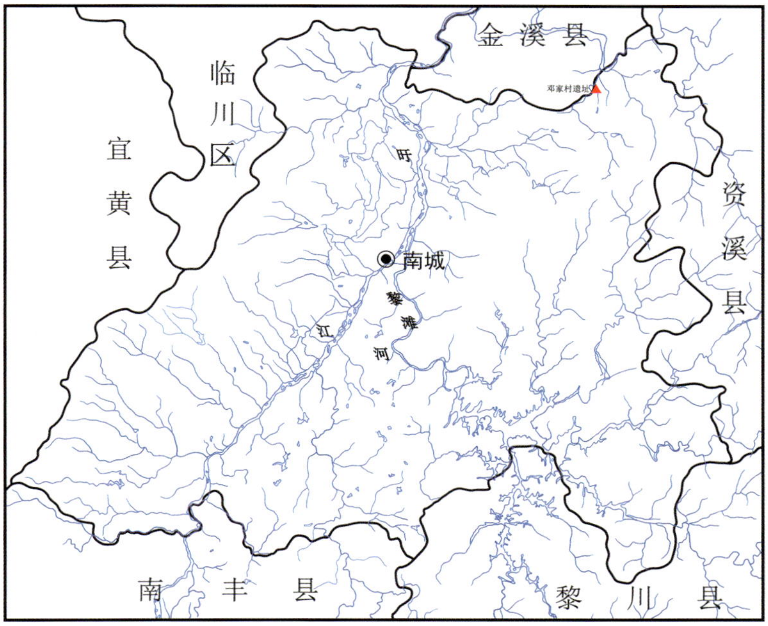

图八三 邓家村遗址位置示意图

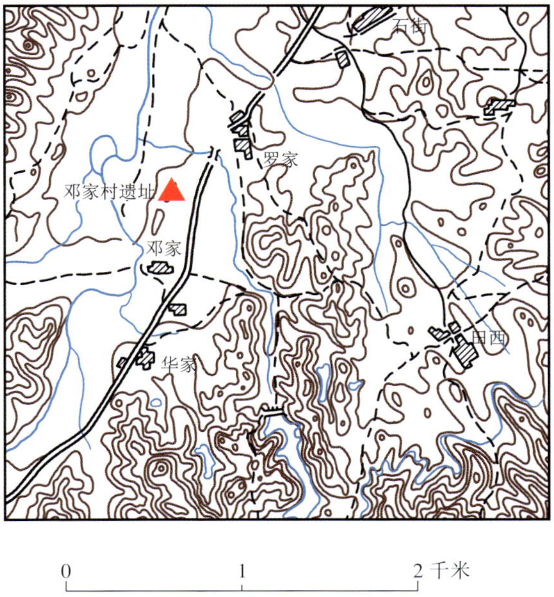

图八四 邓家村遗址地貌示意图

该遗址现为一缓坡山岗（图八五），地势中部高四周低，平面呈不规则形，长径约 138 米，短径约 71 米。遗址顶部已被人工推平，其余区域为杂草所覆盖（图八六），地表植被较为稀疏。

图八五　邓家村遗址远景图（由东向西）

图八六　邓家村遗址近景图（由东北向西南）

2. 遗物介绍

该遗址采集遗物较少，主要为石器、铜器、铁器各一件，以及少量陶器。

（1）石器

锛 1件。

2016NCDJ:1，青灰色砂岩，平面近梯形，顶端近直，两侧斜直，底端单面磨制成刃。器表磨制光滑。高6.3、宽3.5厘米（图八七；图版一一，1）。

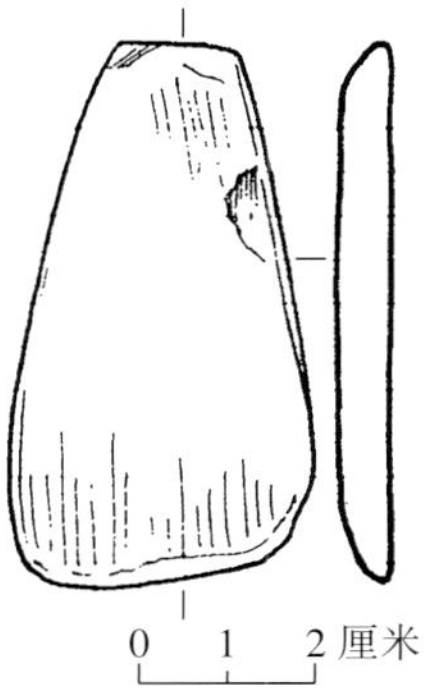

图八七 邓家村遗址采集石锛
（2016NCDJ:1）

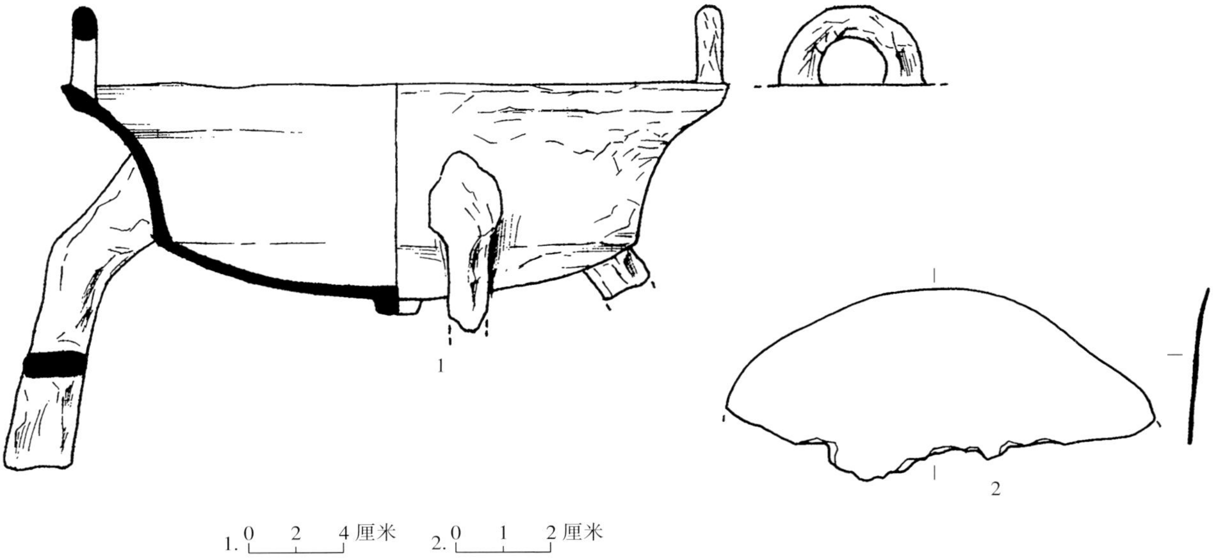

图八八 邓家村遗址采集遗物
1. 铁釜（2016NCDJ:2） 2. 铜镜（2016NCDJ:3）

（2）铜器

铜镜残片 1件。

2016NCDJ:3，呈圆形，素面，器身较薄，锈蚀严重。残高4.2、残宽8.8厘米（图八八，2；图版一一，3）。

（3）铁器

釜 1件。2016NCDJ:2，索状立耳，敞口，浅弧腹，圜底，三扁条形长足，内折，器表锈蚀严重。高20.3、口径26.2厘米（图八八，1；图版一一，2）。

（4）陶器

该遗址采集陶器主要以印纹硬陶为主，夹砂陶较少。印纹硬陶陶色有灰色、灰褐色，纹饰见有方格纹（图八九，1）、绳纹（图九〇，1、4、5、8）、席纹（图九〇，2、6）、交错绳纹（图八九，5）、菱格纹（图八九，2、3、7）、短线纹（图八九，6；图九〇，7）、雷纹（图八九，4）、弦纹（图九〇，3），器形为罐；夹砂陶陶色多见灰色、黄色，多素面，器形多为鼎（足）。

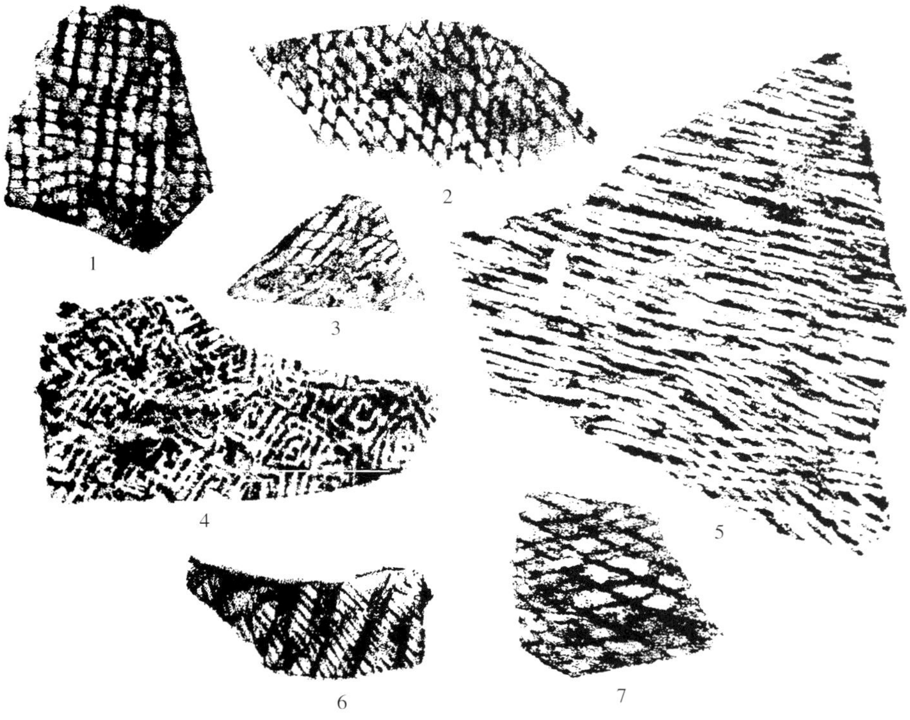

图八九　邓家村遗址采集陶片纹饰拓片

1. 方格纹　2、3、7. 菱格纹　4. 雷纹　5. 交错绳纹　6. 短线纹

图九〇　邓家村遗址采集陶片纹饰拓片

1、4、5、8. 绳纹　2、6. 席纹　3. 弦纹　7. 短线纹

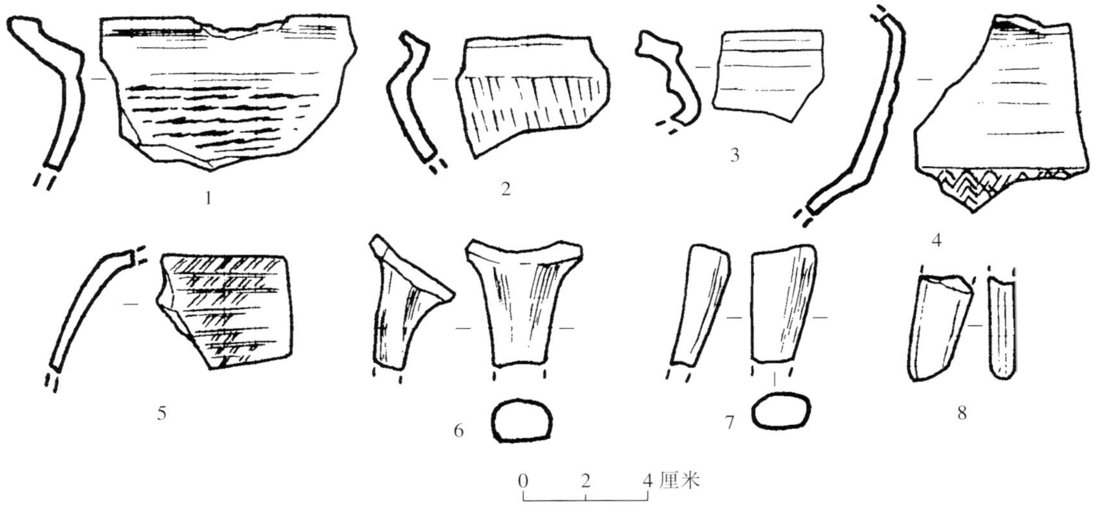

图九一 邓家村遗址采集陶器
1～4. 罐（2016NCDJ：4、2016NCDJ：7、2016NCDJ：10、2016NCDJ：5）
5. 腹部残片（2016NCDJ：11） 6～8. 鼎足（2016NCDJ：6、2016NCDJ：9、2016NCDJ：8）

罐 4件。

2016NCDJ：4，夹砂黄褐陶，敛口，折沿，方唇。器表施绳纹。残高5.2厘米（图九一，1；图版一一，4）。

2016NCDJ：5，灰褐色硬陶，近直口，高领。器表施绳纹。残高6.8厘米（图九一，4；图版一一，5）。

2016NCDJ：7，夹砂灰色硬陶，敛口，窄折沿，圆唇，折肩，斜弧腹。器表施绳纹。残高4.4厘米（图九一，2）。

2016NCDJ：10，夹砂黄褐陶，侈口，折沿，方唇。沿内外侧见有一周凸棱。素面。残高3.0厘米（图九一，3）。

器腹残片 1件。

2016NCDJ：11，灰色硬陶。器表施弦断绳纹。残高3.8厘米（图九一，5）。

鼎足 3件。

2016NCDJ：6，夹砂黄褐陶，扁足，截面呈扁圆形。素面。残高4.2厘米（图九一，6）。

2016NCDJ：8，夹砂黄陶，扁柱状足，截面呈扁圆形。素面。残高3.4厘米（图九一，8）。

2016NCDJ：9，夹砂黄陶，扁柱状足，截面呈椭圆形。素面。残高4.0厘米（图九一，7）。

3. 遗址性质与年代

邓家村遗址是一处典型的坡状岗地类遗址。从该遗址采集遗物来看，器形主要为折沿罐，印纹硬陶纹饰以绳纹、雷纹、方格纹等为多，其特征与两周时期陶器风格较为相近。因此，可推断该遗址年代为西周时期。此外，遗址采集的铁釜和铜镜年代略晚，推测其年代主要为汉晋时期。

该遗址的发现与初步研究，增加了区域内先秦遗址的数量，为该类型聚落形态的研究提供了十分重要的考古学资料。

1. 石锛（2016NCDJ：1）

2. 铁釜（2016NCDJ：2）

3. 铜镜（2016NCDJ：3）

4. 陶罐（2016NCDJ：4）

5. 陶罐（2016NCDJ：5）

图版一一　邓家村遗址采集遗物

五　洑牛村Ⅰ号遗址

1. 遗址概况

洑牛村Ⅰ号遗址位于万坊镇洑牛村（图九二），西北距窑上村约550米，西南距陈家排约2.3

千米，东距抚河约 800 米（图九三）。地理坐标为北纬 27°41′29.5″，东经 116°35′29.6″，海拔 66 米。

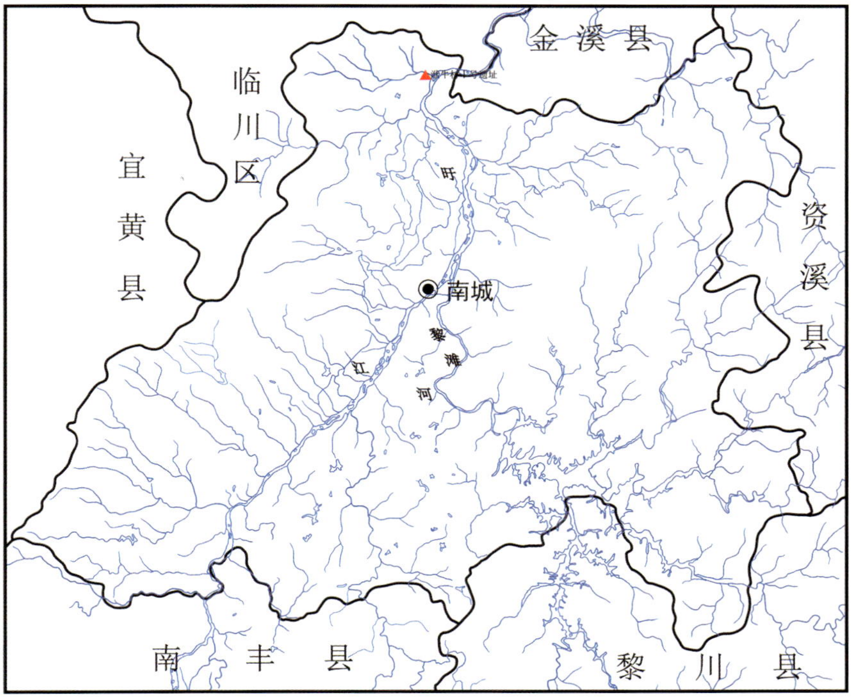

图九二　洑牛村Ⅰ号遗址位置示意图

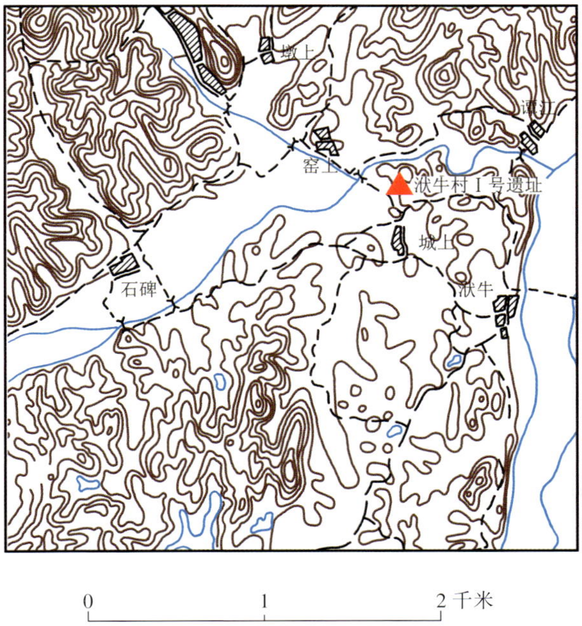

图九三　洑牛村Ⅰ号遗址地貌示意图

该遗址现存为一斜坡状山岗（图九四），地势北高南低，平面呈不规则形。长径约 88 米，短径约 80 米。地表现种植橘树（图九五），植被较茂密。

图九四　洑牛村Ⅰ号遗址远景图（由西北向东南）

图九五　洑牛村Ⅰ号遗址近景图（由东北向西南）

2. 遗物介绍

洑牛村Ⅰ号遗址采集遗物较多，主要为少量石器及较多陶器。

（1）石器

砺石　2件。

2016NCFNⅠ∶1，青灰色页岩，一侧圆弧，一侧残，上下面较为平整。器表磨制光滑。残高3.9、残宽6.6厘米（图九六，2；图版一二，1）。

2016NCFNⅠ∶2，灰褐色闪长岩制成，顶端尖圆，底端残。器表较为规整。残高7.8、残宽3.8厘米（图九六，1；图版一二，2）。

石镞　1件。

2016NCFNⅠ∶3，黄褐色页岩，尖锋，刃部斜直，直铤，中部起脊，截面近菱形。器表磨制光滑。高5.5、宽2.2厘米（图九六，4；图版一二，3）。

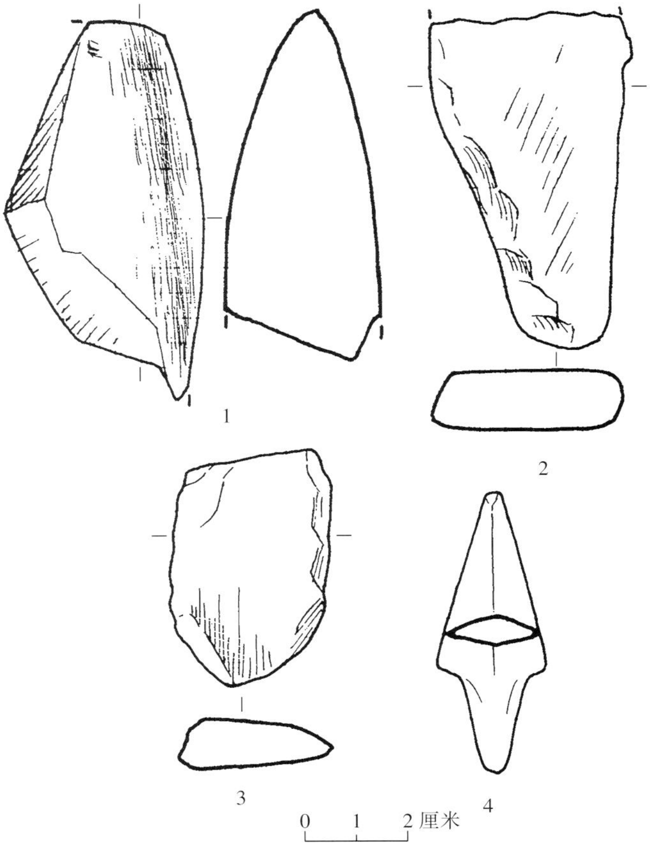

图九六　洑牛村Ⅰ号遗址采集石器

1、2. 砺石（2016NCFNⅠ∶2、2016NCFNⅠ∶1）

3. 石刀（2016NCFNⅠ∶4）　4. 石镞（2016NCFNⅠ∶3）

石刀　1件。

2016NCFNⅠ∶4，青灰色页岩，顶端直，两侧竖弧，底端见有打磨痕迹，较为圆钝。器表磨制规整。高4.7、宽3.1厘米（图九六，3）。

（2）陶器

该遗址采集陶器主要以印纹硬陶和夹砂陶为主。印纹硬陶较多，陶色有灰色、灰褐色，纹饰见有席纹（图九七，1）、雷纹（图九八，2）、方格纹（图九七，2、3）、菱格纹（图九七，7、8；图九八，1、5、6）、折线纹、小方格纹（图九七，4、5）、短线纹（图九七，6）、绳纹（图九八，3、4），部分器表施釉，器形主要为罐；夹砂陶较少，陶色有红色、浅红色、灰色、浅黄色，多为素面，见有戳印纹，器形主要为罐、鼎（足）。

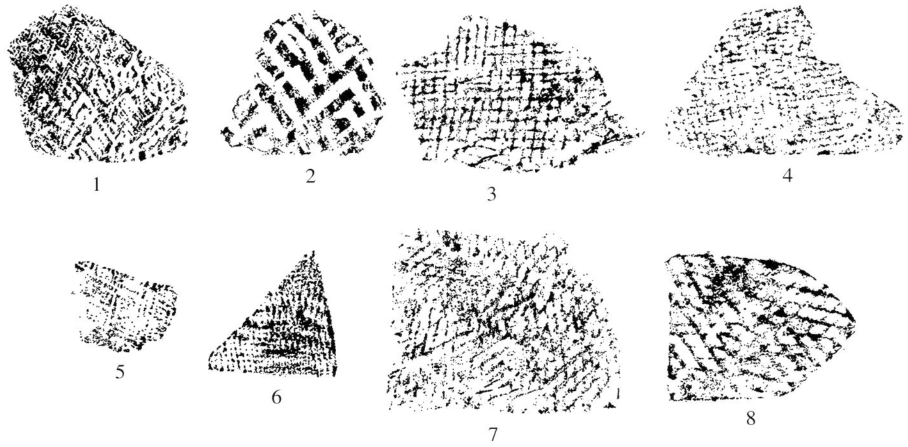

图九七　洑牛村Ⅰ号遗址采集陶器纹饰拓片

1. 席纹　2、3. 方格纹　4、5. 小方格纹　6. 短线纹　7、8. 菱格纹

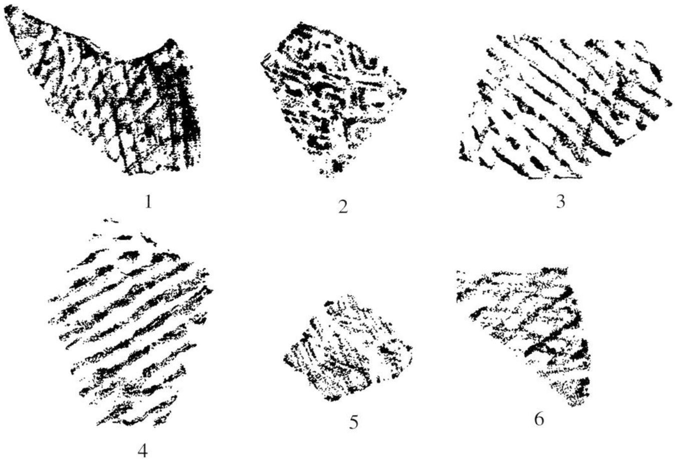

图九八　洑牛村Ⅰ号遗址采集陶片纹饰拓片

1、5、6. 菱格纹　2. 雷纹　3、4. 绳纹

罐　8件。

2016NCFNⅠ:5，黄褐色硬陶，敛口，折沿，方唇。唇面有一周凸棱。器表饰方格纹，大部被抹平。残高5.2厘米（图九九，5）。

2016NCFNⅠ:6，灰色硬陶，方唇。唇面有一周凸棱。残高1.9厘米（图九九，2）。

2016NCFNⅠ:7，夹砂灰陶，敛口，内折沿，方唇。口沿外侧有一周凸棱。残高3.0厘米（图九九，3）。

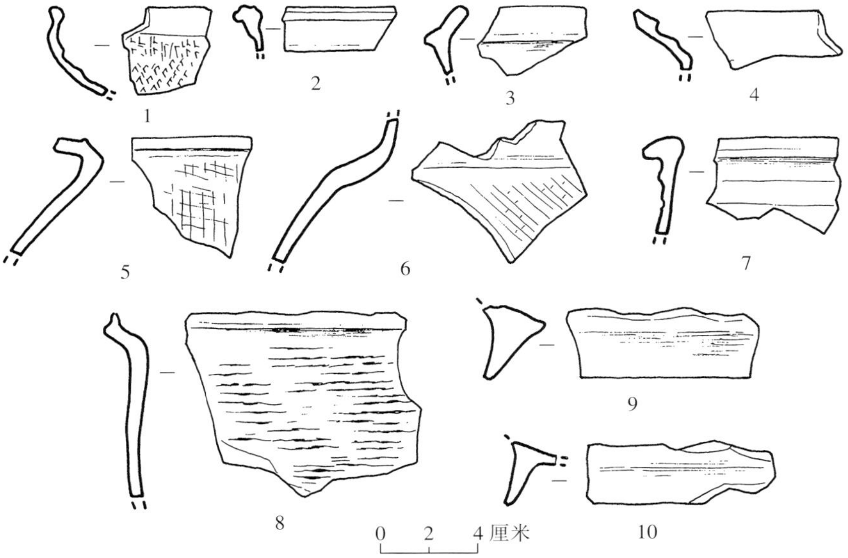

图九九 洑牛村Ⅰ号遗址采集陶器

1～8. 罐（2016NCFNⅠ：24、2016NCFNⅠ：6、2016NCFNⅠ：7、2016NCFNⅠ：8、2016NCFNⅠ：5、2016NCFNⅠ：23、2016NCFNⅠ：10、2016NCFNⅠ：25）

9、10. 圈足（2016NCFNⅠ：21、2016NCFNⅠ：12）

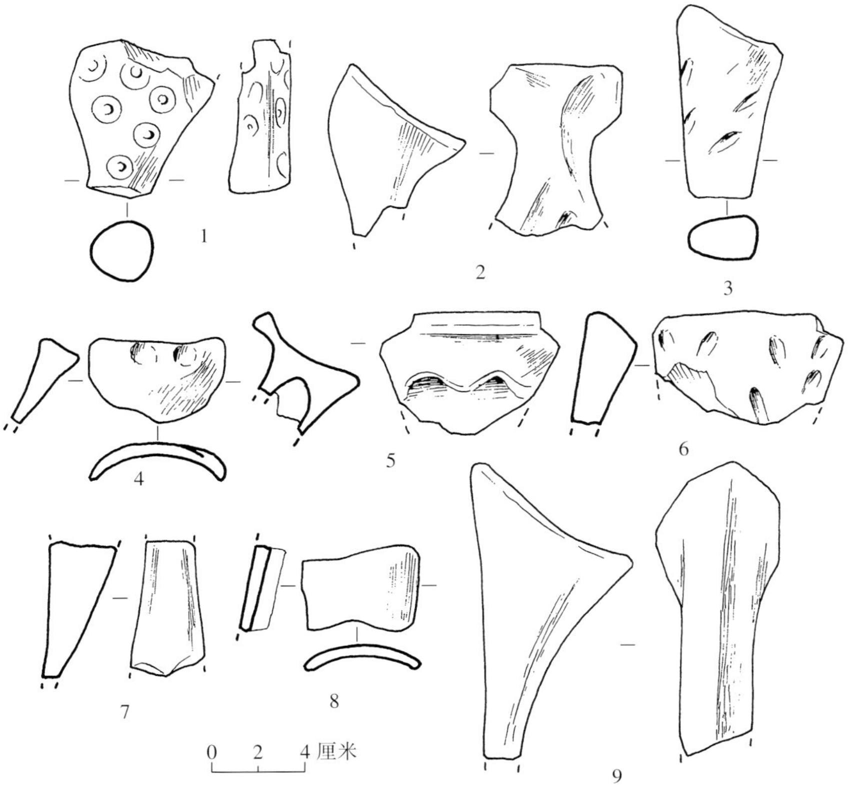

图一〇〇 洑牛村Ⅰ号遗址采集陶器

1～9. 鼎足（2016NCFNⅠ：18、2016NCFNⅠ：13、2016NCFNⅠ：17、2016NCFNⅠ：20、2016NCFNⅠ：15、2016NCFNⅠ：16、2016NCFNⅠ：19、2016NCFNⅠ：22、2016NCFNⅠ：14）

2016NCFNⅠ:8，灰褐色硬陶，侈口，圆唇，沿内壁有一周凸棱。残高2.2厘米（图九九，4）。

2016NCFNⅠ:10，灰褐色硬陶，敛口，窄折沿，圆唇。内外壁可见明显轮制痕迹。残高4.2厘米（图九九，7）。

2016NCFNⅠ:23，灰色硬陶，敛口，折沿。器表施斜线纹。残高6.1厘米（图九九，6）。

2016NCFNⅠ:24，灰色硬陶，敛口，内折沿，方唇。器表施交错线纹。残高3.6厘米（图九九，1；图版一三，1）。

2016NCFNⅠ:25，黄褐色硬陶，近直口，微卷沿，方唇。唇面有一周凹槽，器表施横绳纹。残高7.6厘米（图九九，8；图版一三，2）。

鼎足　9件。

2016NCFNⅠ:13，夹砂黄褐陶，扁柱状足，足侧上部见有捏痕。残高7.8厘米（图一〇〇，2）。

2016NCFNⅠ:14，夹砂黄褐陶，扁足。素面。残高13.0厘米（图一〇〇，9；图版一二，4）。

2016NCFNⅠ:15，夹砂灰褐陶，空心，呈管状。素面。残高5.5厘米（图一〇〇，5）。

2016NCFNⅠ:16，夹砂红褐陶，扁足。一面见有数排竖向短刻槽。残高5.2厘米（图一〇〇，6；图版一二，5）。

2016NCFNⅠ:17，夹砂灰陶，柱状足，截面呈扁圆形。一侧有数道竖向短刻槽。残高8.2厘米（图一〇〇，3）。

2016NCFNⅠ:18，夹砂灰陶，扁柱状足，截面近圆形。两侧有竖排戳印圆窝。残高7.6厘米（图一〇〇，1；图版一二，6）。

2016NCFNⅠ:19，夹砂黄褐陶，铲状足。素面。残高6.0厘米（图一〇〇，7）。

2016NCFNⅠ:20，夹砂红陶，瓦状扁足，截面近弧形。外侧足上部有两个按压圆窝。残高3.7厘米（图一〇〇，4）。

2016NCFNⅠ:22，夹砂灰陶，瓦状扁足，截面呈弧形。素面。残高3.6厘米（图一〇〇，8）。

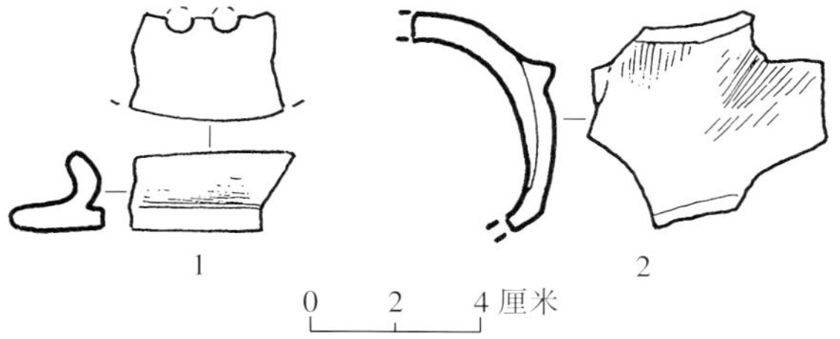

图一〇一　湫牛村Ⅰ号遗址采集陶器
1. 箅隔（2016NCFNⅠ:9）　2. 器耳（2016NCFNⅠ:11）

圈足　2件。

2016NCFNⅠ:12，夹砂黄褐陶，矮圈足，底端外撇。素面。残高2.7厘米（图九九，10）。

2016NCFNⅠ:21，夹砂灰褐陶，矮圈足，底端外撇。素面。残高3.0厘米（图九九，9）。

箅隔　1件。

2016NCFNⅠ:9，灰色硬陶，圆饼状，上下缘均圆弧，箅格上有数个圆形穿孔。残高2.0厘米（图一〇一，1）。

1. 砺石（2016NCFN Ⅰ：1）

2. 砺石（2016NCFN Ⅰ：2）

3. 石镞（2016NCFN Ⅰ：3）

4. 陶鼎足（2016NCFN Ⅰ：14）

5. 陶鼎足（2016NCFN Ⅰ：16）

6. 陶鼎足（2016NCFN Ⅰ：18）

图版一二　洑牛村Ⅰ号遗址采集遗物

器耳　1件。

2016NCFN Ⅰ：11，有泥片贴塑弧形耳。素面。残高5.3厘米（图一〇一，2）。

3. 遗址性质与年代

洑牛村Ⅰ号遗址是一处典型的岗地类遗址，采集遗物较为丰富。从遗址采集陶器来看，主要分为以下三组：

第1组：以器表见有按窝的鼎足、夹砂罐等为代表。该类陶器具有区域内新石器时代晚期年代特征。

第2组：以带耳罐、口沿处有多道凹槽的罐、高领罐、扁状鼎足以及雷纹、大方格纹等印纹硬陶为代表。该类型陶器与区域内商时期陶器特征相似，推断其年代为商时期。

第3组：以小方格纹、器表施釉的陶片为代表。此类陶器常见于该地区东周时期遗存中。

通过以上分析可知，洑牛村Ⅰ号遗址的年代应主要为新石器时代晚期、商时期及东周时期。该遗址的发现与初步研究，为区域文化序列的构建以及聚落形态等方面的研究提供了十分重要的考古学材料。

1. 罐（2016NCFNⅠ：24）　　2. 罐（2016NCFNⅠ：25）

图版一三　洑牛村Ⅰ号遗址采集陶器

六　洑牛村Ⅱ号遗址

1. 遗址概况

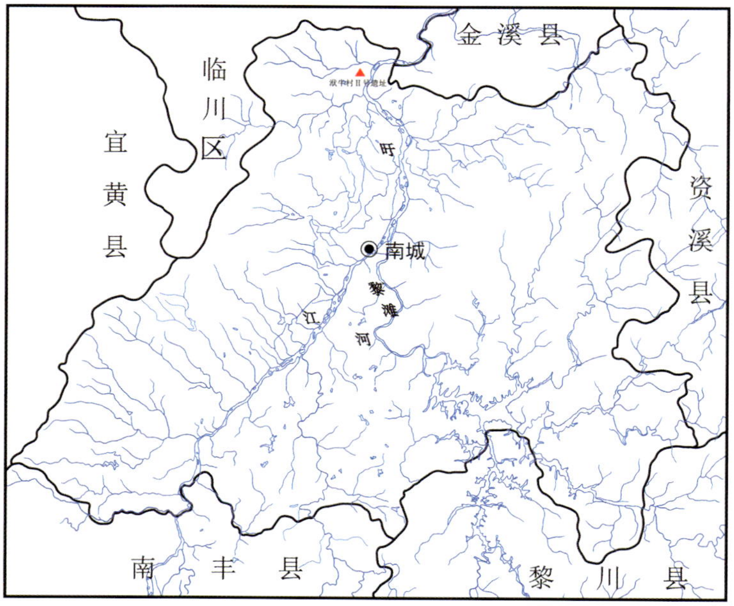

图一〇二　洑牛村Ⅱ号遗址位置示意图

洑牛村Ⅱ号遗址位于万坊镇洑牛村（图一〇二），西北距窑上村约500米，西南距陈家排约2.2千米，东距抚河约900米（图一〇三）。地理坐标为北纬27°41′28.1″，东经116°35′24.1″，海拔65米。

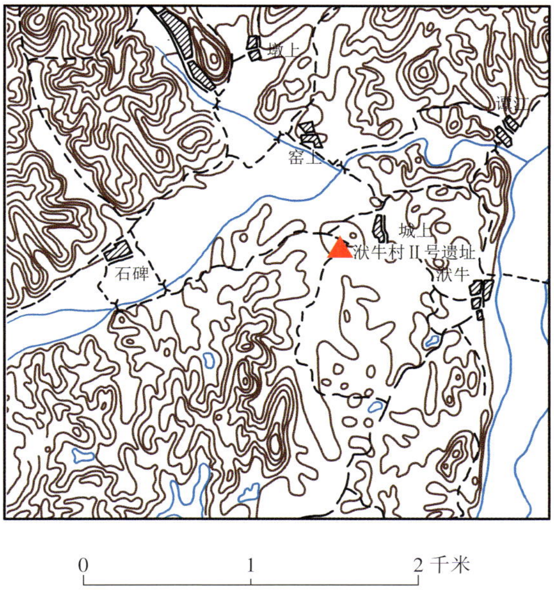

图一〇三　洑牛村Ⅱ号遗址地貌示意图

该遗址现存为地势略高的平缓地带（图一〇四），东北部边沿地带较高，其余区域较低且平缓，平面呈不规则形，长径约110米，短径约100米。地表现种植为橘树，植被较茂密（图一〇五）。

图一〇四　洑牛村Ⅱ号遗址远景图（由西北向东南）

图一〇五　洑牛村Ⅱ号遗址近景图（由东北向西南）

2. 遗物介绍

洑牛村Ⅱ号遗址采集陶片较多，主要为少量石器及较多陶器。

（1）石器

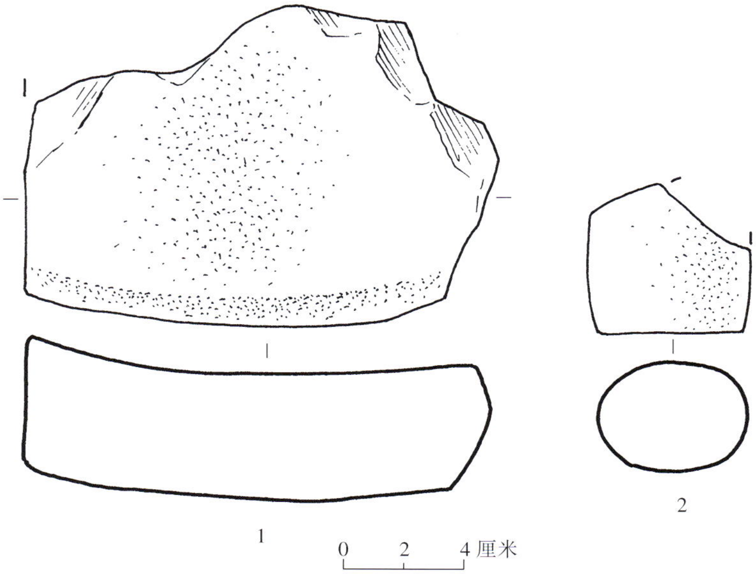

图一〇六　洑牛村Ⅱ号遗址采集石器

1、2. 砺石（2016NCFNⅡ：1、2016NCFNⅡ：2）

砺石　2件。

2016NCFNⅡ：1，黄褐色砂岩，呈不规则状，器表可见磨痕，一面磨制内凹。残宽10.6、残长15.6、厚约5.0厘米（图一〇六，1；图版一四，1）。

2016NCFNⅡ：2，黄褐色砂岩，截面近圆形，顶端斜直，底端近平。器表较为规整。残高5.2、残宽5.4厘米（图一〇六，2）。

（2）陶器

该遗址采集陶器主要以印纹硬陶为主，夹砂陶较少。印纹硬陶陶色有灰色、灰褐色，纹饰有弦纹（图一〇七，1）、方格纹（图一〇七，3、4）、菱格纹（图一〇七，2、5～8）、绳纹、“菱格纹”+“圆点纹”的组合纹饰（图一〇八，1、2）、刻划纹，器形主要见有罐；夹砂陶陶色有浅红色、灰褐色，多为素面，器物表面多见有凸棱，器形主要有罐、鼎（足）。

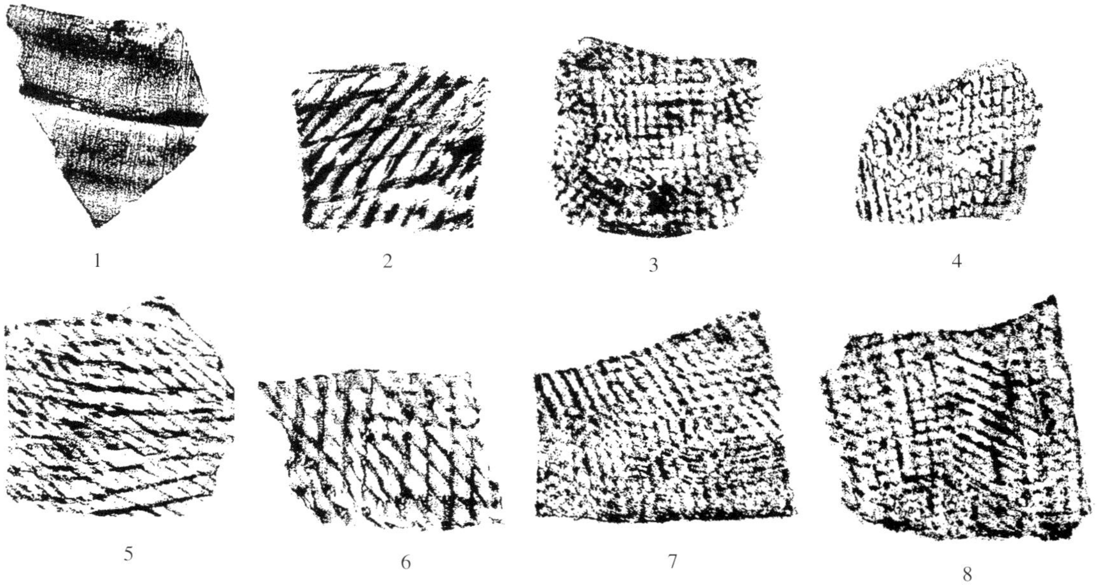

图一〇七　湫牛村Ⅱ号遗址采集陶片纹饰拓片
1. 弦纹　2、5～8. 菱格纹　3、4. 方格纹

罐　10件。

2016NCFNⅡ：3，灰色硬陶，敛口，折沿，圆唇，沿面见有一周凸棱。器表施菱格纹。残高4.0厘米（图一〇九，1；图版一四，2）。

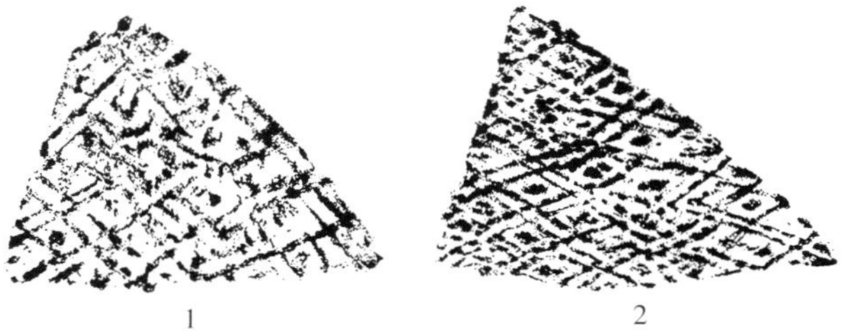

图一〇八　湫牛村Ⅱ号遗址采集陶片纹饰拓片
1、2. “菱格纹”+“圆点纹”组合纹饰

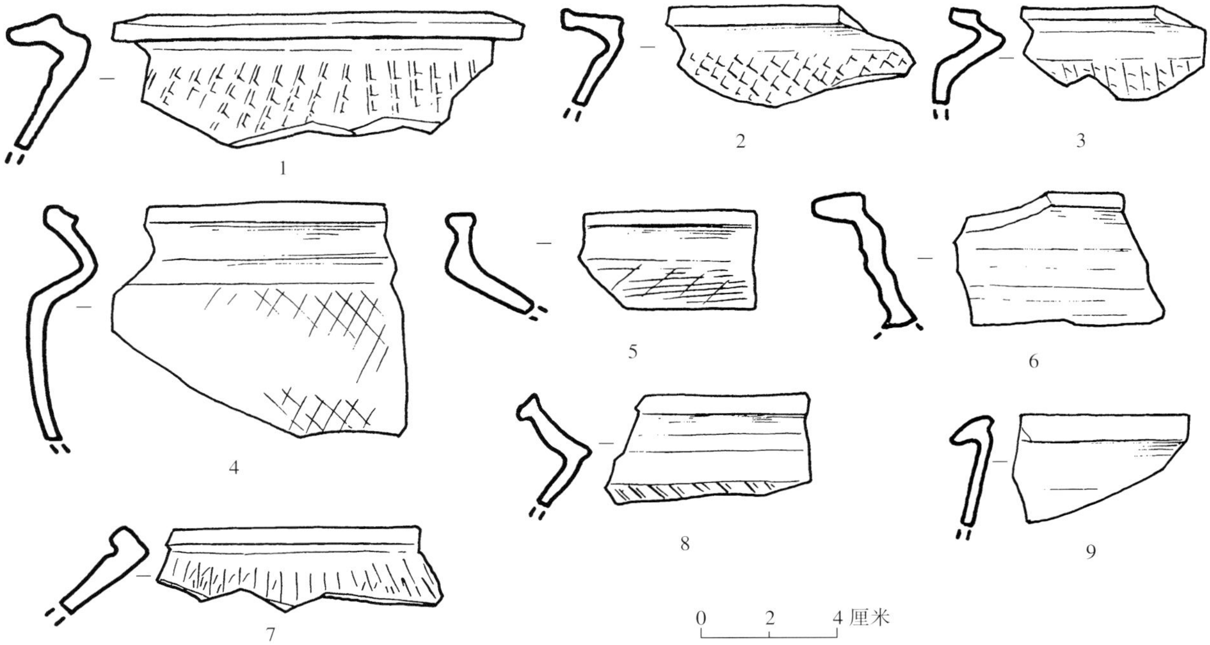

图一〇九　洑牛村Ⅱ号遗址采集陶器
1～9. 罐（2016NCFNⅡ：3、2016NCFNⅡ：8、2016NCFNⅡ：10、2016NCFNⅡ：4、2016NCFNⅡ：5、2016NCFNⅡ：6、2016NCFNⅡ：11、2016NCFNⅡ：7、2016NCFNⅡ：9）

2016NCFNⅡ：4，灰色硬陶，敛口，折沿，圆唇，折肩。器表施菱格纹，大部分被抹平。残高7.0厘米（图一〇九，4；图版一四，3）。

2016NCFNⅡ：5，灰色硬陶，直口，方唇，折腹。器表施菱格纹。残高3.0厘米（图一〇九，5）。

2016NCFNⅡ：6，夹砂灰褐陶，侈口，折沿，圆唇，高领，内外壁可见轮修痕迹。素面。残高4.0厘米（图一〇九，6）。

2016NCFNⅡ：7，灰褐色硬陶，侈口，折沿，斜方唇。器表施绳纹。残高3.2厘米（图一〇九，8）。

2016NCFNⅡ：8，灰色硬陶，敛口，折沿，斜方唇。器表施菱格纹。残高3.0厘米（图一〇九，2）。

2016NCFNⅡ：9，灰色硬陶，敛口，窄折沿，圆唇。素面。残高3.4厘米（图一〇九，9）。

2016NCFNⅡ：10，夹细砂灰陶，敛口，折沿，方唇，折肩。沿面有一周凸棱。器表施菱格纹。残高2.8厘米（图一〇九，3）。

2016NCFNⅡ：11，夹砂红陶，敛口，折沿，方唇。器表施菱格纹。残高2.6厘米（图一〇九，7）。

2016NCFNⅡ：16，灰色硬陶，敛口，内折沿，圆唇，折肩。沿面有一周凸棱。器表施菱格纹，大部分被抹平。残高3.6厘米（图一一〇，1）。

腹部残片　1件。

2016NCFNⅡ：17，灰色硬陶，近直口，高领，口沿残。内外壁可见轮修痕迹。素面。残高5.2厘米（图一一〇，2）。

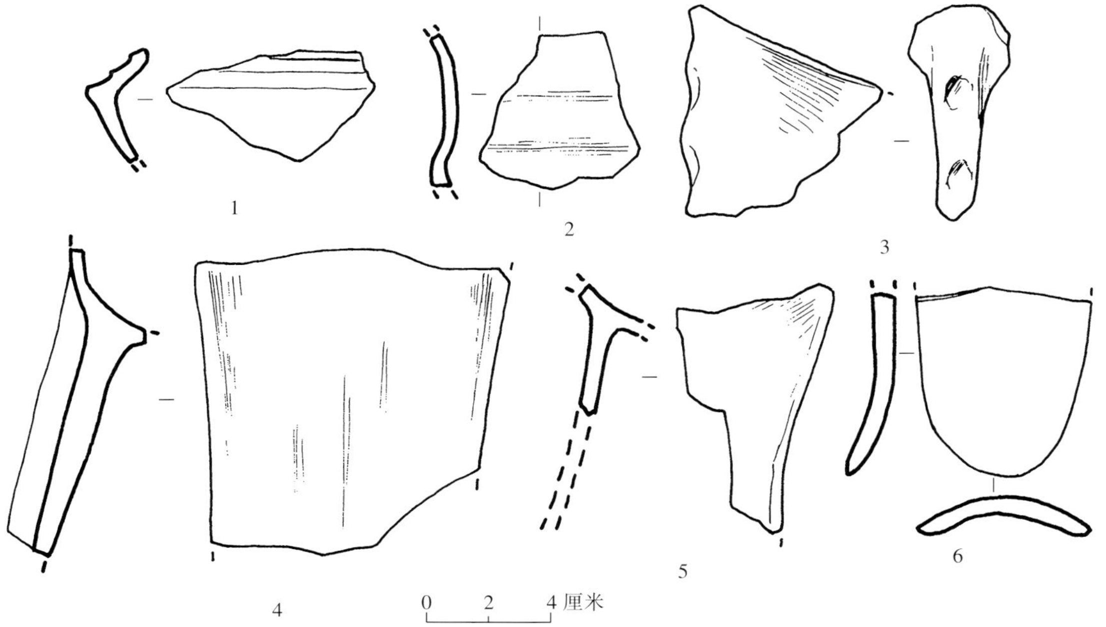

图一一〇 洑牛村Ⅱ号遗址采集陶器

1. 罐（2016NCFNⅡ：16） 2. 腹部残片（2016NCFNⅡ：17）

3～6. 鼎足（2016NCFNⅡ：15、2016NCFNⅡ：12、2016NCFNⅡ：14、2016NCFNⅡ：13）

鼎足 4件。

2016NCFNⅡ：12，夹砂灰陶，“T”形足，两侧内卷。素面。残高10.0厘米（图一一〇，4）。

2016NCFNⅡ：13，夹砂灰陶，瓦状足，截面呈弧形。素面。残高6.2厘米（图一一〇，6）。

2016NCFNⅡ：14，夹砂黄陶，“T”形足，两侧外卷。素面。残高8.2厘米（图一一〇，5）。

2016NCFNⅡ：15，夹砂黄陶，扁足。一侧足上部有两个按压凹窝。残高6.9厘米（图一一〇，3）。

3. 遗址性质与年代

洑牛村Ⅱ号遗址是一处典型的缓坡类岗地遗址，采集遗物较为丰富。从该遗址采集陶器来看，其大致可分为以下两组：

第1组：以瓦状鼎足、夹粗砂陶罐及“菱格纹”+“圆点纹”、大菱格纹等印纹硬陶为代表。其特征与鹰潭角山遗址[1]所见器形十分相似，可判断该组年代为商时期或略早。

第2组：以印纹硬陶折沿罐、边缘见有按窝的扁状鼎足等为代表。此类遗存在金溪县釜山遗址[2]有发现，可初步判断该组年代为西周时期。

综上所述，洑牛村Ⅱ号遗址的年代应为商或略早时期及西周时期。该遗址的发现与初步研究，不仅增加了区域内遗址的数量，并且为聚落形态与文化序列等方面的研究提供了十分重要的考古学材料。

---

① 江西省文物考古研究院、鹰潭市博物馆：《角山窑址：1983～2007年考古发掘报告》，文物出版社，2017年。

② 该遗址由江西省文物考古研究院主持发掘，资料未发表。

1. 砺石（2016NCFNⅡ：1）

2. 陶罐（2016NCFNⅡ：3）

3. 陶罐（2016NCFNⅡ：4）

图版一四　洑牛村Ⅱ号遗址采集遗物

七　洑牛村Ⅲ号遗址

1. 遗址概况

洑牛村Ⅲ号遗址位于万坊镇洑牛村（图一一一），东北距窑上村约600米，西南距陈家排约

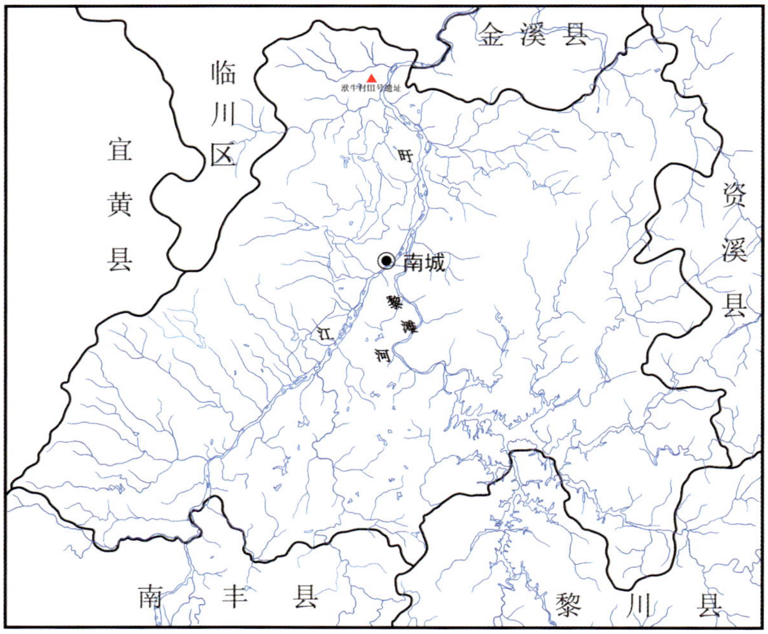

图一一一　洑牛村Ⅲ号遗址位置示意图

1.7 千米，东距抚河约 1.1 千米（图一一二）。地理坐标为北纬 27°41′21.0″，东经 116°35′08.9″，海拔 70 米。

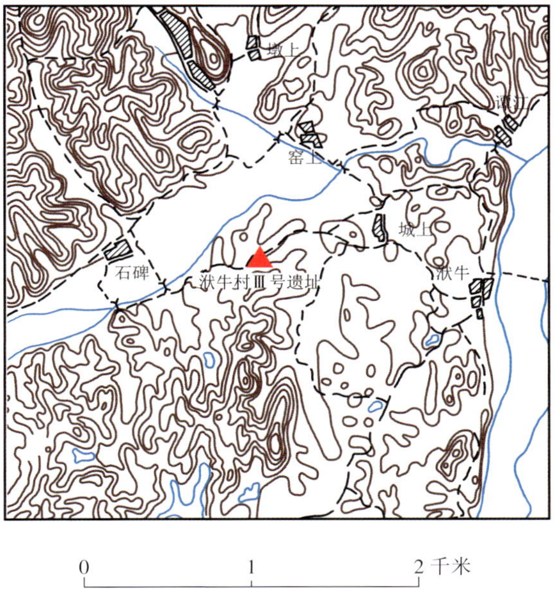

图一一二　湫牛村Ⅲ号遗址地貌示意图

该遗址现存为一缓坡地带，地势北高南低，平面呈不规则形（图一一三），长径约 360 米，短径约 44 米。遗址大部现种植橘树，植被较为茂密，部分区域种植橘树苗（图一一四），植被略稀疏。

图一一三　湫牛村Ⅲ号遗址远景图（由西北向东南）

图一一四　洑牛村Ⅲ号遗址近景图（由西南向东北）

2. 遗物介绍

洑牛村Ⅲ号遗址采集遗物较少，主要为印纹硬陶与夹砂陶。以印纹硬陶为主，陶色有灰色、灰褐色、红褐色，纹饰较为丰富，见有方格纹（图一一五，1、6；图一一六，1～3）、绳纹（图一一六，5～7）、叶脉纹、短线纹（图一一五，2～5）、雷纹（图一一六，4、8），器形以罐为主；夹砂陶较少，陶色为红色，素面，器形主要为罐。

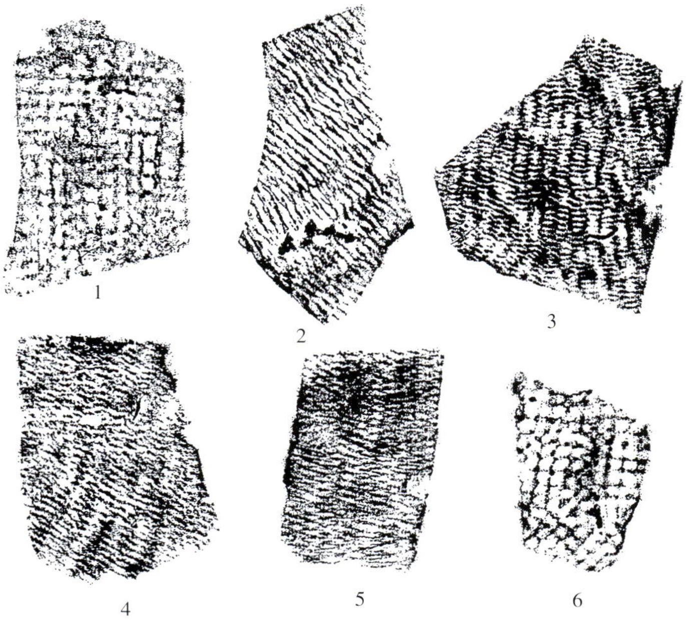

图一一五　洑牛村Ⅲ号遗址采集陶片纹饰拓片
1、6. 方格纹　2～5. 短线纹

图一一六 洑牛村Ⅲ号遗址采集陶片纹饰拓片
1～3. 方格纹 4、8. 雷纹 5～7. 绳纹

罐 4件。

2016NCFNⅢ：3，夹砂黄褐陶，敛口，折沿，方唇。器表施方格纹。残高5.1厘米（图一一七，3）。

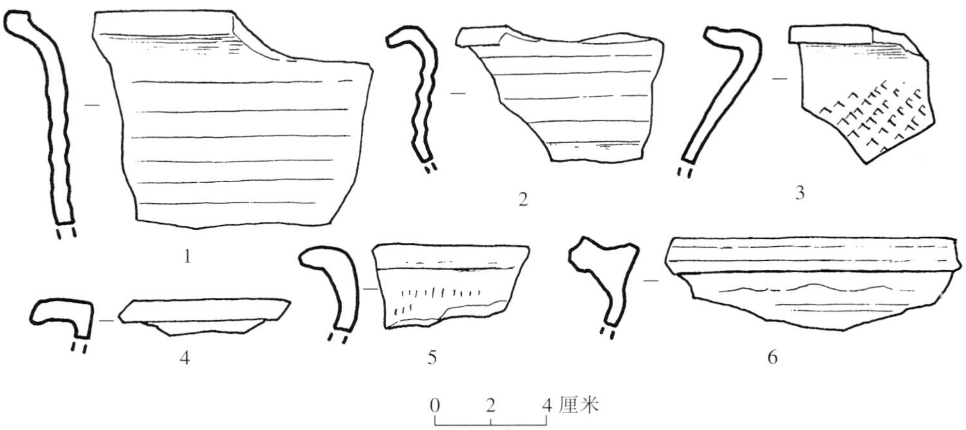

图一一七 洑牛村Ⅲ号遗址采集陶器
1、2. 甗形器（2016NCFNⅢ：1、2016NCFNⅢ：2）
3～6. 罐（2016NCFNⅢ：3、2016NCFNⅢ：4、2016NCFNⅢ：5、2016NCFNⅢ：6）

2016NCFNⅢ:4，夹细砂灰陶，敛口，折沿，圆唇。素面。残高1.4厘米（图一一七，4）。

2016NCFNⅢ:5，夹砂灰陶，敛口，折沿，方唇。沿面内凹。器表施绳纹。残高3.2厘米（图一一七，5）。

2016NCFNⅢ:6，夹砂灰陶，侈口，卷沿，圆唇。器表施绳纹。残高3.2厘米（图一一七，6）。

甗形器　2件。

2016NCFNⅢ:1，夹砂红陶，近直口，沿微卷，圆唇，弧腹。沿面有一周凸棱，器表有轮修痕迹。素面。残高8.0厘米（图一一七，1；图版一五，1）。

2016NCFNⅢ:2，灰色硬陶，口微敛，卷沿，方唇，弧腹。器表有轮修痕迹。素面。残高5.0厘米（图一一七，2；图版一五，2）。

3. 遗址性质与年代

湫牛村Ⅲ号遗址是一处典型的缓坡岗地类遗址，遗址采集遗物较少。从遗址采集陶器情况来看，该遗址所见甗形器、雷纹、方格纹等硬陶，具有商代晚期特征。由此可初步推断该遗址的年代为商代晚期。

该遗址的发现与初步研究，为区域内文化序列的构建以及聚落形态的研究提供了十分重要的考古资料。

1. 甗形器（2016NCFNⅢ:1）

2. 甗形器（2016NCFNⅢ:2）

图版一五　湫牛村Ⅲ号遗址采集陶器

八　湫牛村Ⅳ号遗址

1. 遗址概况

湫牛村Ⅳ号遗址位于万坊镇湫牛村（图一一八），东北距窑上村约600米，西南距陈家排约2千米，东距抚河约1.4千米（图一一九）。地理坐标为北纬27°41′25.4″，东经116°35′03.9″，海拔71米。

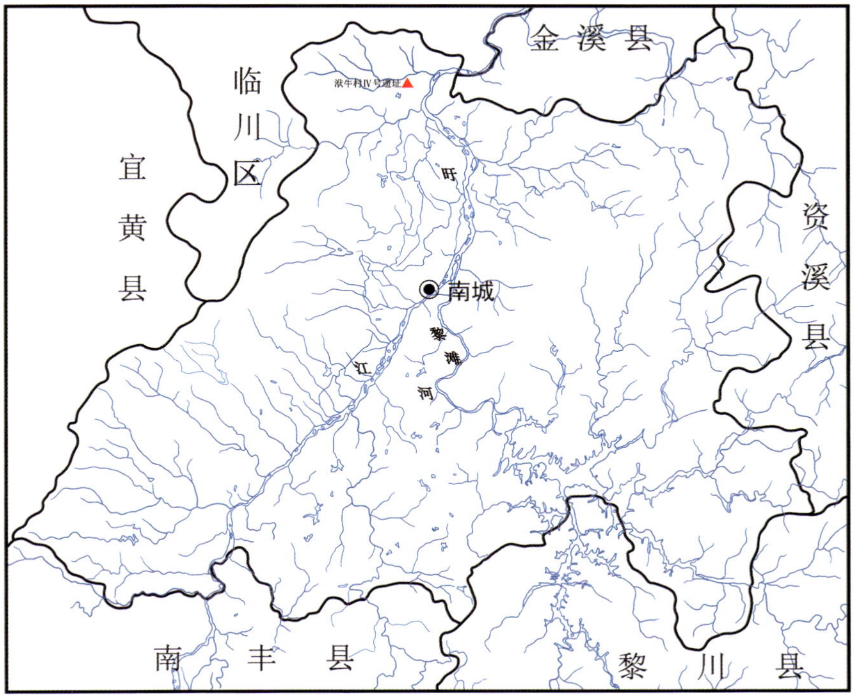

图一一八　洑牛村Ⅳ号遗址位置示意图

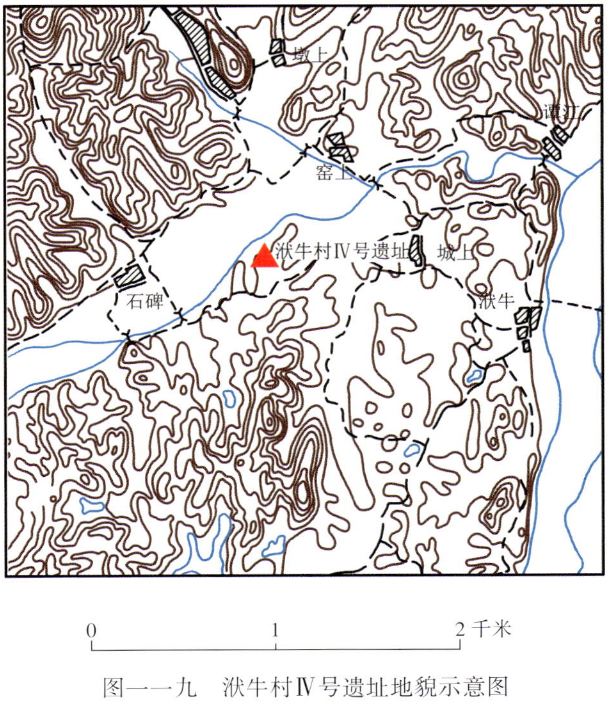

图一一九　洑牛村Ⅳ号遗址地貌示意图

该遗址现存为一斜坡状山岗地带，地势中、西部高，其余区域较低，平面呈不规则形（图一二〇），长径约127米，短径约102米。遗址表面现种植橘树（图一二一），地表植被较为茂密。

图一二〇　洑牛村Ⅳ号遗址远景图（由西南向东北）

图一二一　洑牛村Ⅳ号遗址近景图（由东向西）

2. 遗物介绍

洑牛村Ⅳ号遗址地表采集遗物较少（图一二二），主要为一件砺石及少量陶器。

图一二二　洑牛村Ⅳ号遗址近景图（地表陶片）

（1）石器

砺石　1件。

2016NCFNⅣ:1，灰褐色砂岩，一端圆弧，一端近直，上下面较为平整。器表有打磨痕迹。残长16.4、宽7.0、厚9.0厘米（图一二三；图版一六，1）。

（2）陶器

该遗址采集陶器以印纹硬陶与夹砂陶为主。印纹硬陶居多，陶色有灰色、灰褐色、浅红色，纹饰有绳纹（图一二四，6、8～10）、刻划纹（图一二四，5）、交错绳纹（图一二四，1、7）、方格纹、短线纹（图一二四，2、3）、雷纹（图一二四，4），器形主要为罐；夹砂陶较少，陶色为红色、灰色，多为素面，器形见有罐、鼎（足）。

罐　2件。

2016NCFNⅣ:2，灰色硬陶，敛口，窄折沿，方圆唇。素面。残高2.6厘米（图一二五，1）。

2016NCFNⅣ:4，夹砂灰陶，侈口，折沿，唇部残。素面。残高4.0厘米（图一二五，2）。

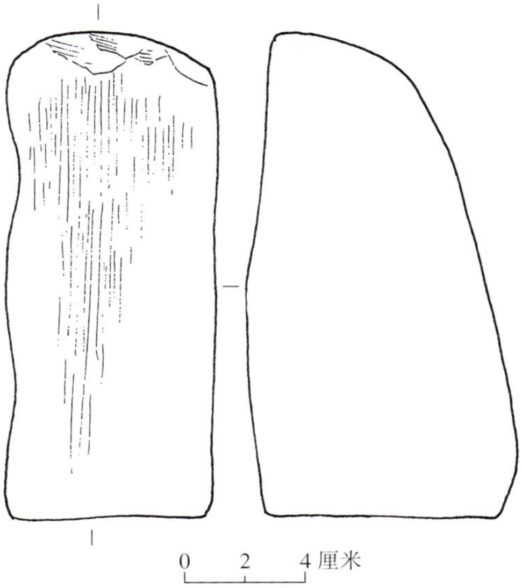

图一二三　洑牛村Ⅳ号遗址采集砺石
（2016NCFNⅣ:1）

鼎足　1件。

2016NCFNⅣ∶3，夹砂红陶，扁柱状足，截面呈扁圆形。足顶端见有一对按压凹窝。残高3.2厘米（图一二五，3；图版一六，2）。

1　2　3　4　5　6　7　8　9　10

图一二四　洑牛村Ⅳ号遗址采集陶片纹饰拓片
1、7. 交错绳纹　2、3. 短线纹　4. 雷纹　5. 刻划纹　6、8～10. 绳纹

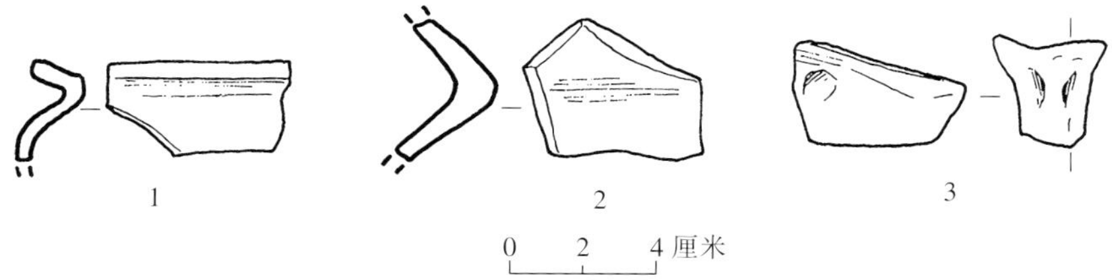

1　2　3

图一二五　洑牛村Ⅳ号遗址采集陶器
1、2. 罐（2016NCFNⅣ∶2、2016NCFNⅣ∶4）　3. 鼎足（2016NCFNⅣ∶3）

3. 遗址性质与年代

洑牛村Ⅳ号遗址是一处典型的坡状岗地类遗址。从该遗址采集遗物情况来看，主要以折沿罐、

边缘有按窝的扁状鼎足为时代特征，其年代大致应为西周时期。

该遗址的发现与初步研究，为该区域聚落形态研究及文化序列建构等方面提供了十分重要的考古学材料。

1. 砺石（2016NCFNⅣ：1）

2. 陶鼎足（2016NCFNⅣ：3）

图版一六　洑牛村Ⅳ号遗址采集遗物

九　洑牛村Ⅴ号遗址

1. 遗址概况

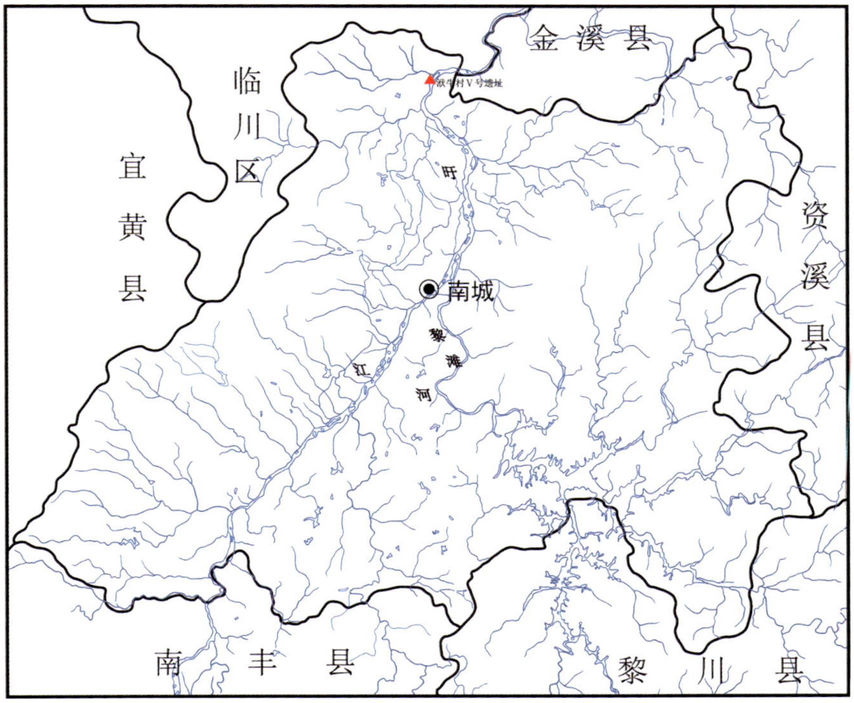

图一二六　洑牛村Ⅴ号遗址位置示意图

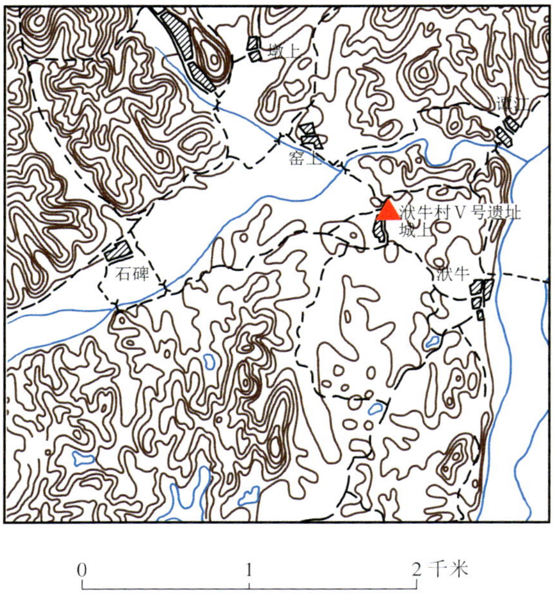

图一二七　湫牛村Ⅴ号遗址地貌示意图

湫牛村Ⅴ号遗址位于万坊镇湫牛村（图一二六），西北距窑上村约600米，西南距陈家排约2.3千米，东距抚河约700米（图一二七）。地理坐标为北纬27°41′29.4″，东经116°35′32.1″，海拔66米。

遗址处于平缓山岗地形，地势较为平坦，平面呈不规则形（图一二八）。长径约122米，短径约70米。地表现种植为橘树（图一二九），植被较为稀疏。

图一二八　湫牛村Ⅴ号遗址远景图（由西南向东北）

图一二九　洑牛村Ⅴ号遗址近景图（由东南向西北）

2. 遗物介绍

洑牛村Ⅴ号遗址采集遗物较少，主要为1件石刀及少量陶器。

（1）石器

石刀　1件。

2016NCFNⅤ：1，青灰色闪长岩，顶端残，两侧斜直，底端单面磨制成刃。器表磨制光滑。残高5.9、残宽3.8、厚0.5厘米（图一三〇；图版一七，1）。

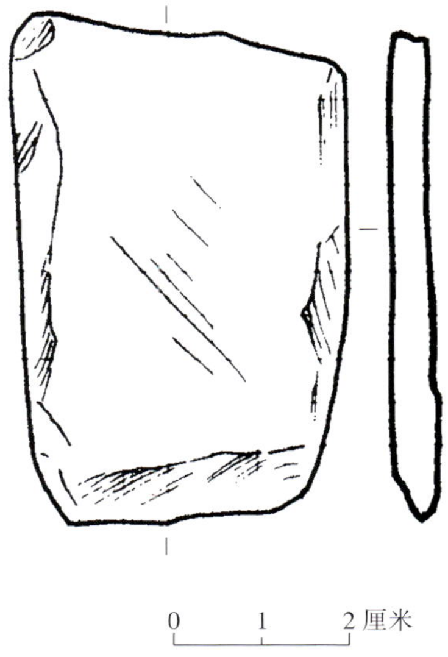

图一三〇　洑牛村Ⅴ号遗址采集石刀
（2016NCFNⅤ：1）

（2）陶器

该遗址采集陶器主要为印纹硬陶与夹砂陶。以印纹硬陶为主，陶色有灰色、灰褐色、浅红色，纹饰有变体雷纹（图一三一，1）、方格纹（图一三一，4）、交错绳纹（图一三一，3）、绳纹（图一三一，9、10）、交错线纹（图一三一，2）、菱格纹（图一三一，5～8），器形以罐、尊为主；夹砂陶较少，陶色见有灰色、黄色，多为素面，器形不明。

罐　5件。

2016NCFNⅤ：2，灰色硬陶，敛口，折沿，方唇。器表施线纹。残高3.4厘米（图一三二，1；图版一七，2）。

2016NCFNⅤ：3，灰色硬陶，敛口，折沿，方唇。沿面有一周凸棱。器表施菱格纹。残高3.4厘米（图一三二，3）。

图一三一　洑牛村Ⅴ号遗址采集陶片纹饰拓片

1. 变体雷纹　2. 交错线纹　3. 交错绳纹　4. 方格纹　5～8. 菱格纹　9、10. 绳纹

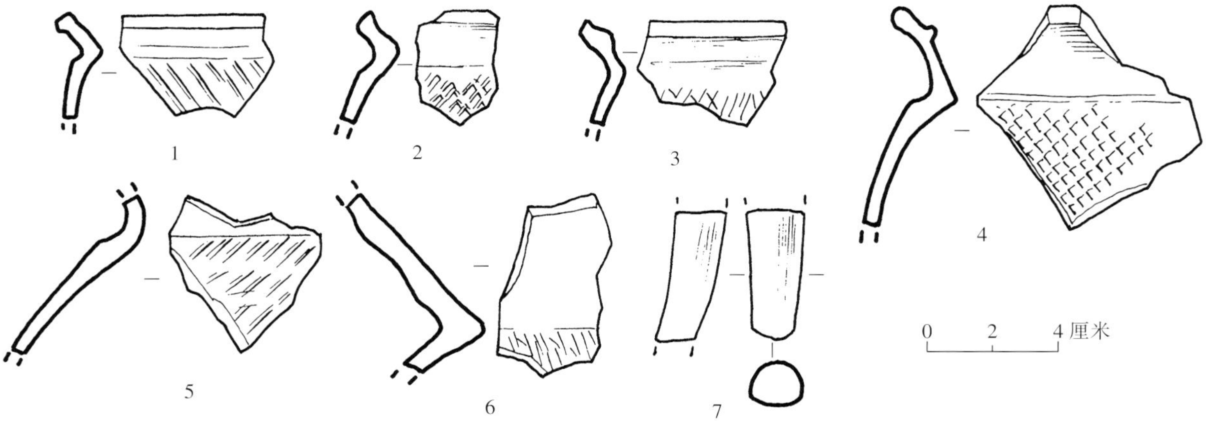

图一三二　洑牛村Ⅴ号遗址采集陶器

1～5. 罐（2016NCFNⅤ：2、2016NCFNⅤ：5、2016NCFNⅤ：3、2016NCFNⅤ：8、2016NCFNⅤ：4）
6. 尊（2016NCFNⅤ：6）7. 鼎足（2016NCFNⅤ：7）

2016NCFNⅤ：4，夹砂灰陶，敛口，卷沿，唇部残。器表施绳纹。残高5.2厘米（图一三二，5；图版一七，3）。

2016NCFNⅤ：5，灰褐色硬陶，敛口，折沿，斜方唇。器表施菱格纹。残高3.6厘米（图一三二，2）。

2016NCFNⅤ：8，褐色硬陶，侈口，宽折沿，圆唇。沿面见有一周凸棱。器表施菱格纹。残高6.9厘米（图一三二，4；图版一七，4）。

尊　1件。

2016NCFNⅤ：6，灰色硬陶，侈口，宽折沿，唇部残。器表施菱格纹。残高5.6厘米（图一三二，6）。

鼎足　1件。

2016NCFNⅤ：7，夹砂黄陶，圆柱状足，截面呈圆形。素面。残高4.0厘米（图一三二，7）。

3. 遗址性质与年代

洑牛村Ⅴ号遗址是一处典型的坡状岗地类遗址。从该遗址采集遗物情况分析，该遗址所见折沿硬陶罐，部分口沿内侧见有凸棱，其特征与西周时期陶器风格相似。因此，初步推测该遗址的年代为西周时期。

该遗址的发现与初步研究，为区域内文化序列及内涵建构、聚落形态研究等方面提供了十分重要的考古学资料。

1. 石刀（2016NCFNⅤ：1）

2. 陶罐（2016NCFNⅤ：2）

3. 陶罐（2016NCFNⅤ：4）

4. 陶罐（2016NCFNⅤ：8）

图版一七　洑牛村Ⅴ号遗址采集遗物

一〇　黄狮村Ⅰ号遗址

1. 遗址概况

黄狮村Ⅰ号遗址位于沙洲镇黄狮村东南侧（图一三三），东距济广高速约370米，南距316国道约680米，东北距黄狮村Ⅱ号遗址约200米（图一三四）。地理坐标为北纬27°44′36.95″，东经116°47′32.52″，海拔99米。

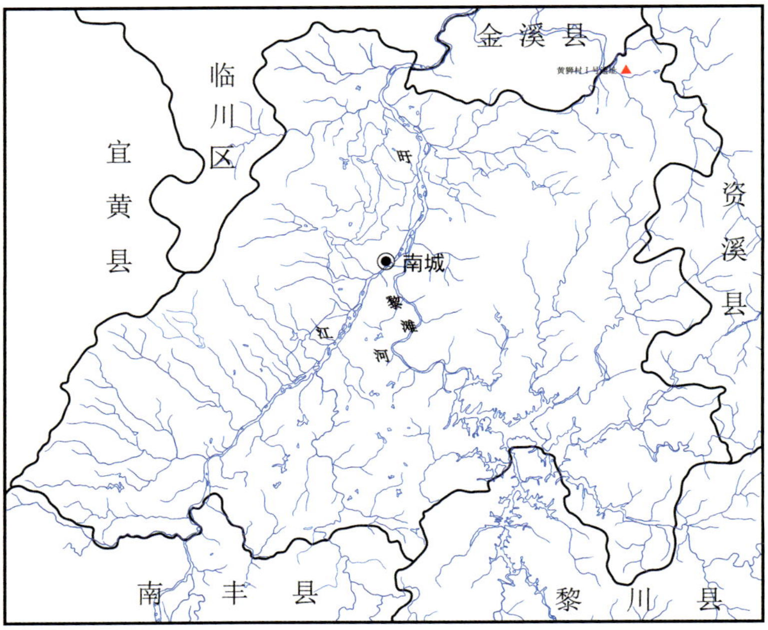

图一三三　黄狮村Ⅰ号遗址位置示意图

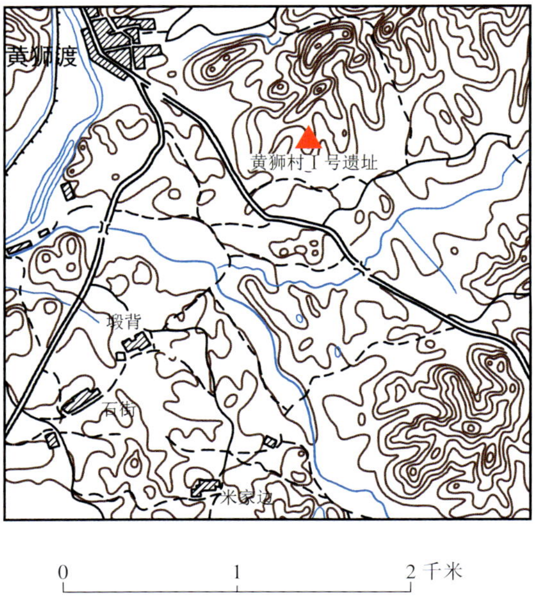

图一三四　黄狮村Ⅰ号遗址地貌示意图

遗址处于一缓坡山岗，南侧为地势平坦的山间盆地（图一三五），遗址地势西北高东南低，平面呈不规则形。长径约402米，短径约82米。遗址现已被人为修整为梯田种植橘树（图一三六、一三七），地表植被较稀疏。

图一三五　黄狮村Ⅰ号遗址远景图（由西北向东南）

图一三六　黄狮村Ⅰ号遗址近景图（由北向南）

图一三七　黄狮村Ⅰ号遗址近景图（由西向东）

2. 遗物介绍

黄狮村Ⅰ号遗址采集遗物较少，主要为1件石镞及少量陶器（图一三八）。

图一三八　黄狮村Ⅰ号遗址近景图（地表陶片）

（1）石器

石镞 1件。

2016NCHS Ⅰ:1，青灰色闪长岩磨制而成，锋部圆钝，刃部斜直，铤端残。器表较为光滑。残高4.3、残宽2.1厘米（图一三九）。

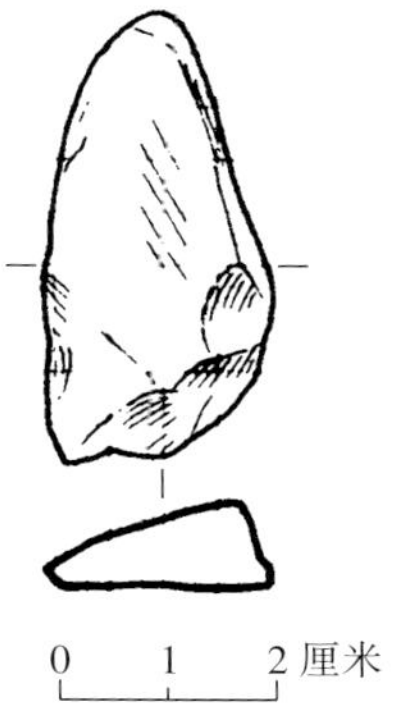

图一三九 黄狮村Ⅰ号遗址采集石镞（2016NCHS Ⅰ:1）

（2）陶器

该遗址采集陶器主要为印纹硬陶与夹砂陶。以印纹硬陶为主，陶色有灰色、灰褐色、浅黄色，纹饰见有短线纹（图一四一，2～5；图一四二，1）、雷纹（图一四〇，2；图一四二，2、5）、绳纹（图一四〇，1；图一四二，6、7、9）、折线纹、方格纹（图一四〇，3）、菱格纹（图一四一，1；图一四二，3、4、8），器形以罐、尊为主；夹砂陶较少，陶色主要为红色、灰色，素面，器形见有罐、甗、鼎（足）等。

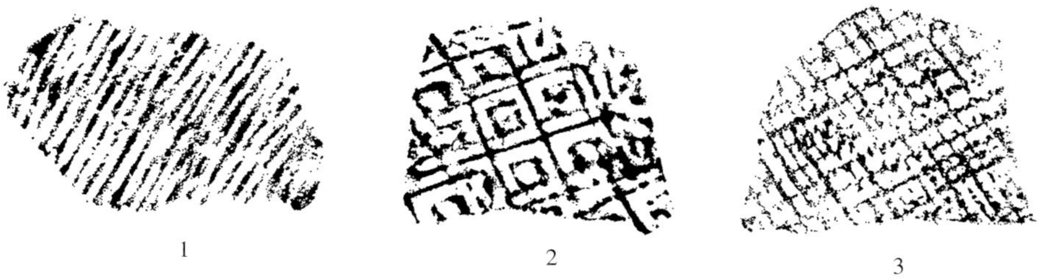

图一四〇 黄狮村Ⅰ号遗址采集陶片纹饰拓片

1. 绳纹 2. 雷纹 3. 方格纹

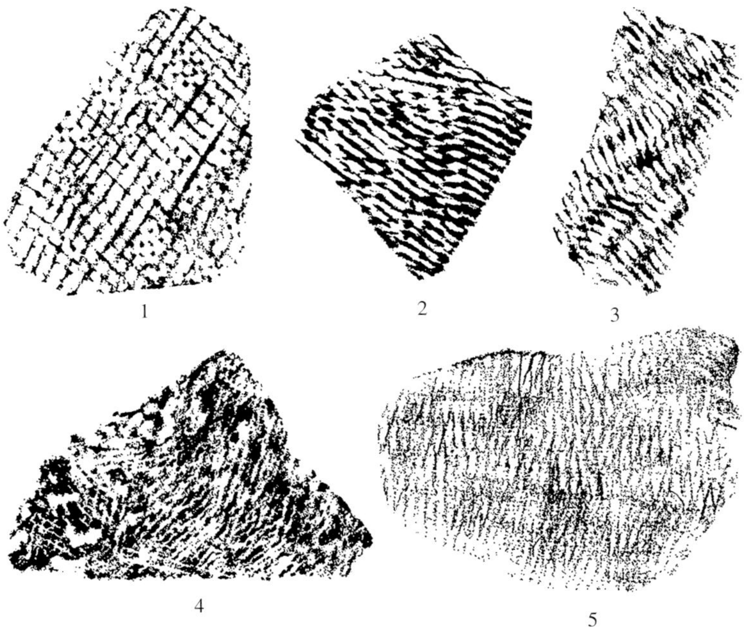

图一四一 黄狮村Ⅰ号遗址采集陶片纹饰拓片

1. 菱格纹 2～5. 短线纹

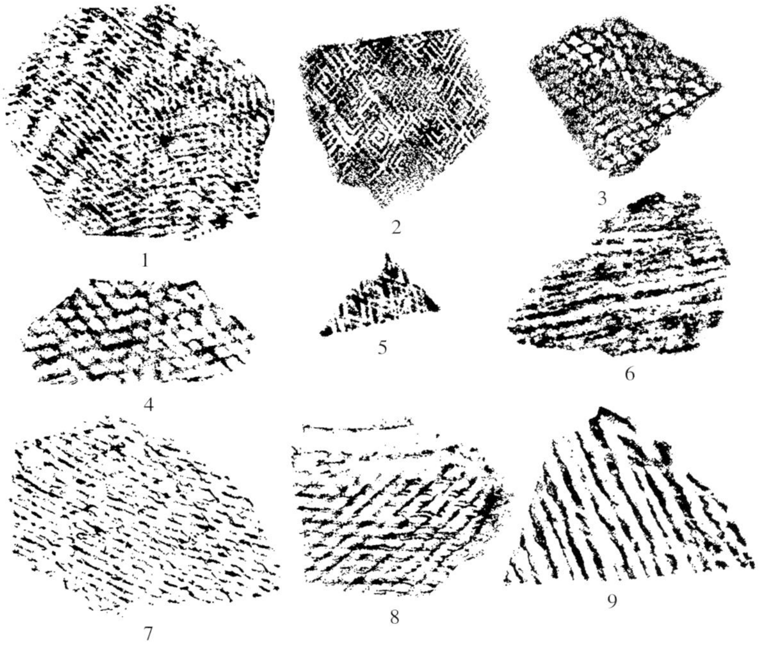

图一四二　黄狮村Ⅰ号遗址采集陶片纹饰拓片
1. 短线纹　2、5. 雷纹　3、4、8. 菱格纹　6、7、9. 绳纹

罐　8件。

2016NCHSⅠ:2，褐色硬陶，近直口，高领，卷沿，方唇。器表施绳纹及菱格纹。残高6.0厘米（图一四三，2；图版一八，1）。

2016NCHSⅠ:3，褐色硬陶，敛口，窄折沿，唇部残。器表施变体雷纹。残高3.9厘米（图一四三，6；图版一八，2）。

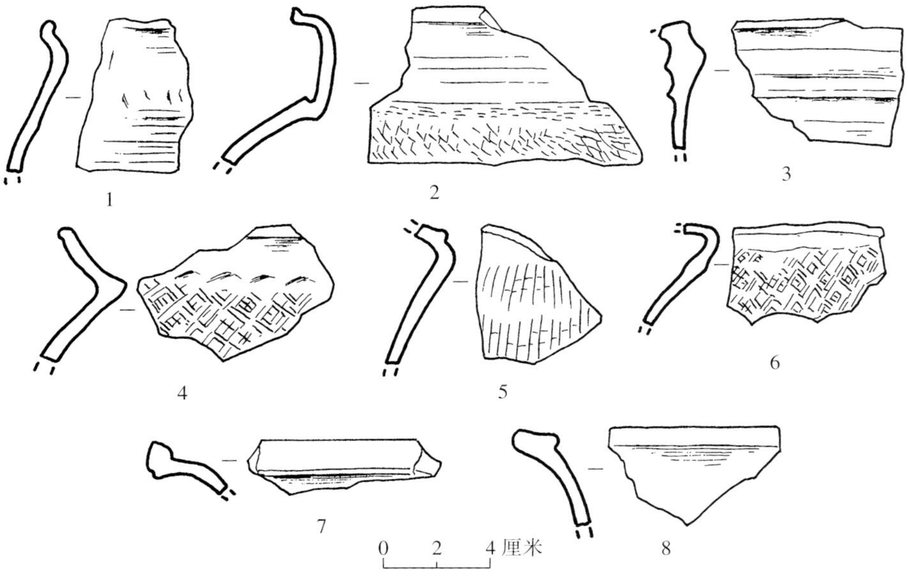

图一四三　黄狮村Ⅰ号遗址采集陶器
1～8. 罐（2016NCHSⅠ:4、2016NCHSⅠ:2、2016NCHSⅠ:8、2016NCHSⅠ:7、2016NCHSⅠ:6、2016NCHSⅠ:3、2016NCHSⅠ:5、2016NCHSⅠ:11）

2016NCHS Ⅰ：4，灰色硬陶，敛口，斜方唇。器表施戳印纹及绳纹。残高5.9厘米（图一四三，1）。

2016NCHS Ⅰ：5，灰色硬陶，侈口，方唇。素面。残高2.0厘米（图一四三，7）。

2016NCHS Ⅰ：6，红褐色硬陶，敛口，折沿，唇部残。沿面有一周凸棱，器表施交错线纹。残高5.2厘米（图一四三，5）。

2016NCHS Ⅰ：7，夹砂红陶，侈口，折沿，圆唇。口沿下有按压凹窝，器表施变体雷纹。残高5.4厘米（图一四三，4；图版一八，3）。

2016NCHS Ⅰ：8，夹砂黄陶，口微敛，折沿，唇部残。沿下有两周凸棱。残高4.9厘米（图一四三，3）。

2016NCHS Ⅰ：11，夹砂黄陶，侈口，方唇。素面。残高3.8厘米（图一四三，8）。

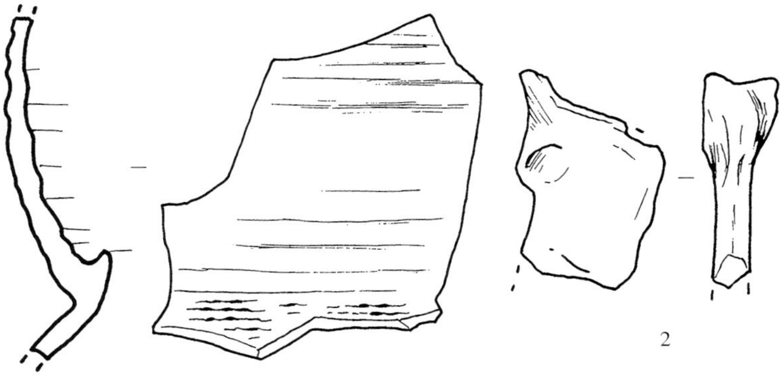

图一四四　黄狮村Ⅰ号遗址采集陶器
1. 甗（2016NCHS Ⅰ：9）　2. 鼎足（2016NCHS Ⅰ：10）

甗腰　1件。

2016NCHS Ⅰ：9，夹砂灰褐陶，斜弧腹，窄腰隔。上体甑部内外壁可见明显轮修痕迹，下部器表施绳纹。残高11.0厘米（图一四四，1；图版一八，4、5）。

鼎足　1件。

2016NCHS Ⅰ：10，夹砂灰陶，扁足。一侧足上部有一对按压凹窝。残高7.0厘米（图一四四，2）。

3. 遗址性质与年代

黄狮村Ⅰ号遗址是一处斜坡状岗地类遗址。从该遗址采集遗物来看，陶器主要以印纹硬陶为多，纹饰以雷纹、绳纹、短线纹、菱格纹为多，器形见有高领罐、折沿罐、甗形器等，另见有边缘有按窝式鼎足，其年代亦为商时期或略晚。综合来看，黄狮村Ⅰ号遗址的年代较为集中，主要为商时期。

该遗址的发现与初步研究，为文化序列的构建提供了十分有利的条件，亦为区域文化分布特征及聚落形态等方面的研究提供了重要的考古学资料。

1. 罐（2016NCHSⅠ：2）

2. 罐（2016NCHSⅠ：3）

3. 罐（2016NCHSⅠ：7）

4. 甗腰（2016NCHSⅠ：9）

5. 甗腰（2016NCHSⅠ：9）

图版一八　黄狮村Ⅰ号遗址采集陶器

一一　黄狮村Ⅱ号遗址

1. 遗址概况

黄狮村Ⅱ号遗址位于沙洲镇黄狮村东南侧（图一四五），西南距黄狮村Ⅰ号遗址约200米，东距济广高速约 320 米，南距济广高速约 750 米（图一四六）。地理坐标为北纬 27°44′42.75″，东经 116°47′35.70″，海拔 100 米。

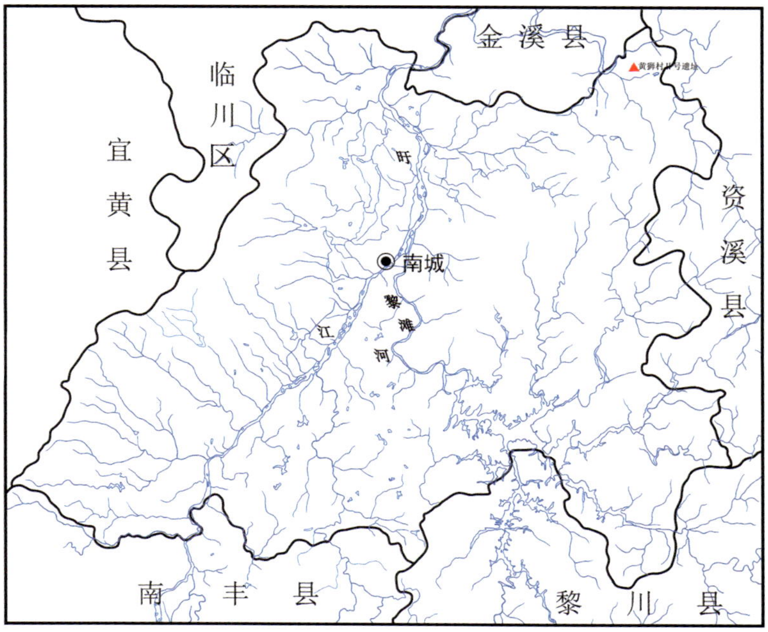

图一四五　黄狮村Ⅱ号遗址位置示意图

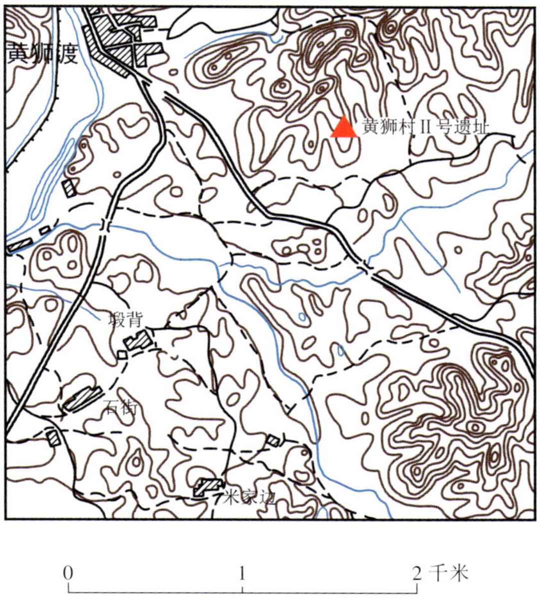

图一四六　黄狮村Ⅱ号遗址地貌示意图

该遗址现存为一山地缓坡（图一四七），地势东高西低，平面呈不规则形。长径约 294 米，短径约 100 米。遗址现已被人为修整为梯田种植杉树（图一四八），地表植被较为茂密。遗址与黄狮村Ⅰ号遗址东西相对，两遗址之间为地势低洼地带。

图一四七　黄狮村Ⅱ号遗址远景图（由西南向东北）

图一四八　黄狮村Ⅱ号遗址近景图（由东北向西南）

2. 遗物介绍

黄狮村Ⅱ号遗址采集遗物较少，主要为印纹硬陶与夹砂陶。以印纹硬陶为多，陶色为灰色，纹饰有小方格纹（图一四九，1）、绳纹（图一四九，2～4）、交错绳纹，器形见有罐；夹砂陶较少，陶色有灰色、浅黄色，多素面，器形为罐、鼎（足）。

图一四九　黄狮村Ⅱ号遗址采集陶片纹饰拓片
1. 小方格纹　2～4. 绳纹

罐　2件。

2016NCHSⅡ∶1，夹砂灰陶，侈口，折沿，圆唇。沿面见有一周凸棱。器表施绳纹。残高4.4厘米（图一五○，1；图版一九，1）。

2016NCHSⅡ∶2，夹砂灰陶，侈口，宽折沿，圆唇。沿面有一周凸棱。器表施绳纹。残高4.2厘米（图一五○，2）。

鼎足　4件。

2016NCHSⅡ∶3，夹砂灰陶，扁足，截面呈长条形。素面。残高5.6厘米（图一五○，3）。

2016NCHSⅡ∶4，夹砂灰陶，扁足，截面呈扁条形。一侧足上部可见捏痕。素面。残高6.6厘米（图一五○，4；图版一九，2）。

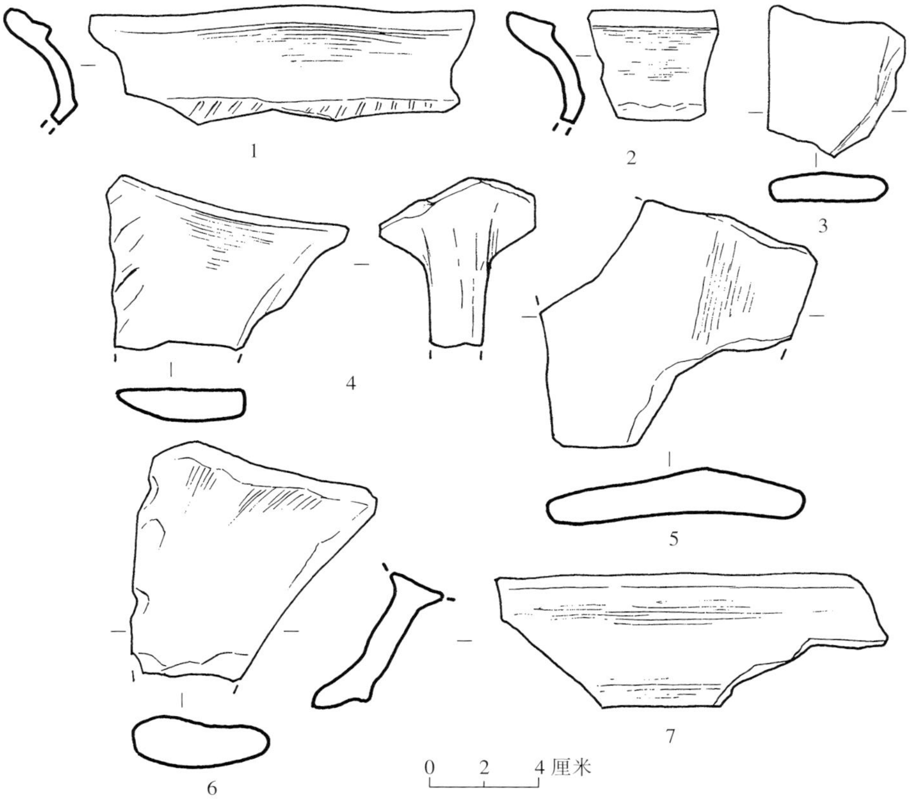

图一五○　黄狮村Ⅱ号遗址采集陶器
1、2. 罐（2016NCHSⅡ∶1、2016NCHSⅡ∶2）
3～6. 鼎足（2016NCHSⅡ∶3、2016NCHSⅡ∶4、2016NCHSⅡ∶5、2016NCHSⅡ∶6）　7. 圈足（2016NCHSⅡ∶7）

2016NCHSⅡ:5，夹砂黄褐陶，扁足，截面呈长条状。素面。残高9.2厘米（图一五〇，5）。

2016NCHSⅡ:6，夹砂黄陶，扁足，截面呈扁圆形。一侧足上部有两对按压凹窝。残高8.8厘米（图一五〇，6；图版一九，3）。

圈足 1件。

2016NCHSⅡ:7，夹砂灰陶，矮圈足，底端外撇。素面。残高5.0厘米（图一五〇，7）。

3. 遗址性质与年代

黄狮村Ⅱ号遗址为一处典型的斜坡状岗地类遗址。从遗址采集遗物情况来看，其所见遗存大致可分为两组：

第1组：以扁状鼎足、折沿罐、交错绳纹、绳纹陶器等为代表。该组陶器以边缘有按窝的鼎足、口沿内侧有凹棱为主要特征，其年代主要为晚商至西周时期。

第2组：以小方格纹等为代表。可推测其年代应为东周时期。

黄狮村Ⅱ号遗址与黄狮村Ⅰ号遗址相距较近，两者的年代亦有重叠的部分。黄狮村Ⅰ号遗址的主体年代为商时期，黄狮村Ⅱ号遗址主体年代为西周时期。两个遗址均与栎树墩环壕遗址相距较近。由于栎树墩环壕遗址采集遗物较少，仅显示该遗址的年代为新石器时代晚期，其或有商周时期遗存的可能性。这还需要更多考古工作的开展，来揭示环壕与岗地类遗址之间的关系。

1. 罐（2016NCHSⅡ:1）

2. 鼎足（2016NCHSⅡ:4）

3. 鼎足（2016NCHSⅡ:6）

图版一九 黄狮村Ⅱ号遗址采集陶器

一二　老店上遗址

1. 遗址概况

老店上遗址位于沙洲镇林坊村委会田西村西部（图一五一），东距田西村约180米，西北距济广高速约930米，东北距王丁排山约650米（图一五二）。地理坐标为北纬27°42′47.73″，东经116°46′43.46″，海拔87米。

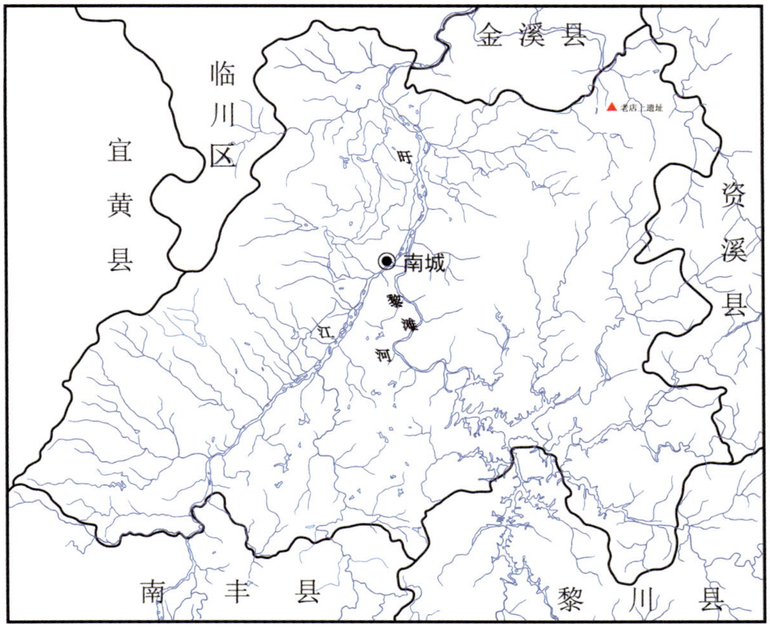

图一五一　老店上遗址位置示意图

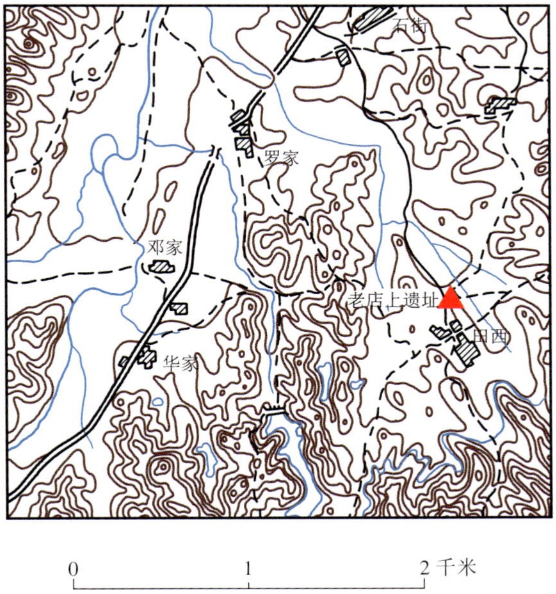

图一五二　老店上遗址地貌示意图

该遗址现为一山岗（图一五三），地势中部高四周低，平面呈不规则形。长径约130米，短径约59米。遗址大部被杉树、毛竹和杂草覆盖，地表植被较为茂密，南部区域被人为修整种植橘树（图一五四），地表植被稀疏。

图一五三　老店上遗址远景图（由东北向西南）

图一五四　老店上遗址近景图（由北向南）

2. 遗物介绍

老店上遗址采集遗物较少，主要为1件石镞（图一五五）及少量陶片。陶片以印纹硬陶为主。陶色为灰色，纹饰不清，器形不明。

图一五五 老店上遗址近景图（地表石器）

石镞 1件。

2016NCLD：1，青灰色闪长岩，尖锋，刃部锐利，锥状铤，器身中部起脊。器表磨制光滑。高7.5、宽2.0厘米（图一五六；图版二〇）。

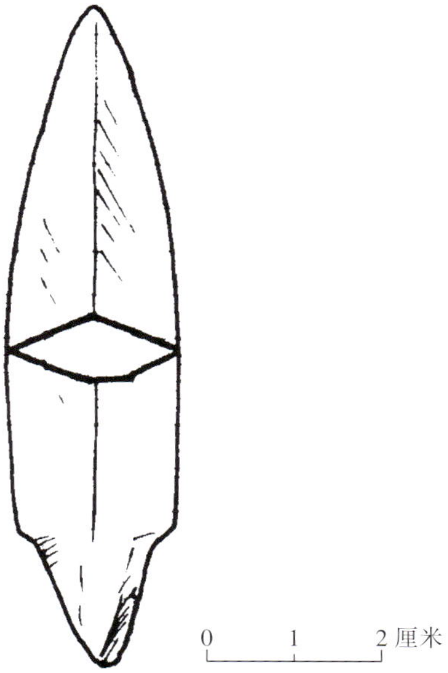

图一五六 老店上遗址采集石镞
（2016NCLD：1）

3. 遗址性质与年代

老店上遗址是一处典型的坡状岗地类遗址。该遗址采集遗物较少，主要见有印纹硬陶碎片。总体上来看，该遗址的年代可判断为商周时期。

该遗址的发现与初步研究，增加了区域遗址的数量，为该区域文化序列的构建以及聚落形态等方面的研究提供了十分重要的考古学资料。

石镞（2016NCLD：1）

图版二〇　老店上遗址采集遗物

一三　吉兴农场遗址

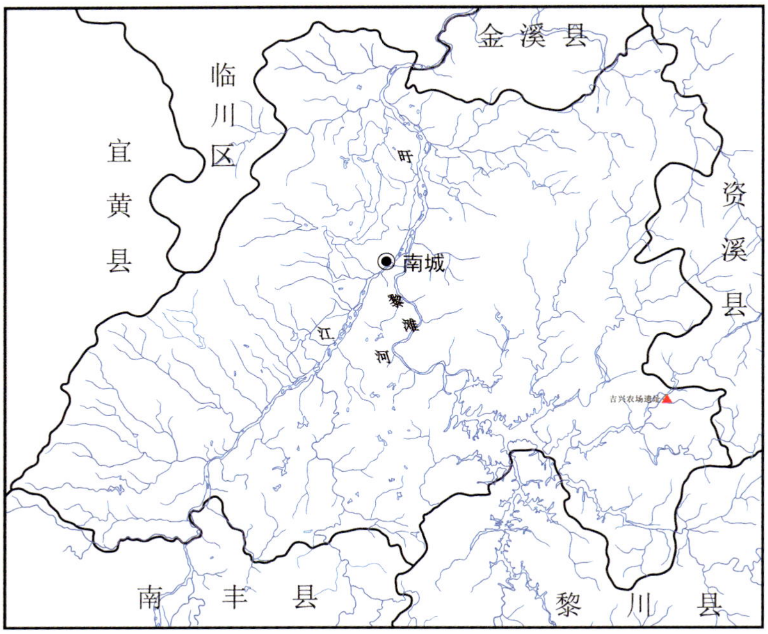

图一五七　吉兴农场遗址位置示意图

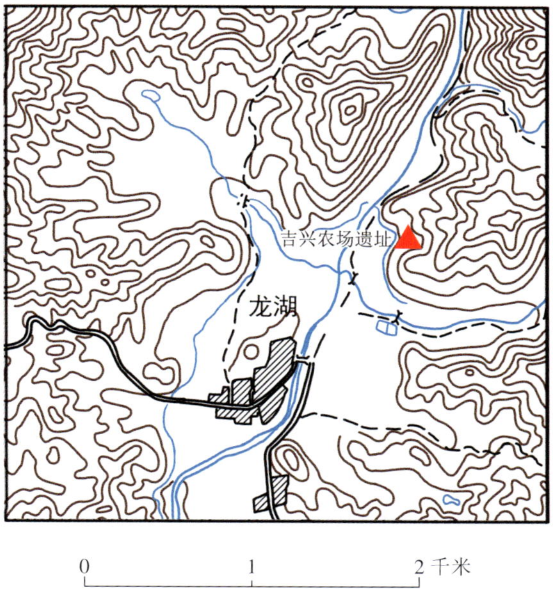

图一五八 吉兴农场遗址地貌示意图

1. 遗址概况

吉兴农场遗址位于龙湖镇卷桥村东侧（图一五七），西距卷桥村约 260 米，西南距 327 省道约 700 米，西南距龙湖镇约 960 米（图一五八）。地理坐标为北纬 27°30′31.52″，东经 116°53′4.08″，海拔 127 米。

图一五九 吉兴农场遗址远景图（由南向北）

图一六〇　吉兴农场遗址远景图（由西南向东北）

图一六一　吉兴农场遗址近景图（由南向北）

该遗址现为一斜坡岗地（图一五九、一六〇），地势北高南低，平面呈不规则形。长径约144米，短径约53米。遗址现已被人为修整为梯田种植橘树（图一六一），地表植被较稀疏。

2. 遗物介绍

吉兴农场遗址采集遗物较少，主要为1件石镞及少量陶器。

（1）石器

石镞 1件。

2016NCJX：1，青石，锋部圆钝，刃部斜直，中部起脊，铤端残。器表磨制较为光滑。残高4.7、残宽1.6厘米（图一六二；图版二一，1）。

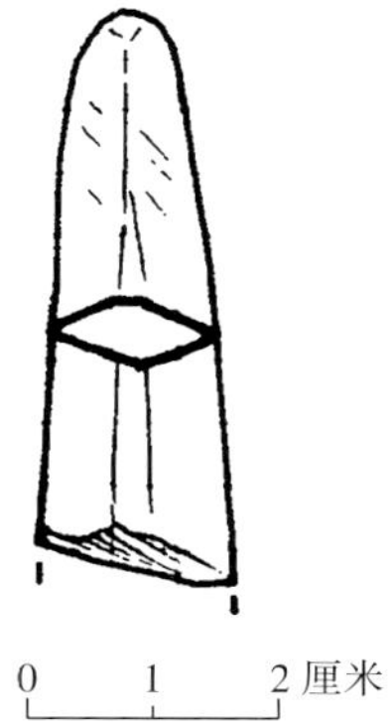

图一六二 吉兴农场遗址采集石镞
（2016NCJX：1）

（2）陶器

该遗址采集陶器主要为印纹硬陶与夹砂陶。以印纹硬陶为主，陶色有灰色、灰褐色，纹饰有绳纹（图一六三，1、4、6）、小方格纹（图一六三，2、5）、绳纹及刻划纹组合纹饰（图一六三，3），器形见有罐；夹砂陶较少，陶色有灰白色、红色、灰色，素面，器形见有罐、鼎（足）。

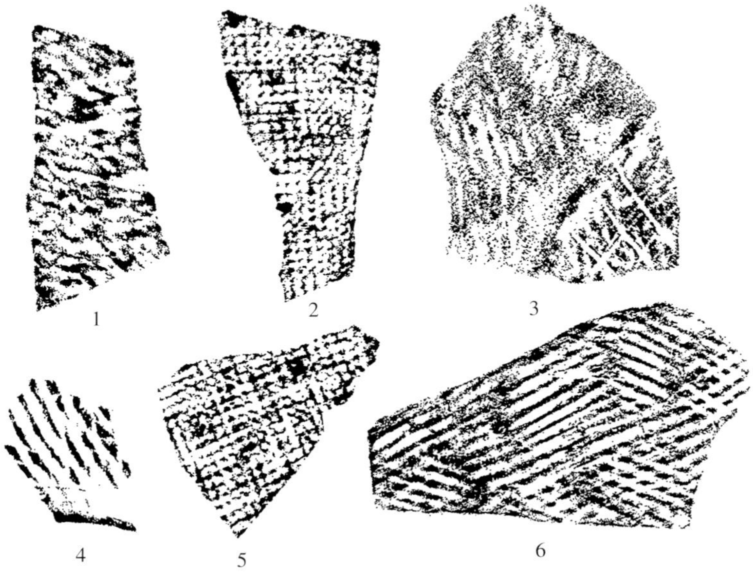

图一六三 吉兴农场遗址采集陶片纹饰拓片
1、4、6. 绳纹 2、5. 小方格纹 3. 绳纹及刻划纹组合纹饰

罐 6件。

2016NCJX：2，夹砂灰陶，侈口，宽折沿，圆唇。器表施绳纹。残高4.8厘米（图一六四，1）。

2016NCJX：3，夹砂灰陶，侈口，方唇。素面。残高3.8厘米（图一六四，3）。

2016NCJX：4，灰色硬陶，侈口，折沿，圆唇。沿面有一周凸棱，素面。残高4.0厘米（图一六四，4）。

2016NCJX：6，夹砂黄陶，侈口，方唇。沿面有一周凸棱，素面。残高4.4厘米（图一六四，2）。

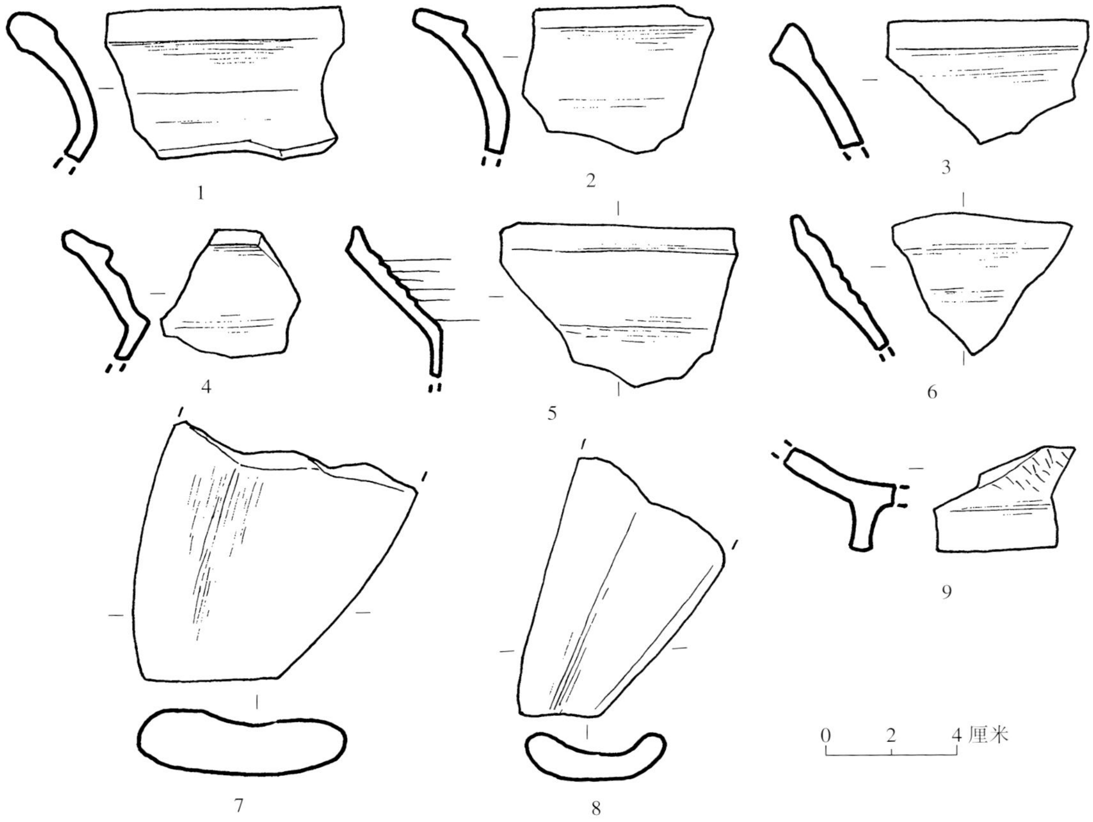

图一六四　吉兴农场遗址采集陶器

1～6. 罐（2016NCJX：2、2016NCJX：6、2016NCJX：3、2016NCJX：4、2016NCJX：10、2016NCJX：7）
7、8. 鼎足（2016NCJX：8、2016NCJX：9）　9. 圈足（2016NCJX：5）

2016NCJX：7，泥质灰陶，侈口，圆唇。沿内侧施数道凹弦纹。残高4.4厘米（图一六四，6）。

2016NCJX：10，灰色硬陶，侈口，宽折沿，斜方唇。沿内壁有数道凹弦纹。残高4.8厘米（图一六四，5；图版二一，2、3）。

鼎足　2件。

2016NCJX：8，夹砂灰陶，瓦状扁足，截面呈扁圆形。足跟部见有捏痕。残高8.0厘米（图一六四，7）。

2016NCJX：9，夹砂红陶，扁足，截面呈弧形。素面。残高8.0厘米（图一六四，8）。

圈足　1件。

2016NCJX：5，灰褐色硬陶，斜直腹，矮圈足。器表施绳纹。残高3.2厘米（图一六四，9）。

3. 遗址性质与年代

吉兴农场遗址是一处典型的斜坡岗地类遗址。从该遗址采集遗物情况分析，其所见遗存可大致分为以下两组：

第1组：以瓦状鼎足、卷沿罐等为代表。所见陶器口沿内侧多见有凹槽，纹饰流行绳纹等，具有商时期陶器特征。

第2组：以小方格纹为代表。该类纹饰主要流行于东周时期，推断该组年代为东周时期。

通过以上简要分析，吉兴农场遗址的年代主要应集中在商时期和东周时期。该遗址的发现与初步研究，为区域内文化序列的构建及聚落形态研究等方面提供了十分重要的考古学材料。

1. 石镞（2016NCJX：1）

2. 陶罐（2016NCJX：10）

3. 陶罐（2016NCJX：10）

图版二一　吉兴农场遗址采集遗物

一四　牛栏窠山遗址

1. 遗址概况

牛栏窠山遗址位于沙洲镇林坊村委会（图一六五）。西南距羊山村约470米，西北距济广高速约710米，东北距316国道约760米（图一六六）。地理坐标为北纬27°43′44.67″，东经116°47′30.10″，海拔84米。

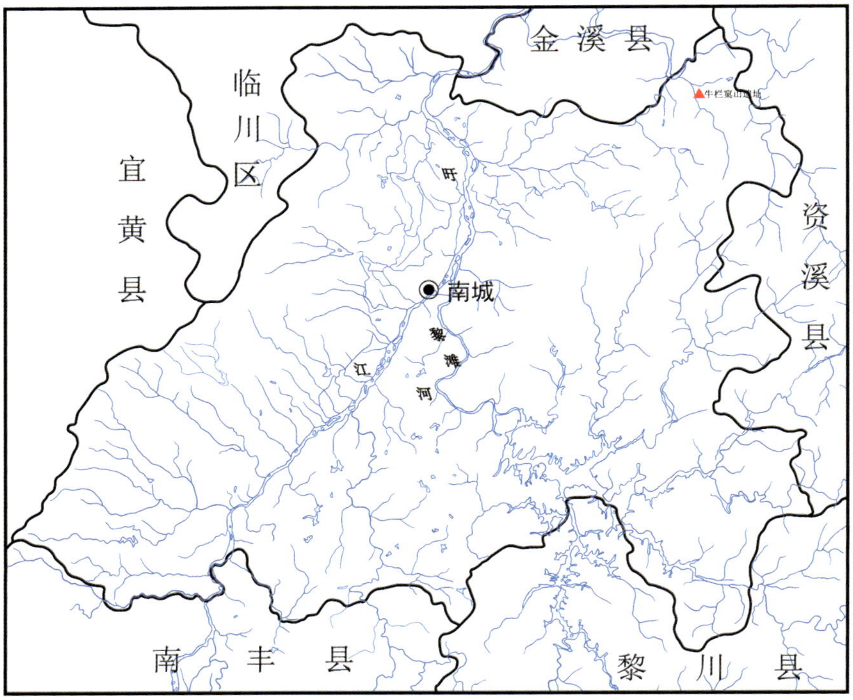

图一六五　牛栏窠山遗址位置示意图

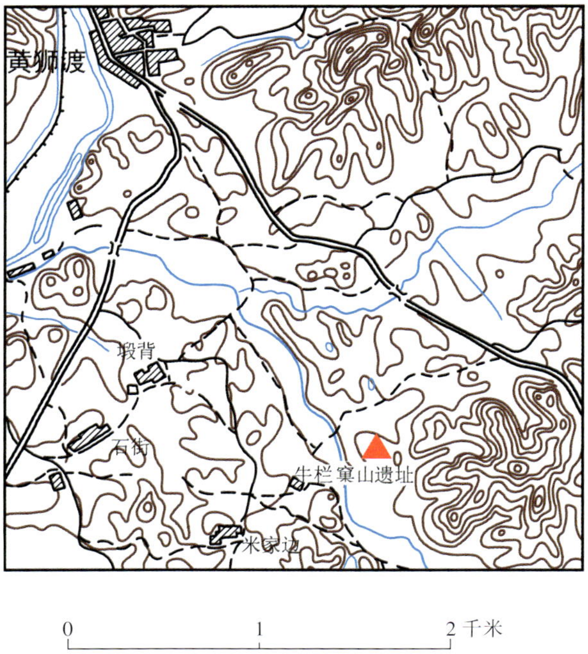

图一六六　牛栏窠山遗址地貌示意图

该遗址现为一缓坡山岗（图一六七），地势东北高西南低，平面呈不规则形。长径约 296 米，短径约 185 米。遗址现已被人为修整种植橘树（图一六八），地表植被较为稀疏。

图一六七　牛栏窠山遗址远景图（由西南向东北）

图一六八　牛栏窠山遗址近景图（由南向北）

2. 遗物介绍

牛栏窠山遗址采集陶片较少，主要为两件石器及少量陶器。

（1）石器

砺石　1件。

2016NCNL∶1，黄褐色石英岩，截面呈菱形，两端残，四面磨制规整，器表有打磨痕迹。残高6.2、残宽3.4厘米（图一六九，2；图版二二，1）。

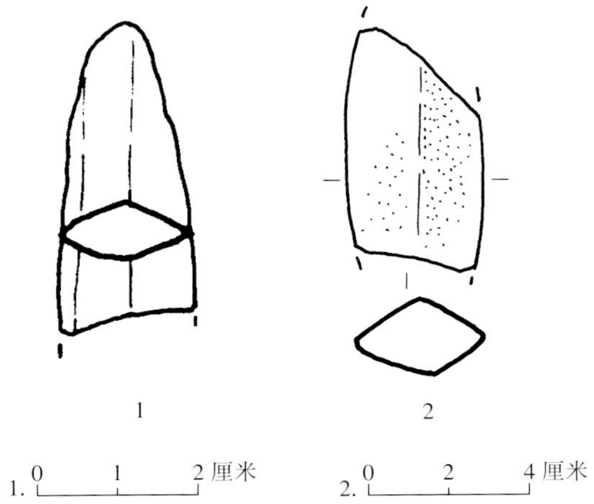

图一六九　牛栏窠山遗址采集石器

1. 石镞（2016NCNL∶2）　2. 砺石（2016NCNL∶1）

石镞　1件。

2016NCNL∶2，青灰色页岩，尖锋，刃部较为锐利，铤端残，器身中部起脊。器表磨制光滑。残高3.9、残宽1.7厘米（图一六九，1；图版二二，2）。

（2）陶器

该遗址采集陶器主要为印纹硬陶与夹砂陶。印纹硬陶较少，陶色有灰色、灰褐色，纹饰有菱格纹（图一七〇，1）、绳纹（图一七〇，2、3），器形见有罐；夹砂陶较多，陶色有灰色、灰褐色、红色、浅红色，素面，器形见有罐、鼎（足）。

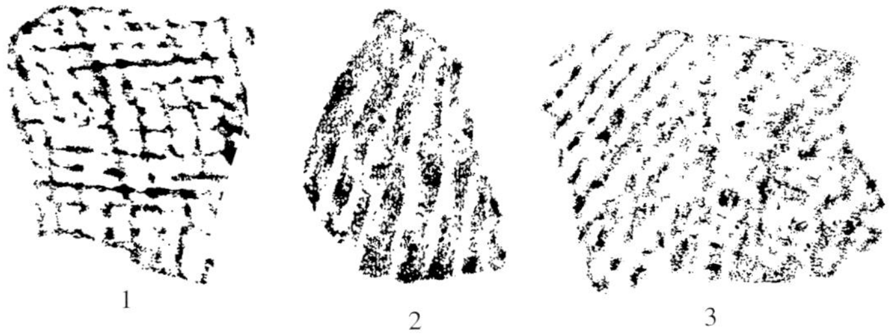

图一七〇　牛栏窠山遗址采集陶片纹饰拓片

1. 菱格纹　2、3. 绳纹

鼎足　1件。

2016NCNL∶3，夹砂红陶，扁状实心足，截面呈扁圆形。素面。残高3.4厘米（图一七一）。

3. 遗址性质与年代

牛栏窠山遗址为一处典型的岗地类遗址。由于遗址采集遗物较少，对该遗址年代的判断存在一定的困难。从采集陶片来看，主要多为印纹硬陶，纹饰以菱格纹、绳纹为多，器形见有夹砂陶鼎足，其年代可判定为西周时期。

该遗址的发现与初步研究，为该区域文化序列及聚落形态等方面的研究提供了十分重要的考古学材料。

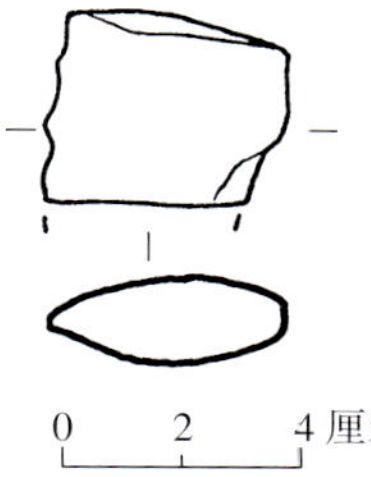

图一七一 牛栏窠山遗址采集陶鼎足（2016NCNL：3）

1. 砺石（2016NCNL：1）

2. 石镞（2016NCNL：2）

图版二二 牛栏窠山遗址采集遗物

一五 石碑遗址

1. 遗址概况

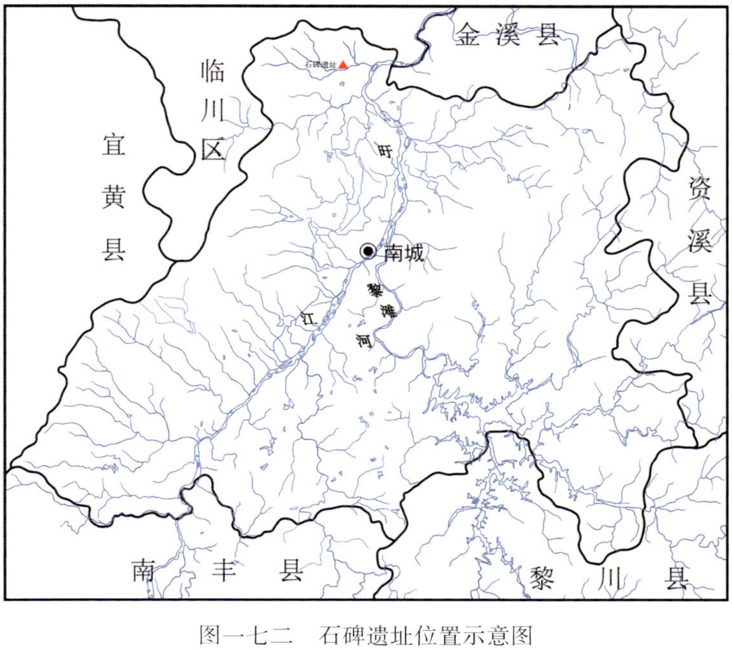

图一七二 石碑遗址位置示意图

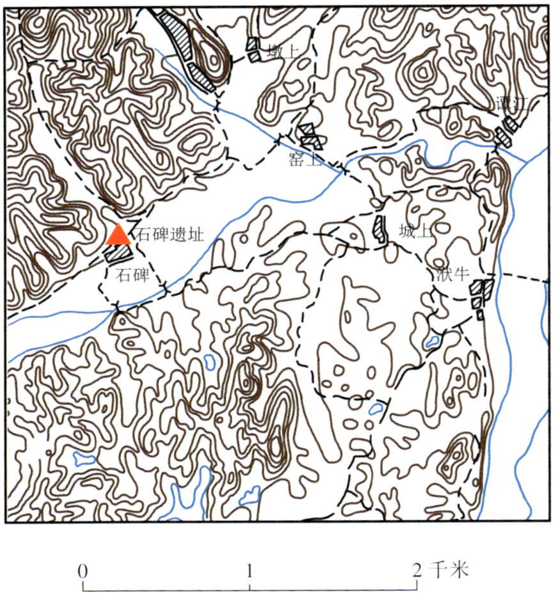

图一七三　石碑遗址地貌示意图

石碑遗址位于万坊镇大徐村石碑村北侧（图一七二），南距169乡道约120米，南距石碑村约170米，东北距大徐村Ⅰ号遗址约270米（图一七三）。地理坐标为北纬27°41′24.22″，东经116°34′29.96″，海拔81米。

该遗址为一斜坡状山岗（图一七四），地势北高南低，平面呈不规则形，长径约84米，短径约40米。遗址现大部被杉树覆盖，部分区域种植橘树（图一七五、一七六），地表植被较为稀疏。

图一七四　石碑遗址远景图（由东向西）

图一七五 石碑遗址远景图（由东南向西北）

图一七六 石碑遗址近景图（由东向西）

2. 遗物介绍

石碑遗址采集遗物较少，主要为印纹硬陶与夹砂陶。以印纹硬陶为主，陶色有灰色、灰褐色，纹饰有绳纹（图一七七，3）、菱格纹（图一七七，2、4~6）、方格纹（图一七七，1、7）、交错线纹，器形见有罐；夹砂陶较少，陶色有浅黄色、浅红色，均为素面，器形见有罐、鼎（足）。

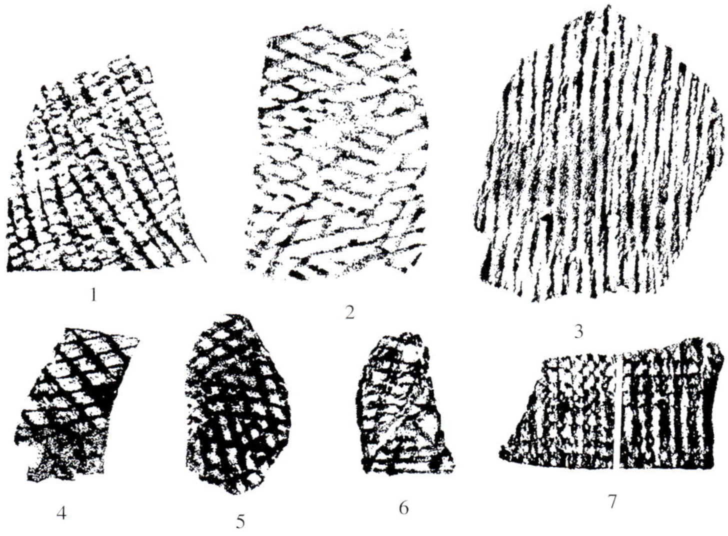

图一七七 石碑遗址采集陶片纹饰拓片
1、7. 方格纹 2、4～6. 菱格纹 3. 绳纹

鼎足 1件。

2016NCSB：1，夹砂黄陶，扁柱状足，截面呈扁圆形。素面。残高6.4厘米（图一七八；图版二三）。

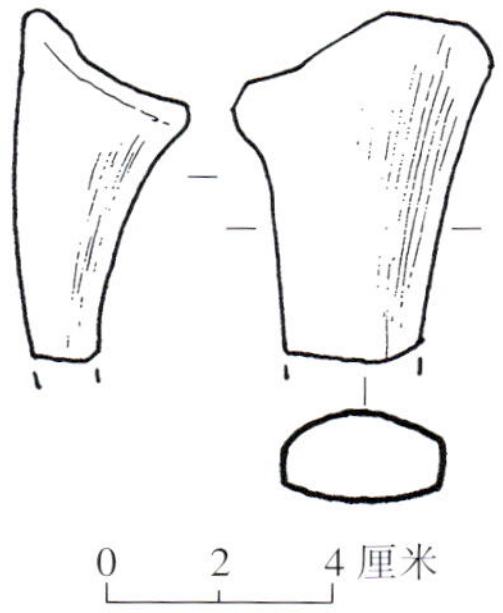

图一七八 石碑遗址采集陶鼎足
（2016NCSB：1）

3. 遗址性质与年代

石碑遗址是一处典型的坡状岗地类遗址。从该遗址采集遗物来看，主要以印纹硬陶器为主，纹饰多见菱格纹、绳纹、方格纹等，器形见有扁柱状鼎足，此类陶器特征主要为该区域商周时期常见。因此，可初步判断该遗址的年代为商周时期。

石碑遗址的发现增加了该区域遗址的数量，对该区域聚落形态的研究等方面提供了十分重要的考古资料。

鼎足（2016NCSB：1）
图版二三 石碑遗址采集陶器

一六 石溪水库Ⅰ号遗址

1. 遗址概况

石溪水库Ⅰ号遗址位于徐家乡湖东村石溪水库西北部（图一七九），西北距183乡道约80米，东北距湖沆段约40米，西部紧邻石溪水库（图一八〇）。地理坐标为北纬27°37′09.19″，东经116°40′55.89″，海拔77米。

该遗址现存为一缓坡河滩地带（图一八一、一八二），地势东北高西南低，平面呈不规则形，长径约283米，短径约32米。遗址现被青草与苔藓覆盖（图一八三），地表植被较为稀疏。

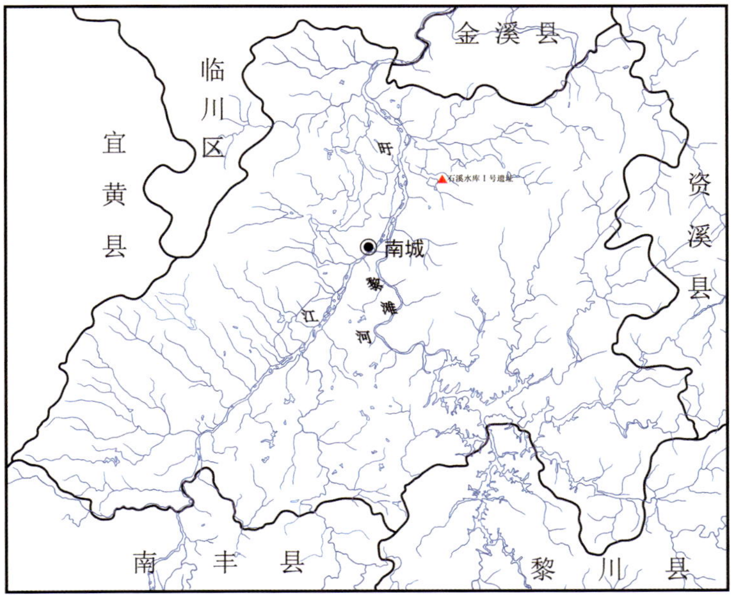

图一七九 石溪水库Ⅰ号遗址位置示意图

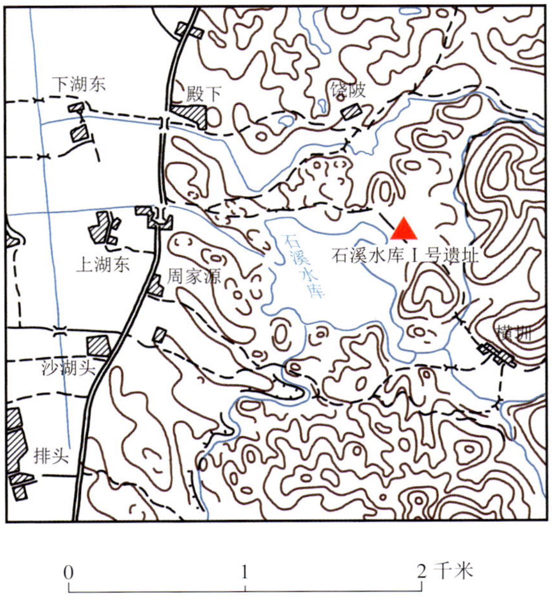

图一八〇 石溪水库Ⅰ号遗址地貌示意图

图一八一　石溪水库Ⅰ号遗址远景图（由西北向东南）

图一八二　石溪水库Ⅰ号遗址远景图（由西北向东南）

图一八三 石溪水库Ⅰ号遗址近景图（由西向东）

2. 遗物介绍

石溪水库Ⅰ号遗址采集遗物较少，主要为印纹硬陶与夹砂陶。印纹硬陶较多，陶色有灰色、灰褐色，纹饰有叶脉纹（图一八四，5）、“菱格纹”+“圆点纹”组合纹饰（图一八四，6）、菱格纹（图一八四，2、4）、交错绳纹、交错线纹、席纹（图一八四，3）、小方格纹（图一八四，1），器形见有罐、盆、器盖等；夹砂陶较少，陶色有红色、灰色，素面，器形见有罐、鼎（足）。

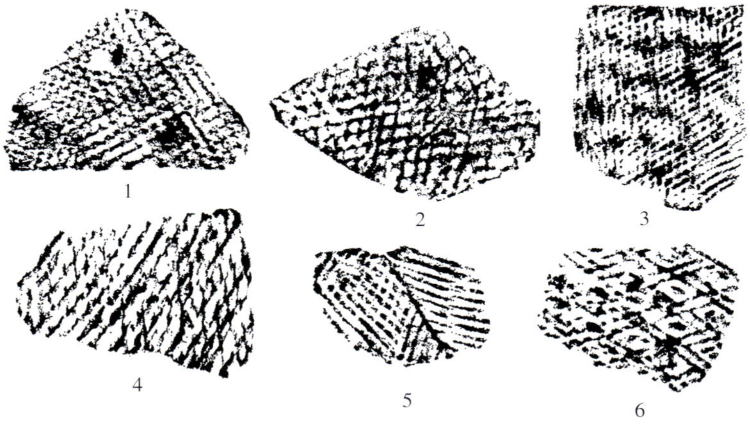

图一八四 石溪水库Ⅰ号遗址采集陶片纹饰拓片

1. 小方格纹 2、4. 菱格纹 3. 席纹 5. 叶脉纹 6. “菱格纹”+“圆点纹”组合纹饰

罐　5件。

2016NCSXⅠ：2，灰褐色硬陶，侈口，斜方唇，唇面内勾。素面。残高3.8厘米（图一八五，1）。

2016NCSXⅠ：3，灰色硬陶，侈口，宽折沿，唇部残。器表施绳纹。残高5.6厘米（图一八五，4；图版二四，1）。

2016NCSXⅠ：7，灰褐色硬陶，敛口，折沿，唇部残。器表施菱格纹。残高3.2厘米（图一八五，7）。

2016NCSXⅠ：8，灰色硬陶，卷沿，圆唇。素面。残高2.2厘米（图一八五，6）。

2016NCSXⅠ：9，褐色硬陶，近直口，斜方唇。素面。残高4.0厘米（图一八五，3）。

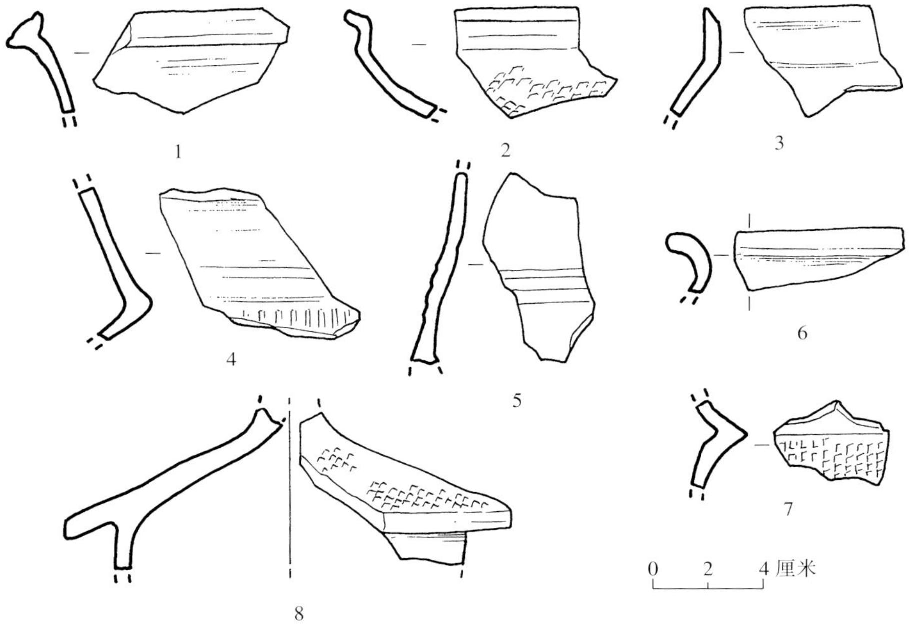

图一八五　石溪水库Ⅰ号遗址采集陶器

1、3、4、6、7. 罐（2016NCSXⅠ：2、2016NCSXⅠ：9、2016NCSXⅠ：3、2016NCSXⅠ：8、2016NCSXⅠ：7）　2. 盆（2016NCSXⅠ：5）　5. 腹部残片（2016NCSXⅠ：6）　8. 器盖（2016NCSXⅠ：1）

陶盆　1件。

2016NCSXⅠ：5，褐色硬陶，敞口，窄折沿，浅折腹。器表施菱格纹。残高4.0厘米（图一八五，2；图版二四，2）。

器腹残片　1件。

2016NCSXⅠ：6，夹砂红陶，侈口，高领。器表有三道凹弦纹。残高7.2厘米（图一八五，5）。

鼎足　1件。

2016NCSXⅠ：4，夹砂黄陶，扁柱状足，截面近矩形，足外侧有一道竖向凹槽。残高13.2厘米（图一八六；图版二四，3）。

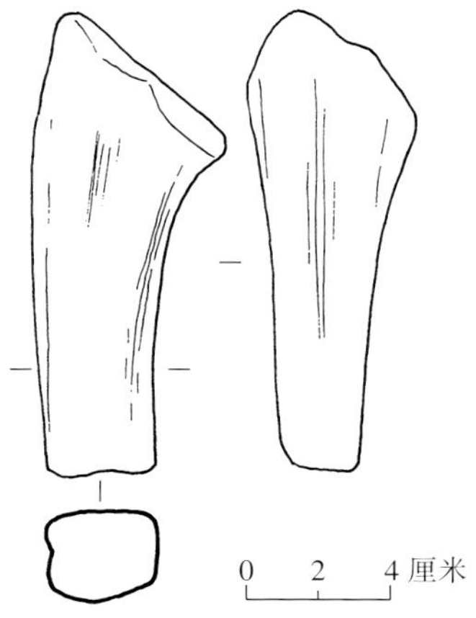

图一八六　石溪水库Ⅰ号遗址采集陶器

鼎足（2016NCSXⅠ：4）

器盖 1件。

2016NCSX Ⅰ：1，灰色硬陶，钮部残，伞状盖，施方格纹，下接圆筒状子母口。盖径16.0、残高5.8厘米（图一八五，8；图版二四，4）。

3. 遗址性质与年代

石溪水库Ⅰ号遗址是一处典型的坡状岗地类遗址。该遗址紧邻石溪水库环壕遗址，二者应具有密切联系。从该遗址采集遗物情况来看，陶器主要以印纹硬陶为主，纹饰见有菱格纹、交错线纹等，并见有柱状鼎足。总体来看，所见陶器与西周时期陶器风格十分相近。因此，可推断该遗址的年代应为商周时期。

该遗址的发现与初步研究，为区域内文化序列的构建及聚落形态研究等方面提供了十分重要的考古学材料。

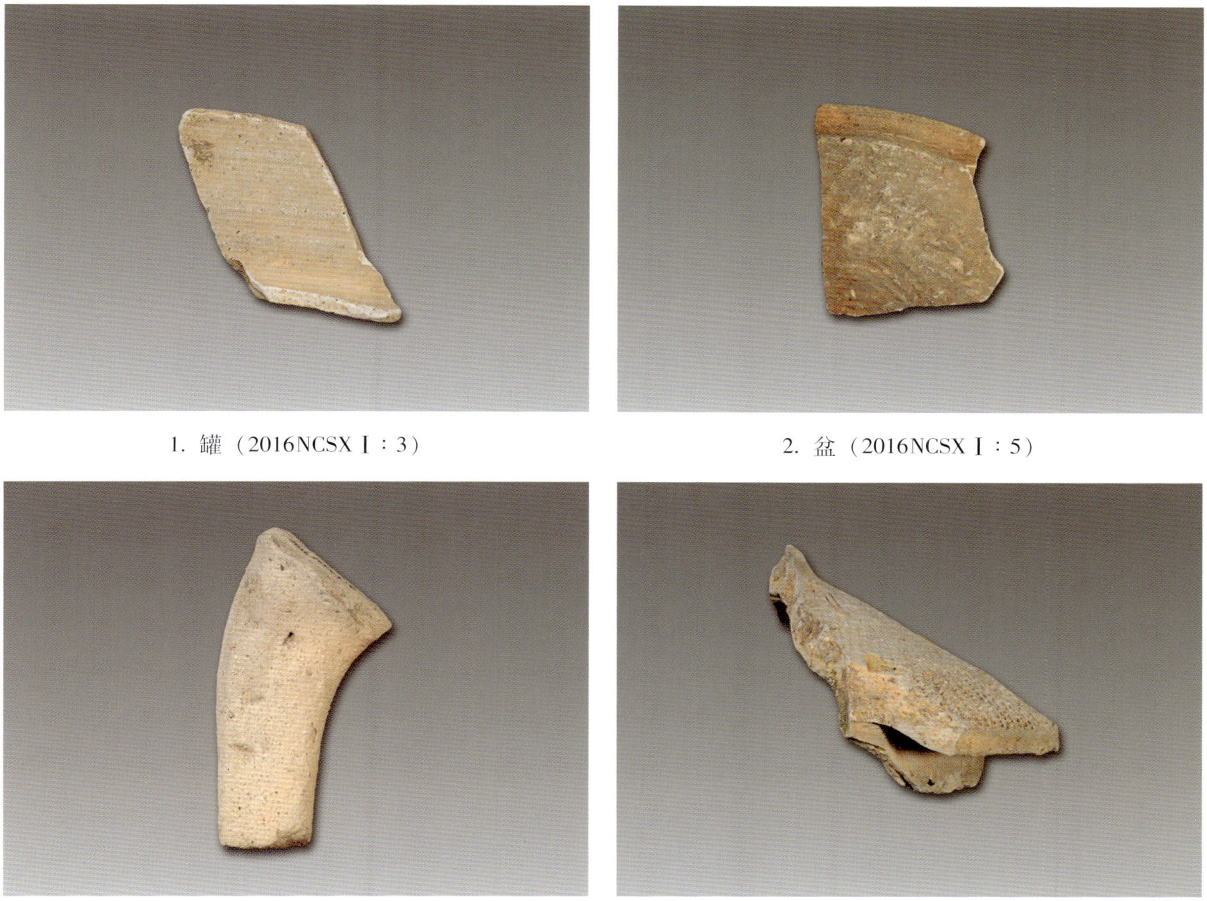

1. 罐（2016NCSX Ⅰ：3） 2. 盆（2016NCSX Ⅰ：5）

3. 鼎足（2016NCSX Ⅰ：4） 4. 器盖（2016NCSX Ⅰ：1）

图版二四 石溪水库Ⅰ号遗址采集陶器

一七 石溪水库Ⅱ号遗址

1. 遗址概况

石溪水库Ⅱ号遗址位于徐家乡湖东村石溪水库北部（图一八七），北距湖沆段约95米，西南部紧邻石溪水库，西距石溪水库Ⅳ号遗址约 290 米（图一八八）。地理坐标为北纬 27°37′09.55″，东经 116°40′42.06″，海拔 80 米。

该遗址位于一缓坡河滩地带（图一八九、一九〇），地势东北高西南低，平面呈不规则形。长径约 157 米，短径约 23 米。遗址现被青草和苔藓覆盖（图一九一），地表植被较为稀疏，部分区域地表裸露砂石。

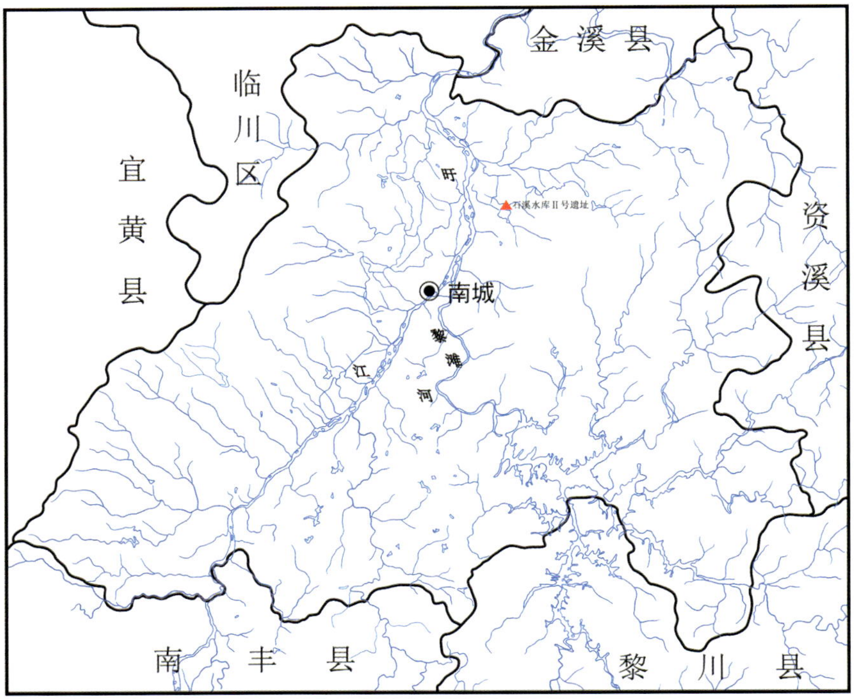

图一八七　石溪水库Ⅱ号遗址位置示意图

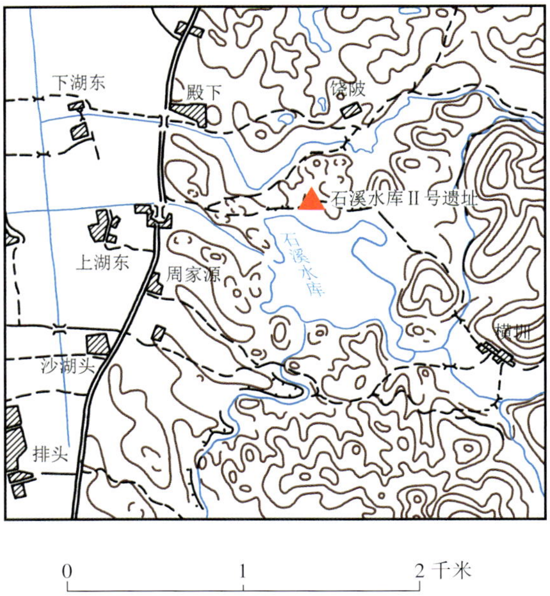

图一八八　石溪水库Ⅱ号遗址地貌示意图

图一八九　石溪水库Ⅱ号遗址远景图（由西向东）

图一九〇　石溪水库Ⅱ号遗址远景图（由西南向东北）

图一九一　石溪水库Ⅱ号遗址近景图（由北向南）

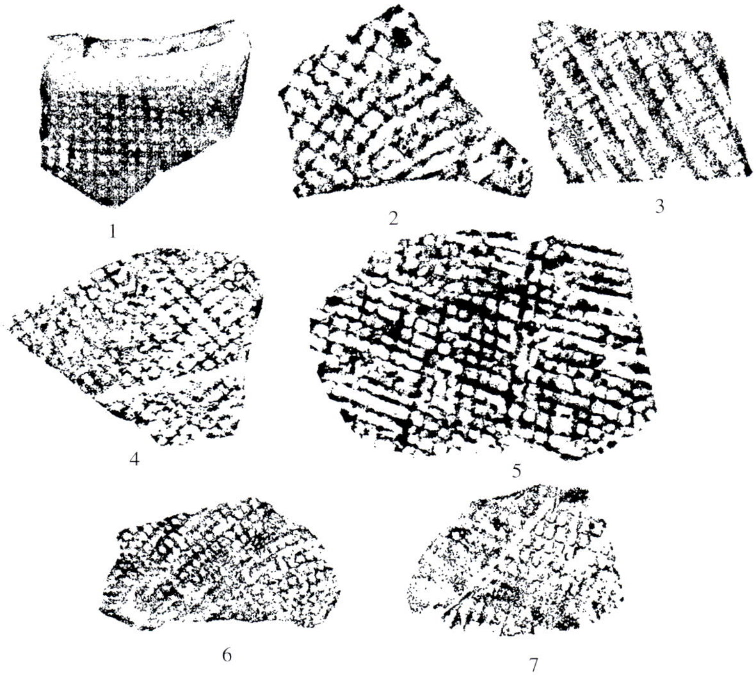

图一九二　石溪水库Ⅱ号遗址采集陶片纹饰拓片
1、3~7. 小方格纹　2. 方格纹

2. 遗物介绍

石溪水库Ⅱ号遗址采集遗物较多，主要见有印纹硬陶与夹砂陶。以印纹硬陶为多，陶色有灰色、灰褐色，纹饰有雷纹（图一九三，5、7）、席纹（图一九三，6、8）、方格纹（图一九二，2）、菱格纹（图一九三，1～3）、短线纹（图一九三，4），小方格纹（图一九二，1、3～7）、“菱格纹” + “圆点纹”组合纹饰，器形见有罐；夹砂陶较少，陶色有红褐色、浅黄色，多为素面，器形见有罐。

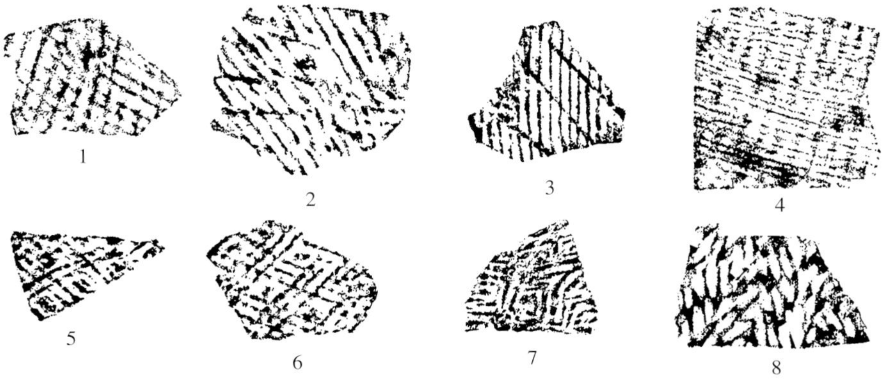

图一九三　石溪水库Ⅱ号遗址采集陶片纹饰拓片
1～3. 菱格纹　4. 短线纹　5、7. 雷纹　6、8. 席纹

罐　8件。

2016NCSXⅡ：1，灰色硬陶，敛口，窄折沿，圆唇，浅折腹。器表施绳纹。残高3.8厘米（图一九四，1；图版二五，1）。

2016NCSXⅡ：2，夹砂灰陶，侈口，斜方唇。素面。残高3.2厘米（图一九四，7）。

2016NCSXⅡ：3，灰色硬陶，侈口，窄折沿，方唇。沿面有一周凸棱。残高2.4厘米（图一九四，5）。

2016NCSXⅡ：4，灰色硬陶，敛口，折沿，圆唇，折肩。器表施菱格纹。残高3.2厘米（图一九四，2；图版二五，2）。

2016NCSXⅡ：5，灰色硬陶，侈口，窄折沿，方唇。素面。残高1.8厘米（图一九四，4）。

2016NCSXⅡ：6，灰色硬陶，敛口，折沿，方唇。沿面有一圈凸棱。残高2.4厘米（图一九四，3）。

2016NCSXⅡ：7，灰色硬陶，敛口，卷沿，方圆唇，折肩。器表施方格纹。残高3.8厘米（图一九四，6；图版二五，3）。

2016NCSXⅡ：8，夹砂灰陶，侈口，方唇。素面。残高2.0厘米（图一九四，8）。

圈足　1件。

2016NCSXⅡ：9，灰色硬陶，近平底，矮圈足，底端外撇。素面。残高2.0厘米（图一九四，9）。

器盖　1件。

2016NCSXⅡ：10，夹细砂红陶，矮柱状纽，伞状盖。素面。残高2.6厘米（图一九四，10）。

3. 遗址性质与年代

石溪水库Ⅱ号遗址为一处典型的缓坡岗地类遗址。由于水库建设，遗址所在山岗地形有所变化。从遗址采集陶器来看其与石溪水库Ⅰ号遗址年代相近，也应为商周时期。

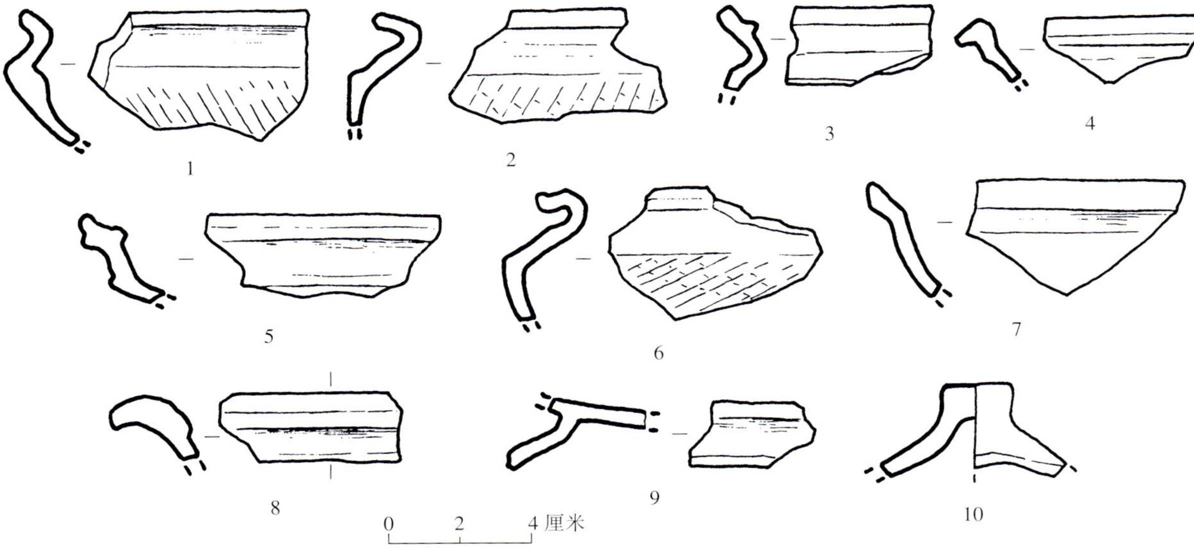

图一九四　石溪水库Ⅱ号遗址采集陶器

1～8. 罐（2016NCSXⅡ：1、2016NCSXⅡ：4、2016NCSXⅡ：6、2016NCSXⅡ：5、2016NCSXⅡ：3、2016NCSXⅡ：7、2016NCSXⅡ：2、2016NCSXⅡ：8）　9. 圈足（2016NCSXⅡ：9）　10. 器盖（2016NCSXⅡ：10）

1. 罐（2016NCSXⅡ：1）

2. 罐（2016NCSXⅡ：4）

3. 罐（2016NCSXⅡ：7）

图版二五　石溪水库Ⅱ号遗址采集陶器

一八 石溪水库Ⅲ号遗址

1. 遗址概况

石溪水库Ⅲ号遗址位于徐家乡湖东村石溪水库西南部（图一九五），西距济广高速约 320 米，东侧紧邻石溪水库，北距石溪水库Ⅳ号遗址约 400 米（图一九六）。地理坐标为北纬 27°36′55. 30″，东经 116°40′31. 50″，海拔 77 米。

该遗址为一缓坡山岗（图一九七、一九八），地势中部高四周低，平面呈不规则形。长径约 109 米，短径约 93 米。遗址大部分被杂草、树木掩盖，地表植被茂密（图一九九），部分区域地表植被较稀疏。

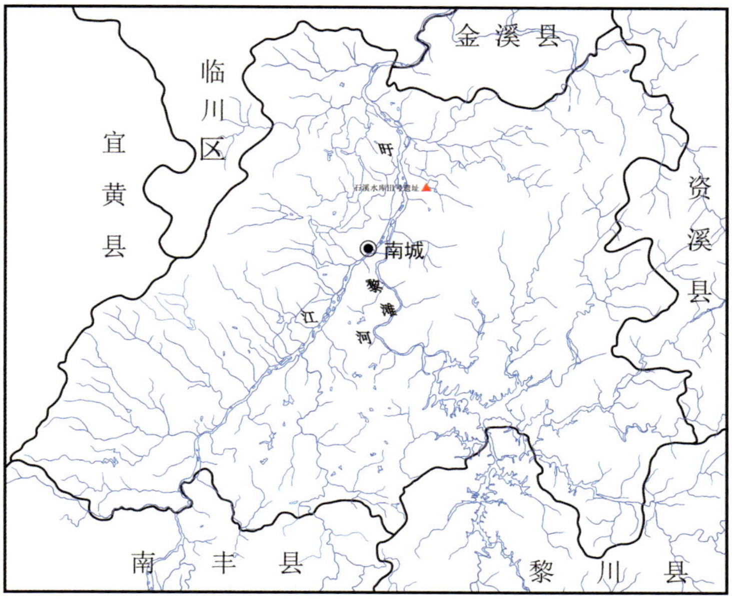

图一九五 石溪水库Ⅲ号遗址位置示意图

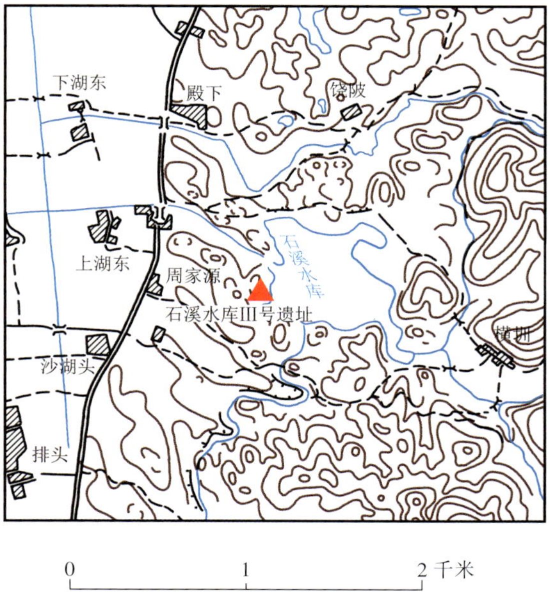

图一九六 石溪水库Ⅲ号遗址地貌示意图

图一九七　石溪水库Ⅲ号遗址远景图（由东南向西北）

图一九八　石溪水库Ⅲ号遗址远景图（由东南向西北）

图一九九 石溪水库Ⅲ号遗址近景图（由东南向西北）

2. 遗物介绍

石溪水库Ⅲ号遗址采集遗物较少，主要为印纹硬陶（图二〇〇）。陶色有灰色、灰褐色，纹饰有交错绳纹、小方格纹，器形主要有罐、钵。

图二〇〇 石溪水库Ⅲ号遗址近景图（地表陶片）

罐　1件。

2016NCSXⅢ：2，夹砂黄陶，近直口，折沿，方唇。口沿外侧贴塑一圆形泥柄。残高3.6厘米（图二〇一，1）。

钵　1件。

2016NCSXⅢ：1，灰褐色硬陶，敞口，斜方唇，浅弧腹，平底微内凹。素面。口径8.8、底径4.4、高2.0厘米（图二〇一，2）。

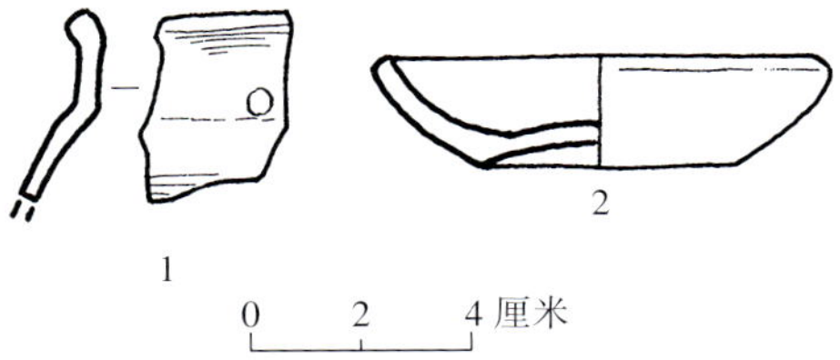

图二〇一　石溪水库Ⅲ号遗址采集陶器
1. 罐（2016NCSXⅢ：2）　2. 钵（2016NCSXⅢ：1）

3. 遗址性质与年代

石溪水库Ⅲ号遗址是一处典型的坡状岗地类遗址。遗址采集遗物较少，主要为硬陶，多见小方格纹装饰，可初步推测该遗址的年代为东周时期。

一九　石溪水库Ⅳ号遗址

1. 遗址概况

石溪水库Ⅳ号遗址位于徐家乡湖东村石溪水库西北部（图二〇二），东部紧邻石溪水库，北距湖沆段约90米，西距济广高速约240米（图二〇三）。地理坐标为：北纬27°37′07.97″，东经116°40′31.70″，海拔75米。

该遗址为一缓坡河滩地带（图二〇四、图二〇五），地势西高东低，平面呈不规则形。长径约171米，短径约14米。遗址大部分被青草覆盖，地表植被较稀疏，部分区域地表裸露砂石，遗址南部部分区域被开垦种植为菜园（图二〇六）。

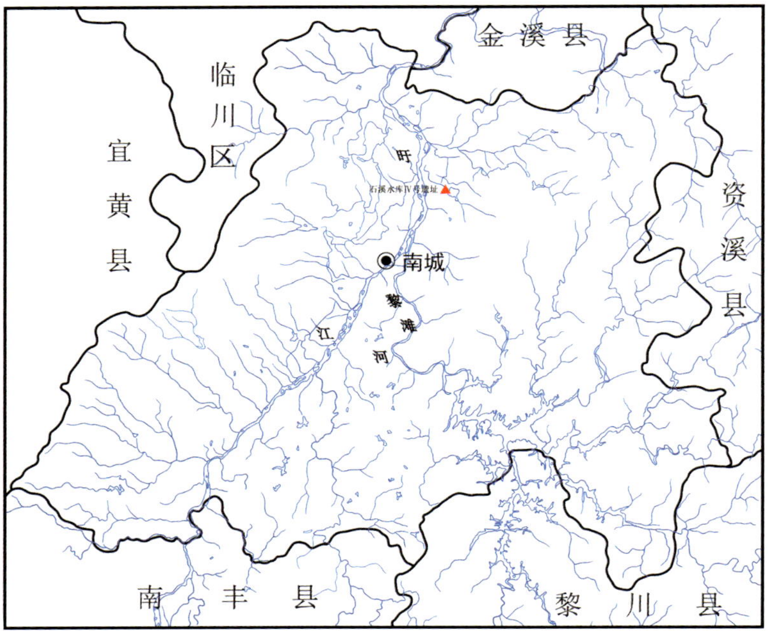

图二〇二　石溪水库Ⅳ号遗址位置示意图

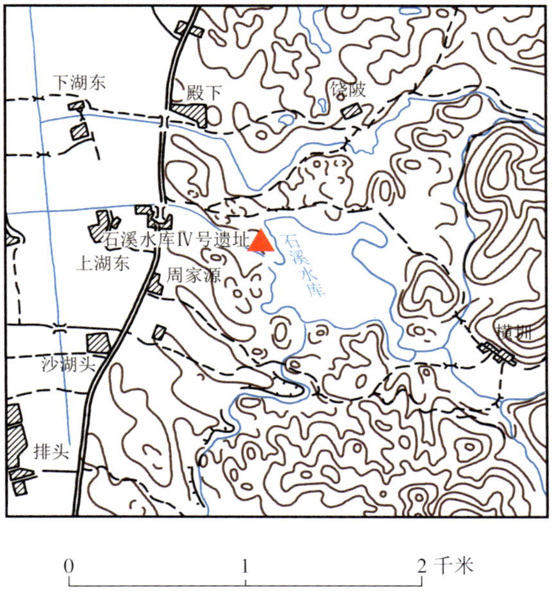

图二〇三　石溪水库Ⅳ号遗址地貌示意图

图二〇四　石溪水库Ⅳ号遗址远景图（由东北向西南）

图二〇五　石溪水库Ⅳ号遗址远景图（由东北向西南）

图二〇六　石溪水库Ⅳ号遗址近景图（由南向北）

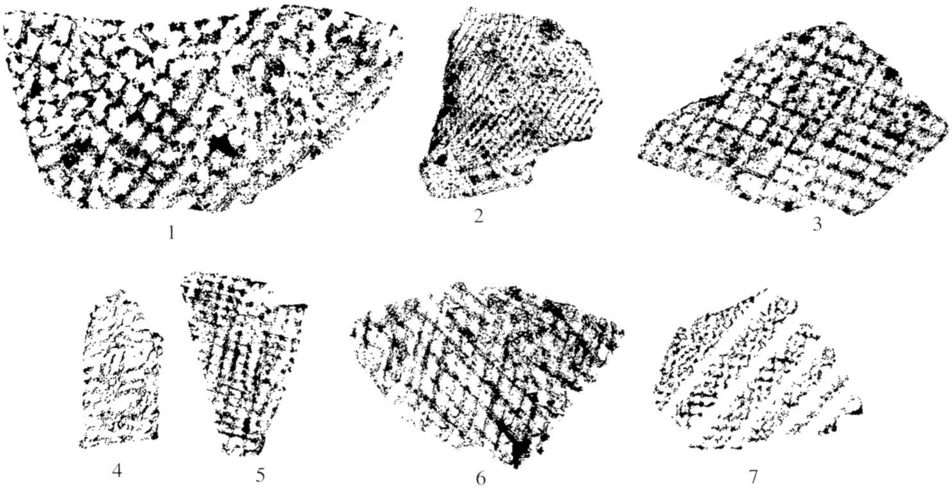

图二〇七　石溪水库Ⅳ号遗址采集陶片纹饰拓片
1. 方格纹　2. 小方格纹　3、5、6. 菱格纹
4. 交错绳纹　7. “小方格纹”与“弦纹”组合纹饰

2. 遗物介绍

石溪水库Ⅳ号遗址采集遗物较多，以印纹硬陶为主。陶色有灰色、灰褐色，纹饰有交错绳纹（图二〇七，4）、小方格纹（图二〇七，2）、菱格纹（图二〇七，3、5、6）、方格纹（图二〇七，1）、“小方格纹”与“弦纹”的组合纹饰（图二〇七，7），器形见有罐。

罐　4件。

2016NCSXⅣ:1，灰色硬陶，侈口，斜方唇。沿外侧有一周凸棱。残高3.6厘米（图二〇八，1；图版二六，1）。

2016NCSXⅣ:2，灰色硬陶，侈口，折沿，方唇。沿面有一圈凸棱，器表施菱格纹。残高3.6厘米（图二〇八，2；图版二六，2）。

2016NCSXⅣ:3，灰色硬陶，侈口，卷沿，圆唇。素面。残高2.6厘米（图二〇八，4；图版二六，3）。

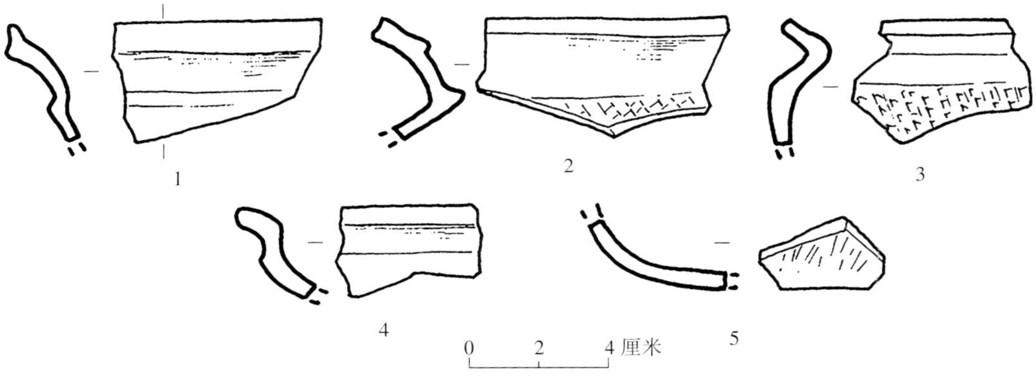

图二〇八　石溪水库Ⅳ号遗址采集陶器
1～4. 罐（2016NCSXⅣ:1、2016NCSXⅣ:2、2016NCSXⅣ:4、2016NCSXⅣ:3）　5. 器底（2016NCSXⅣ:5）

2016NCSXⅣ：4，灰色硬陶，敛口，折沿，圆唇，折肩。器表施菱格纹。残高3.6厘米（图二〇八，3；图版二六，4）。

器底 1件。

2016NCSXⅣ：5，斜弧腹，近平底。器表施绳纹。残高2.2厘米（图二〇八，5）。

3. 遗址性质与年代

石溪水库Ⅳ号遗址是一处典型的坡状岗地类遗址。从该遗址采集遗物来看，其所见遗存可分为以下两组：

第1组：以方格纹、交错绳纹罐等为代表。该类器物与周边遗址同类器进行比较，其年代可推断为西周时期。

第2组：以小方格纹印纹硬陶为代表。此类陶器多为东周时期陶器风格。因此，可推测该组年代为东周时期。

通过以上分析，石溪水库Ⅳ号遗址的年代应为西周至东周时期。该遗址的发现及其与邻近遗址分布特征的分析，有助于聚落形态的进一步研究。

1. 罐（2016NCSXⅣ：1）

2. 罐（2016NCSXⅣ：2）

3. 罐（2016NCSXⅣ：3）

4. 罐（2016NCSXⅣ：4）

图版二六 石溪水库Ⅳ号遗址采集陶器

二〇 武岗山遗址

1. 遗址概况

武岗山遗址位于建昌镇（图二〇九），盱江东侧，G206 的东侧（图二一〇）。地理坐标为北纬 27°34′57.2″，东经 116°39′45.8″，海拔 131 米。

该遗址为一高岗型岗地类遗址（图二一一），主要分布在半山腰的西坡一侧。遗址现被灌木、荒草等覆盖（图二一二），地表植被较为茂密。遗址所在山岗缓坡现已被设为墓地，山顶见有一砖塔。

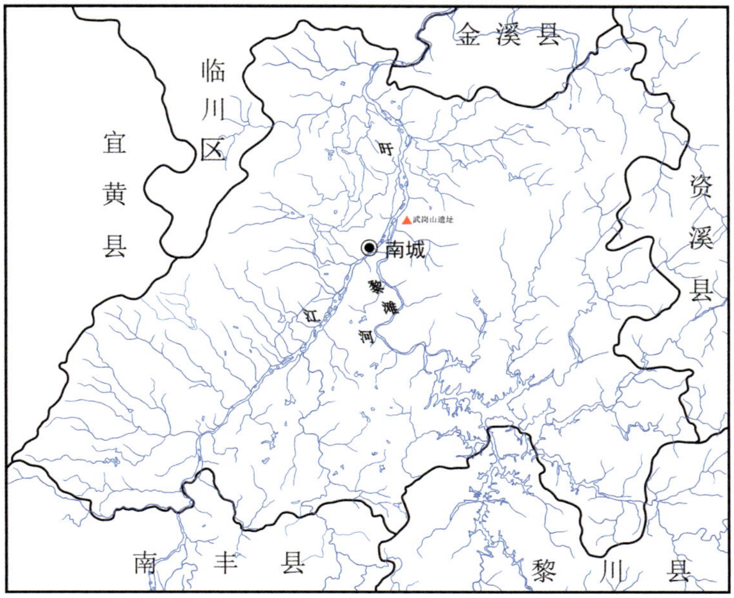

图二〇九 武岗山遗址位置示意图

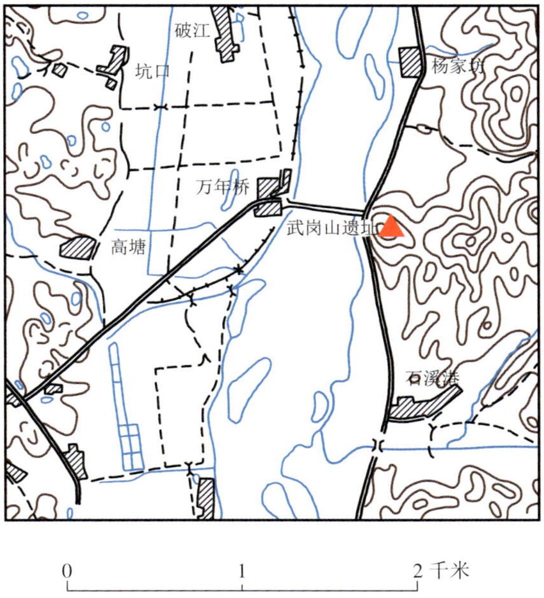

图二一〇 武岗山遗址地貌示意图

图二一一　武岗山遗址远景图（由西北向东南）

图二一二　武岗山遗址近景图（由东向西）

2. 遗物介绍

武岗山遗址采集遗物较少，主要以印纹硬陶与夹砂陶为主。印纹硬陶居多，陶色有灰色、浅红色、灰褐色，纹饰有雷纹（图二一三，4、8）、菱格纹（图二一三，1～3、7）、绳纹、交错绳纹（图二一三，5、6）、折线纹，器形见有罐；夹砂陶较少，陶色有红色，多为素面，器形不明。

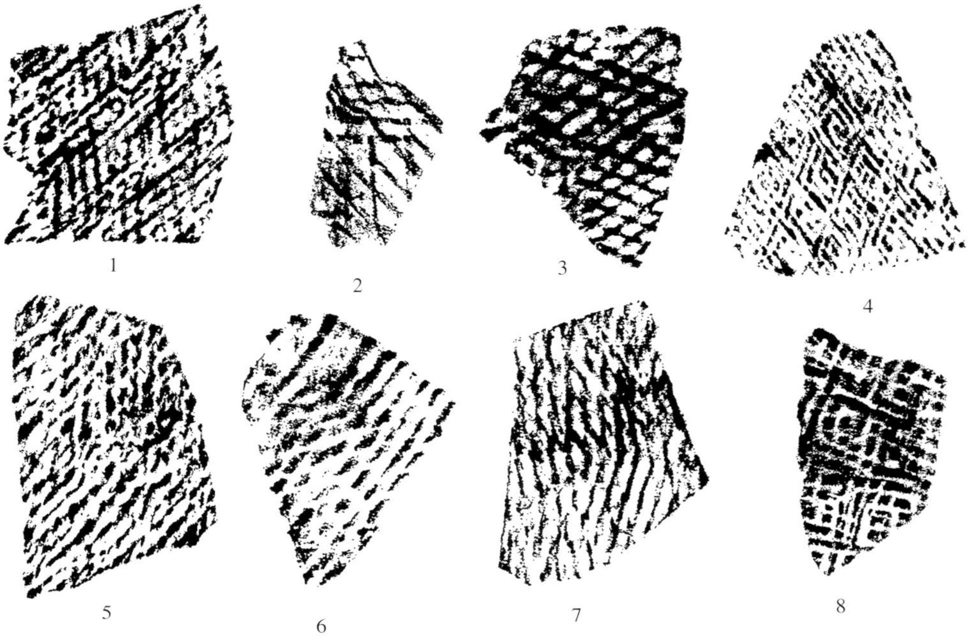

图二一三　武岗山遗址采集陶片纹饰拓片
1～3、7. 菱格纹　4、8. 雷纹　5、6. 交错绳纹

罐　1件。

2016NCWG：1，灰色硬陶，侈口，折沿，唇部残。器表施交错绳纹。残高5.6厘米（图二一四）。

3. 遗址性质与年代

武岗山遗址是一处典型的高岗型岗地类遗址，该遗址曾发现有较为丰富的实物遗存①。此次采集遗物较少，主要为印纹硬陶，纹饰常见菱格纹等，其具有商周时期陶器风格。因此，可判定该遗址的年代为商周时期。

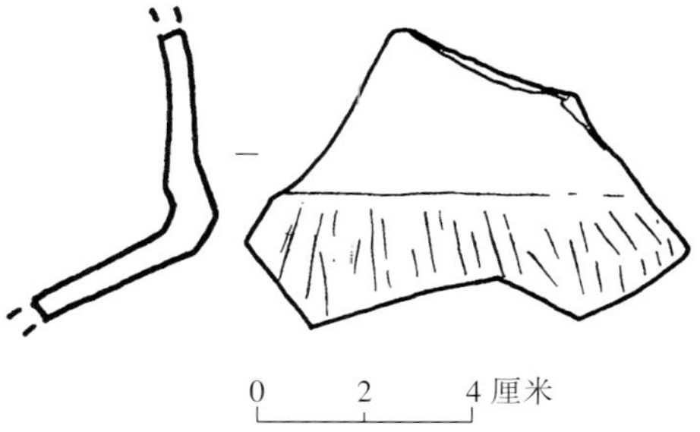

图二一四　武岗山遗址采集陶罐
（2016NCWG：1）

该遗址的发现与初步研究，为区域内文化序列的构建与文明化程度的演进提供了支撑，为聚落形态研究等方面提供了十分重要的考古学资料。

二一　窑上村遗址

1. 遗址概况

窑上村遗址位于万坊镇大徐村委会窑上村（图二一五），西北距窑上村约200米，西距169乡

① 霍质彬：《南城县发现商周遗址》，《江西历史文物》1984年第1期。

道约620米，东部紧邻塘江水库（图二一六）。地理坐标为北纬27°41′39.88″，东经116°35′19.69″，海拔61米。

该遗址为一缓坡山岗（图二一七），地势中部高，四周低，平面呈不规则形。长径约58米，短径约45米。遗址大部分现被杉树、毛竹和杂草覆盖，地表植被较茂密，部分区域人为修整种植蔬菜（图二一八）。

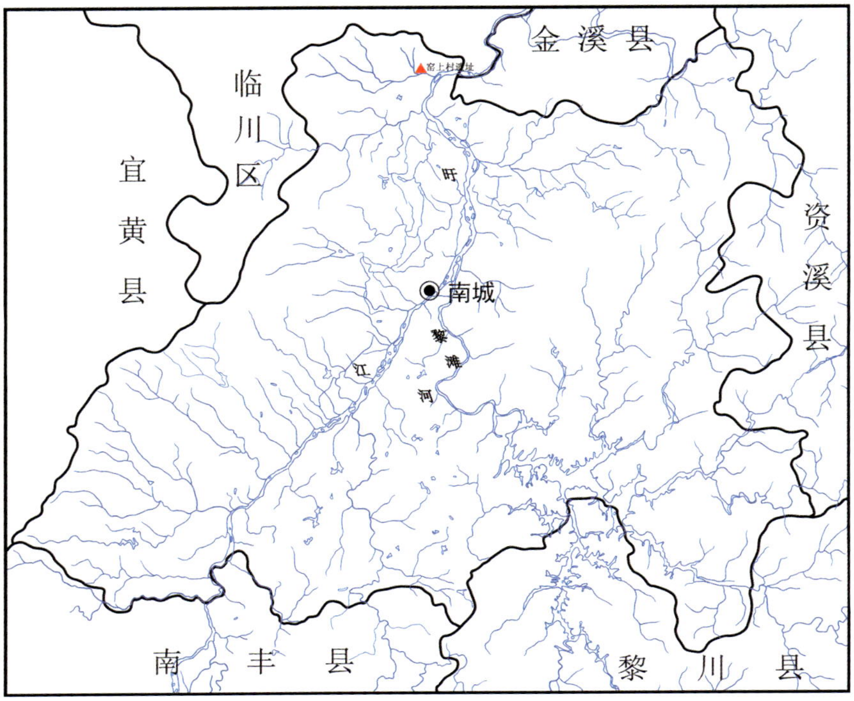

图二一五　窑上村遗址位置示意图

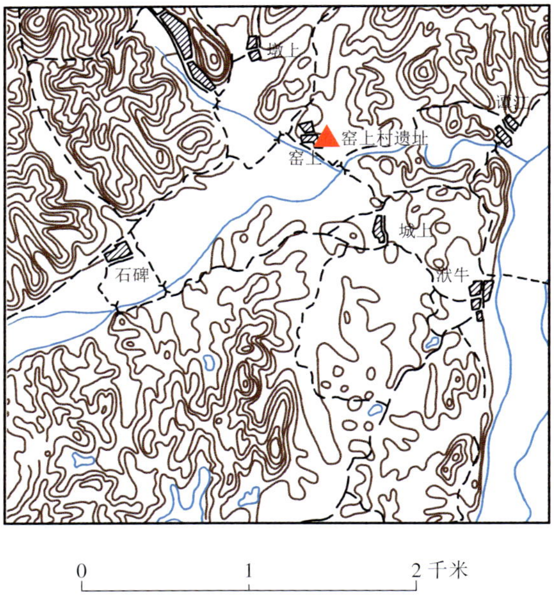

图二一六　窑上村遗址地貌示意图

图二一七　窑上村遗址远景图（由西南向东北）

图二一八　窑上村遗址近景图（由西向东）

2. 遗物介绍

窑上村遗址采集遗物较少，主要为少量石器及陶器。

（1）石器

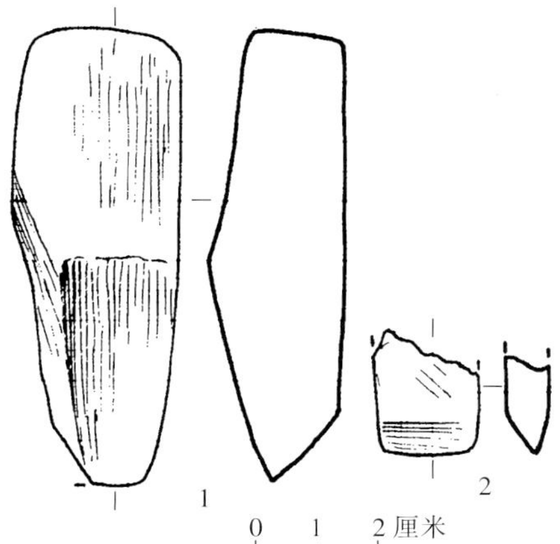

图二一九　窑上村遗址采集石器

1、2. 石锛（2016NCYS：2、2016NCYS：1）

石锛　2件。

2016NCYS：1，青灰色闪长岩，顶端残，两侧竖直，底端单面磨制成刃。器表磨制光滑。残高2.2、残宽1.7厘米（图二一九，2；图版二七，1）。

2016NCYS：2，黄褐色砂岩，顶端近直，两侧斜直，一面中部有凸阶，底端双面磨制成刃。器表较为光滑。残高7.6、残宽2.7厘米（图二一九，1；图版二七，2）。

（2）陶器

该遗址采集陶器主要为印纹硬陶与夹砂陶。以印纹硬陶为主，陶色为灰色，纹饰有方格纹（图二二〇，1）、短线纹（图二二〇，2、3），器形见有罐；夹砂陶较少，陶色为浅红色，多为素面，器形为鼎（足）。

图二二〇　窑上村遗址采集陶片纹饰拓片

1. 方格纹　2、3. 短线纹

鼎足　1件。

2016NCYS：3，夹砂黄陶，扁状实心足，截面略呈弧形。足根部有捏痕。残高5.0厘米（图二二一）。

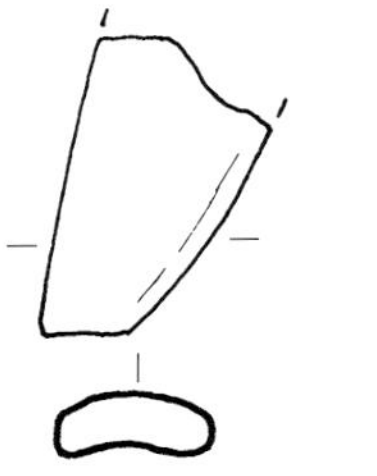

图二二一　窑上村遗址采集陶鼎足（2016NCYS：3）

3. 遗址性质与年代

窑上村遗址是一处典型的坡状岗地类遗址，该遗址采集遗物较少，为遗址的年代判断造成一定的困难。从遗址采集陶器情况来看，主要以印纹硬陶为主，纹饰见有绳纹和方格纹，其具有西周至东周时期纹饰风格。因此，可推测该遗址的年代为西周至东周时期。该遗址的发现与初步研究，为该区域文化序列的构建以及聚落形态研究提供了十分重要的考古材料。

1. 石锛（2016NCYS：1）

2. 石锛（2016NCYS：2）

图版二七　窑上村遗址采集石器

二二　王丁排山遗址

1. 遗址概况

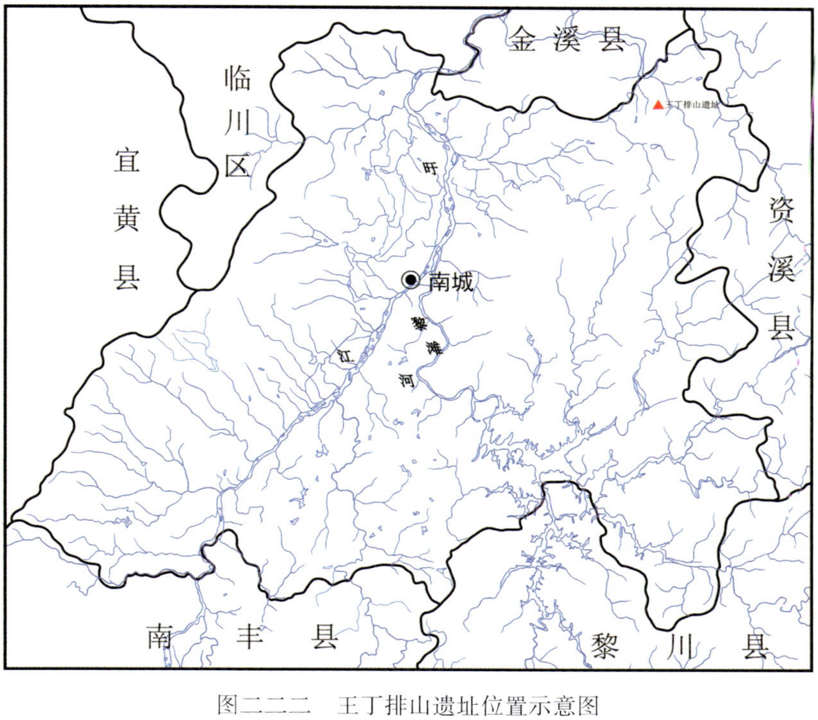

图二二二　王丁排山遗址位置示意图

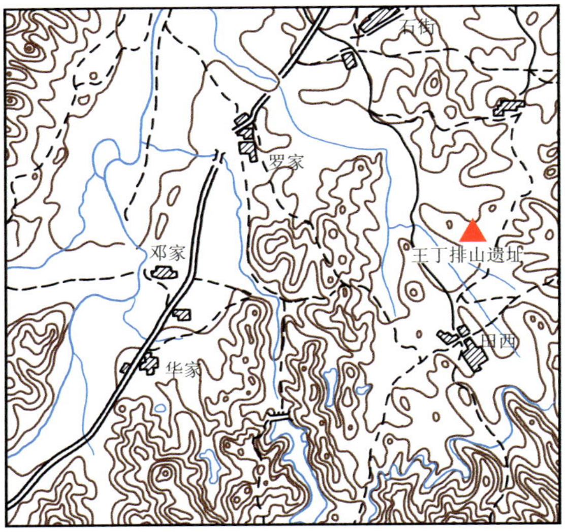

图二二三　王丁排山遗址地貌示意图

王丁排山遗址位于沙洲镇林坊村委会田西村北部（图二二二），南距田西村约 590 米，西北距济广高速约 680 米，东北距米家边村约 650 米（图二二三）。地理坐标为北纬 27°43′06.79″，东经 116°46′52.29″，海拔 89 米。

该遗址位于一山岗顶部缓坡地带（图二二四），地势中部高四周低，平面呈不规则形。长径约 218 米，短径约 113 米。遗址东部现被人为推平，地表少见植被，遗址西部现被杂草等覆盖（图二二五），地表植被较为稀疏。

图二二四　王丁排山遗址远景图（由南向北）

图二二五　王丁排山遗址近景图（由西南向东北）

2. 遗物介绍

王丁排山遗址采集遗物较多。主要为少量石器以及较多陶器（图二二六）。

图二二六　王丁排山遗址近景图（地表陶片）

（1）石器

砾石　1件。

2016NCWD：1，红褐色砂岩，截面近方形，两侧竖直，一面中部有一梭形深槽，截面近“V”形。残长9.4、残宽7.0、厚7.0厘米（图二二七，1；图版二八，1）。

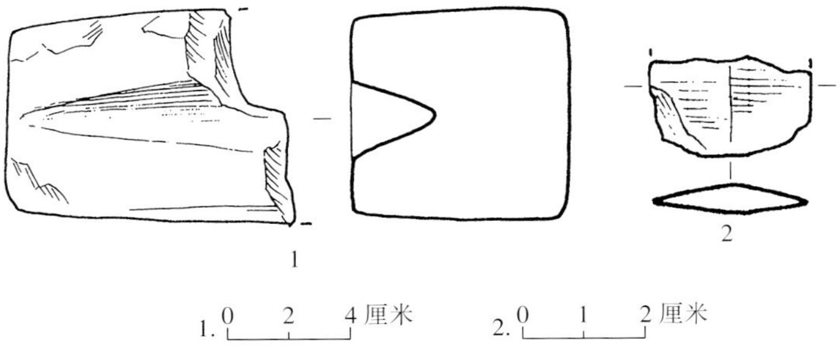

图二二七　王丁排山遗址采集石器
1. 砾石（2016NCWD：1）　2. 石镞（2016NCWD：2）

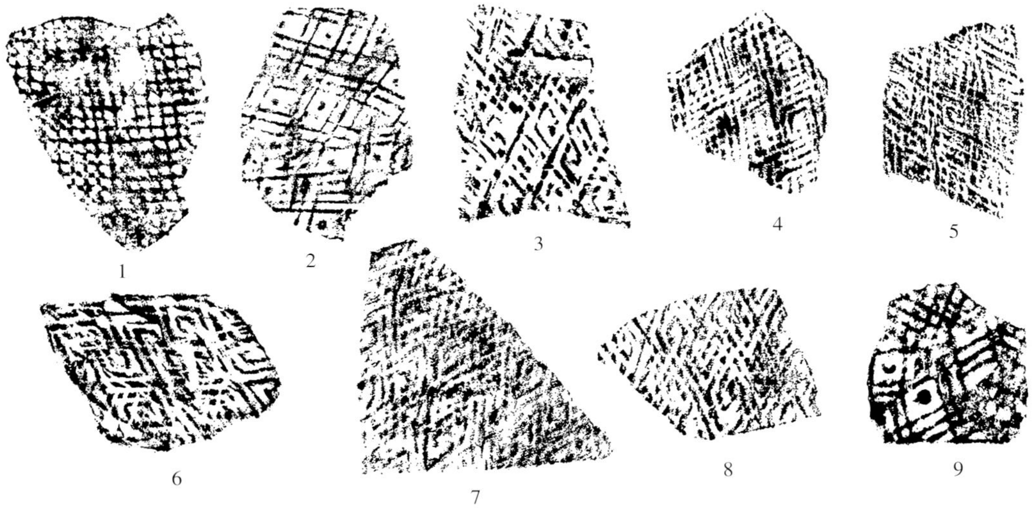

图二二八　王丁排山遗址采集陶片纹饰拓片
1. 方格纹　2、9. “重回纹”＋“圆点纹”组合纹饰　3～8. 雷纹

石镞　1件。

2016NCWD：2，青灰色页岩，锋端及铤端均残，刃部较为锐利，中部起脊。器表较为光滑。残高1.6、残宽2.6厘米（图二二七，2；图版二八，2）。

（2）陶器

该遗址采集陶器主要为印纹硬陶与夹砂陶。印纹硬陶居多，陶色有灰色、浅灰色、灰褐色，纹饰有雷纹（图二二八，3～8；图二三〇，2）、变体雷纹、绳纹（图二二九，1～3）、折线纹（图二三〇，10）、“☒”字纹（图二二九，9；二三〇，5、6）、“重回纹”＋“圆点纹”的组合纹饰（图二二八，2、9；图二二九，8）、交错绳纹（图二二九，4、5）、菱格纹（图二二九，7）、席纹（图二二九，6；图二三〇，1、3、4、7～9）、方格纹（图二二八，1），器形有罐等；夹砂陶较少，陶色为红色，均为素面，器形见有鼎（足）。

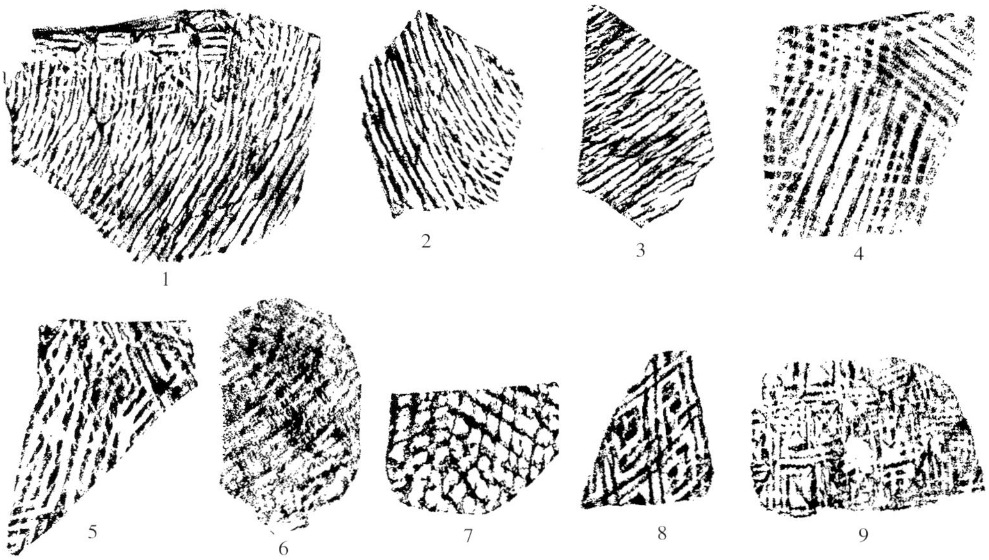

图二二九 王丁排山遗址采集陶片纹饰拓片

1～3. 绳纹 4、5. 交错绳纹 6. 席纹 7. 菱格纹 8. “重回纹”+“圆点纹”组合纹饰 9. “⊠”字纹

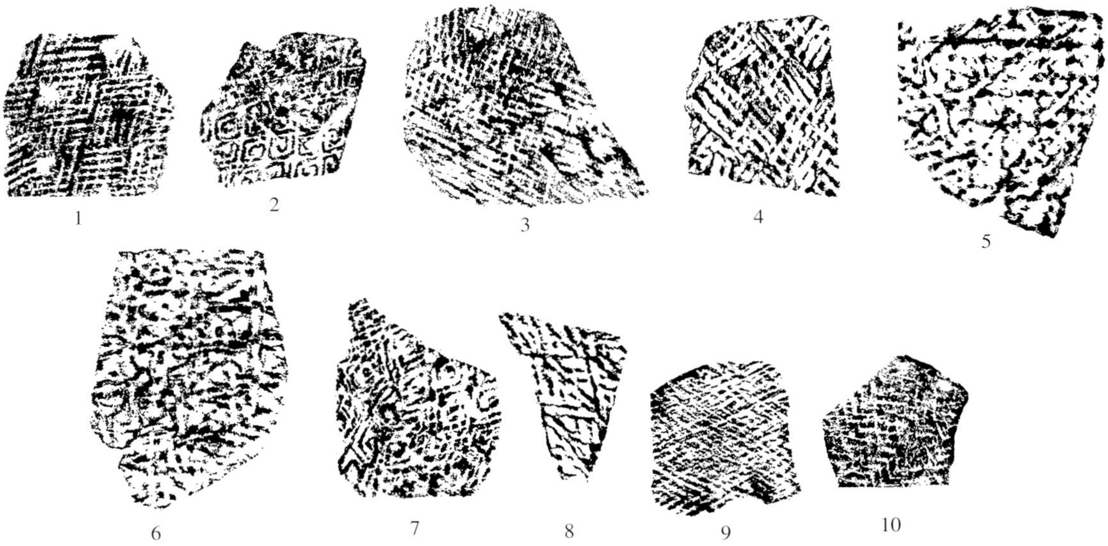

图二三〇 王丁排山遗址采集陶片纹饰拓片

1、3、4、7～9. 席纹 2. 雷纹 5、6. “⊠”字纹 10. 折线纹

罐 13件。

2016NCWD：3，灰色硬陶，敛口，窄折沿，方唇。器表施“⊠”字纹。残高3.0厘米（图二三一，1）。

2016NCWD：4，灰色硬陶，敛口，折沿，方唇。器表施重菱纹。残高3.4厘米（图二三一，4）。

2016NCWD：5，褐色硬陶，敛口，卷沿，方唇。器表有轮修痕迹。残高2.6厘米（图二三一，8）。

2016NCWD：6，褐色硬陶，口微敛，折沿，方唇。唇面有两周凸棱，器表施雷纹。残高2.8厘米（图二三一，7）。

2016NCWD：7，灰色硬陶，敛口，窄折沿，尖圆唇。器表施席纹。残高3.9厘米（图二三一，2）。

2016NCWD：8，灰色硬陶，侈口，卷沿，圆唇。沿外侧见有一周凸棱，素面。残高3.4厘米（图二三一，9）。

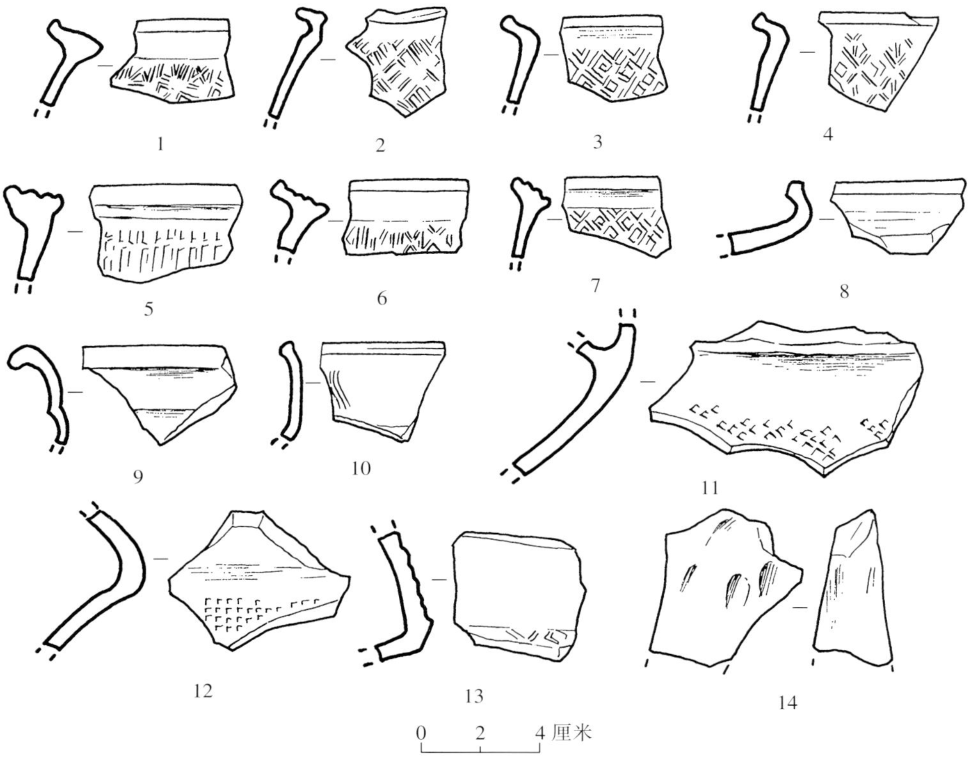

图二三一　王丁排山遗址采集陶器

1～13. 罐（2016NCWD：3、2016NCWD：7、2016NCWD：15、2016NCWD：4、2016NCWD：9、2016NCWD：10、2016NCWD：6、2016NCWD：5、2016NCWD：8、2016NCWD：11、2016NCWD：14、2016NCWD：13、2016NCWD：12）　14. 鼎足（2016NCWD：16）

2016NCWD：9，黄色硬陶，口微敛，折沿，圆唇。沿面有两道凸棱，器表施绳纹。残高3.4厘米（图二三一，5；图版二八，3）。

2016NCWD：10，褐色硬陶，敛口，折沿，方唇。沿面有两周凸棱，器表施交错线纹。残高2.6厘米（图二三一，6）。

2016NCWD：11，灰色硬陶，侈口，方唇。器表有轮修痕迹。残高3.4厘米（图二三一，10）。

2016NCWD：12，夹砂黄陶，侈口，宽折沿。器表施方格纹，大部分被抹平。残高4.4厘米（图二三一，13）。

2016NCWD：13，灰色硬陶，侈口，折沿，唇部残。器表施方格纹。残高5.0厘米（图二三一，12；图版二八，4）。

2016NCWD：14，褐色硬陶，敛口。沿下有一周凸棱。器表施菱格纹。残高5.1厘米（图二三一，11；图版二八，5）。

2016NCWD：15，灰褐色硬陶，敛口，折沿，方唇。器表施雷纹。残高3.0厘米（图二三一，3）。

鼎足　1件。

2016NCWD：16，夹砂黄褐陶，扁柱状足，截面近椭圆形。足跟部可见数个按压凹窝。残高5.4厘米（图二三一，14；图版二八，6）。

1. 砺石（2016NCWD：1）

2. 石镞（2016NCWD：2）

3. 陶罐（2016NCWD：9）

4. 陶罐（2016NCWD：13）

5. 陶罐（2016NCWD：14）

6. 陶鼎足（2016NCWD：16）

图版二八　王丁排山遗址采集遗物

3. 遗址性质与年代

王丁排山遗址是一处坡状岗地类遗址。从遗址采集遗物情况来看，主要为印纹硬陶，纹饰多见雷纹、菱格纹、绳纹等，纹饰多较为稀疏，陶罐口沿内侧多见凹槽，其特征主要为商时期风格。因此，该遗址的年代应为商时期。该遗址的发现与初步研究，对该区域文化序列的构建以及聚落形态的研究提供了非常重要的实物遗存。

二三 易陂塘遗址

1. 遗址概况

易陂塘遗址位于洪门镇易陂塘村（图二三二）东南侧约320米处，南距190乡道约140米，西距190乡道约150米（图二三三）。地理坐标为北纬27°29′09.17″，东经116°47′15.35″，海拔93米。

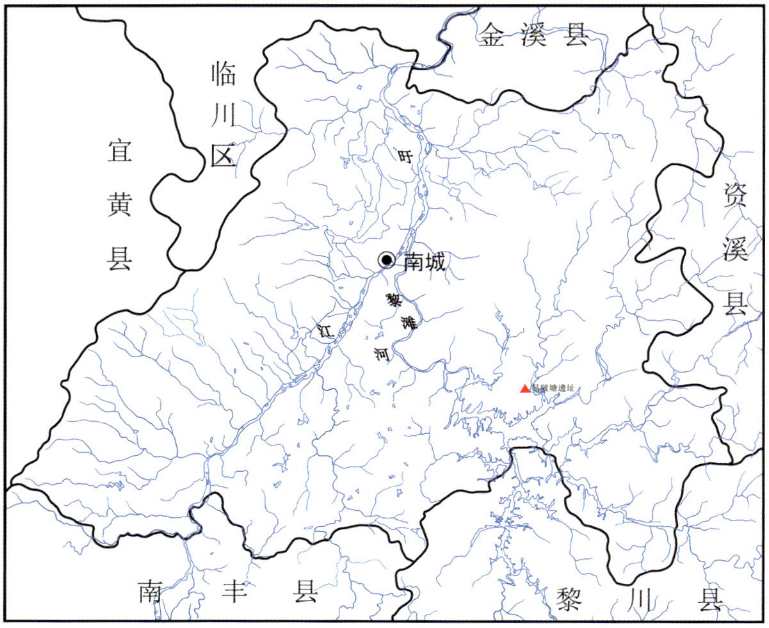

图二三二 易陂塘遗址位置示意图

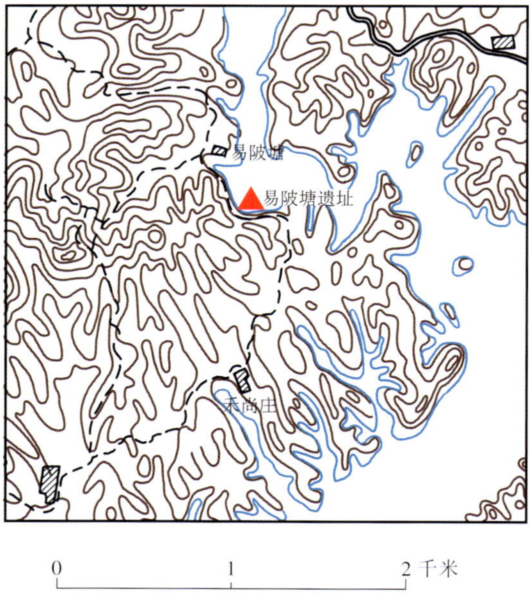

图二三三 易陂塘遗址地貌示意图

该遗址位于河滩中部台地（图二三四、图二三五），地势东北高西南低，遗址平面呈不规则形。长径约 132 米，短径约 92 米。遗址现被杂草等植物覆盖，地表植被稀疏（图二三六）。

图二三四　易陂塘遗址远景图（由西北向东南）

图二三五　易陂塘遗址远景图（由西北向东南）

图二三六　易陂塘遗址近景图（由西向东）

2. 遗物介绍

易陂塘遗址采集遗物较少，主要以印纹硬陶为主。陶色为灰色，纹饰见有小方格纹（图二三七，1～3）、方格纹（图二三七，4）、“方格纹”与“弦纹”组合纹饰（图二三七，5）等，器形见有罐。

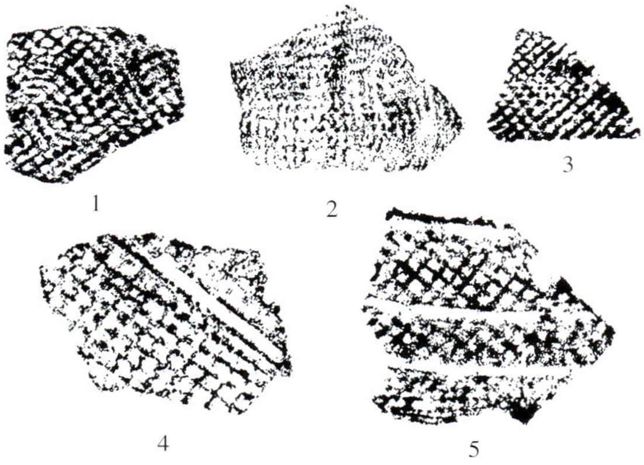

图二三七　易陂塘遗址采集陶片纹饰拓片
1～3. 小方格纹　4. 方格纹　5. “方格纹”与“弦纹”组合纹饰

3. 遗址性质与年代

易陂塘遗址是一处典型的缓坡岗地类遗址。由于水库淹没的原因，遗址地形有所变化，从遗址采集陶器来看，该遗址年代应为东周时期。易陂塘遗址的发现与初步研究，为区域文化序列的构建以及聚落形态的研究提供了十分重要的考古资料。

二四 游家巷面前山遗址

1. 遗址概况

游家巷面前山遗址位于万坊镇游家巷村南部约400米（图二三八），南部紧邻抚河，西北距966县道约630米（图二三九）。地理坐标为北纬27°40′07.27″，东经116°37′07.45″，海拔66米。

该遗址位于一缓坡地带（图二四〇），地势北高南低，平面呈不规则形。长径约179米，短径约49米。遗址现已被人为推平，地表植被稀疏（图二四一）。

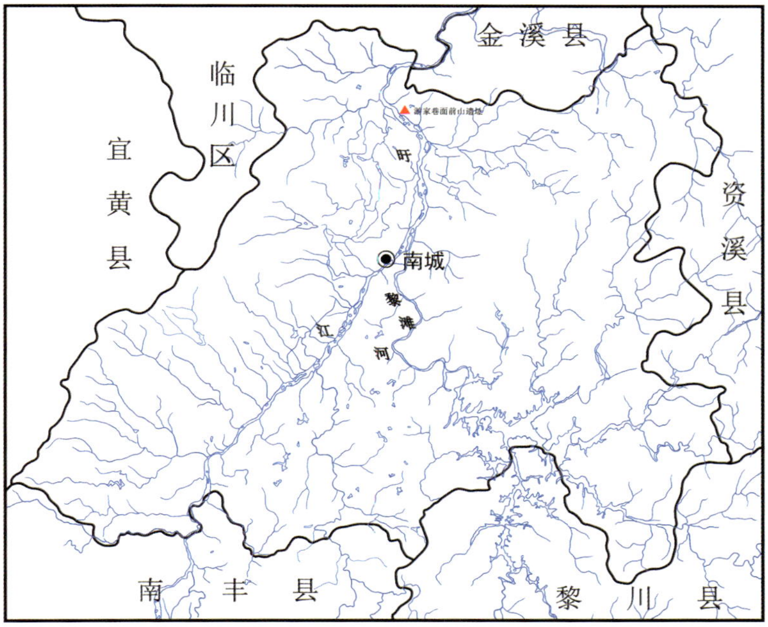

图二三八 游家巷面前山遗址位置示意图

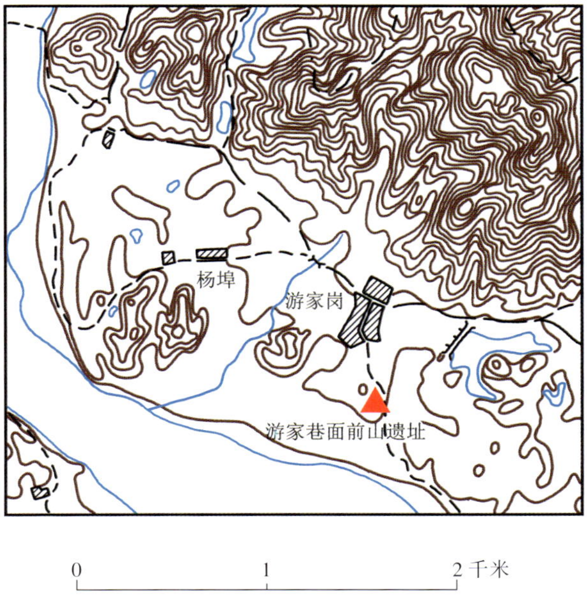

图二三九 游家巷面前山遗址地貌示意图

图二四〇　游家巷面前山遗址远景图（由西北向东南）

图二四一　游家巷面前山遗址近景图（由南向北）

2. 遗物介绍

游家巷面前山遗址采集遗物较少，主要为一件铁刀及少量陶片（图二四二、二四三）。

图二四二 游家巷面前山遗址近景图（地表陶片）

图二四三 游家巷面前山遗址近景图（地表陶片）

（1）铁器

铁刀　1件。

2016NCYJ：1，呈长条形，近直背，锈蚀严重，残甚。残高3.5、残长25.6厘米（图二四四）。

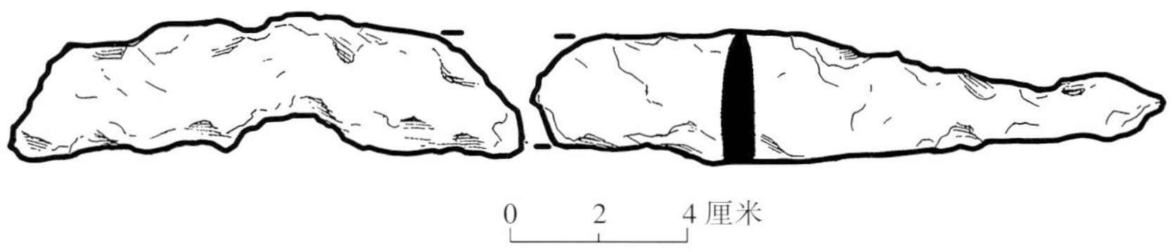

图二四四　游家巷面前山遗址采集铁刀
（2016NCYJ：1）

（2）陶器

采集陶器主要为印纹硬陶与夹砂陶。以印纹硬陶为主，陶色有灰色、灰褐色，纹饰见有小方格纹（图二四五，1～4），器形有罐；夹砂陶较少，陶色为红色，纹饰见有小方格纹，器形有罐。

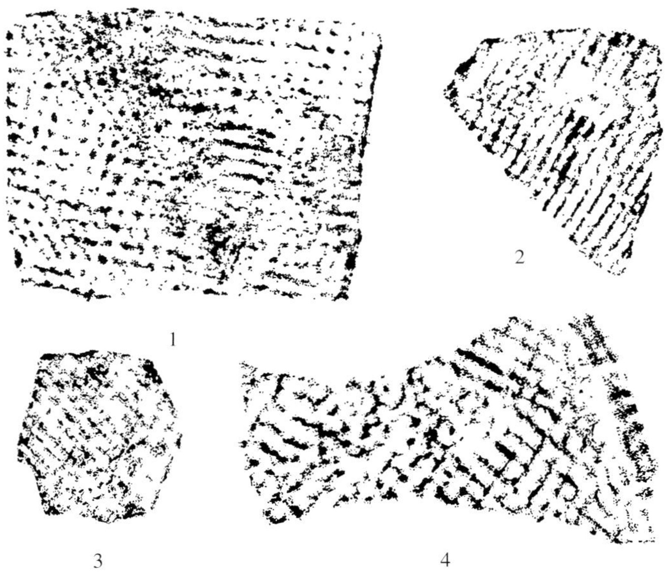

图二四五　游家巷面前山遗址采集陶片纹饰拓片
1～4. 小方格纹

3. 遗址性质与年代

游家巷面前山遗址是一处坡状岗地类遗址。从该遗址采集遗物情况分析，陶器主要为印纹硬陶，纹饰多见有小方格纹，其年代应主要集中在东周时期。所见铁刀显示该遗址应有晚期遗存的分布。

游家巷面前山遗址的发现与初步研究，增加了该地区遗址的数量，为区域文化以及聚落形态研究提供了十分重要的考古材料。

二五　猪头山遗址

1. 遗址概况

猪头山遗址位于龙湖镇王坪村委会王坪村东北部约 850 米（图二四六），西部紧邻 192 乡道，西部距长沙洲约 610 米（图二四七）。地理坐标为北纬 27°29′41.27″，东经 116°52′58.20″，海拔 119 米。

该遗址为一斜坡山岗（图二四八），地势东高西低，平面呈不规则形。长径约 115 米，短径约 54 米（图二四九）。遗址北部现种植有板栗树，南部被人为修整种植杉树，地表植被较为稀疏。

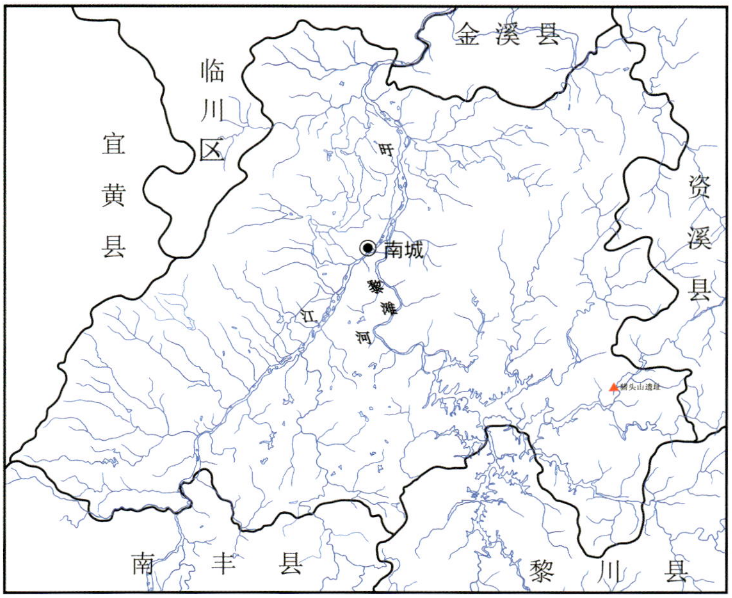

图二四六　猪头山遗址位置示意图

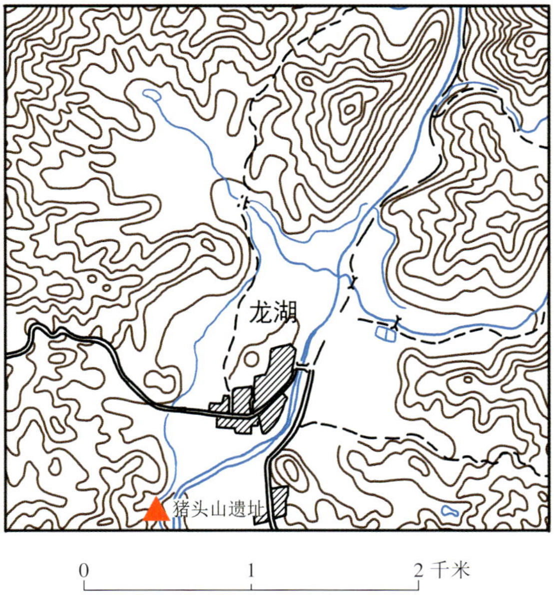

图二四七　猪头山遗址地貌示意图

图二四八　猪头山遗址远景图（由西南向东北）

图二四九　猪头山遗址近景图（由西向东）

2. 遗物介绍

猪头山遗址采集遗物较少，主要为印纹硬陶与夹砂陶。印纹硬陶较少，陶色为浅红色，纹饰主要为小方格纹（图二五〇，1、4）、方格纹（图二五〇，3）、“小方格纹”与“弦纹”组合纹饰（图二五〇，5）等，器形有罐；夹砂陶较多，陶色有红褐色、灰褐色，多素面，见有少量绳纹（图二五〇，2），器形有罐、豆、鼎（足）等。

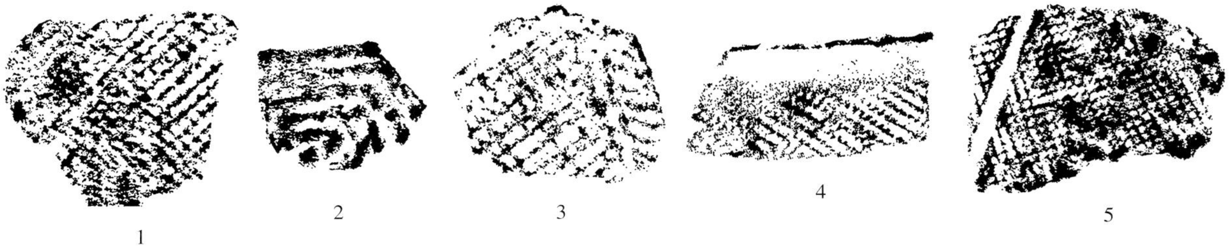

图二五〇 猪头山遗址采集陶片纹饰拓片
1、4. 小方格纹 2. 绳纹 3. 方格纹 5. “小方格纹”与“弦纹”组合纹饰

鼎足 3 件。

2016NCZT∶1，夹砂灰陶，扁状实心足，一侧足上部有数道斜向短刻槽，间有指甲按压凹窝。残高 11.8 厘米（图二五一，2；图版二九，1）。

2016NCZT∶2，夹砂黄褐陶，扁状实心足，截面呈扁圆形。素面。残高 10.0 厘米（图二五一，1；图版二九，2）。

2016NCZT∶3，夹砂褐陶，扁柱状足，截面呈椭圆形。素面。残高 6.4 厘米（图二五一，3；图版二九，3）。

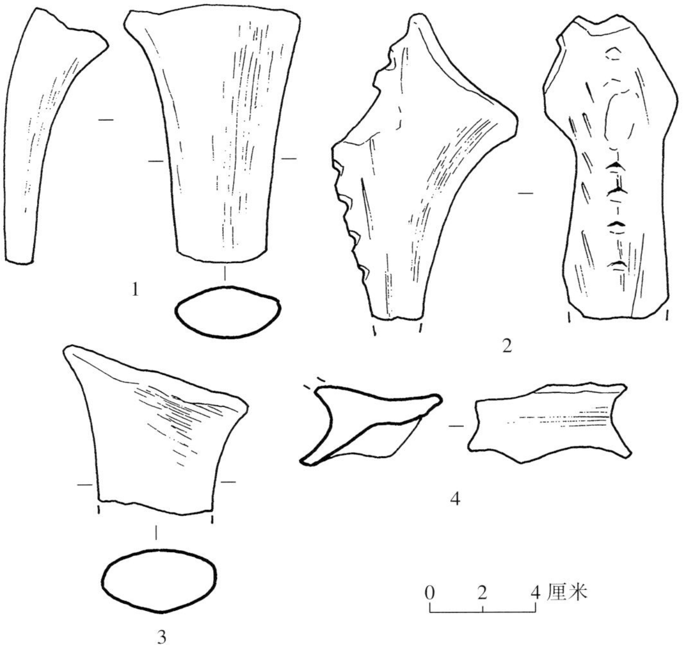

图二五一 猪头山遗址采集陶器
1~3. 鼎足（2016NCZT∶2、2016NCZT∶1、2016NCZT∶3） 4. 圈足（2016NCZT∶4）

圈足　1件。

2016NCZT：4，泥质灰褐陶，矮圈足，底端外撇。素面。残高3.2厘米（图二五一，4；图版二九，4）。

3. 遗址性质与年代

猪头山遗址是一处典型的坡状岗地类遗址。从该遗址采集陶器来看，可大致分为以下两组：

第1组：以器表见有斜向刻划纹夹砂鼎足为代表，该类器常见于新石器时代晚期。因此，可推测该组年代应为新石器晚期或稍晚。

第2组：以小方格纹为代表，该类陶器具有东周时期陶器风格。

综上所述，猪头山遗址的年代主要为新石器时代晚期及东周时期。该遗址的发现与初步研究，对区域内文化序列的构建以及聚落形态的研究提供了十分重要的考古资料。

1. 鼎足（2016NCZT：1）

2. 鼎足（2016NCZT：2）

3. 鼎足（2016NCZT：3）

4. 圈足（2016NCZT：4）

图版二九　猪头山遗址采集陶器

第三章　黎川县先秦时期遗址

第一节　黎川县自然环境与历史沿革

黎川县位于江西省中东部，地处抚州市东南部，东临福建省光泽县、邵武市；南毗福建省泰宁、建宁县；西接本省南丰县；北连本省南城、资溪县。黎川县地形呈南北长，东西狭窄不规则形状。境内群山环抱，丘陵起伏，山地广阔。整个地势南高北低，由东北部、东部及南部向中部和西北部倾斜。县境内南部为低山区，中部和北部为丘陵地带，山地和丘陵占县内土地面积绝大多数（图二五二）。黎川县地处抚河上游，境内河溪纵流网布。黎川县面积为1728.56平方千米，全县总人口25万（截至2014年）①。

一　自然环境

1. 地形与地貌

黎川县因多次受地壳运动的影响，该县地层裂隙发育复杂，出露的地层主要有第四系、下第三系、白垩系、侏罗系、寒武系、奥陶系、志留系、震旦系等。

黎川县地形呈南北长，东西狭窄不规则形状。境内群山环抱，丘陵起伏，山地广阔。整个地势南高北低，由东北部、东部和南部渐次向地势平缓的中部和西北部呈撮斗形倾斜。县境内南部为低山区，中部和北部为丘陵地带，地貌可分为低山、高丘陵、中丘陵、低丘陵、冲积小平原等五种类型。低山区位于东北至东南地带，占全县土地面积13.67%，山地海拔高度500米以上，相对高度200~400米。高丘陵区位于山区向丘陵延伸的过渡地带，占全县土地面积15.91%，丘陵海拔高度300~500米，相对高度200米左右。中低丘陵区位于西部至西北水库，占全县土地面积59.4%，丘陵海拔高度101.14~300米，相对高度50~150米。冲积小平原位于黎滩河、龙安河、资福河中下游两岸，占全县土地面积9.26%，相对高度在50米以下。

县境内主要土壤类型有水稻土、潮土、红壤、山地黄壤、山地黄棕壤等五种。

2. 山脉与水系

黎川县境内县域东部、西部和南部三面环山，南高北低，武夷山脉环绕县境东南部。东北至东

① 江西省黎川县志编纂委员会：《黎川县志》，黄山书社，1993年。

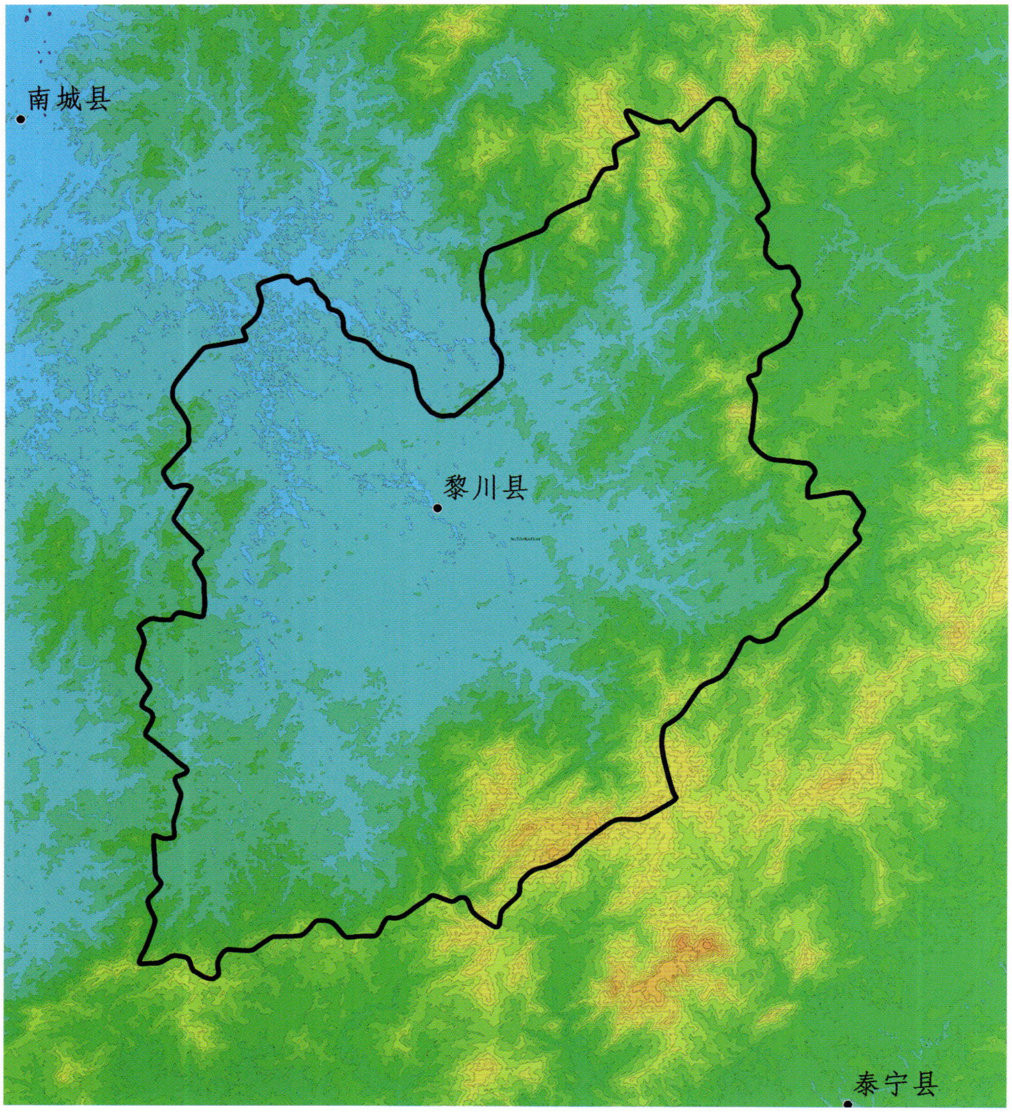

图二五二　黎川县地形示意图

南一带，海拔高度在500米以上，相对高度为200～400米。1000米以上的山峰有45座，以距县城30千米的杨家岭最高，为抚州市第二高峰，海拔1513米。主要山脉有日峰山、莲荷峰、福山、华盖山、竹山寨、葫芦岭等。

黎川县地处抚河上游，境内溪流广布。县境东北诸水汇集成资福水；县西各水汇集成龙安水；县中、东各水汇集成黎滩水。县三条主要水系均注入抚河（图二五三）。

黎滩水系　一名黎水，又名中川，发源于德胜镇眉毛峰北麓，流经茅店、德胜关、东山、团村、三都至涂家林有熊村河汇入，流经日峰镇有栗塘水汇入，后流过裘坊乡，在中田乡港口村与龙安水系汇合流入洪门水库。主流长47.6千米，大小支流32条，全长372.16千米，流域面积678.7平方千米。

龙安水系　别称西川，发源于德胜镇百家畲村，流经宏村镇有樟溪汇入，流经龙安乡畴溪渡有西域河汇入，进入中田乡与黎滩水系汇合流入洪门水库。主流长67.9千米，大小支流43条，总长366.03千米，流域面积533.1平方千米。

图二五三 黎川县水系示意图

资福水系 别称东川，发源于福建省光泽县天子池，流经洲湖、厚村、飞源、茶亭、五福街、资福和南城县龙湖乡进入洪门水库。主流长43千米，大小支流9条，全长208.45千米，流域面积为343.5平方千米。

3. 气候

黎川地处华南气候区与华中气候区的过渡地带，日照充足，雨量丰沛，气候温和湿润，无霜期较长，农业气候条件优越。属亚热带湿润性季风气候区。

黎川县春、秋季短，冬、夏季长，四季较为分明。其主要特点是：春季多阴雨，日照偏少；初夏高温多暴雨，盛夏燥热少雨；秋季低温少雨；冬季冷空气活动频繁，常有冰雪和冻雨。

该县年平均气温为18℃左右。山区气温随海拔升高而降低，一般海拔升高100米，年平均气温降低0.6℃。谷地气温较高，比平原、丘陵及山地高0.5℃～1℃。

黎川县各地的霜雪期因地而异，山区降雪、冰冻天气比低丘平原出现多且时间较长。各地平均无霜期287天。

该县降雨较丰沛，年均降水量1800.8毫米，年平均降雨天数为175天。各地降水分布不均，特征是南多北少，东多西少。

二 历史沿革

1. 历史沿革

黎川县所辖区域三国时期吴国分置为永城、东兴二县，隋代将永城、东兴二县并入南城县，唐武德五年复置后又废。宋绍兴八年（1138 年），将南城县之东南五乡划出置新城县，别称黎川。民国三年（1914 年）正式改名黎川县。

建县以来至清末，曾先后属建昌军、建昌路、建昌府所辖。民国年间先后属豫章道、第七行政管辖。1949 年 5 月后，归江西省抚州地区管辖，县政府所在地为日峰镇。

2. 行政区划

1990 年，全县设 15 个乡（栗塘乡、裘坊乡、潭溪乡、洵口乡、荷源乡、厚村乡、熊村乡、湖坊乡、坊坪乡、龙安乡、中田乡、东堡乡、樟溪乡、西城乡、社苹乡），2 个镇（日峰镇、宏村镇），1 个垦殖场（华山垦殖场），下辖 115 个行政村，8 个街道，1229 个村民小组。此外，在本县境内的省属德胜关垦殖场辖 6 个分场，107 个队①。

2000 年之后，黎川县对各乡镇的行政划分进行过调整与合并，但大多数乡镇所辖区域未有大的变动（图二五四）。

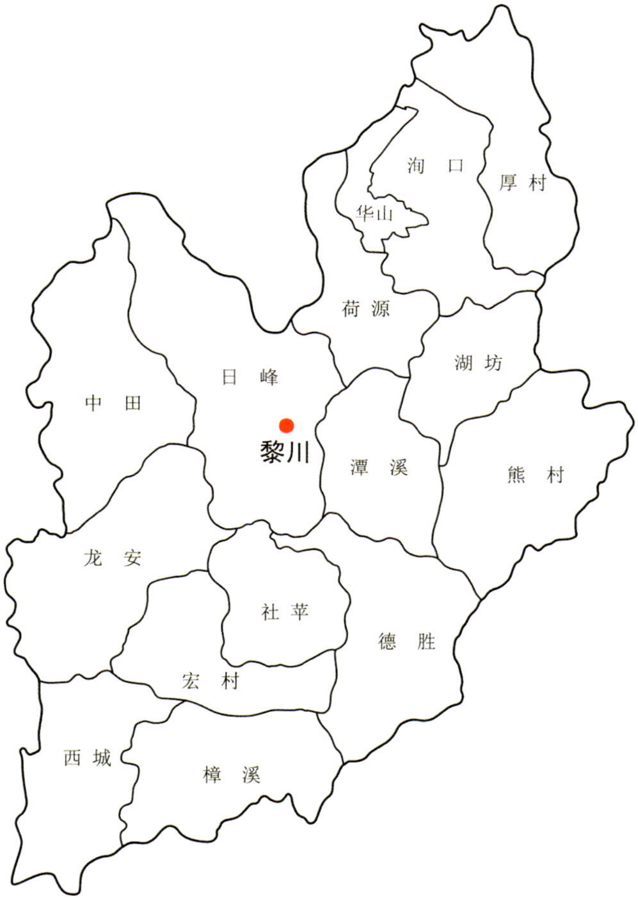

图二五四　黎川县行政区划示意图

① 江西省黎川县志编纂委员会：《黎川县志》，黄山书社，1993 年。

第二节 黎川县先秦时期岗地类遗址

本年度在黎川县境内调查遗址共32处（图二五五），大部分为区域新发现。按遗址所处地形及分布特征判定其均为岗地类遗址，以下分别对各遗址进行介绍。

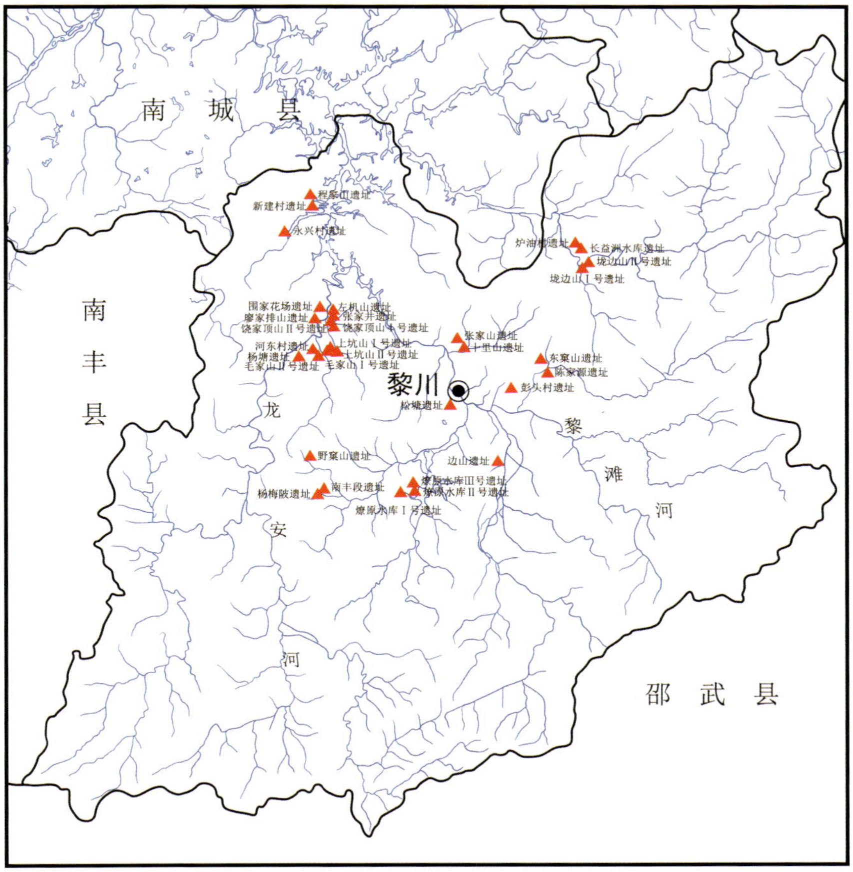

图二五五 黎川县调查遗址分布示意图

一 边山遗址

1. 遗址概况

边山遗址位于潭溪乡河溪村委会范家村小组（图二五六），西南距214省道约500米，北距70国道约330米，东距油三段约520米（图二五七）。地理坐标为北纬27°15′21.5″，东经116°57′19.4″，海拔136米。

该遗址为一山岗，地势中部偏西高，其余区域低，平面呈西北至东南向不规则形（图二五八），长径约162米，短径约60米。

图二五六　边山遗址位置示意图

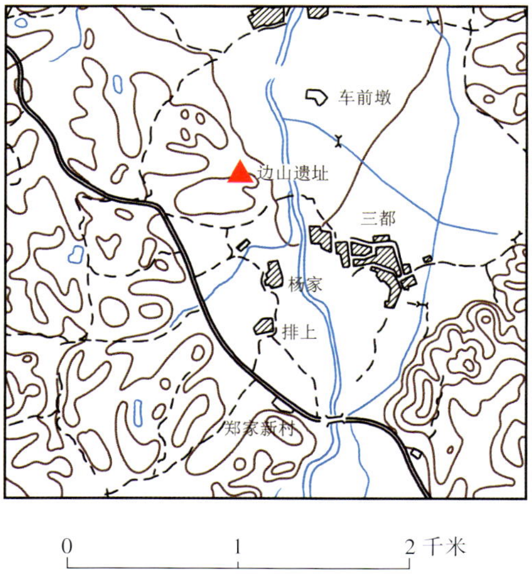

图二五七　边山遗址地貌示意图

图二五八　边山遗址远景图（由东北向西南）

2. 遗物介绍

边山遗址采集遗物较多，多以陶器残片为主。陶器以印纹硬陶为多，夹砂陶极少。印纹硬陶陶色为红色、灰色、灰褐色、红褐色，纹饰见有绳纹（图二五九，4、7；图二六〇，1、3、8）、菱格纹（图二五九，6；图二六〇，2、7）、雷纹（图二五九，2；图二六〇，4）、交错绳纹（图二五九，3、5；图二六〇，6）、“菱格纹”＋“圆点纹”的组合纹饰（图二六〇，5、9）、方格纹（图二五九，1），器形有罐、尊、甗、豆、钵、圈足器等；夹砂陶陶色有灰色、灰褐色、红色，纹饰见有绳纹，其余均为素面，器形主要有鼎（足）。

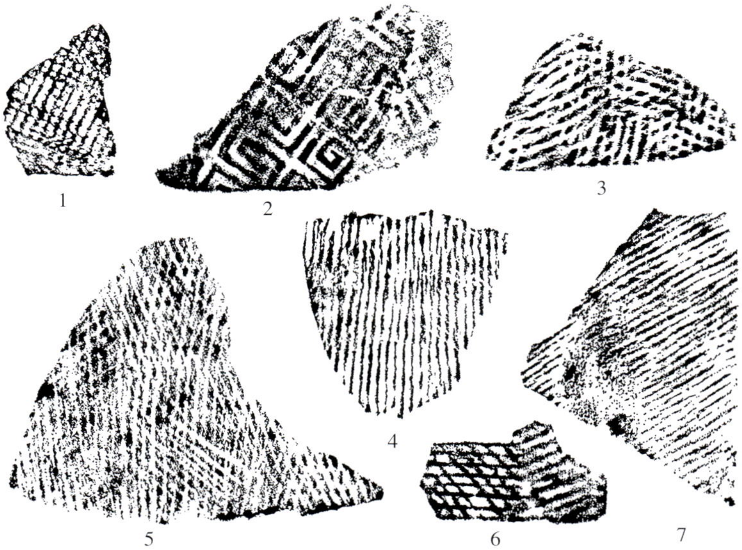

图二五九　边山遗址采集陶片纹饰拓片
1. 方格纹　2. 雷纹　3、5. 交错绳纹　4、7. 绳纹　6. 菱格纹

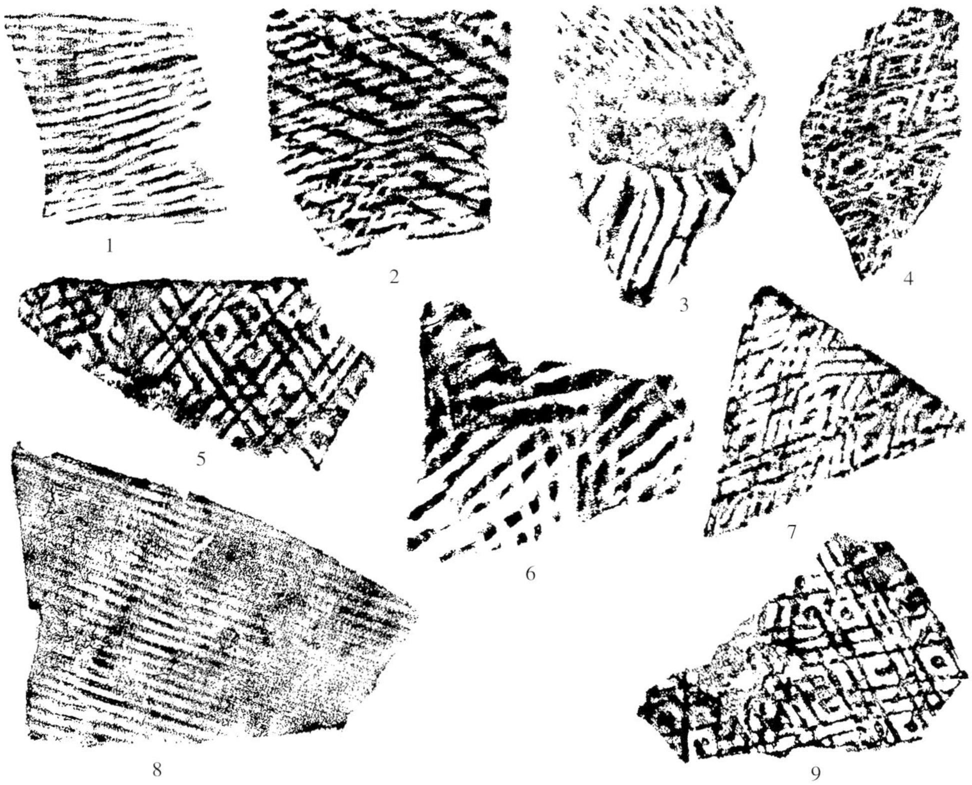

图二六〇　边山遗址采集陶片纹饰拓片
1、3、8. 绳纹　2、7. 菱格纹　4. 雷纹　5、9. “菱格纹” + “圆点纹”　6. 交错绳纹

罐　13 件。

2016LCBS：1，夹砂灰陶，侈口，宽折沿，沿面内凹，尖圆唇。器表施交错绳纹，沿面施数道凹弦纹。残高 6.4 厘米（图二六一，1；图版三〇，1）。

2016LCBS：2，夹细砂灰褐色陶，敛口，折沿，方唇。器表施菱格纹。残高 3.6 厘米（图二六一，6）。

2016LCBS：3，夹细砂灰陶，侈口，沿微卷，圆唇。器表施菱格纹。残高 4.2 厘米（图二六一，4）。

2016LCBS：4，夹细砂黄褐陶，敛口，折沿，尖唇。素面。残高 5.2 厘米（图二六一，2）。

2016LCBS：5，夹砂灰陶，侈口，窄平沿，方唇。器表施菱格纹。残高 4.4 厘米（图二六一，5）。

2016LCBS：6，夹砂灰陶，侈口，宽折沿，沿面内凹，唇部残。器表施宽带状按压纹。残高 4.6 厘米（图二六一，3）。

2016LCBS：7，夹砂红褐陶，侈口，窄折沿，圆唇，器表有两道凸棱。素面。残高 3.2 厘米（图二六一，7）。

2016LCBS：8，夹砂黄褐陶，敛口，圆唇，窄平沿内凹。器表施粗绳纹。残高 3.0 厘米（图二六一，8）。

2016LCBS：9，夹砂灰陶，侈口，宽折沿，尖圆唇。沿面见有数道凹槽。器表施方格纹。残高 4.4 厘米（图二六二，1；图版三〇，2）。

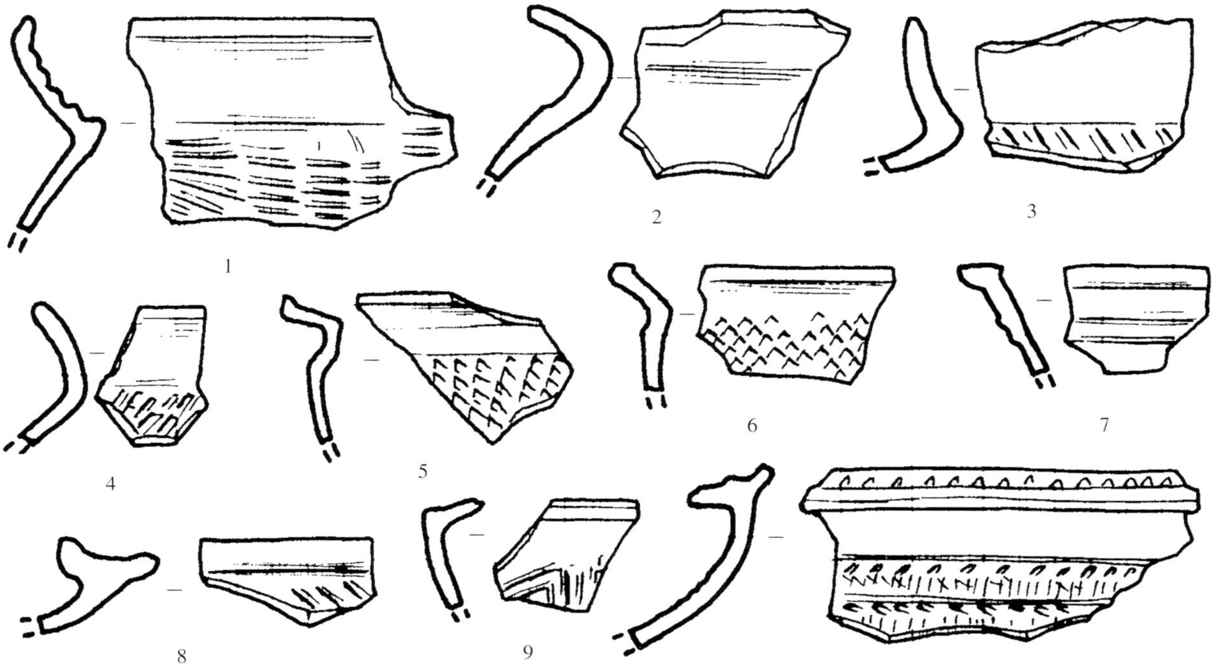

图二六一　边山遗址采集陶器
1～10. 罐（2016LCBS：1、2016LCBS：4、2016LCBS：6、2016LCBS：3、2016LCBS：5、2016LCBS：2、2016LCBS：7、2016LCBS：8、2016LCBS：11、2016LCBS：10）

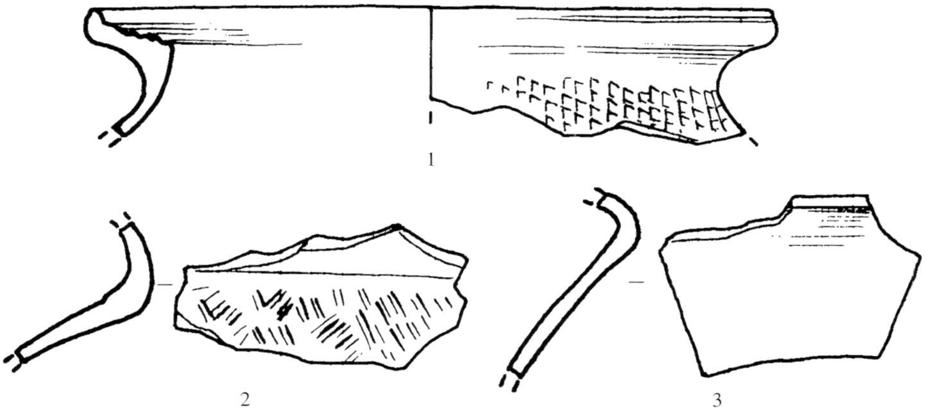

图二六二　边山遗址采集陶器
1～3. 罐（2016LCBS：9、2016LCBS：12、2016LCBS：13）

2016LCBS：10，夹细砂黄褐色硬陶，敛口，方唇。沿外侧见有一圈凸棱。口沿上施一圈戳刺纹，器表施弦纹及竖绳纹，其间施戳刺纹多道。残高5.4厘米（图二六一，10；图版三〇，3）。

2016LCBS：11，夹细砂灰色硬陶，敛口，内折沿，尖圆唇。器表施折线纹。残高3.2厘米（图二六一，9）。

2016LCBS：12，夹砂灰陶，敛口，折沿，唇部残。器表施交错绳纹。残高5.0厘米（图二六二，2）。

2016LCBS：13，夹砂灰色硬陶，敛口，口沿残。器表施方格纹，大部分被抹平。残高6.0厘米（图二六二，3）。

器腹部残片　1件。

2016LCBS：15，灰褐色硬陶，斜弧腹，平底。上腹部施方格纹，下腹部可见数道凹弦纹。残高10.2厘米（图二六三，1）。

钵　1件。

2016LCBS：14，夹细砂灰陶，侈口，方唇，弧腹，平底。素面，内外壁可见轮修痕迹。残高4.4厘米（图二六三，2；图版三〇，4）。

豆柄　1件。

2016LCBS：16，夹砂灰陶，喇叭状豆柄外撇。素面。残高5.4厘米（图二六三，3）。

鼎足　2件。

2016LCBS：19，夹砂黄陶，扁柱状足，截面呈扁圆形。素面，残高5.0厘米（图二六三，6）。

2016LCBS：20，夹砂灰陶，瓦状扁足，截面呈弧形。素面。残高5.3厘米（图二六三，7）。

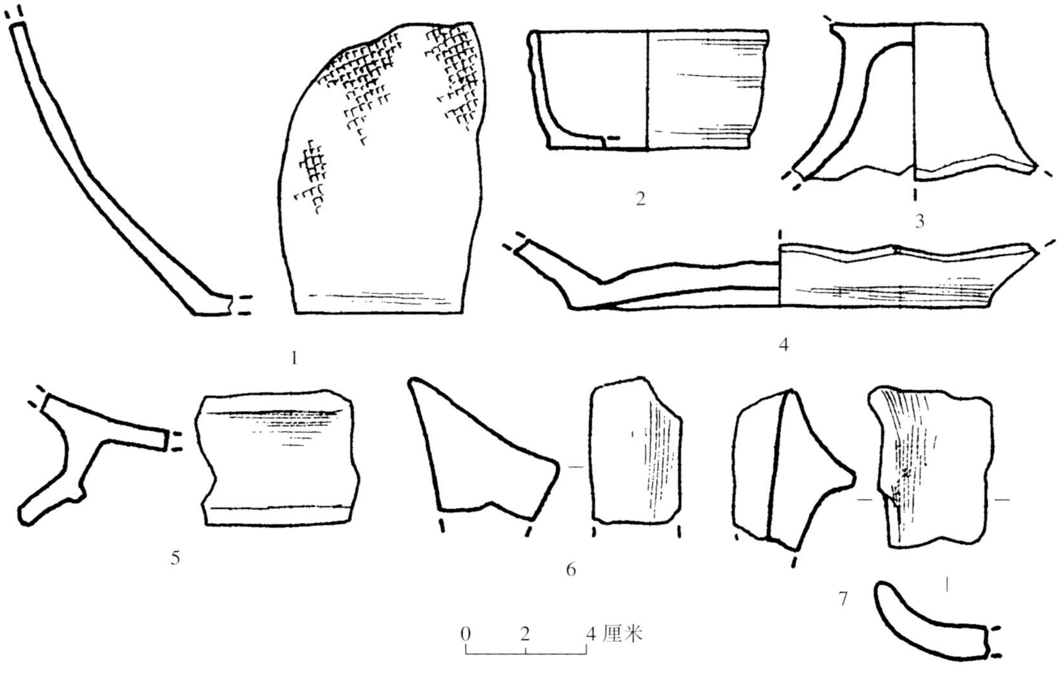

图二六三　边山遗址采集陶器

1. 腹部残片（2016LCBS：15）　2. 钵（2016LCBS：14）　3. 豆柄（2016LCBS：16）　4. 器底（2016LCBS：18）
5. 圈足（2016LCBS：17）　6、7. 鼎足（2016LCBS：19、2016LCBS：20）

圈足　1件。

2016LCBS：17，夹砂灰陶，高圈足外撇。素面。残高4.6厘米（图二六三，5）。

器底　1件。

2016LCBS：18，夹砂灰陶，斜直腹，平底微内凹。器壁外侧有轮修痕迹，器底内侧有捏制痕迹。残高2.6厘米（图二六三，4）。

3. 遗址性质与年代

边山遗址是一处典型的岗地类遗址，地形为一缓坡状山岗。遗址采集遗物较为丰富，根据采集遗物情况来看，将该遗址所见遗存大致可分为两组：

第 1 组：以口沿内部有凹槽、罐、豆、圈足器、鼎足等为代表，所见印纹硬陶以雷纹、绳纹、菱格纹、交错绳纹等为代表。其与该地区临近的鹰潭角山遗址①有一定的相似，由此推测该组年代应大致为商时期。

第 2 组：以小方格纹，器表施釉陶片等为代表。该组所见印纹硬陶纹饰以小方格纹为主，其风格与区域内东周时期遗存相近，因此推测该组年代为东周时期。

总的来看，边山遗址的年代主要为商时期及东周时期。该遗址的发现与初步分析，为区域内文化序列构建及聚落形态研究都提供了十分重要的实物资料。

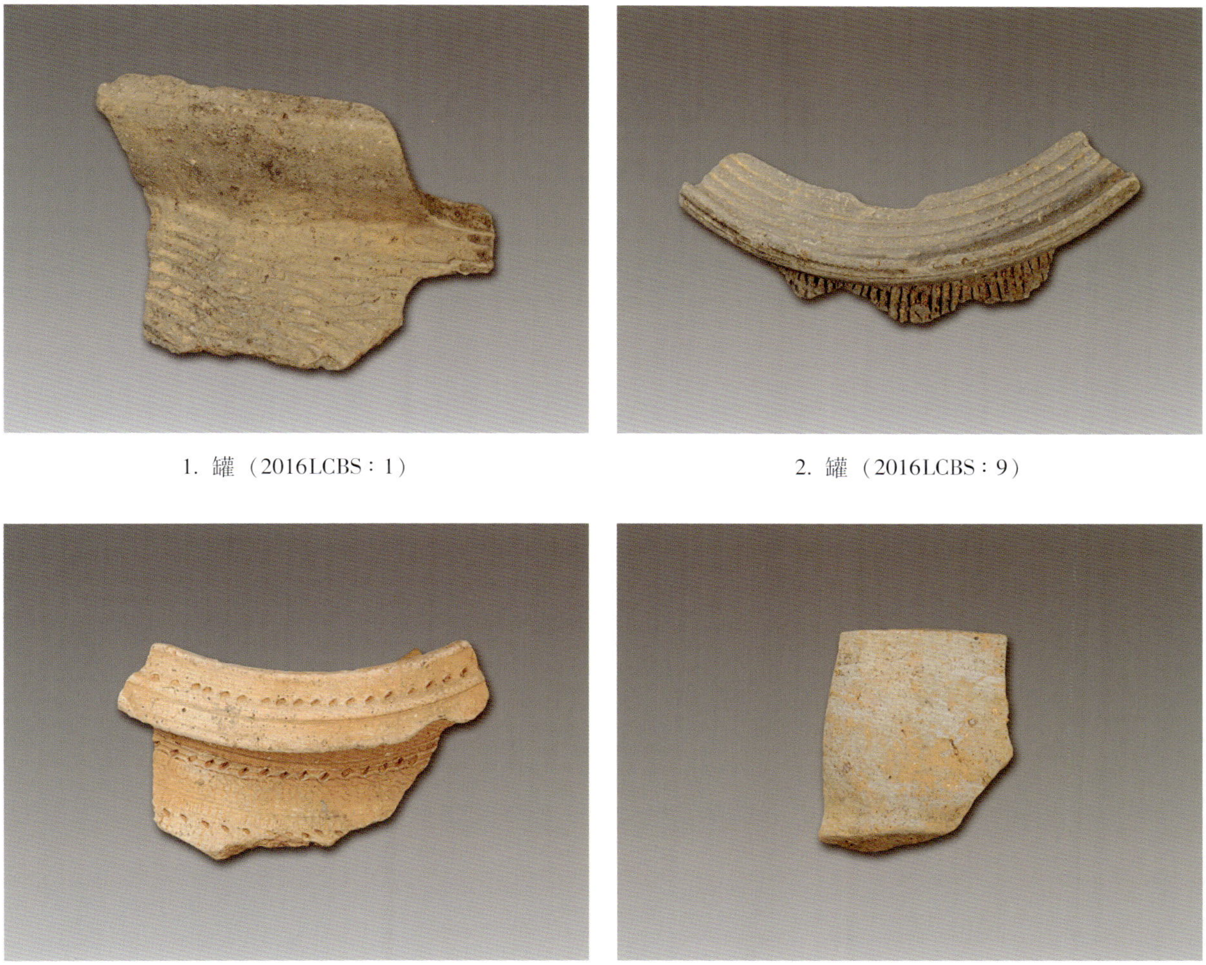

1. 罐（2016LCBS：1）　2. 罐（2016LCBS：9）

3. 罐（2016LCBS：10）　4. 钵（2016LCBS：14）

图版三〇　边山遗址采集陶器

① 江西省文物考古研究院、鹰潭市博物馆：《角山窑址：1983～2007 年考古发掘报告》，文物出版社，2017 年。

二　陈家源遗址

1. 遗址概况

陈家源遗址位于潭溪乡文青村委会陈家源村西南约260米（图二六四），西北距油三段约440米，西南距文青村约350米（图二六五）。地理坐标为北纬27°18′37.8″，东经116°57′53.2″，海拔132米。

图二六四　陈家源遗址位置示意图

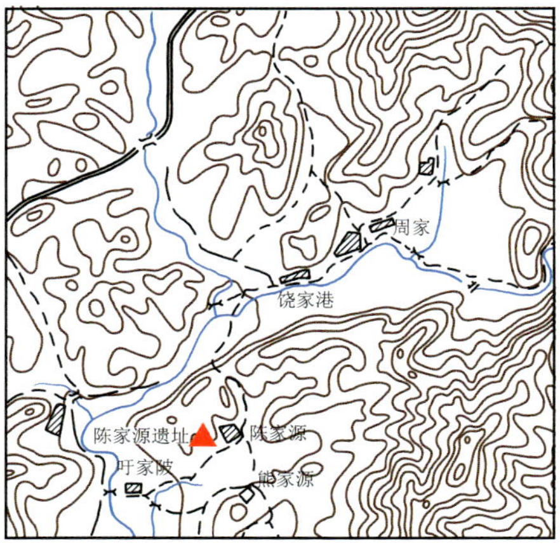

图二六五　陈家源遗址地貌示意图

该遗址位于一缓坡山岗的一侧（图二六六），地势东北高西南低，平面呈西北至东南向不规则形，长径约 197 米，短径约 100 米。遗址现已被人为修整为梯田种植橘树（图二六七），地表植被较为稀疏。

图二六六　陈家源遗址远景图（由西南向东北）

图二六七　陈家源遗址近景图（由东向西）

2. 遗物介绍

陈家源遗址采集较多，石器有石刀，陶器数量较多。

（1）石器

石刀　1件。

2016LCCJY：1，青灰色砂岩，顶端残，两侧近直，单面斜刃，器表磨制较为精细。残高6.6厘米（图二六八；图版三一，1）。

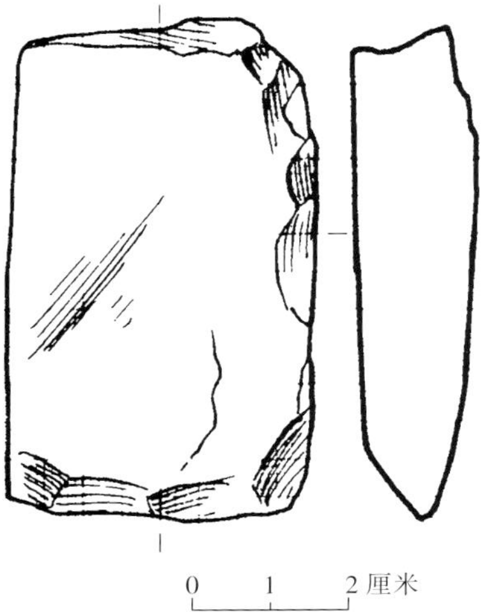

图二六八　陈家源遗址采集石刀
（2016LCCJY：1）

（2）陶器

该遗址采集陶器主要为印纹硬陶，夹砂陶较少。印纹硬陶陶色有浅红色、灰色、灰褐色，纹饰有细线纹、菱格纹（图二六九，4、5、9、11；图二七〇，3～5）、方格纹（图二六九，1、2、7、8；图二七〇，1）、交错线纹、绳纹（图二六九，6、10、12；图二七〇，2、6）、变体雷纹、"重菱纹"＋"圆点纹"组合纹饰（图二六九，3、13）等，器形见有盘、钵、鼎（足）、器盖、罐等；夹砂陶陶色有红褐色、浅黄色，多为素面，见有少量绳纹，器形有鼎（足）、罐等。

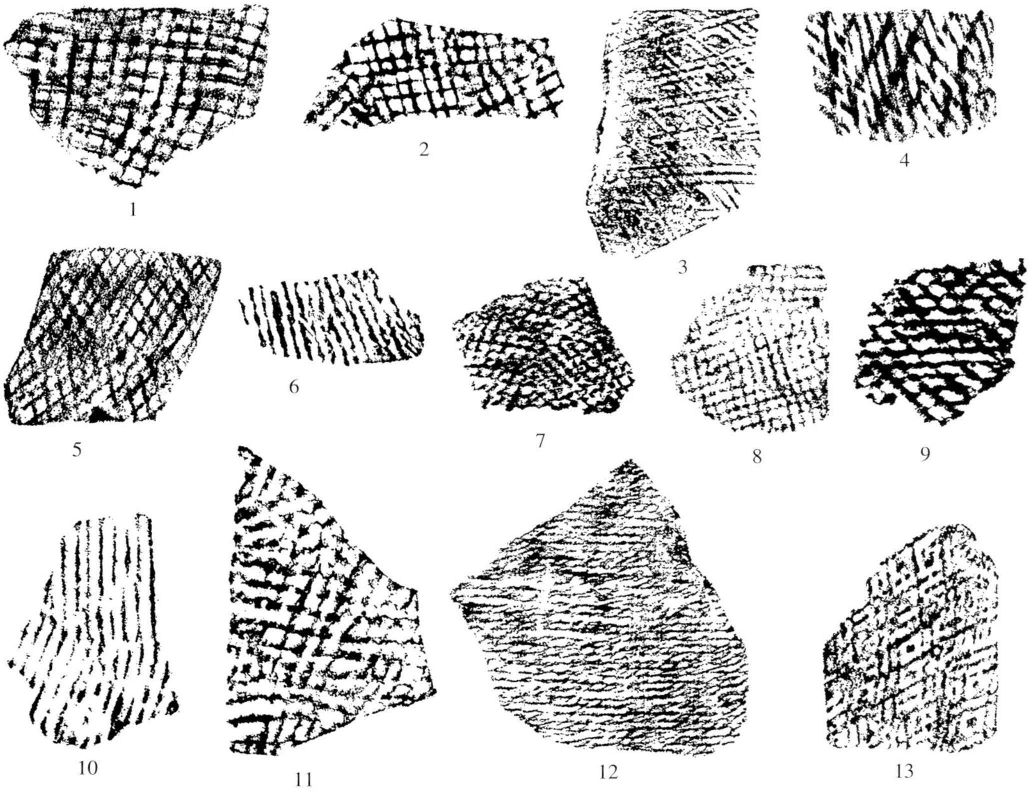

图二六九　陈家源遗址采集陶片纹饰拓片
1、2、7、8. 方格纹　3、13. "重菱纹"＋"圆点纹"　4、5、9、11. 菱格纹　6、10、12. 绳纹

罐 12件。发现数量较多。可据形态划分为三型。

A型：4件。侈口，卷沿，弧腹。

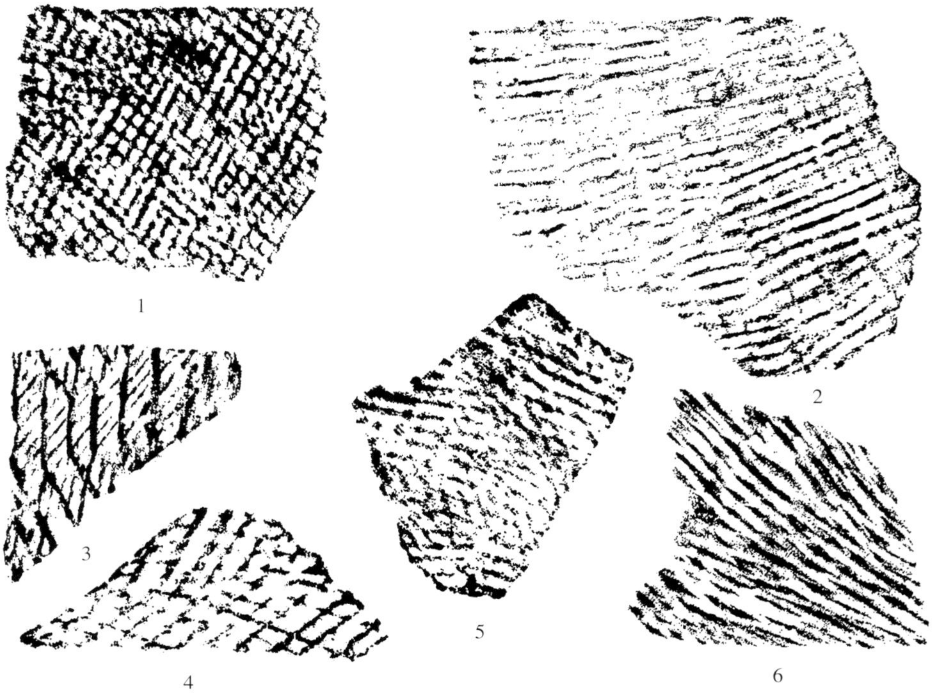

图二七〇 陈家源遗址采集陶片纹饰拓片

1. 方格纹 2、6. 绳纹 3～5. 菱格纹

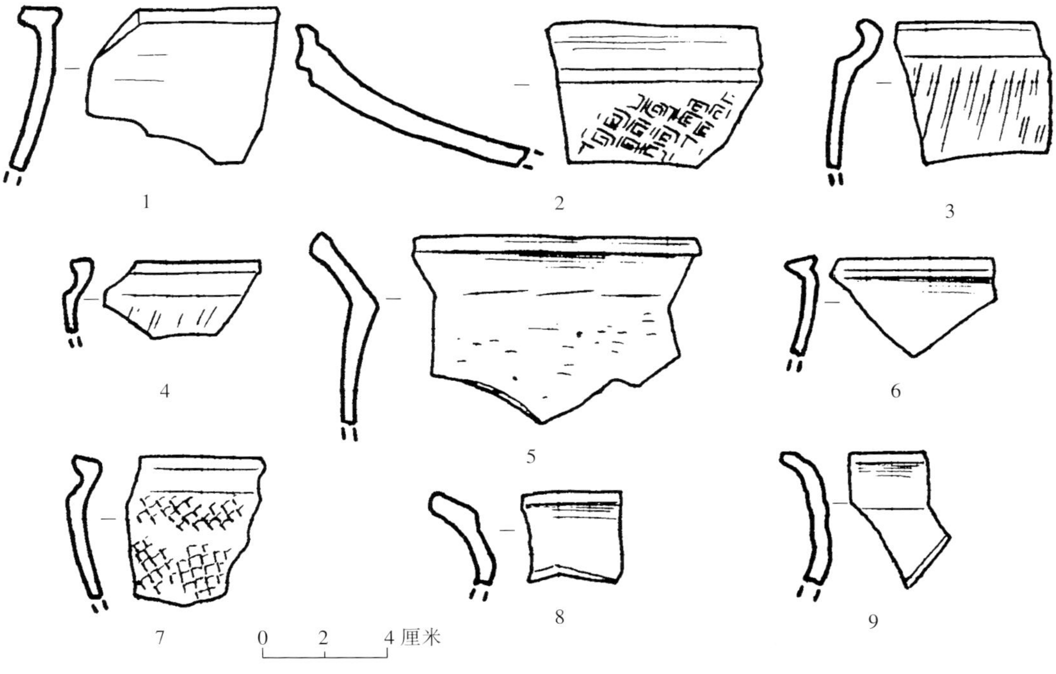

图二七一 陈家源遗址采集陶器

1、3～9. 罐（2016LCCJY：4、2016LCCJY：5、2016LCCJY：6、2016LCCJY：23、2016LCCJY：7、2016LCCJY：21、2016LCCJY：8、2016LCCJY：9） 2. 盘（2016LCCJY：3）

2016LCCJY：4，夹砂灰色陶，圆唇，内外壁可见轮修痕迹。素面。残高5.4厘米（图二七一，1）。

2016LCCJY：7，红褐色硬陶，圆唇，微弧腹。素面。残高3.2厘米（图二七一，6）。

2016LCCJY：8，夹砂灰陶，方圆唇。素面。残高3.0厘米（图二七一，8）。

2016LCCJY：9，红褐色硬陶，微侈口，圆唇。素面。残高4.4厘米（图二七一，9）。

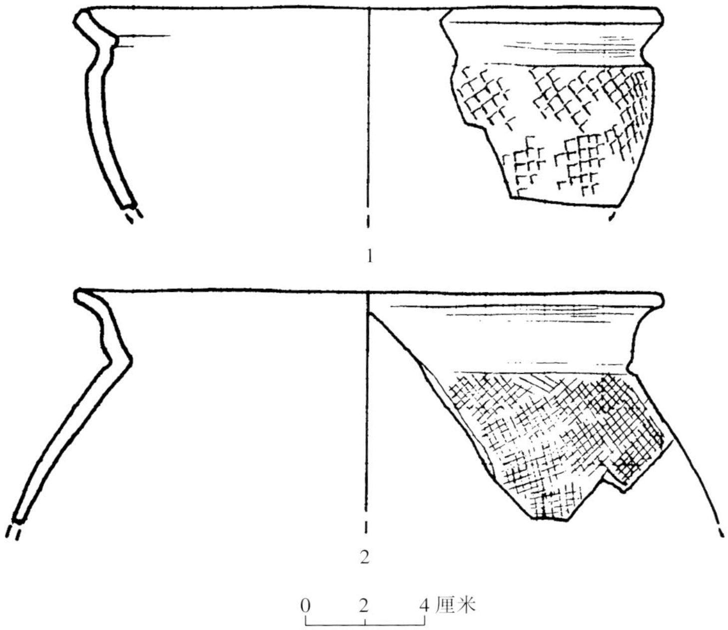

图二七二　陈家源遗址采集陶器

1、2. 罐（2016LCCJY：22、2016LCCJY：20）

B型：4件。窄折沿，折肩。

2016LCCJY：5，夹砂灰褐陶，口微敛，方唇。器表施方格纹。残高4.8厘米（图二七一，3）。

2016LCCJY：6，夹砂灰陶，敛口，方唇。器表施方格纹。残高2.6厘米（图二七一，4）。

2016LCCJY：21，夹砂灰陶，敛口，微折肩。器表施菱格纹。残高4.6厘米（图二七一，7）。

2016LCCJY：22，夹砂灰褐陶，侈口，方唇，斜弧腹。器表施菱格纹。残高6.4厘米（图二七二，1；图版三一，4）。

C型：4件。宽折沿。

2016LCCJY：10，夹砂灰陶，侈口，圆唇。器表施方格纹，大部分被抹平，口沿处有轮修痕迹。残高9.0厘米（图二七三，1）。

2016LCCJY：17，夹砂灰陶，侈口，唇部残。颈外壁有三道凹弦纹，器表施菱格纹。残高8.2厘米（图二七三，2；图版三一，2）。

2016LCCJY：20，夹砂灰陶，微侈口，圆唇。器表施小菱格纹。残高8.3厘米（图二七二，2；图版三一，3）。

2016LCCJY：23，夹砂灰陶，微侈口，方唇。器表施绳纹，大部分被抹平。残高6.4厘米（图二七一，5）。

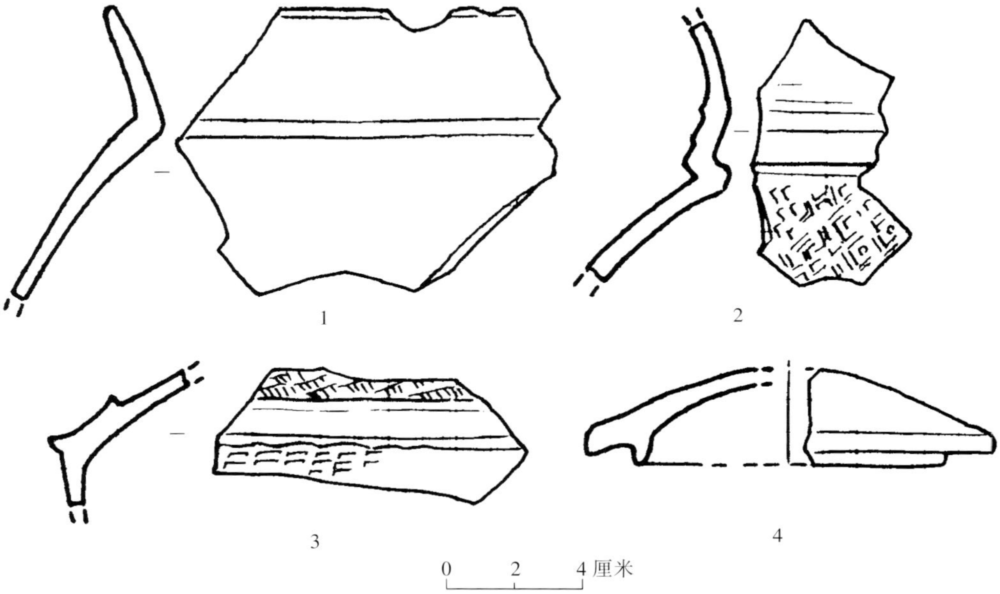

图二七三 陈家源遗址采集陶器
1、2. 罐（2016LCCJY：10、2016LCCJY：17）
3. 肩部残片（2016LCCJY：2） 4. 器盖（2016LCCJY：19）

盘 1件。

2016LCCJY：3，夹细砂红陶，敛口，内折沿，唇部残，斜弧腹。器表施重菱纹。残高4.8厘米（图二七一，2）。

肩部残片 1件。

2016LCCJY：2，夹细砂灰褐色硬陶，折肩。肩腹结合部附加一扁状泥条，器表施弦断绳纹。残高4.0厘米（图二七三，3）。

器盖 1件。

2016LCCJY：19，器盖残片，夹细砂红褐陶，斗笠状，盖顶斜弧呈伞状，边缘为圆唇，子母口。器表可见轮修痕迹，素面。残高3.0厘米（图二七三，4；图版三一，6）。

鼎足7件。数量较多，可据形态划分为三型。

A型：2件。瓦状足。

2016LCCJY：18，夹砂黄褐陶，扁足，截面呈圆弧状。素面。残高7.0厘米（图二七四，1；图版三一，5）。

2016LCCJY：16，夹砂黄褐陶，扁足，截面呈圆弧状。素面。残高6.4厘米（图二七四，2）。

B型：3件。柱状足。

2016LCCJY：13，夹砂红陶，圆柱状足，截面呈圆形。素面。残高5.6厘米（图二七四，6）。

2016LCCJY：14，夹砂红陶，扁柱状足，截面呈扁圆形。素面。残高8.4厘米（图二七四，3）。

2016LCCJY：15，夹砂红陶，圆柱状足，截面呈圆形。素面。残高8.4厘米（图二七四，4）。

C型：2件。“T”形足。

2016LCCJY：11，夹砂灰陶，截面呈“T”形。素面。残高5.8厘米（图二七四，5）。

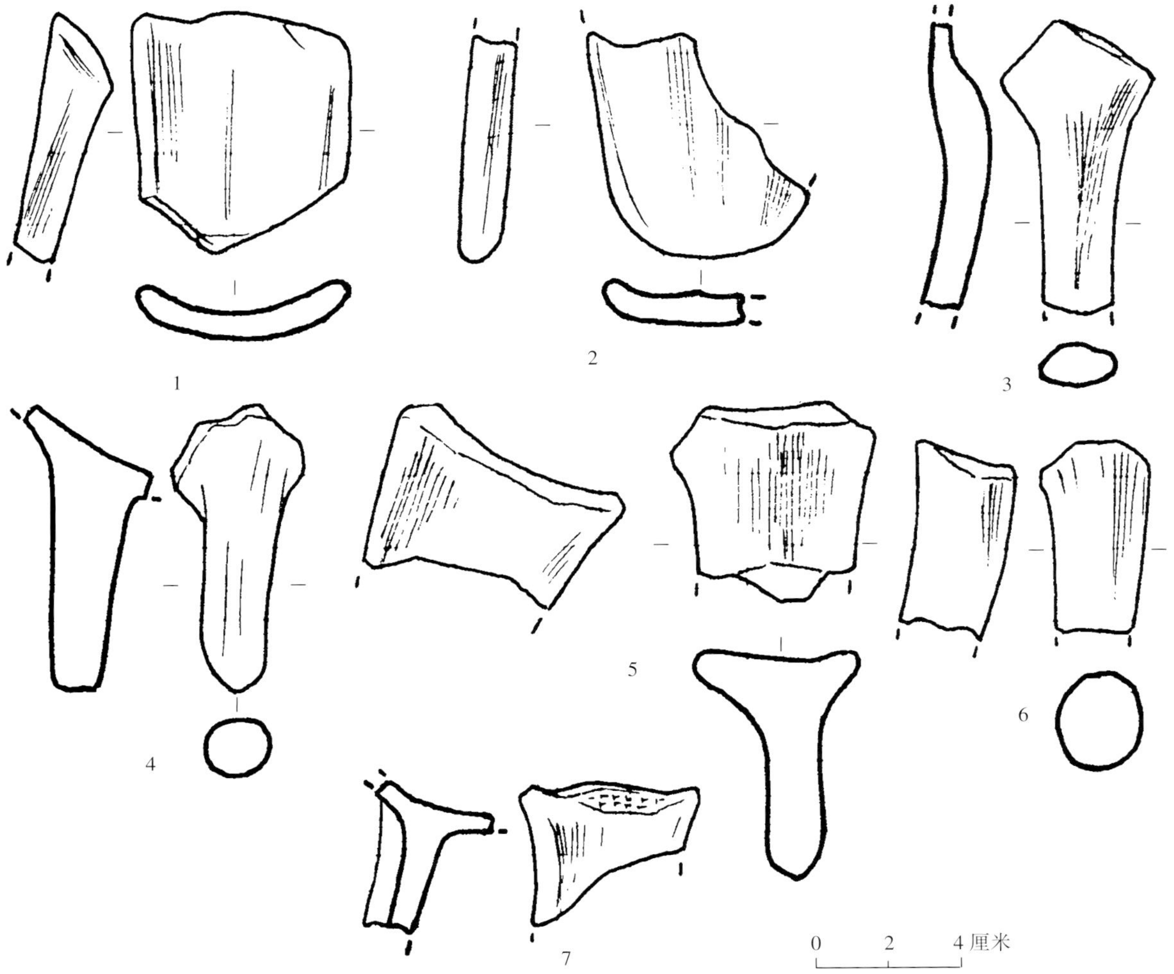

图二七四　陈家源遗址采集陶器

1～7. 鼎足（2016LCCJY：18、2016LCCJY：16、2016LCCJY：14、2016LCCJY：15、2016LCCJY：11、2016LCCJY：13、2016LCCJY：12）

2016LCCJY：12，夹砂红陶，截面呈“T”形。素面。残高4.3厘米（图二七四，7）。

3. 遗址性质与年代

陈家源遗址紧邻河道，为低缓山岗，此类地形便于古人生活，是抚河流域先秦人群居住生活的首选之地。该遗址采集遗物较为丰富，对采集遗物进行分析可以看出，该遗址年代可分为两个组：

第1组：以T形鼎足、瓦状鼎足等为代表。三棱状鼎足在区域内新石器时代末期遗址中常见，瓦状鼎足可在商时期遗址中见到。因此推测该组年代为新石器时代末期至商代。

第2组：以绳纹、菱格纹、变体雷纹等印纹硬陶为代表。该组所见陶罐，可划分为三型，其形态与本地西周时期陶器较为相近，因此可推测该组年代为西周时期。

综合分析，陈家源遗址的年代应主要集中在新石器时代末期至西周时期。该遗址的发现为区域文化序列的建立提供十分重要的考古资料，有助于聚落结构演进等方面的深入研究。

1. 石刀（2016LCCJY：1）

2. 陶罐（2016LCCJY：17）

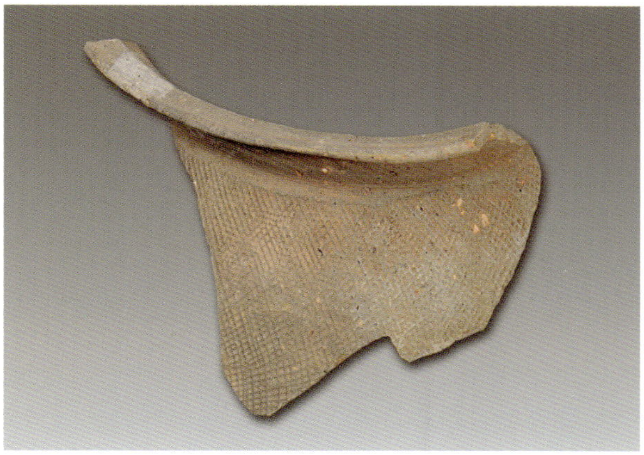

3. 陶罐（2016LCCJY：20）

4. 陶罐（2016LCCJY：22）

5. 陶鼎足（2016LCCJY：18）

6. 陶器盖（2016LCCJY：19）

图版三一　陈家源遗址采集遗物

三　程家山遗址

1. 遗址概况

程家山遗址位于中田乡程家村（图二七五），西北距程家山约820米，南距洪门水库约476米，东南距新建村遗址约870米（图二七六）。地理坐标为北纬27°23′29.3″，东经116°47′14.3″，海拔112米。

该遗址为一缓坡岗地，地势南北高中间低，平面呈西北至东南向不规则形（图二七七），长径约210米，短径约187米。

图二七五 程家山遗址位置示意图

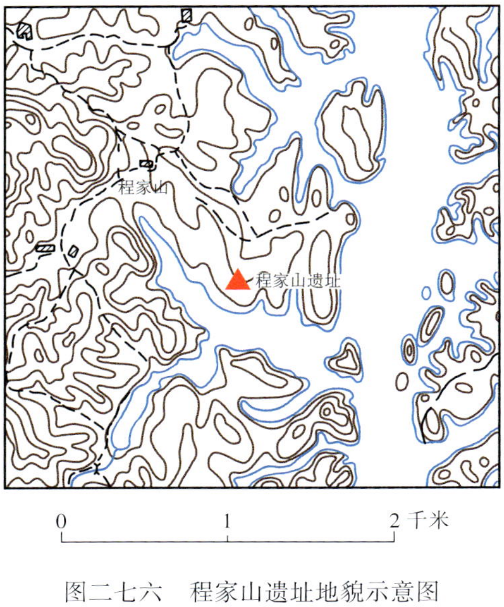

图二七六 程家山遗址地貌示意图

图二七七 程家山遗址远景图（由西南向东北）

2. 遗物介绍

程家山遗址采集遗物较为丰富，主要为陶器残片。以印纹硬陶与夹砂陶为主。印纹硬陶较多，陶色有褐色、灰色，纹饰有绳纹（图二七八，3）、雷纹（图二七八，7、8）、方格纹、菱格纹（图二七八，4~6）、席纹（图二七八，1、2）、弦纹（图二七八，9）等，器形有罐；夹砂陶较少，陶色主要有灰色、浅黄色、红色，多为素面，鼎足上见有少量刻划纹饰，器形主要为鼎（足）。

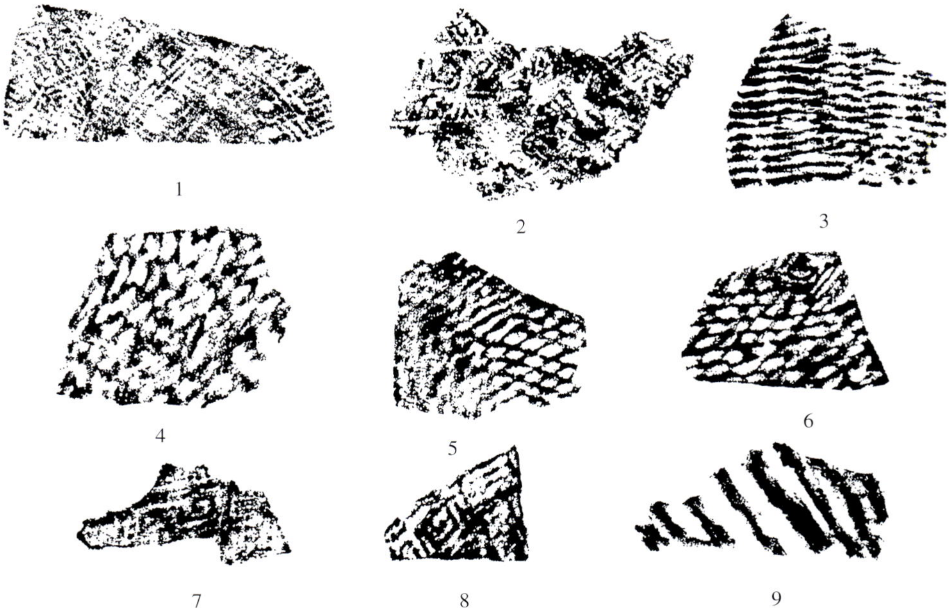

图二七八 程家山遗址采集陶片纹饰拓片

1、2. 席纹 3. 绳纹 4~6. 菱格纹 7、8. 雷纹 9. 弦纹

罐　5件。

2016LCCJS∶1，灰色硬陶，敛口，卷沿，方唇。器表施回字形纹。残高6.0厘米（图二七九，3；图版三二，1）。

2016LCCJS∶2，夹砂灰褐陶，敛口，折沿，方唇。器表施交错绳纹。残高4.4厘米（图二七九，1；图版三二，2）。

2016LCCJS∶3，夹砂灰陶，敛口，圆唇内敛。沿外侧有一周凸棱。素面。残高2.2厘米（图二七九，2）。

2016LCCJS∶4，夹砂灰褐陶，敛口，卷沿，唇部残。器表施“回”字形纹。残高3.8厘米（图二七九，4）。

2016LCCJS∶5，夹砂灰陶，敛口，圆唇内敛。沿外侧有一周凸棱。素面。残高2.2厘米（图二七九，5）。

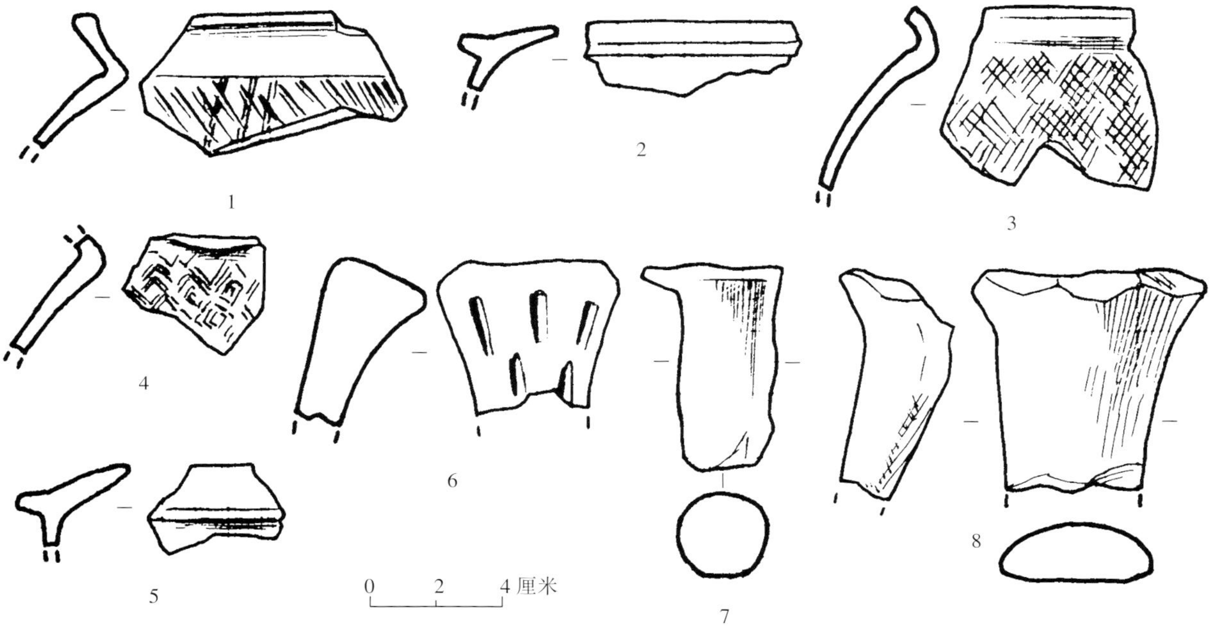

图二七九　程家山遗址采集陶器
1～5. 罐（2016LCCJS∶2、2016LCCJS∶3、2016LCCJS∶1、2016LCCJS∶4、2016LCCJS∶5）
6～8. 鼎足（2016LCCJS∶7、2016LCCJS∶8、2016LCCJS∶6）

鼎足3件。

2016LCCJS∶6，夹砂灰陶，扁状足，截面呈椭圆形。足外侧有两排竖向刻槽。残高7.0厘米（图二七九，8；图版三二，3）。

2016LCCJS∶7，夹砂黄陶，扁状足，截面呈椭圆形。足外侧可见数道竖向刻槽纹。残高5.0厘米（图二七九，6；图版三二，4）。

2016LCCJS∶8，夹细砂红陶，圆柱状足，截面呈圆形，足尖被抹平。素面。残高6.6厘米（图二七九，7）。

3. 遗址性质与年代

程家山遗址是一处典型的岗地类遗址，遗址所在区域地理环境较为优越。从采集遗物看，该遗址年代主要可以分为两组：

第1组：以扁状刻槽鼎足等为代表，其为该地区新石器时代晚期常见的器形，因此，该组年代应为新石器时代晚期。

第2组：以绳纹、雷纹硬陶罐等为代表。以印纹硬陶罐为主，所见折沿罐为区域内商至西周时期流行器形，因此，推测该组年代应为商周时期。

经过以上分析，程家山遗址的年代延续时间较长，主要为新石器时代晚期及商周时期。该遗址的发现与简单分析，有助于区域先秦文化序列的建立，亦对区域文明化进程等方面的研究有十分重要的意义。

1. 罐（2016LCCJS：1）

2. 罐（2016LCCJS：2）

3. 鼎足（2016LCCJS：6）

4. 鼎足（2016LCCJS：7）

图版三二　程家山遗址采集陶器

四　东窠山遗址

1. 遗址概况

东窠山遗址位于荷源乡熊圩村西南部（图二八〇），东南距214省道约100米，东距油三段约

200 米，西南距 214 省道约 180 米（图二八一）。地理坐标为北纬 27°19′34.8″，东经 116°57′40.5″，海拔 135 米。

该遗址为一缓坡山岗，地势南高北低，平面呈西北至东南向不规则形（图二八二），长径约 221 米，短径约 107 米。遗址现已被人为修整种植橘树，地表植被稀疏。

图二八〇　东窠山遗址位置示意图

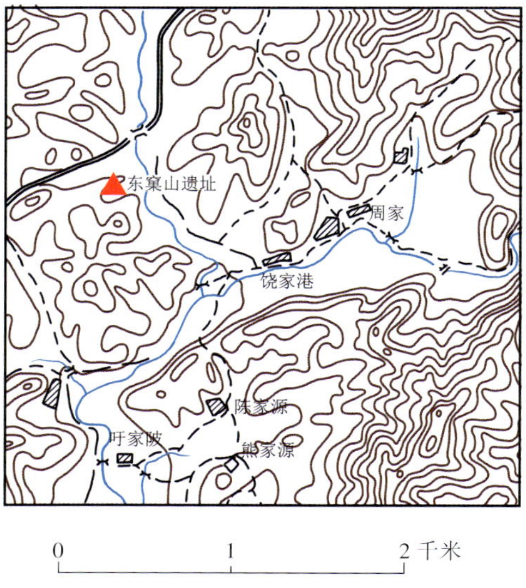

图二八一　东窠山遗址地貌示意图

图二八二　东窠山遗址远景图（由西南向东北）

2. 遗物介绍

东窠山遗址采集遗物较少，主要为印纹硬陶与夹砂陶。印纹硬陶较少，陶色为灰色，纹饰见有交错绳纹（图二八三，1）、绳纹（图二八三，2、3），器形不明；夹砂陶较多，陶色主要有浅黄色、浅红色、灰色，纹饰见有少量绳纹，多为素面，器形见有罐、鼎。

图二八三　东窠山遗址采集陶片纹饰拓片
1. 交错绳纹　2、3. 绳纹

罐　1件。

2016LCDK∶2，夹砂灰陶，折沿。沿面有两道凹弦纹，器表施方格纹。残高3.2厘米（图二八四，3）。

鼎　1件。

2016LCDK∶1，夹砂黄褐陶，上部为盘形，圆唇，浅腹，平底，矮柱状足。器腹外壁有两周凸弦纹。残高3.4厘米（图二八四，4；图版三三，1）。

鼎足　1件。

2016LCDK：3，夹砂黄褐陶，瓦状足，截面呈圆弧形。素面。残高5.0厘米（图二八四，2；图版三三，2）。

2016LCDK：4，夹砂黄褐陶，瓦状扁足，截面呈扁圆形。素面。残高10.0厘米（图二八四，1）。

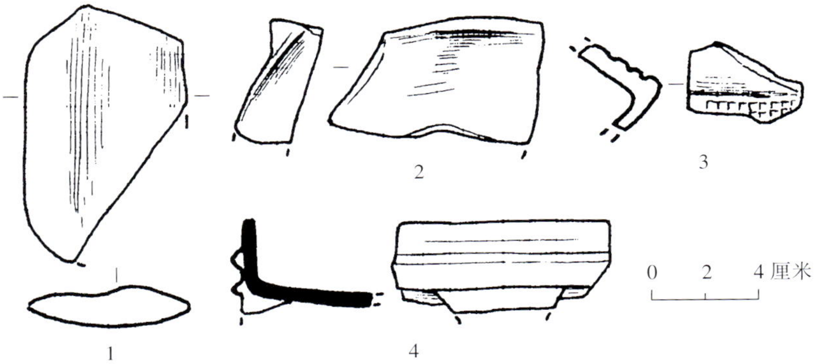

图二八四　东窠山遗址采集陶器

1、2. 鼎足（2016LCDK：4、2016LCDK：3）　3. 罐（2016LCDK：2）　4. 鼎（2016LCDK：1）

3. 遗址性质与年代

东窠山遗址是一处典型的岗地类遗址，呈缓坡状。由于遗址地表采集遗物较少，对于遗址年代的判断有一定的难度。从采集少量遗物情况来看，该遗址所见瓦状鼎足及印纹硬陶片与该区域商时期同类器形态相近，可推测该遗址年代为商时期。

东窠山遗址的发现与年代判断，为区域文化发展、聚落形态研究等方面提供了十分重要的考古资料。

1. 鼎（2016LCDK：1）　　2. 鼎足（2016LCDK：3）

图版三三　东窠山遗址采集陶器

五　河东村遗址

1. 遗址概况

河东村遗址位于中田乡河东村西侧约120米（图二八五），北部紧邻896县道，东距898县道约180米（图二八六）。地理坐标为北纬27°17′24.7″，东经116°49′03.1″，海拔116米。

该遗址为一斜坡山岗（图二八七），地势南高北低，平面呈东北至西南向不规则形（图二八八），长径约136米，短径约88米。

图二八五 河东村遗址位置示意图

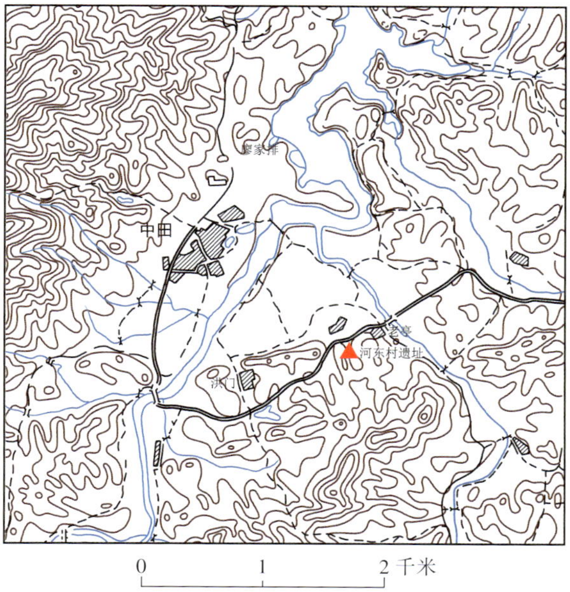

图二八六 河东村遗址地貌示意图

图二八七　河东村遗址远景图（由东北向西南）

图二八八　河东村遗址近景图（由东向西）

2. 遗物介绍

河东村遗址采集遗物较少，主要有陶器残片，以印纹硬陶与夹砂陶为主。印纹硬陶，陶色主要有浅灰色、灰色，纹饰有雷纹、绳纹（图二八九，5）、弦纹（图二八九，3）、方格纹（图二八九，1、2）、交错绳纹（图二八九，4），器形见有罐；夹砂陶较少，陶色为红色、浅灰色，纹饰有绳纹、方格纹，器形不明。

图二八九　河东村遗址采集陶片纹饰拓片
1、2. 方格纹　3. 弦纹　5. 绳纹　4. 交错绳纹

3. 遗址性质与年代

河东村遗址是一处典型的岗地类遗址，该遗址所处地形为较高山岗，由于遗址采集遗物较少，仅能从少量陶片对遗址的年代进行推测。该遗址采集陶片以印纹硬陶为主，纹饰见有方格纹、绳纹、折线纹等，此类纹饰主要见于商周时期，可初步推断河东村遗址的年代为商周时期。

六　燎原水库Ⅰ号遗址

1. 遗址概况

燎原水库Ⅰ号遗址位于社苹乡南坑村东北约 1 千米（图二九〇），东紧邻燎原水库Ⅲ号遗址，东南距燎原水库Ⅱ号遗址约 210 米（图二九一）。地理坐标为北纬 27°13′30.7″，东经 116°54′13.7″，海拔 142 米。

图二九〇　燎原水库Ⅰ号遗址位置示意图

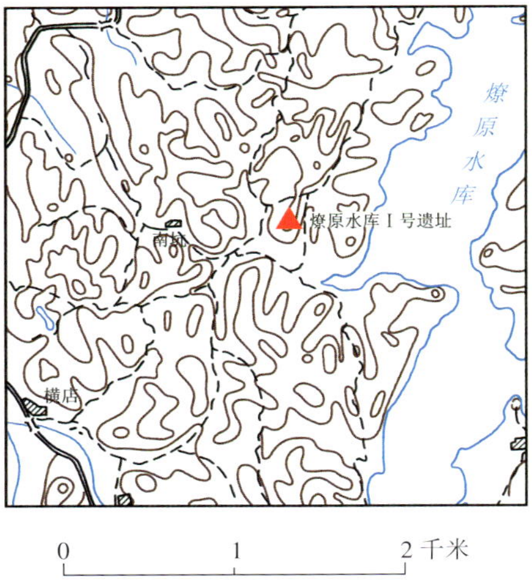

图二九一　燎原水库Ⅰ号遗址地貌示意图

该遗址位于燎原水库西部，地形为一山岗（图二九二、二九三），地势西北高东南低，平面呈西北至东南向不规则形（图二九四），长径约217米，短径约121米。

图二九二　燎原水库Ⅰ号遗址远景图（由西南向东北）

图二九三　燎原水库Ⅰ号遗址远景图（由东北向西南）

图二九四 燎原水库Ⅰ号遗址近景图（由北向南）

2. 遗物介绍

燎原水库Ⅰ号遗址采集遗物较少，主要为陶器残片（图二九五），以印纹硬陶居多，陶色主要有浅黄色、褐色、红色，纹饰有同心圆纹（图二九六，2）、方格纹（图二九六，1、4、5）、交错绳纹（图二九六，3），器形主要有罐、鼎（足）等。

图二九五 燎原水库Ⅰ号遗址近景图（地表陶片）

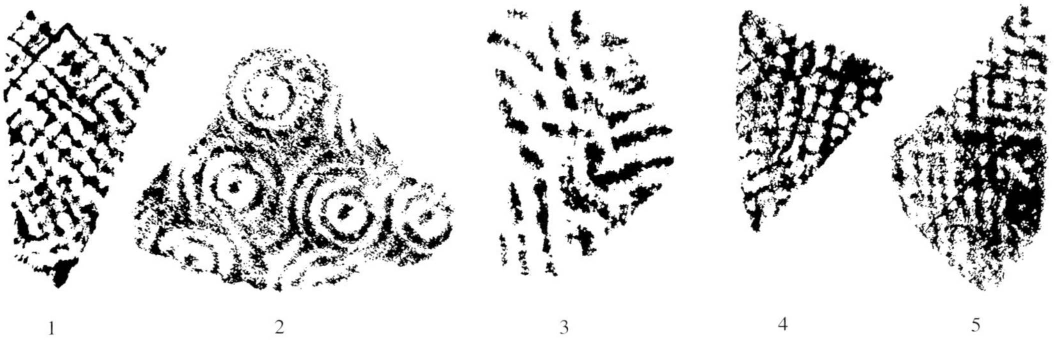

图二九六　燎原水库Ⅰ号遗址采集陶片纹饰拓片
1、4、5. 方格纹　2. 同心圆纹　3. 交错绳纹

罐　2件。

2016LCLYⅠ:1，夹砂黄陶，侈口，沿微卷，圆唇。颈部外侧见有一周凸棱。素面。残高7.0厘米（图二九七，1；图版三四，1）。

2016LCLYⅠ:2，夹砂灰陶，侈口，沿微卷，圆唇。颈部外侧见有一周凸棱。素面。残高5.8厘米（图二九七，2；图版三四，2）。

鼎　1件。

2016LCLYⅠ:5，夹砂红陶，浅腹弧底，近底部可见两周凸棱，"T"字形足。足外侧施交错刻划纹，足两面有戳刺凹窝。残高12.4厘米（图二九七，4；图版三四，3）。

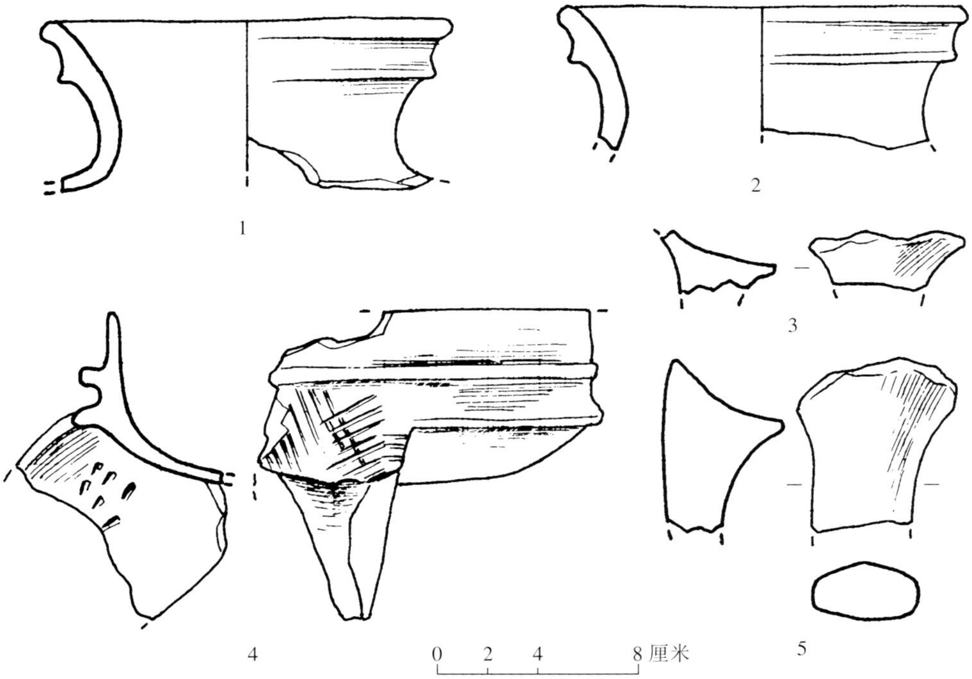

图二九七　燎原水库Ⅰ号遗址采集陶器
1~2. 罐（2016LCLYⅠ:1、2016LCLYⅠ:2）
3、5. 鼎足（2016LCLYⅠ:3、2016LCLYⅠ:4）4. 鼎（2016LCLYⅠ:5）

鼎足 2 件。

2016LCLY Ⅰ：3，夹砂灰陶，扁柱状足，截面呈椭圆形。素面。残高 2.6 厘米（图二九七，3）。

2016LCLY Ⅰ：4，夹砂黄陶，扁柱状足，截面呈椭圆形。素面。残高 6.8 厘米（图二九七，5；图版三四，4）。

3. 遗址性质与年代

燎原水库Ⅰ号遗址为一处岗地类聚落，其与燎原水库Ⅱ、Ⅲ号遗址位置相近，具有密切关系。

从遗址采集遗物初步判断，该遗址年代主要可分为两组：

第 1 组：以“T”状鼎足、夹砂陶罐等为代表。所见“T”字形鼎足表面有竖向刻槽，鼎腹较浅，呈盘状，其具有新石器时代晚期陶器特征，可推测该组年代应为新石器时代晚期。

第 2 组：以印纹硬陶罐等为代表，纹饰主要流行方格纹、波折纹。该类器物常见于西周时期，可推测该组年代应为西周时期。

经初步分析可知，该遗址的年代应主要为新石器时代晚期及西周时期。燎原水库Ⅰ号遗址的发现与初步分析，为区域文化序列及聚落形态研究提供了十分重要的考古资料。

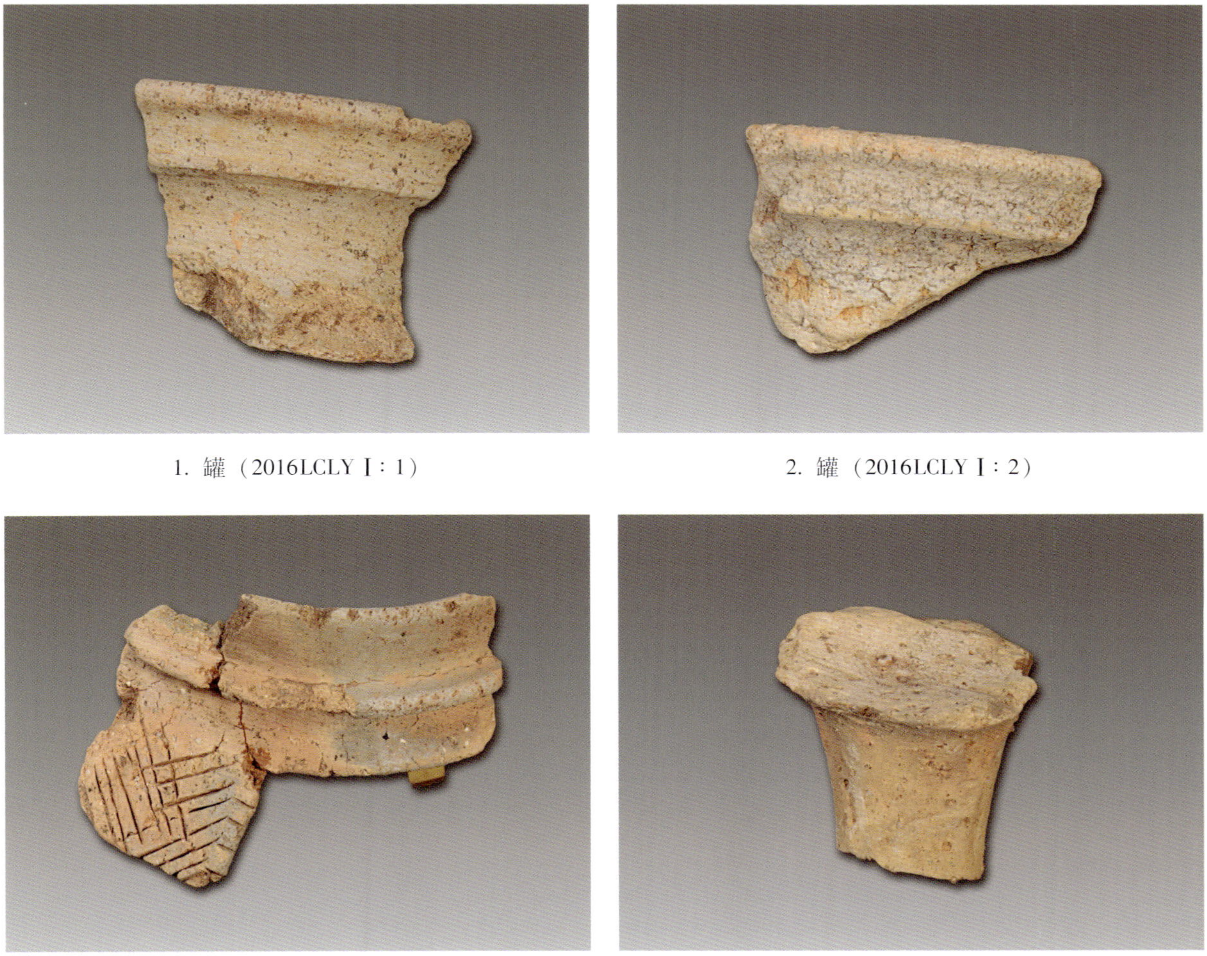

1. 罐（2016LCLY Ⅰ：1）　2. 罐（2016LCLY Ⅰ：2）

3. 鼎（2016LCLY Ⅰ：5）　4. 鼎足（2016LCLY Ⅰ：4）

图版三四　燎原水库Ⅰ号遗址采集陶器

七 燎原水库Ⅱ号遗址

1. 遗址概况

图二九八 燎原水库Ⅱ号遗址位置示意图

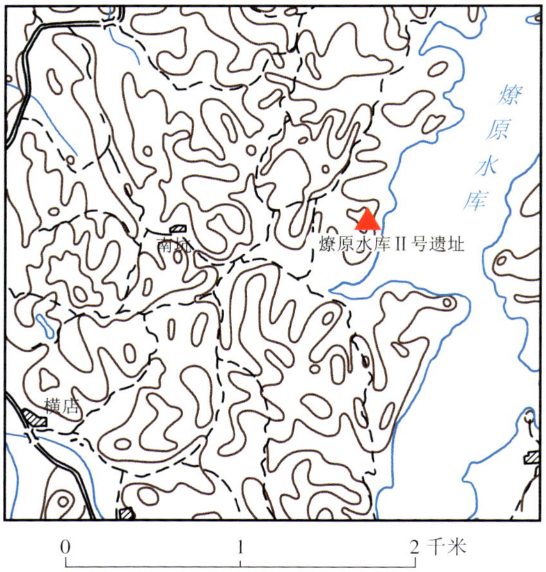

图二九九 燎原水库Ⅱ号遗址地貌示意图

燎原水库Ⅱ号遗址位于社苹乡南坑村东北方约1.1千米（图二九八），东部紧邻燎原水库，北距燎原水库Ⅲ号遗址约160米（图二九九）。地理坐标为北纬27°13′26.2″，东经116°54′19.6″，海拔130米。

图三〇〇 燎原水库Ⅱ号遗址远景图（由东北向西南）

图三〇一 燎原水库Ⅱ号遗址远景图（由北向南）

图三〇二　燎原水库Ⅱ号遗址近景图（由东向西）

遗址位于燎原水库西侧，地形为一斜坡山岗（图三〇〇、三〇一），地势西南高东北低，平面呈东北至西南向不规则形（图三〇二），长径约111米，短径约85米。

图三〇三　燎原水库Ⅱ号遗址近景图（地表陶片）

2. 遗物介绍

燎原水库Ⅱ号遗址采集遗物较多，主要为陶器（图三〇三），另见有少量石器。

（1）石器

砺石　1件。

2016LCLYⅡ:17，红褐色砂岩，两侧斜直，一面磨制较为光滑，一端残。残高5.0、残长4.2厘米（图三〇四；图版三五，1）。

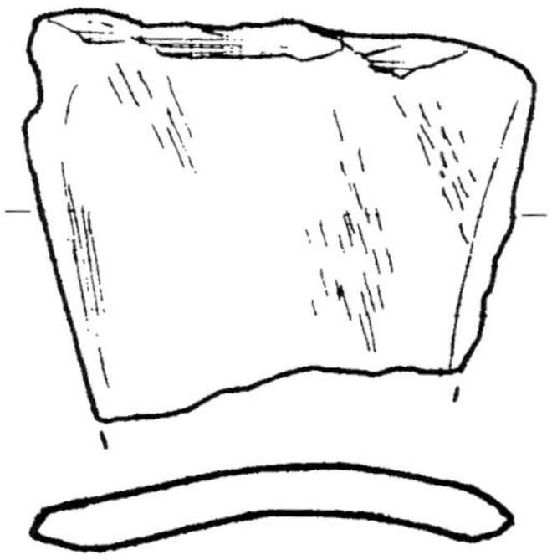

图三〇四　燎原水库Ⅱ号遗址采集砺石
（2016LCLYⅡ:17）

（2）陶器

燎原水库Ⅱ号遗址采集的陶器见有印纹硬陶与夹砂陶。印纹硬陶较少，陶色有灰色、灰褐色、褐色、浅灰色，纹饰有小方格纹（图三〇五，2～6；图三〇六，1、2、4、5）、交错绳纹、菱格纹（图三〇五，1；图三〇六，3）、绳纹等，器形见有罐、鼎（足）；夹砂陶较多，陶色有浅灰色、灰黑色、灰褐色、浅黄色、红色、黄色，纹饰见有绳纹、粗绳纹，多为素面，器形见有罐、豆、鼎（足）等。

罐　11件。依形态可分为三型。

A型：5件。侈口，折沿。

2016LCLYⅡ:1，夹砂灰陶，圆唇。肩部施交错粗绳纹。残高7.6厘米（图三〇七，1；图版三五，2）。

2016LCLYⅡ:4，夹砂黄褐陶，圆唇。素面。残高3.6厘米（图三〇七，6）。

2016LCLYⅡ:5，夹砂黄陶，方唇。器表施数道弦纹，大部分被抹平。残高6.6厘米（图三〇七，4；图版三五，4）。

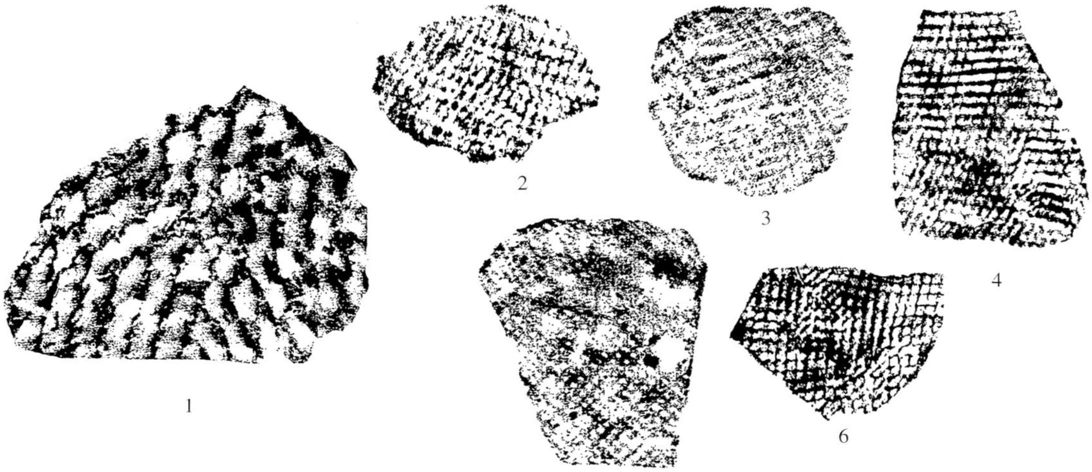

图三〇五　燎原水库Ⅱ号遗址采集陶片纹饰拓片
1. 菱格纹　2～6. 小方格纹

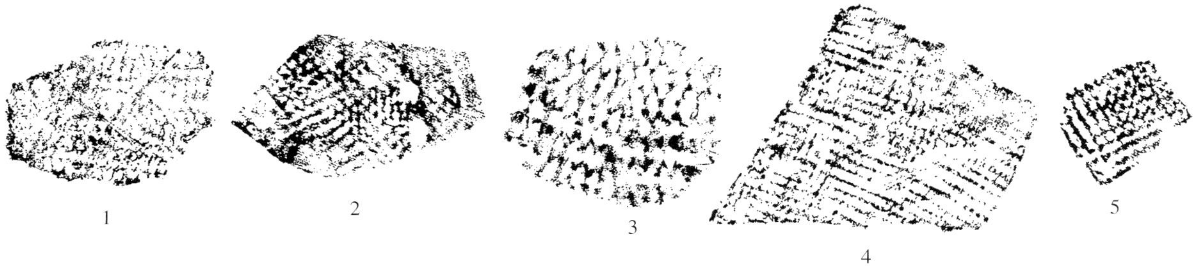

图三〇六　燎原水库Ⅱ号遗址采集陶片纹饰拓片
1、2、4、5. 小方格纹　3. 菱格纹

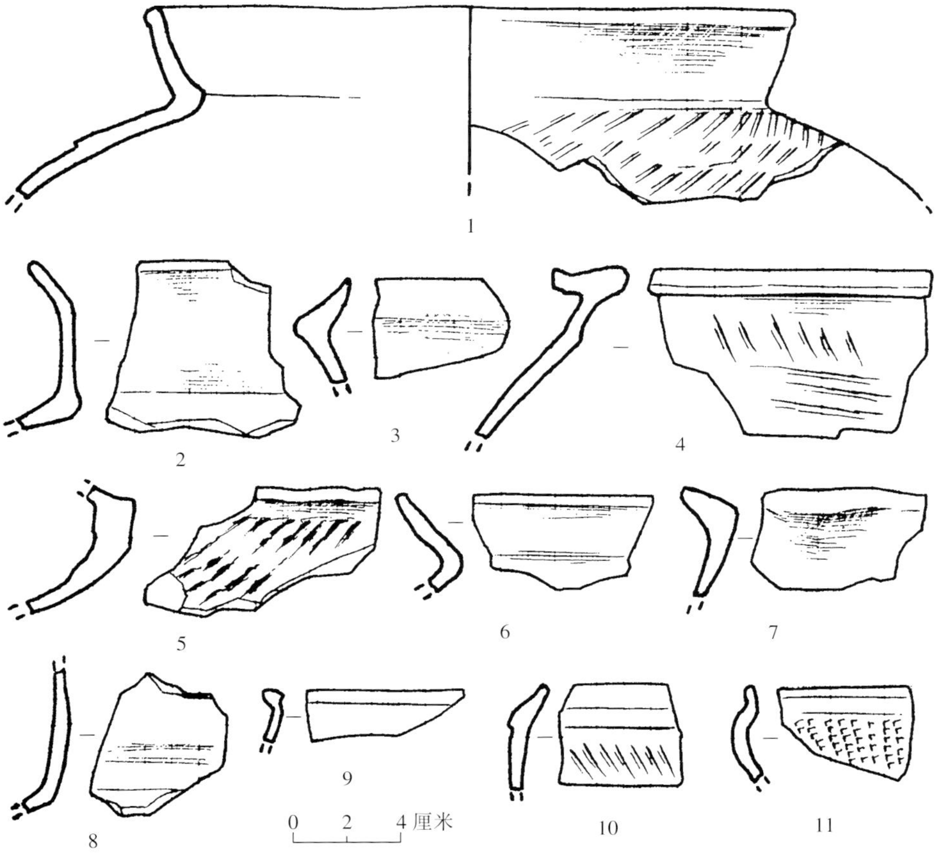

图三〇七　燎原水库Ⅱ号遗址采集陶器
1～11. 罐（2016LCLYⅡ∶1、2016LCLYⅡ∶2、2016LCLYⅡ∶16、2016LCLYⅡ∶5、2016LCLYⅡ∶3、2016LCLYⅡ∶4、2016LCLYⅡ∶6、2016LCLYⅡ∶7、2016LCLYⅡ∶21、2016LCLYⅡ∶20、2016LCLYⅡ∶22）

2016LCLYⅡ∶6，夹砂浅灰陶，圆唇。素面。残高4.4厘米（图三〇七，7）。

2016LCLYⅡ∶21，灰褐色硬陶，圆唇。素面。残高1.8厘米（图三〇七，9）。

B型：3件。矮领。

2016LCLYⅡ∶2，夹砂黄褐陶，近直口，圆唇。素面。残高6.8厘米（图三〇七，2；图版三五，3）。

2016LCLYⅡ∶3，夹砂灰褐陶，侈口，唇部残。器表施绳纹。残高5.0厘米（图三〇七，5）。

2016LCLYⅡ∶7，夹砂灰褐陶，口部近直，唇部残。素面。残高4.9厘米（图三〇七，8）。

C 型：3 件。敛口。

2016LCLYⅡ：16，夹砂灰褐陶，折沿，圆唇。素面。残高 4.0 厘米（图三〇七，3）。

2016LCLYⅡ：20，夹砂黄褐陶，内折沿，圆唇，沿下有一周凸棱。器表施斜线纹。残高 4.1 厘米（图三〇七，10）。

2016LCLYⅡ：22，灰色硬陶，圆唇，圆鼓腹。器表施菱格纹。残高 3.6 厘米（图三〇七，11）。

鼎足　15 件。依形态差异可分为四型：

A 型：2 件。上端为扁状，下端呈铲状。

2016LCLYⅡ：8，夹砂黄陶，扁状足，截面呈扁圆形，足下部有捏痕。素面。残高 11.0 厘米（图三〇八，1；图版三五，5）。

2016LCLYⅡ：10，夹砂灰陶，柱状足，截面呈椭圆形。素面。残高 7.2 厘米（图三〇八，4）。

B 型：3 件。瓦状足。

2016LCLYⅡ：9，夹砂黄褐陶，截面呈圆弧状。一侧足根部有一倒三角形戳印纹，一侧施数排戳印短刻槽。残高 7.0 厘米（图三〇八，2）。

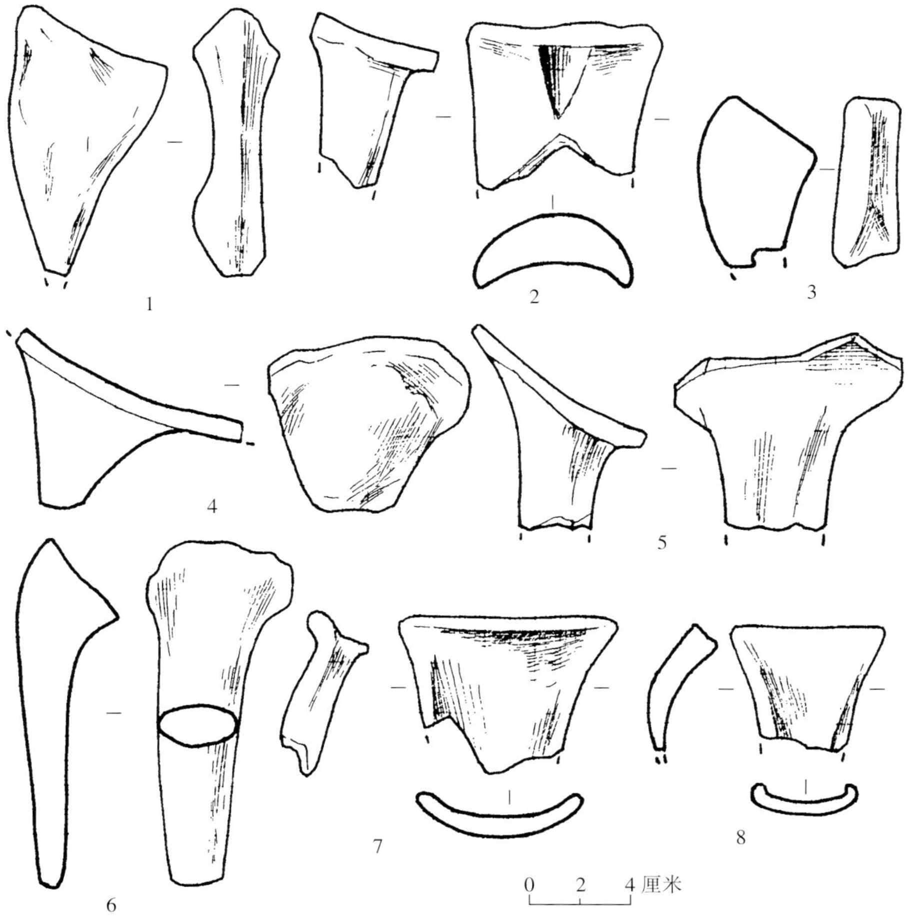

图三〇八　燎原水库Ⅱ号遗址采集陶器

1～8. 鼎足（2016LCLYⅡ：8、2016LCLYⅡ：9、2016LCLYⅡ：14、2016LCLYⅡ：10、2016LCLYⅡ：11、2016LCLYⅡ：12、2016LCLYⅡ：13、2016LCLYⅡ：15）

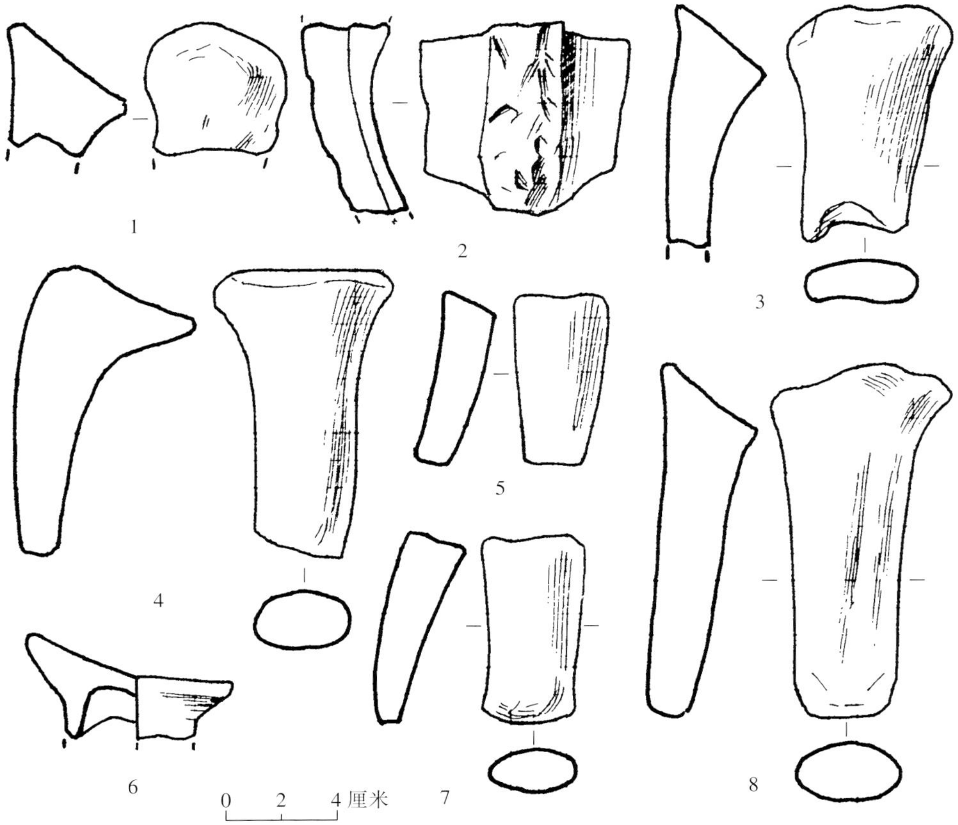

图三〇九 燎原水库Ⅱ号遗址采集陶器

1～5. 鼎足（2016LCLYⅡ：26、2016LCLYⅡ：19、2016LCLYⅡ：23、2016LCLYⅡ：24、2016LCLYⅡ：25）
6. 豆（2016LCLYⅡ：18） 7、8. 鼎足（2016LCLYⅡ：27、2016LCLYⅡ：28）

2016LCLYⅡ：13，夹砂黄褐陶，截面呈圆弧状。素面。残高6.8厘米（图三〇八，7；图版三六，1）。

2016LCLYⅡ：15，夹砂黄褐陶，截面呈圆弧状。素面。残高5.2厘米（图三〇八，8）。

C型：1件。三棱状足。

2016LCLYⅡ：19，夹砂黄褐陶，截面呈三棱状。中部棱脊上有数道竖向短刻槽。残高7.1厘米（图三〇九，2；图版三六，2）。

D型：9件。柱状足。

2016LCLYⅡ：11，夹砂灰陶，截面呈圆形。素面。残高8.4厘米（图三〇八，5）。

2016LCLYⅡ：12，夹砂黄褐陶，扁柱状足，截面呈椭圆形。素面。残高14.4厘米（图三〇八，6；图版三五，6）。

2016LCLYⅡ：14，夹粗砂黄褐陶，扁柱状足，截面呈扁圆形。陶质极为疏松。残高7.3厘米（图三〇八，3）。

2016LCLYⅡ：23，夹砂浅黄陶，扁柱状足，截面呈扁圆形。素面。残高8.6厘米（图三〇九，3）。

2016LCLYⅡ：24，夹砂黄褐陶，截面呈扁圆形。素面。残高11.2厘米（图三〇九，4）。

2016LCLYⅡ：25，夹砂浅灰陶，扁柱状足，截面呈扁圆形。素面。残高6.4厘米（图三〇九，5）。

2016LCLYⅡ：26，夹砂黄褐陶，截面近圆形。素面。残高4.8厘米（图三〇九，1）。

2016LCLYⅡ：27，夹砂红褐陶，扁柱状足，截面呈扁圆形。素面。残高7.2厘米（图三〇九，7）。

2016LCLYⅡ：28，夹砂灰褐陶，扁柱状足，截面呈扁圆形。素面。残高13.2厘米（图三〇九，8；图版三六，3）。

豆柄 1件。

2016LCLYⅡ：18，夹砂黄褐陶，空心柄。素面。残高4.0厘米（图三〇九，6）。

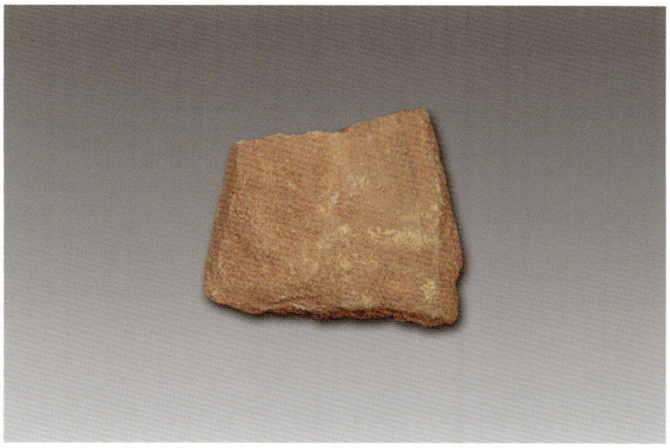

1. 砺石（2016LCLYⅡ：17）

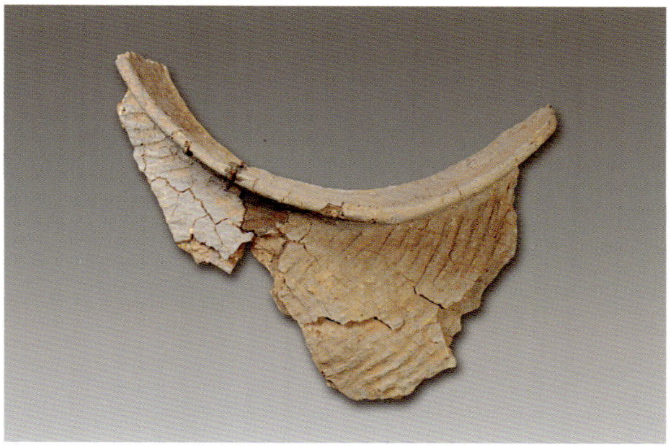

2. 陶罐（2016LCLYⅡ：1）

3. 陶罐（2016LCLYⅡ：2）

4. 陶罐（2016LCLYⅡ：5）

5. 陶鼎足（2016LCLYⅡ：8）

6. 陶鼎足（2016LCLYⅡ：12）

图版三五 燎原水库Ⅱ号遗址采集遗物

1. 鼎足（2016LCLYⅡ：13）

2. 鼎足（2016LCLYⅡ：19）

3. 鼎足（2016LCLYⅡ：28）

图版三六　燎原水库Ⅱ号遗址采集陶器

3. 遗址性质与年代

燎原水库Ⅱ号遗址紧邻水源，地形为缓坡状山岗，是一处典型的岗地类遗址，适宜先秦时期古人生活居住。从遗址采集遗物分析，该遗址所见遗存可主要分为以下两组：

第1组：以瓦状鼎足、三棱状刻槽鼎足、扁柱状鼎足、夹砂罐、粗绳纹等为代表。该组器物少见印纹硬陶，多以夹砂陶为主，纹饰简单，多为绳纹，其与本地区新石器时代晚期遗存较为相近。因此，可推断该组年代为新石器时代晚期。

第2组：以印纹硬陶罐、小方格纹等为代表。该组所见器形及纹饰，为区域内多见，其具有东周时期器物的特征。因此，可判断该组年代为东周时期。

由初步分析，可以看出燎原水库Ⅱ号遗址的年代应为新石器时代晚期及东周时期。该遗址的发现与初步研究，为该地区遗址分布特征、文化延续时代等方面提供了十分重要的考古资料。

八　燎原水库Ⅲ号遗址

1. 遗址概况

燎原水库Ⅲ号遗址位于社苹乡南坑村（图三一〇），距南坑村东北约1.2千米，西部紧邻燎原水库Ⅰ号遗址，南距燎原水库Ⅱ号遗址约160米（图三一一）。地理坐标为北纬27°13′31.3″，东经116°54′19.9″，海拔134米。

图三一〇　燎原水库Ⅲ号遗址位置示意图

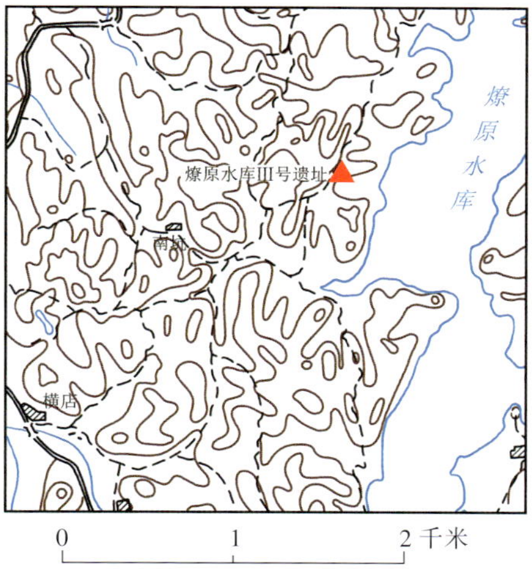

图三一一　燎原水库Ⅲ号遗址地貌示意图

图三一二　燎原水库Ⅲ号遗址远景图（由西向东）

图三一三　燎原水库Ⅲ号遗址远景图（由南向北）

该遗址水库西侧的一处山岗地形（图三一二），地势西北高东南低，平面呈东北至西南向不规则形，长径约127米，短径约82米。遗址地表种植松树，被人工修整成梯田状（图三一三）。

2. 遗物介绍

燎原水库Ⅲ号遗址采集遗物较少，均为陶器，以印纹硬陶与泥质陶为主。印纹硬陶较多，陶色有灰色、浅灰色，纹饰有绳纹（图三一四，7）、菱格纹（图三一四，3、4、6）、小方格纹（图三一四，

1、2、5)，器形见有罐、鼎（足）；夹砂陶略少，陶色有灰色、浅黄色，素面，器形见有鼎（足）等。

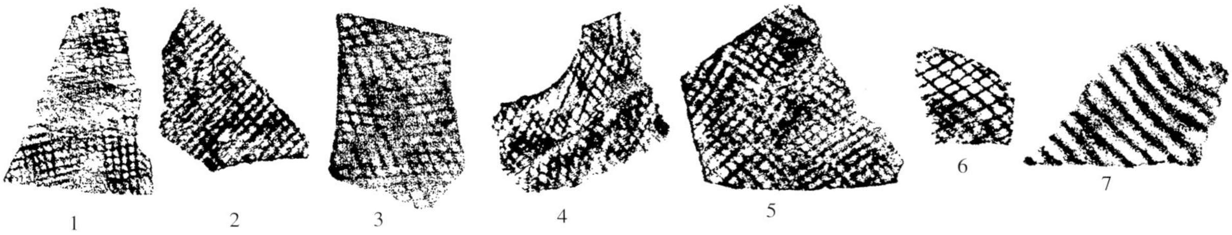

图三一四 燎原水库Ⅲ号遗址采集陶片纹饰拓片

1、2、5. 小方格纹 3、4、6 菱格纹 7. 绳纹

罐 2件。

2016LCLYⅢ：1，夹砂灰陶，侈口，折沿，圆唇。素面。残高2.6厘米（图三一五，1）。

2016LCLYⅢ：2，夹砂黄褐陶，侈口，折沿，圆唇。素面。残高2.8厘米（图三一五，2）。

鼎足 3件。

2016LCLYⅢ：3，夹砂红褐陶，柱状足。足跟部可见数个按压凹窝。残高5.0厘米（图三一五，3；图版三七，1）。

2016LCLYⅢ：4，夹砂灰褐陶，扁柱状足，截面呈扁圆形。一侧可见两道竖向刻槽。残高8.0厘米（图三一五，4）。

2016LCLYⅢ：5，夹砂黄褐陶，扁柱状足。截面呈扁圆形。一侧可见数道竖向刻槽。残高7.2厘米（图三一五，5；图版三七，2）。

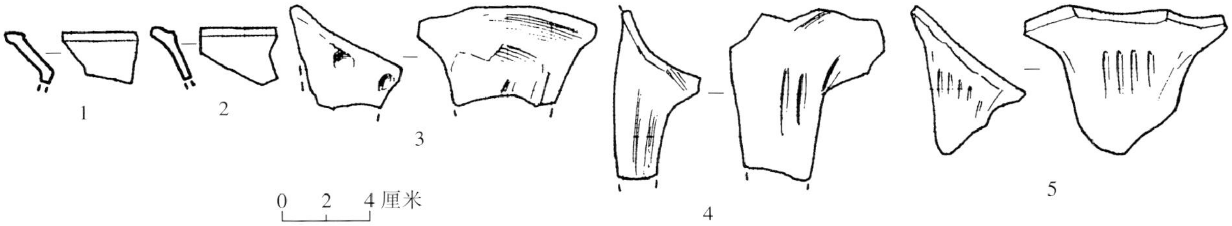

图三一五 燎原水库Ⅲ号遗址采集陶器

1、2. 罐（2016LCLYⅢ：1、2016LCLYⅢ：2） 3～5. 鼎足（2016LCLYⅢ：3、2016LCLYⅢ：4、2016LCLYⅢ：5）

3. 遗址性质与年代

燎原水库Ⅲ号遗址与燎原水库Ⅰ、Ⅱ号遗址相邻，均为山岗类地形。遗址紧邻水源，是一处典型的岗地类聚落。从采集遗物情况分析，该遗址所见遗存主要可分为两个年代组：

第1组：以刻槽鼎足、粗绳纹等为代表。该组所见陶器多为夹砂陶，器类为鼎（足），其特征与新石器时代晚期遗存较为相似，推断该组年代应为新石器时代晚期。

第2组：以印纹硬陶罐、方格纹、菱格纹等为代表。该组所见器物主要以印纹硬陶为主，所见方格纹、菱格纹均较小，其年代可推测为周代。

通过以上分析，可知该遗址的年代应主要集中在新石器时代晚期及周代。该遗址的发现与初步分析，为区域文化序列建立及聚落形态研究提供了十分重要的实物资料。

1. 鼎足（2016LCLYⅢ：3）

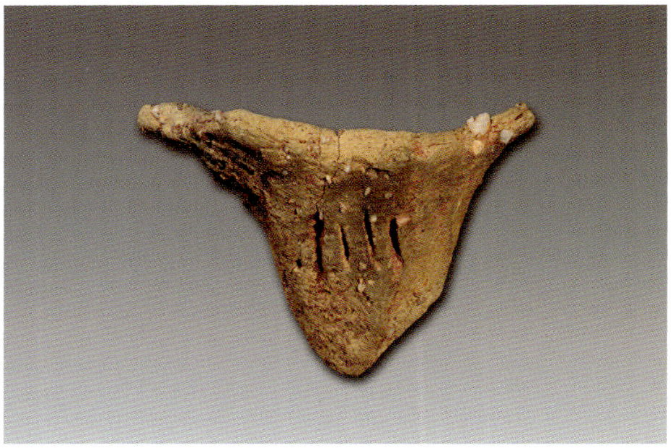

2. 鼎足（2016LCLYⅢ：5）

图版三七　燎原水库Ⅲ号遗址采集陶器

九　廖家排山遗址

1. 遗址概况

廖家排山遗址位于中田乡中田村委会廖家排村小组东北方向（图三一六），北距896县道约200米，东南距刘家湾约580米，南距曾家湾约610米（图三一七）。地理坐标为北纬27°18′18.3″，东经116°48′26.7″，海拔113米。

图三一六　廖家排山遗址位置示意图

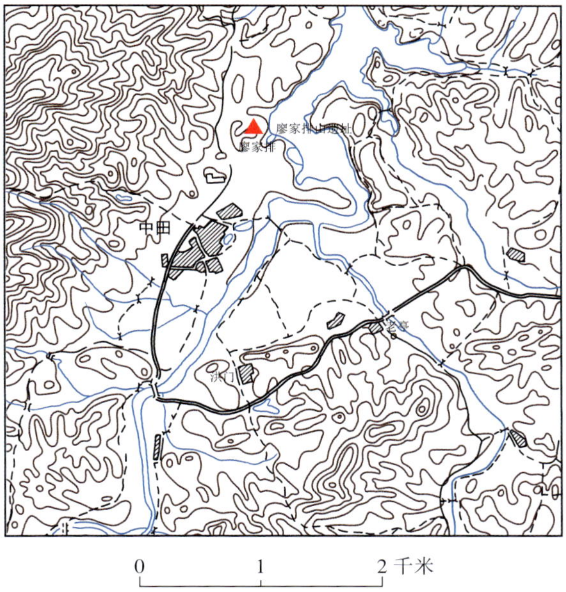

图三一七　廖家排山遗址地貌示意图

图三一八　廖家排山遗址远景图（由西北向东南）

图三一九　廖家排山遗址近景图（由西向东）

图三二〇　廖家排山遗址近景图（地表陶器）

该遗址为一斜坡状山岗（图三一八、三一九），地势中间高四周低，平面呈东西向不规则形，长径约 277 米，短径约 159 米。遗址被人为修整为梯田状，种植橘树，植被较为稀疏。

2. 遗物介绍

廖家排山遗址采集遗物较少，均为陶器（图三二〇）。主要以夹砂陶为主，陶色有红色、灰色、浅灰色、浅黄色，素面，器形见有罐、豆、鼎（足）等。

罐　4 件。

2016LCLJ∶1，夹砂灰褐陶，微侈口，折沿。器表施粗线纹。残高 5.0 厘米（图三二一，4；图版三八，1）。

2016LCLJ∶2，夹砂黄褐陶，颈部较高。素面。残高 5.8 厘米（图三二一，3）。

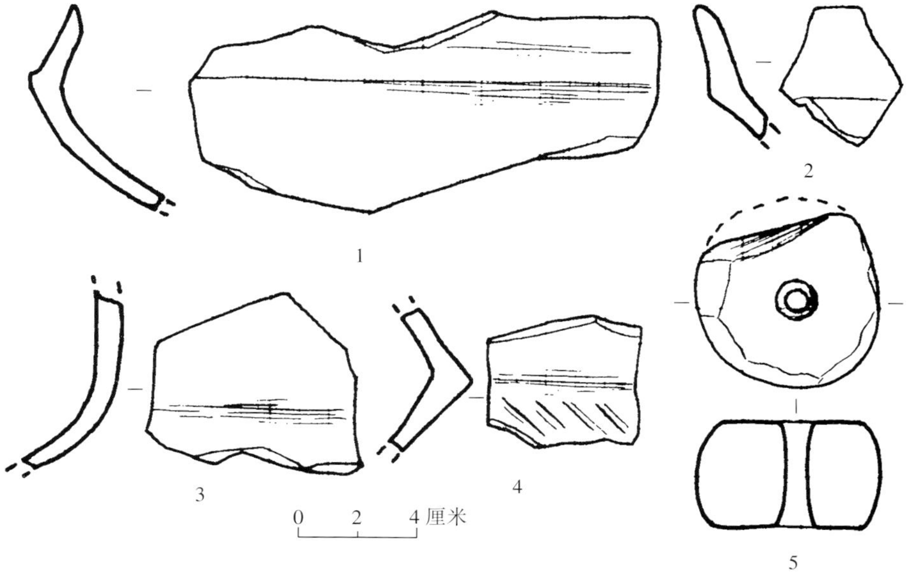

图三二一　廖家排山遗址采集陶器
1～4. 罐（2016LCLJ∶7、2016LCLJ∶6、2016LCLJ∶2、2016LCLJ∶1）　5. 纺轮（2016LCLJ∶8）

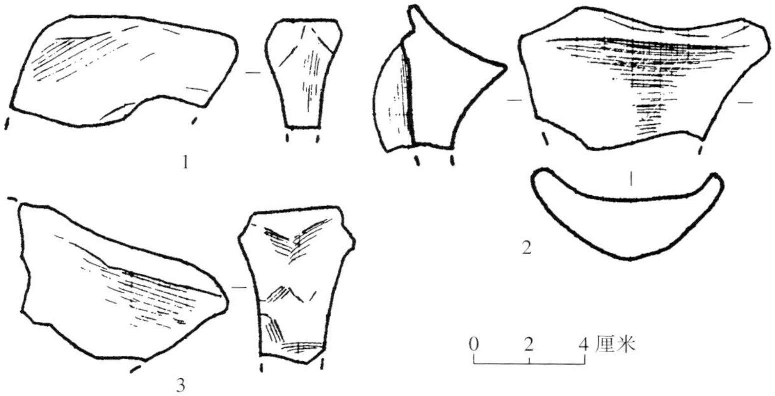

图三二二　廖家排山遗址采集陶器
1～3. 鼎足（2016LCLJ∶4、2016LCLJ∶3、2016LCLJ∶5）

2016LCLJ：6，夹砂灰褐陶，敞口，圆唇。素面。残高4.8厘米（图三二一，2）。

2016LCLJ：7，夹砂黄褐陶，敛口，内折沿，尖圆唇，弧腹。素面。残高7.2厘米（图三二一，1；图版三八，2）。

鼎足　3件。

2016LCLJ：3，夹砂黄褐陶，舌状扁足，截面呈圆弧形。素面。残高5.2厘米（图三二二，2；图版三八，3）。

2016LCLJ：4，夹砂灰陶，扁足，截面呈扁圆形。素面。残高4.4厘米（图三二二，1）。

2016LCLJ：5，夹砂黄褐陶，扁足，截面呈扁圆形。足一侧可见戳印凹窝。残高5.2厘米（图三二二，3）。

纺轮　1件。

2016LCLJ：8，夹砂灰陶，圆鼓形，上下面平整，中部有一圆孔。素面。长径6.36、孔径0.74、厚3.72厘米（图三二一，5；图版三八，4）。

3. 遗址性质与年代

廖家排山遗址为典型的岗地类聚落，地形为斜坡状山岗，岗前地势平坦，有小河流经过。由于遗址采集遗物较少，为年代判断带来较大困难。从采集遗物中所见瓦状鼎足、扁状鼎足、刻槽鼎足等来看，其具有新石器时代晚期或商时期的特征。

该遗址的发现与初步分析，为区域文化序列及遗址类型与分布特征等方面的研究提供了十分重要的考古材料。

1. 罐（2016LCLJ：1）

2. 罐（2016LCLJ：7）

3. 鼎足（2016LCLJ：3）

4. 纺轮（2016LCLJ：8）

图版三八　廖家排山遗址采集陶器

一〇 垅边山Ⅰ号遗址

1. 遗址概况

垅边山Ⅰ号遗址位于荷源乡茶园排村西北约500米（图三二三），西南距327省道约130米，东南距255乡道约180米（图三二四）。地理坐标为北纬27°22′44.9″，东经116°58′11.2″，海拔121米。

该遗址为一斜坡山岗地形，遗址地势南北较高中间稍低，平面呈南北向不规则形（图三二五），长径约216米，短径约103米。遗址现已被人为修整种植橘树，地表植被较为稀疏（图三二六）。

图三二三　垅边山Ⅰ号遗址位置示意图

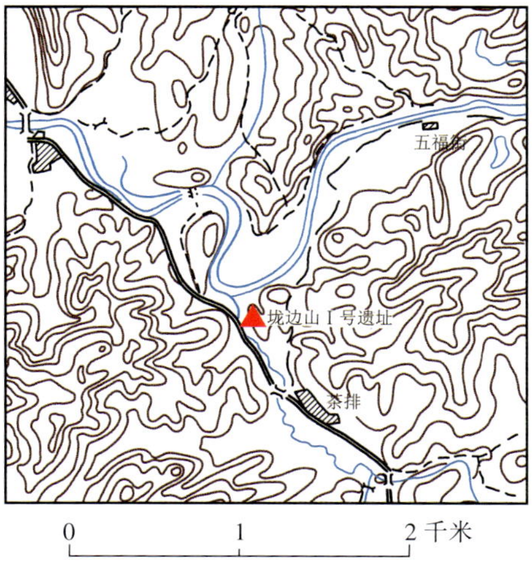

图三二四　垅边山Ⅰ号遗址地貌示意图

图三二五　垅边山Ⅰ号遗址远景图（由东北向西南）

图三二六　垅边山Ⅰ号遗址近景图（由东向西）

图三二七　垅边山Ⅰ号遗址近景图（地表鼎足）

2. 遗物介绍

垅边山Ⅰ号遗址采集遗物较少，均为陶器（图三二七）。主要为夹砂陶，印纹硬陶较少。印纹硬陶陶色有灰色、浅灰色，另见有表面施釉的陶器，纹饰有小方格纹（图三二八，1、2），器形见有罐；夹砂陶陶色有红色、浅灰色、灰色，素面，器形见有罐、鼎（足）等。

图三二八　垅边山Ⅰ号遗址采集陶片纹饰拓片
1、2. 小方格纹

罐　2件。

2016LCLBⅠ∶8，夹砂浅黄陶，敛口，折沿，尖圆唇。素面。残高5.2厘米（图三二九，1）。

2016LCLBⅠ∶9，夹砂灰褐陶，侈口，折沿，方唇。素面。残高4.0厘米（图三二九，2）。

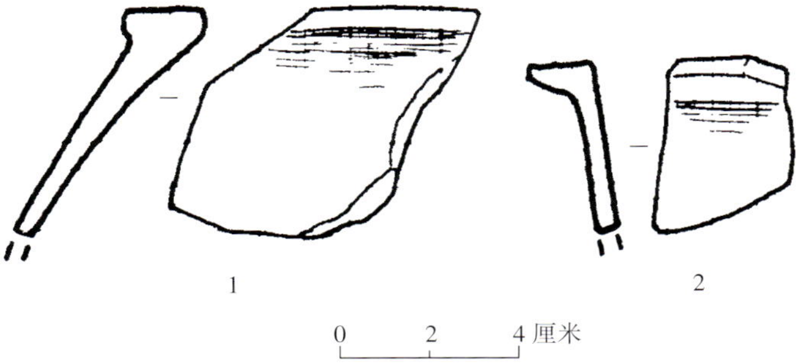

图三二九　垅边山Ⅰ号遗址采集陶器
1、2. 罐（2016LCLBⅠ∶8、2016LCLBⅠ∶9）

鼎足6件。据形态可分为两型。

A型：4件。扁状。

2016LCLBⅠ：1，夹砂灰褐陶，扁足，足根部有捏痕。素面。残高8.4厘米（图三三〇，4；图版三九，1）。

2016LCLBⅠ：5，夹砂黄褐陶，扁足，截面呈扁圆形，足根部捏制，近铲状。素面。残高6.0厘米（图三三〇，6）。

2016LCLBⅠ：6，夹砂黄褐陶，扁足，截面呈扁圆形。素面。残高9.2厘米（图三三〇，3；图版三九，4）。

2016LCLBⅠ：2，夹砂灰陶，扁足，截面呈扁圆形。素面。残高8.8厘米（图三三〇，5；图版三九，2）。

B型：2件。瓦状足。

2016LCLBⅠ：3，夹砂浅黄陶，瓦状扁足，截面呈圆弧形。素面。残高6.5厘米（图三三〇，1；图版三九，3）。

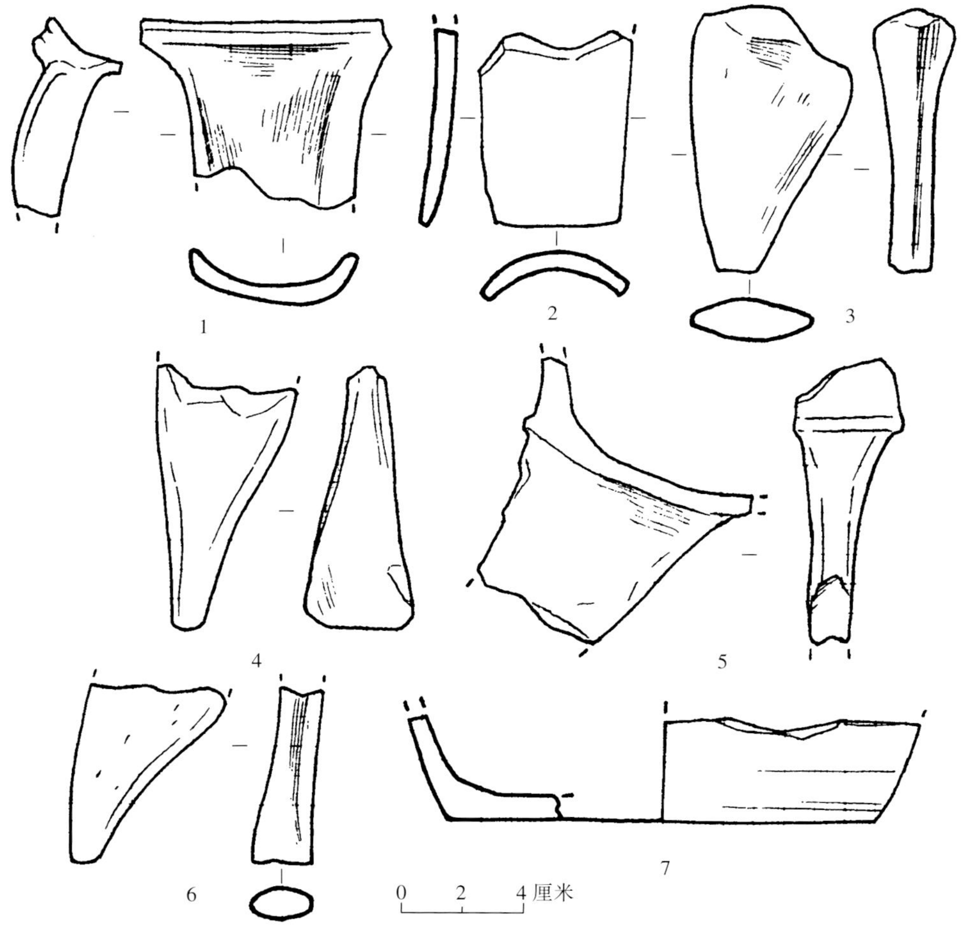

图三三〇　垅边山Ⅰ号遗址采集陶器

1～6. 鼎足（2016LCLBⅠ：3、2016LCLBⅠ：7、2016LCLBⅠ：6、2016LCLBⅠ：1、2016LCLBⅠ：2、2016LCLBⅠ：5）　7. 器底（2016LCLBⅠ：4）

2016LCLB Ⅰ：7，夹砂灰陶，瓦状扁足，截面呈圆弧状。素面。残高 6.8 厘米（图三三〇，2）。

器底　1 件。

2016LCLB Ⅰ：4，黄褐色硬陶，斜直腹，近平底，内外壁可见轮修痕迹。素面。残高 3.6 厘米（图三三〇，7）。

3. 遗址性质与年代

垅边山Ⅰ号遗址为一处典型的岗地类遗址，遗址中部呈尖圆状。从采集遗物情况来看，该遗址所获遗物主要可分为两组：

第 1 组：以瓦状鼎足为代表。主要为夹砂陶，该类鼎足为区域内新石器时代晚期至商时期常见，因此可判断，该组年代为新石器时代晚期至商时期。

第 2 组：以小方格纹、表面施釉的陶器为代表。该组陶器具有较晚年代特征，其年代应大致为东周时期。

垅边山Ⅰ号遗址年代跨度较大，包括新石器时代晚期、商时期及东周时期。该遗址的发现与初步研究，为区域遗址分布特征、遗存年代序列等方面的研究提供了十分重要的实物资料。

1. 鼎足（2016LCLB Ⅰ：1）

2. 鼎足（2016LCLB Ⅰ：2）

3. 鼎足（2016LCLB Ⅰ：3）

4. 鼎足（2016LCLB Ⅰ：6）

图版三九　垅边山Ⅰ号遗址采集陶器

一一 垅边山Ⅱ号遗址

1. 遗址概况

垅边山Ⅱ号遗址位于荷源乡茶园排村西北约600米（图三三一），东部紧邻255乡道，西南距327县道约270米（图三三二）。地理坐标为北纬27°22′49.2″，东经116°58′14.6″，海拔134米。

遗址为一处较陡的高岗型岗地类遗址，地势北高南低，平面呈西北至东南向不规则形（图三三三）。长径约187米，短径约119米。遗址现已被人为修整种植杉树（图三三四），地表被荒草所覆盖。

图三三一　垅边山Ⅱ号遗址位置示意图

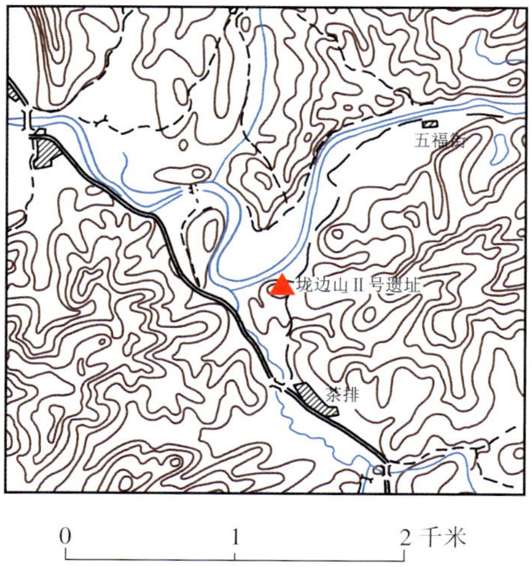

图三三二　垅边山Ⅱ号遗址地貌示意图

图三三三　垅边山Ⅱ号遗址远景图（由西南向东北）

图三三四　垅边山Ⅱ号遗址近景图（由南向北）

2. 遗物介绍

垅边山Ⅱ号遗址采集遗物较少，均为陶器。以印纹硬陶为主，夹砂陶较少。印纹硬陶陶色有浅灰色、灰色、红褐色，部分器表见有施釉痕迹，纹饰见有小方格纹（图三三五，1～6）、绳纹（图三三六，1、2、5）、雷纹（图三三六，7）、短线纹（图三三六，4）、大方格纹（图三三五，7）、“绳纹”与“雷纹”组合纹饰（图三三六，3、6），器形主要见有罐；夹砂陶陶色见有灰色，纹饰有绳纹，多为素面，器形不明。

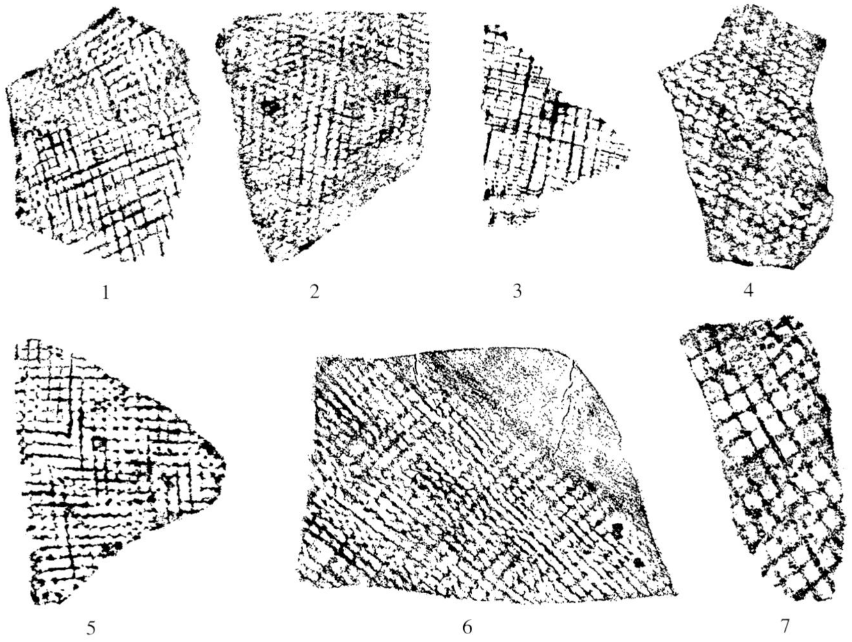

图三三五　垅边山Ⅱ号遗址采集陶片纹饰拓片
1～6. 小方格纹　7. 大方格纹

罐　7 件。据口部形态可分为两型：

A 型：1 件。宽折沿。

2016LCLBⅡ：1，夹砂灰陶，侈口，唇部残。器表施菱格纹。残高 4.6 厘米（图三三七，1）。

B 型：6 件。窄折沿。

2016LCLBⅡ：2，夹砂灰陶，微侈口，方唇。素面。残高 2.4 厘米（图三三七，2）。

2016LCLBⅡ：3，夹砂灰陶，近直口，圆唇。器表施交错线纹。残高 4.6 厘米（图三三七，3；图版四〇，1）。

2016LCLBⅡ：4，灰色硬陶，唇部残。器表施菱格纹。残高 4.4 厘米（图三三七，4；图版四〇，2）。

2016LCLBⅡ：5，黄褐色硬陶，敛口，方唇。器表施小方格纹。残高 3.2 厘米（图三三七，5）。

2016LCLBⅡ：6，黄褐色硬陶，敛口，圆唇。器表施小方格纹。残高 7.4 厘米（图三三七，6；图版四〇，3）。

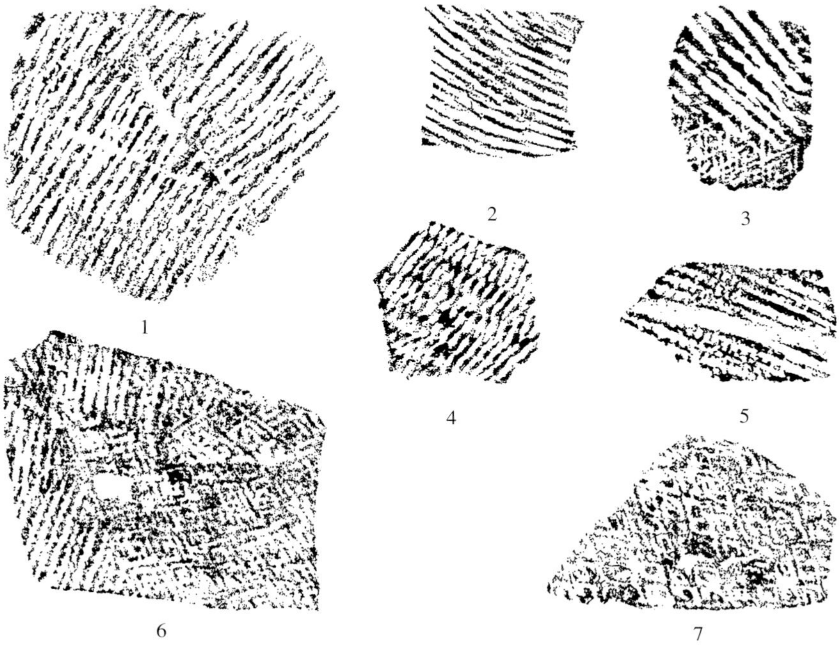

图三三六　垅边山Ⅱ号遗址采集陶片纹饰拓片

1、2、5. 绳纹　4. 短线纹　3、6. “绳纹”与“雷纹”组合纹饰　7. 雷纹

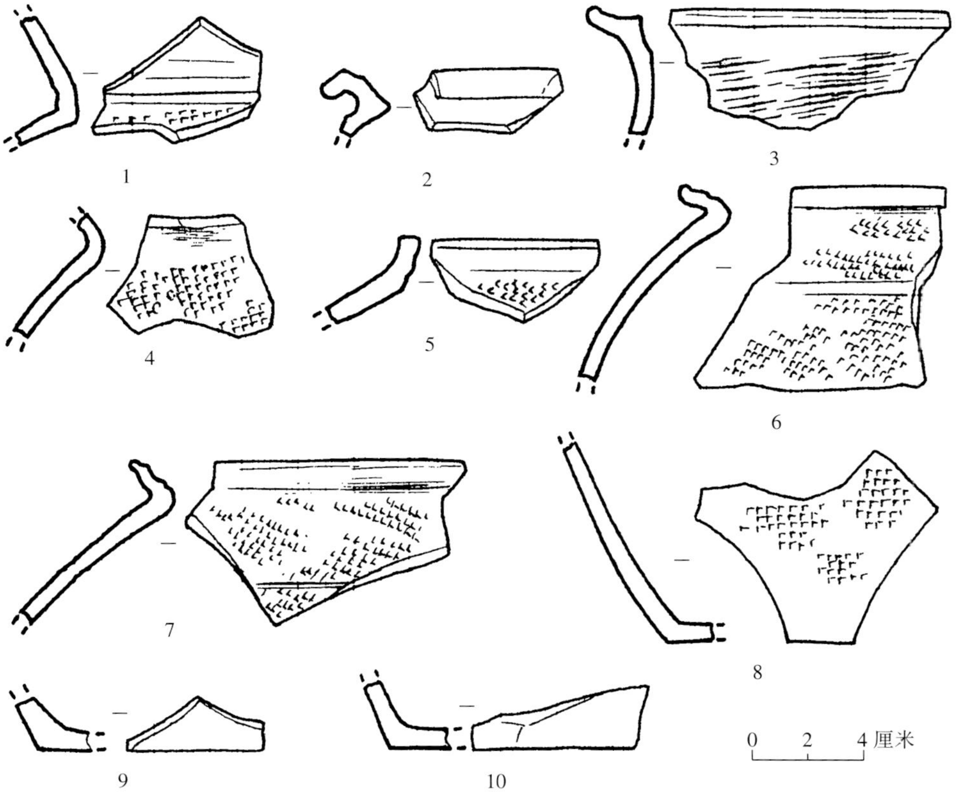

图三三七　垅边山Ⅱ号遗址采集陶器

1～7. 罐（2016LCLBⅡ：1、2016LCLBⅡ：2、2016LCLBⅡ：3、2016LCLBⅡ：4、2016LCLBⅡ：5、2016LCLBⅡ：6、2016LCLBⅡ：7）　8～10. 器底（2016LCLBⅡ：8、2016LCLBⅡ：9、2016LCLBⅡ：10）

2016LCLBⅡ：7，黄褐色硬陶，敛口，尖圆唇，沿面有一周凹痕。器表施小方格纹。残高 6.1 厘米（图三三七，7；图版四〇，4）。

器底　3 件。

2016LCLBⅡ：8，黄褐色硬陶，斜直腹。腹部施小方格纹，近底部被抹平。残高 7.2 厘米（图三三七，8）。

2016LCLBⅡ：9，灰褐色硬陶，斜直腹，近平底。素面。残高 2.0 厘米（图三三七，9）。

2016LCLBⅡ：10，灰色硬陶，斜直腹，近平底。素面。残高 2.6 厘米（图三三七，10）。

3. 遗址性质与年代

垅边山Ⅱ号遗址与垅边山Ⅰ号遗址位置相近，该遗址是一处典型的岗地类遗址。从采集遗物分析，将其划分为两个年代组：

第 1 组：以大方格纹罐、雷纹等为代表。该组陶器与区域内商至西周时期的陶器风格十分相近，两者年代应相差不大。

第 2 组：以小方格纹，器表施釉的陶器为代表。该类陶器烧造火候较高，时代具有略晚特征，可推测其年代为东周时期。

垅边山Ⅱ号遗址延续时间较长，主要应集中在商至东周时期，该遗址的发现与初步分析，为区域内遗址分布特征及文化内涵等方面的探讨提供了重要的考古材料。

1. 罐（2016LCLBⅡ：3）

2. 罐（2016LCLBⅡ：4）

3. 罐（2016LCLBⅡ：6）

4. 罐（2016LCLBⅡ：7）

图版四〇　垅边山Ⅱ号遗址采集陶器

一二　炉油村遗址

1. 遗址概况

炉油村遗址位于荷源乡炉油村东部约730米（图三三八），西南距327省道约560米，东北距蛇源约770米（图三三九）。地理坐标为北纬27°23′26.4″，东经116°57′51.6″，海拔131米。

该遗址为一缓坡地带，地势东北高其余区域低，平面呈西北至东南向不规则形（图三四〇），长径约156米，短径约96米。遗址北侧现为松树林，地表植被较为茂密，南侧现为橘树园（图三四一）。

图三三八　炉油村遗址位置示意图

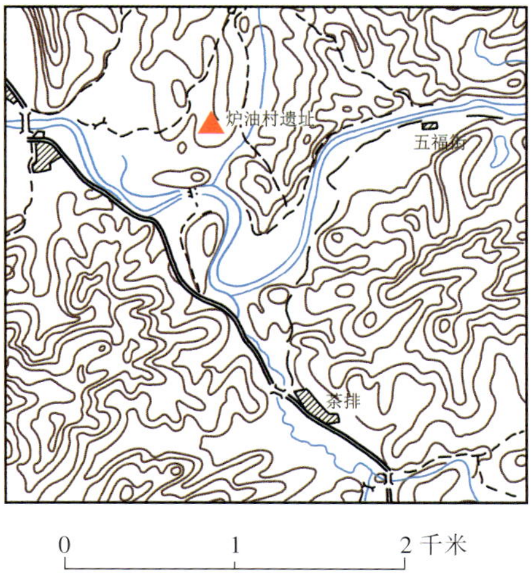

图三三九　炉油村遗址地貌示意图

图三四〇　炉油村遗址远景图（由南向北）

图三四一　炉油村遗址近景图（由西向东）

2. 遗物介绍

炉油村遗址采集陶片较少，均为陶器，主要为印纹硬陶与夹砂陶。印纹硬陶陶色有灰色、浅灰色，纹饰为绳纹（图三四二，1～3）、弦纹（图三四二，4）、折线纹（图三四二，5），器形有罐；夹砂陶较多，陶色有浅灰色、灰色，纹饰有折线纹、绳纹，器形见有罐。

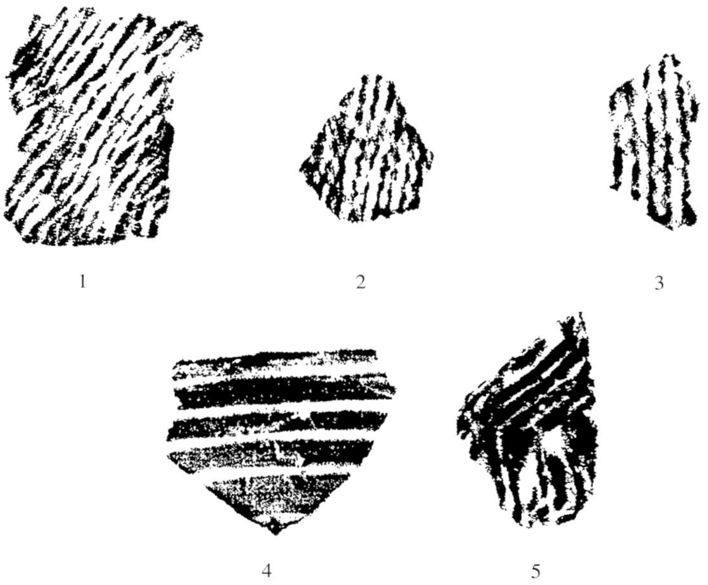

图三四二　炉油村遗址采集陶片纹饰拓片
1～3. 绳纹　4. 弦纹　5. 折线纹

圈足　1件。

2016LCLY∶1，夹砂黄褐陶，矮圈足微外撇。素面。残高2.2厘米（图三四三）。

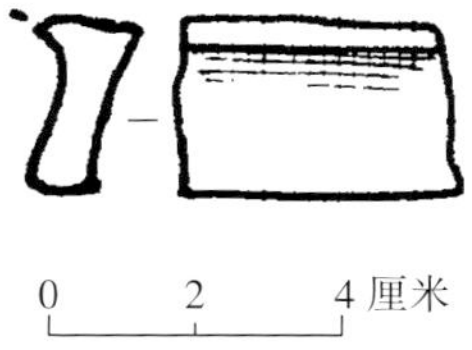

图三四三　炉油村遗址采集陶圈足
（2016LCLY∶1）

3. 遗址性质与年代

炉油村遗址为一山岗地形，属于典型的岗地类遗址。由于遗址采集遗物较少，仅可从印纹硬陶纹饰方面来对其年代进行部分判断。该遗址所见纹饰主要为绳纹、折线纹及弦纹，绳纹纹痕略细，多见于商周时期。因此可推断炉油村遗址的年代为商周时期。

炉油村遗址的发现增加了区域先秦时期遗址的数量，也为该地区聚落形态研究提供了十分重要的资料。

一三　毛家山Ⅰ号遗址

1. 遗址概况

毛家山Ⅰ号遗址位于中田乡河东村委会新桥村（图三四四），东侧紧邻水库，南距毛家山Ⅱ号遗址约351米，西北距高坊水库Ⅰ号遗址约392米（图三四五）。地理坐标为北纬27°55′47.7″，东经116°51′24.6″，海拔119米。

图三四四　毛家山Ⅰ号遗址位置示意图

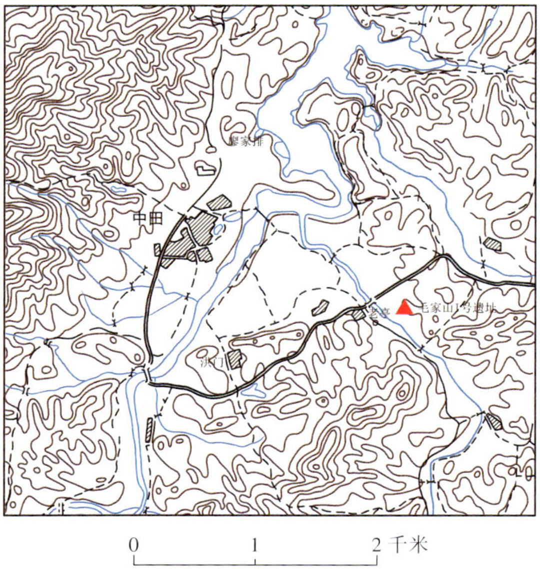

图三四五　毛家山Ⅰ号遗址地貌示意图

图三四六　毛家山Ⅰ号遗址远景图（由西南向东北）

图三四七　毛家山Ⅰ号遗址近景图（由南向北）

该遗址为一缓坡山岗，地势东北高西南低，遗址区域平面呈东北至西南向不规则形（图三四六）。长径约143米，短径约40米。遗址现已被人为修整为梯田种植橘树（图三四七），地表植被较为稀疏。

2. 遗物介绍

毛家山Ⅰ号遗址采集遗物略少，均为陶器。以印纹硬陶为主，陶色有灰色、灰褐色、红色，纹饰有方格纹（图三四八，5～7、9）、刻划纹（图三四八，8）、绳纹（图三四八，2、3、10）、变体雷纹（图三四八，1、4）、"菱格纹" + "圆点纹"组合纹饰（图三四九，1、3）、菱格纹（图三四九，2、4）、弦纹（图三四九，5）、短线纹（图三四九，6），器形见有罐；夹砂陶较少，陶色有红色、浅黄色，纹饰多见素面，器形主要为罐。

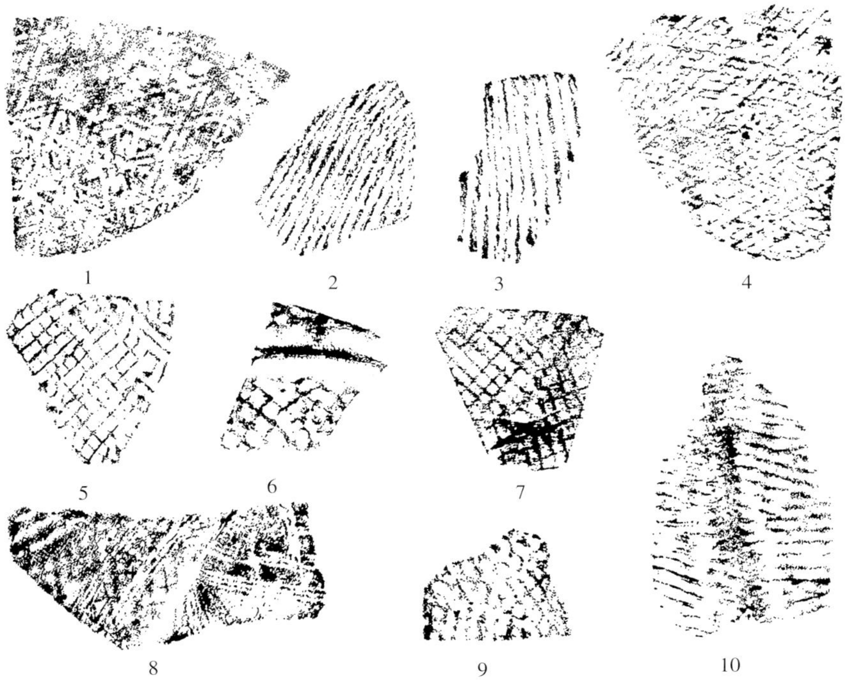

图三四八　毛家山Ⅰ号遗址采集陶片纹饰拓片

1、4. 变体雷纹　2、3、10. 绳纹　5～7、9. 方格纹　8. 刻划纹

罐　8件。据口部形态可分为两型。

A型：6件。侈口。据口沿形态可分为两亚型。

Aa型：3件。折沿。

2016LCMJⅠ:3，夹砂褐色硬陶，宽折沿，方圆唇。器表施菱格纹。残高4.1厘米（图三五〇，1；图版四一，2）。

2016LCMJⅠ:4，夹砂灰陶，宽折沿，圆唇。素面。残高3.8厘米（图三五〇，4）。

2016LCMJⅠ:6，灰色硬陶，宽折沿，方唇。器表施菱格纹。残高2.5厘米（图三五〇，3）。

Ab型：3件。卷沿。

2016LCMJⅠ:5，夹砂灰陶，方圆唇。素面。残高5.6厘米（图三五〇，7；图版四一，3）。

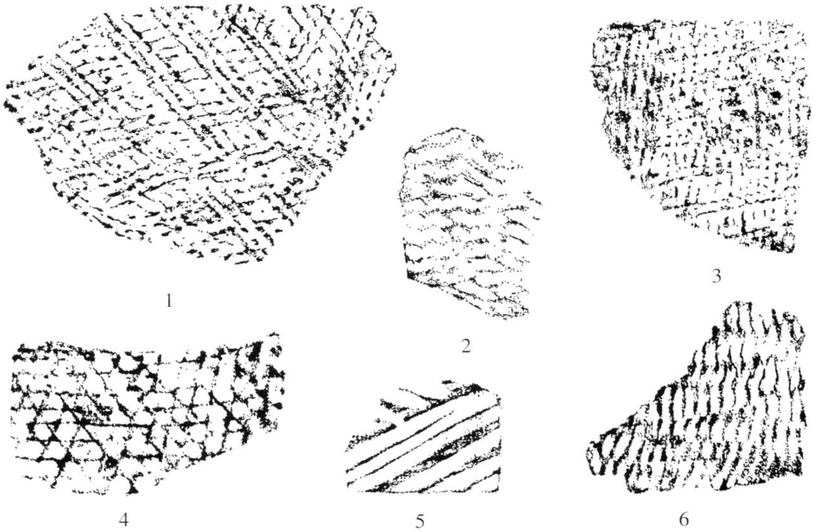

图三四九　毛家山Ⅰ号遗址采集陶片纹饰拓片

1、3. "菱格纹"+"圆点纹"　2、4. 菱格纹　5. 弦纹　6. 短线纹

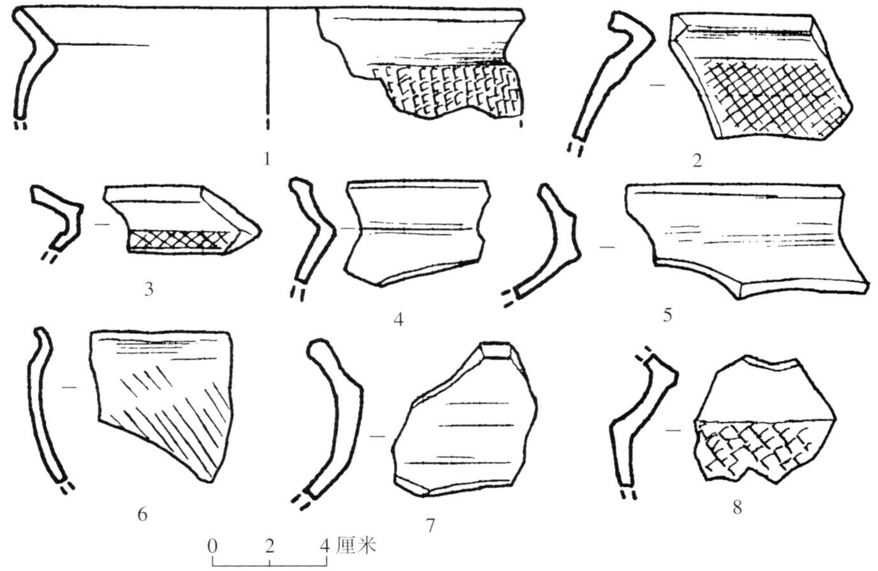

图三五〇　毛家山Ⅰ号遗址采集陶器

1～8. 罐（2016LCMJⅠ:3、2016LCMJⅠ:1、2016LCMJⅠ:6、2016LCMJⅠ:4、2016LCMJⅠ:10、2016LCMJⅠ:9、2016LCMJⅠ:5、2016LCMJⅠ:2）

2016LCMJⅠ:9，夹砂黄陶，唇部残，折肩。器表施斜向绳纹，部分被抹平。残高5.4厘米（图三五〇，6；图版四一，4）。

2016LCMJⅠ:10，夹砂灰褐色硬陶，圆唇，沿面有一圈凸棱，器壁外侧有轮修痕迹。素面。残高4.2厘米（图三五〇，5）。

B型：2件。敛口。

2016LCMJⅠ:1，灰色硬陶，微敛口，宽折沿，方唇。器表施菱格纹。残高4.8厘米（图三五〇，2；图版四一，1）。

2016LCMJⅠ∶2，灰褐色硬陶，微敛口，唇部残，折肩。器表施菱格纹。残高4.7厘米（图三五〇，8）。

鼎足 2件。

2016LCMJⅠ∶7，夹砂灰褐陶，瓦状扁足，截面呈圆弧形。素面。残高5.2厘米（图三五一，1）。

2016LCMJⅠ∶8，夹砂灰陶，柱状足，截面呈椭圆形。素面。残高5.0厘米（图三五一，2）。

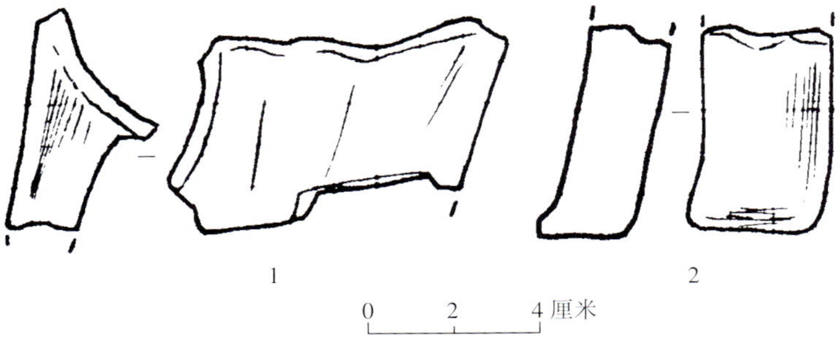

图三五一 毛家山Ⅰ号遗址采集陶器
1、2. 鼎足（2016LCMJⅠ∶7、2016LCMJⅠ∶8）

1. 罐（2016LCMJⅠ∶1）

2. 罐（2016LCMJⅠ∶3）

3. 罐（2016LCMJⅠ∶5）

4. 罐（2016LCMJⅠ∶9）

图版四一 毛家山Ⅰ号遗址采集陶器

3. 遗址性质与年代

毛家山Ⅰ号遗址为一缓坡岗地，顶端地势略高，遗址属于该区域常见的岗地类遗址。遗址两侧紧邻龙安河支流，地理位置十分适合古人类在此居住。将采集遗物与周边遗址进行比较，所见遗物主要为印纹硬陶，纹饰主要有变体雷纹、方格纹、绳纹，具有商周时期陶器纹饰风格。因此，初步判断毛家山Ⅰ号遗址的年代为商周时期。

该遗址的发现与初步研究，为区域遗址选址类型、文化内涵等方面的研究提供了十分重要的考古资料。

一四　毛家山Ⅱ号遗址

1. 遗址概况

毛家山Ⅱ号遗址位于中田乡河东村委会新桥村（图三五二），北距896县道约190米，西南距898县道约220米，东北距毛家山Ⅰ号遗址约90米（图三五三）。地理坐标为北纬27°17′27.8″，东经116°49′20.5″，海拔114米。

该遗址为一斜坡山岗，地势东北高西南低，平面呈西北至东南向不规则形（图三五四），长径约113米，短径约66米。遗址地表种植橘树，植被相对较稀疏（图三五五）。

图三五二　毛家山Ⅱ号遗址位置示意图

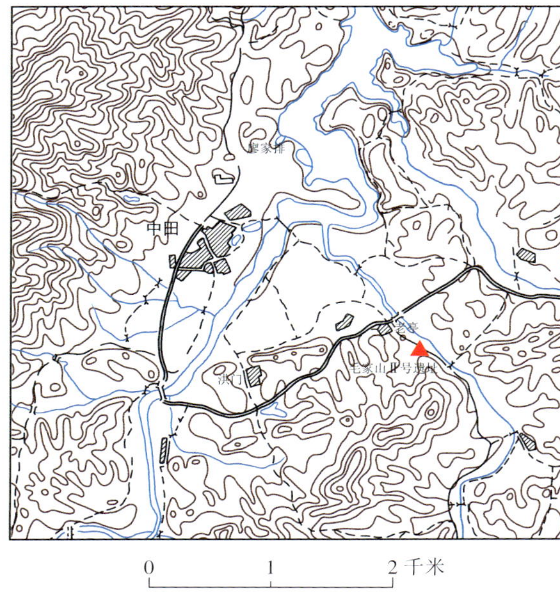

图三五三　毛家山Ⅱ号遗址地貌示意图

图三五四　毛家山Ⅱ号遗址远景图（由西北向东南）

图三五五　毛家山Ⅱ号遗址近景图（由东向西）

2. 遗物介绍

毛家山Ⅱ号遗址采集遗物较多，均为陶器残片，以印纹硬陶为主。印纹硬陶陶色有浅灰色、灰色、灰褐色，纹饰有菱格纹（图三五六，3～5、7～9；图三五七，3、4、6、8）、变体雷纹（图三五七，9）、折线纹（图三五七，7）、绳纹（图三五七，2、10）、方格纹（图三五六，1、2）、交错线纹（图三五七，5）、“菱格纹” + “圆点纹”组合纹饰（图三五六，6）、菱格纹与弦纹组合纹饰（图三五七，1）等，器形有罐等。

罐　10 件。依形态可主要分为三型。

A 型：5 件。侈口，窄折沿。

2016LCMJⅡ:1，灰褐色硬陶，圆唇。器表施斜线纹。残高 7.1 厘米（图三五八，1；图版四二，1）。

2016LCMJⅡ:4，灰色硬陶，方唇。器表施菱格纹。残高 3.6 厘米（图三五八，4）。

2016LCMJⅡ:7，灰色硬陶，方唇。器表施交错线纹。残高 2.8 厘米（图三五八，7）。

2016LCMJⅡ:8，灰色硬陶，圆唇。器表施回纹。残高 3.8 厘米（图三五八，8）。

2016LCMJⅡ:10，灰色硬陶，方唇。器表施菱格纹。残高 3.6 厘米（图三五八，10）。

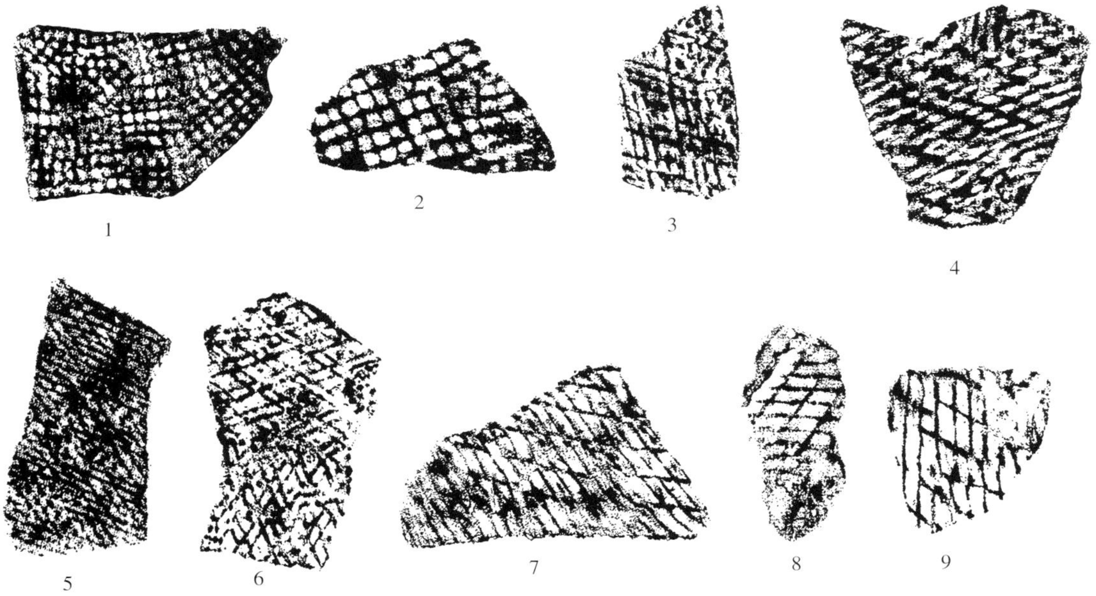

图三五六　毛家山Ⅱ号遗址采集陶片纹饰拓片
1、2. 方格纹　3～5、7～9. 菱格纹　6. “菱格纹”＋“圆点纹”

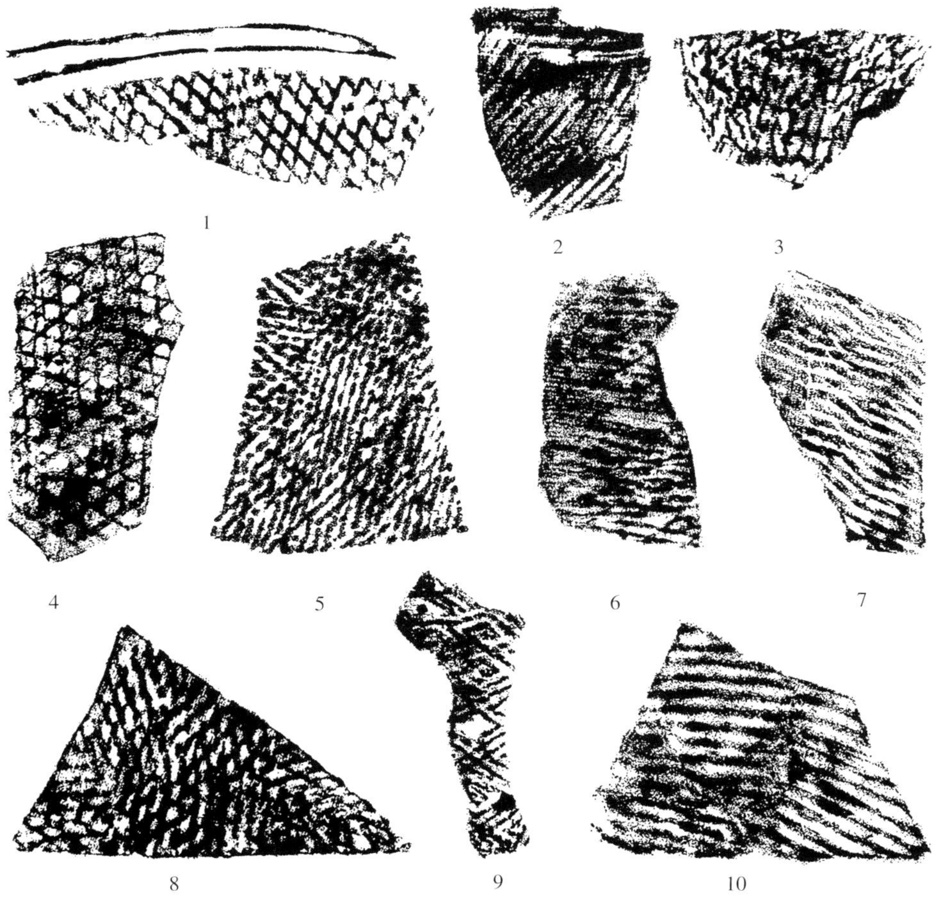

图三五七　毛家山Ⅱ号遗址采集陶片纹饰拓片
1. 菱格纹与弦纹组合纹饰　2、10. 绳纹　3、4、6、8. 菱格纹　5. 交错线纹　7. 折线纹　9. 变体雷纹

B型：3件。侈口，宽折沿。

2016LCMJⅡ：2，黄褐色硬陶，微卷沿，圆唇。器表施拍印菱格纹，部分被磨平。残高5.2厘米（图三五八，2）。

2016LCMJⅡ：6，夹砂黄褐陶，圆唇。素面。残高7.2厘米（图三五八，6；图版四二，3）。

2016LCMJⅡ：9，灰色硬陶，圆唇。素面。残高3.2厘米（图三五八，9）。

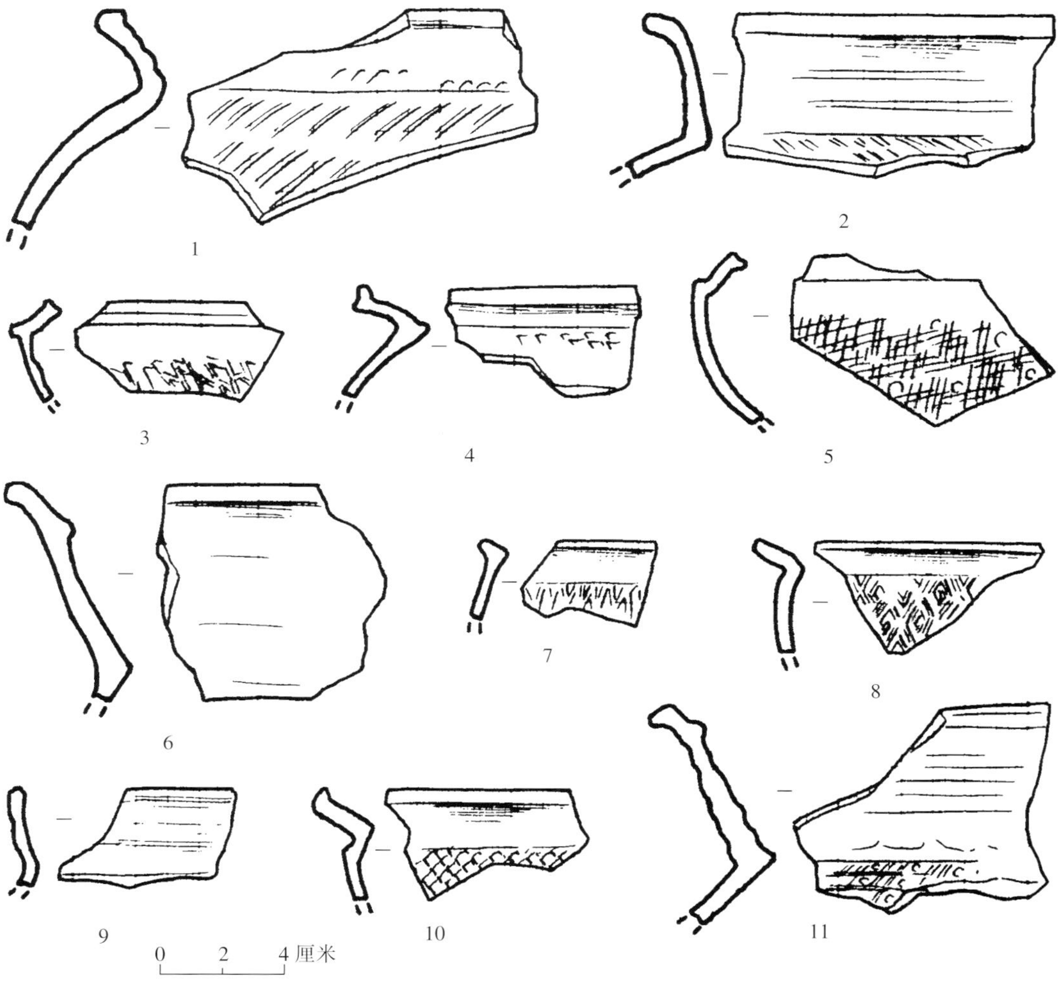

图三五八 毛家山Ⅱ号遗址采集陶器

1～10. 罐（2016LCMJⅡ：1、2016LCMJⅡ：2、2016LCMJⅡ：3、2016LCMJⅡ：4、2016LCMJⅡ：5、2016LCMJⅡ：6、2016LCMJⅡ：7、2016LCMJⅡ：8、2016LCMJⅡ：9、2016LCMJⅡ：10） 11. 尊（2016LCMJⅡ：11）

C型：2件。敛口。

2016LCMJⅡ：3，灰色硬陶，沿内折，方唇。器表施菱格纹。残高3.2厘米（图三五八，3）。

2016LCMJⅡ：5，灰色硬陶，沿内折，方唇。器表施交错线纹间有乳钉纹。残高5.6厘米（图三五八，5；图版四二，2）。

尊 1件。

2016LCMJⅡ：11，灰褐色硬陶，侈口，宽折沿，方唇。器表施交错线纹。残高7.1厘米（图三五八，11；图版四二，4）。

3. 遗址性质与年代

毛家山Ⅱ号遗址与毛家山Ⅰ号遗址位置相近，均属于岗地类遗址。采集遗物数量较少，仅从所见陶器器形和纹饰可将该遗址所见遗存分为以下两组：

第1组：以折线纹、大折沿罐等为代表。该组器物与区域内商时期遗存形态较为相似。因此，推断该组年代也为商时期。

第2组：以绳纹、方格纹、窄折沿罐等为代表。该组陶器器形晚于上一组，其与西周时期遗物形态较为相似，推断该组器物年代主要集中在西周时期。

通过以上简要分析，毛家山Ⅱ号遗址的年代应主要为商至西周时期。该遗址的发现与初步分析，为区域聚落类型与文化序列等方面的研究提供了十分重要的考古资料。

1. 罐（2016LCMJⅡ：1）

2. 罐（2016LCMJⅡ：5）

3. 罐（2016LCMJⅡ：6）

4. 尊（2016LCMJⅡ：11）

图版四二　毛家山Ⅱ号遗址采集陶器

一五　南丰段遗址

1. 遗址概况

南丰段遗址位于龙安镇水尾村委会东边排村（图三五九），西南距杨梅陂遗址约280米，南距杨梅陂约 470 米，西北距栗林约 750 米（图三六〇）。地理坐标为北纬 27°12′47.3″，东经 116°50′58.8″，海拔 155 米。

图三五九　南丰段遗址位置示意图

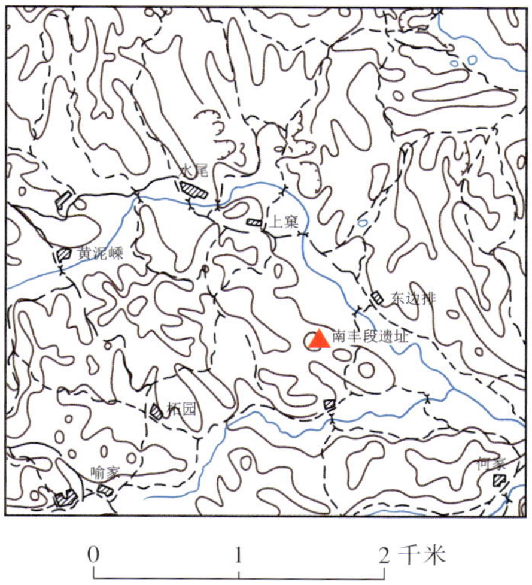

图三六〇　南丰段遗址地貌示意图

该遗址为一斜坡山岗，地势西北高东南低，平面近南北向不规则形（图三六一、图三六二）。长径约 226 米，短径约 158 米。

图三六一　南丰段遗址远景图（由西北向东南）

图三六二　南丰段遗址近景图（由西北向东南）

2. 遗物介绍

南丰段遗址采集遗物较多，石器有石镞1件，陶器残片若干。

(1) 石器

石镞　1件。

2016LCNF∶1，青灰色砾石，两刃较为锋利，锋部残，一铤部残。器表磨制较为光滑。残高1.9厘米（图三六三）。

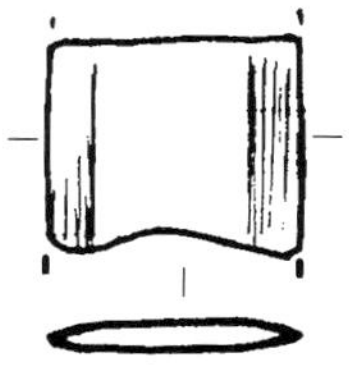

图三六三　南丰段遗址采集石镞
（2016LCNF∶1）

(2) 陶器

该遗址采集陶器主要为印纹硬陶和夹砂陶。印纹硬陶较多，陶色有灰色、浅灰色，纹饰见有雷纹（图三六五，4～8）、短线纹（图三六四，2）、方格纹（图三六五，3）、菱格纹（图三六四，4；图三六五，9～11）、交错绳纹（图三六四，1、3、8）、绳纹（图三六四，5～7；图三六五，1、2）、刻划纹、折线纹等，器形有罐；夹砂陶较少，陶色为浅黄色、浅灰色，纹饰有菱格纹，多为素面，器形见有罐、鼎（足）、鬲（足）。

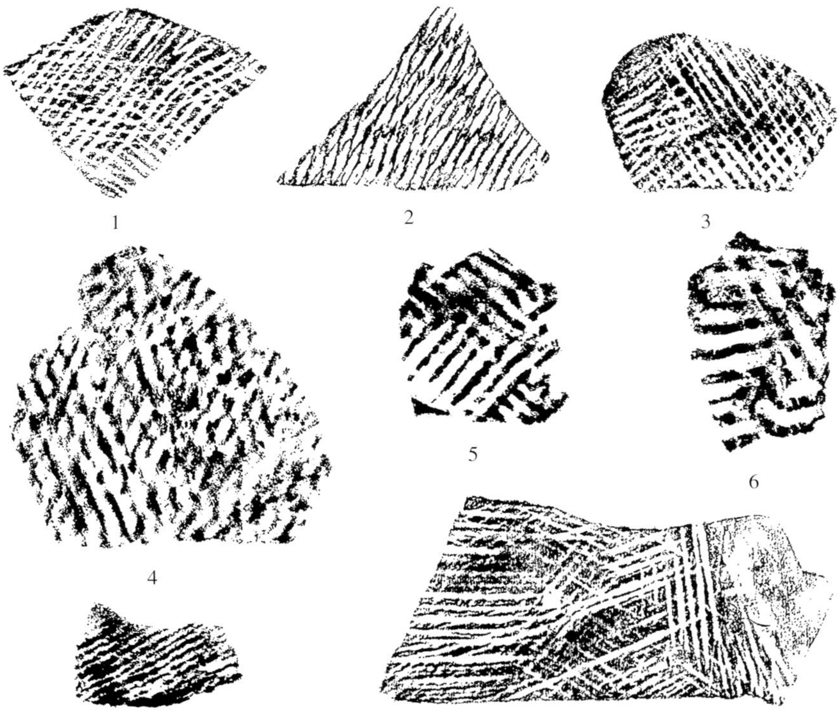

图三六四　南丰段遗址采集陶片纹饰拓片
1、3、8. 交错绳纹　2. 短线纹　4. 菱格纹　5～7. 绳纹

罐　10件。据形态可分为两型。

A型：2件。直领。

2016LCNF∶2，夹砂灰褐陶，唇部残。器表施菱格纹。残高6.1厘米（图三六六，1）。

2016LCNF∶9，灰色硬陶，微卷沿，圆唇。素面。残高4.4厘米（图三六六，8）。

B型：8件。侈口，折沿。据口沿形态可分为两个亚型：

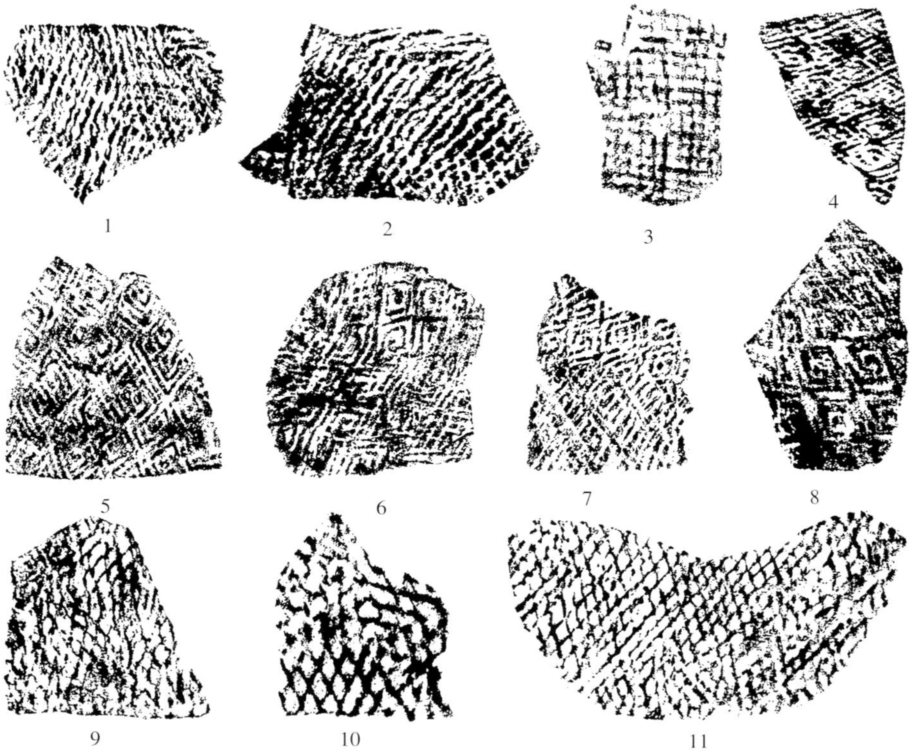

图三六五　南丰段遗址采集陶片纹饰拓片
1、2. 绳纹　3. 方格纹　4~8. 雷纹　9~11. 菱格纹

Ba 型：2 件。宽折沿。

2016LCNF：3，灰色硬陶，方唇。器表施菱格纹。残高 7.2 厘米（图三六六，2；图版四三，1）。

2016LCNF：8，夹砂灰陶，圆唇。素面。残高 6.6 厘米（图三六六，7）。

Bb 型：6 件。窄折沿。

2016LCNF：4，夹砂灰陶，方唇。器表施交错线纹。残高 6.0 厘米（图三六六，3；图版四三，2）。

2016LCNF：5，夹砂灰陶，方唇。沿面有数道细线纹。残高 4.7 厘米（图三六六，4）。

2016LCNF：6，夹砂灰陶，圆唇。素面。残高 4.8 厘米（图三六六，5）。

2016LCNF：7，夹砂黄褐陶，圆唇，沿面有两周凹痕。素面。残高 4.0 厘米（图三六六，6）。

2016LCNF：10，灰色硬陶，方唇。器表施菱格纹。残高 3.2 厘米（图三六六，9）。

2016LCNF：12，夹砂灰陶，方唇，沿面有一周凸棱。器表施交错线纹。残高 5.4 厘米（图三六六，10）。

鼎足　5 件。据形态特征可分为两型。

A 型：3 件。柱状足。

2016LCNF：11，灰色硬陶，截面近圆形。素面。残高 5.2 厘米（图三六七，1）。

2016LCNF：16，夹砂灰褐陶，截面近圆形。素面。残高 6.2 厘米（图三六七，3）。

2016LCNF：17，夹砂浅灰陶，截面近圆形。足根部可见一戳印凹窝。残高 5.2 厘米（图三六七，2）。

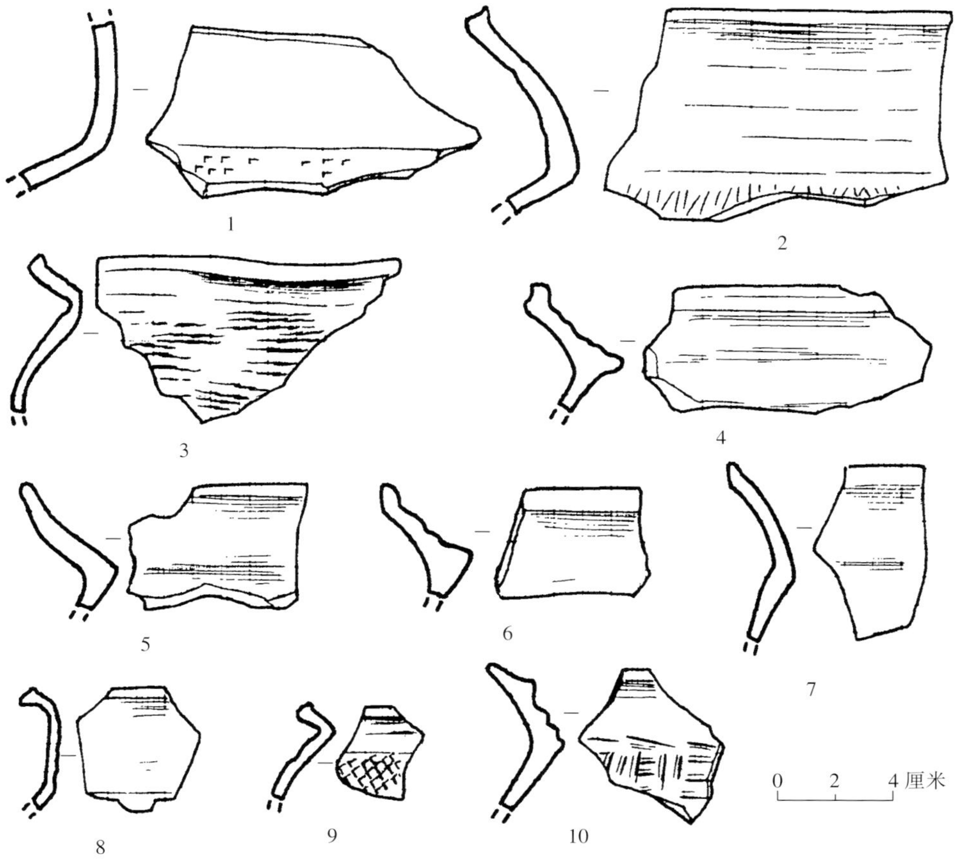

图三六六 南丰段遗址采集陶器
1～10. 罐（2016LCNF：2、2016LCNF：3、2016LCNF：4、2016LCNF：5、2016LCNF：6、2016LCNF：7、2016LCNF：8、2016LCNF：9、2016LCNF：10、2016LCNF：12）

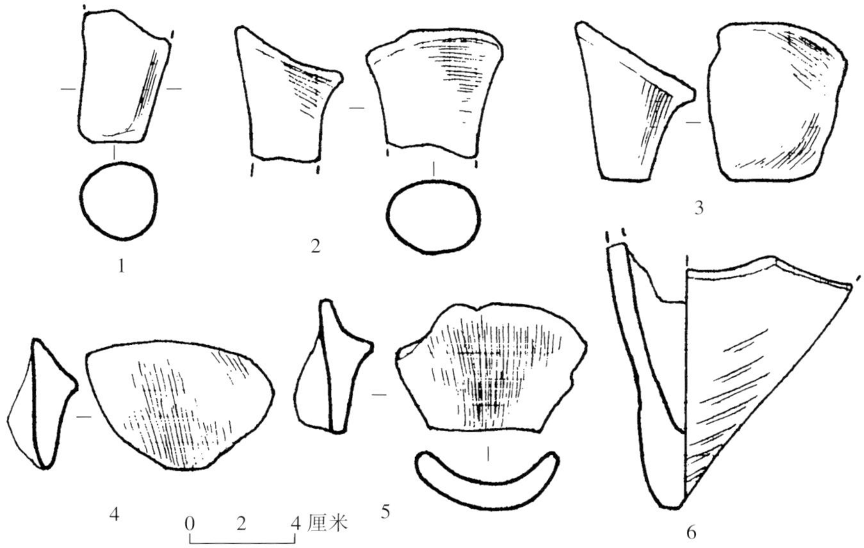

图三六七 南丰段遗址采集陶器
1～5. 鼎足（2016LCNF：11、2016LCNF：17、2016LCNF：16、2016LCNF：13、2016LCNF：14） 6. 鬲足（2016LCNF：15）

B 型：2 件。瓦状足。

2016LCNF：13，夹砂灰陶，瓦状扁足，截面呈圆弧形。素面。残高 5.1 厘米（图三六七，4）。

2016LCNF：14，夹砂灰褐陶，瓦状扁足，截面呈圆弧形。素面。残高 5.2 厘米（图三六七，5；图版四三，3）。

鬲足　1 件

2016LCNF：15，夹砂灰褐陶，袋状空心足，足根部有捏痕，内壁可见轮修痕迹。外壁施粗线纹，大部分被抹平。残高 10.0 厘米（图三六七，6；图版四三，4）。

3. 遗址性质与年代

南丰段遗址为缓坡状低矮山岗类型，属于坡状岗地遗址。根据采集遗物情况分析，该遗址年代较为单纯，所见印纹硬陶数量较多，器形主要为罐，纹饰多见雷纹、菱格纹、绳纹、交错线纹等。纹饰风格具有商时期的特征，所见鬲足较为少见，该区域所见鬲足一般为商代晚期或西周早中期。瓦状鼎足在邻近的信江流域角山遗址①有较多发现。因此，可判断南丰段遗址的年代主要集中在商至西周时期。

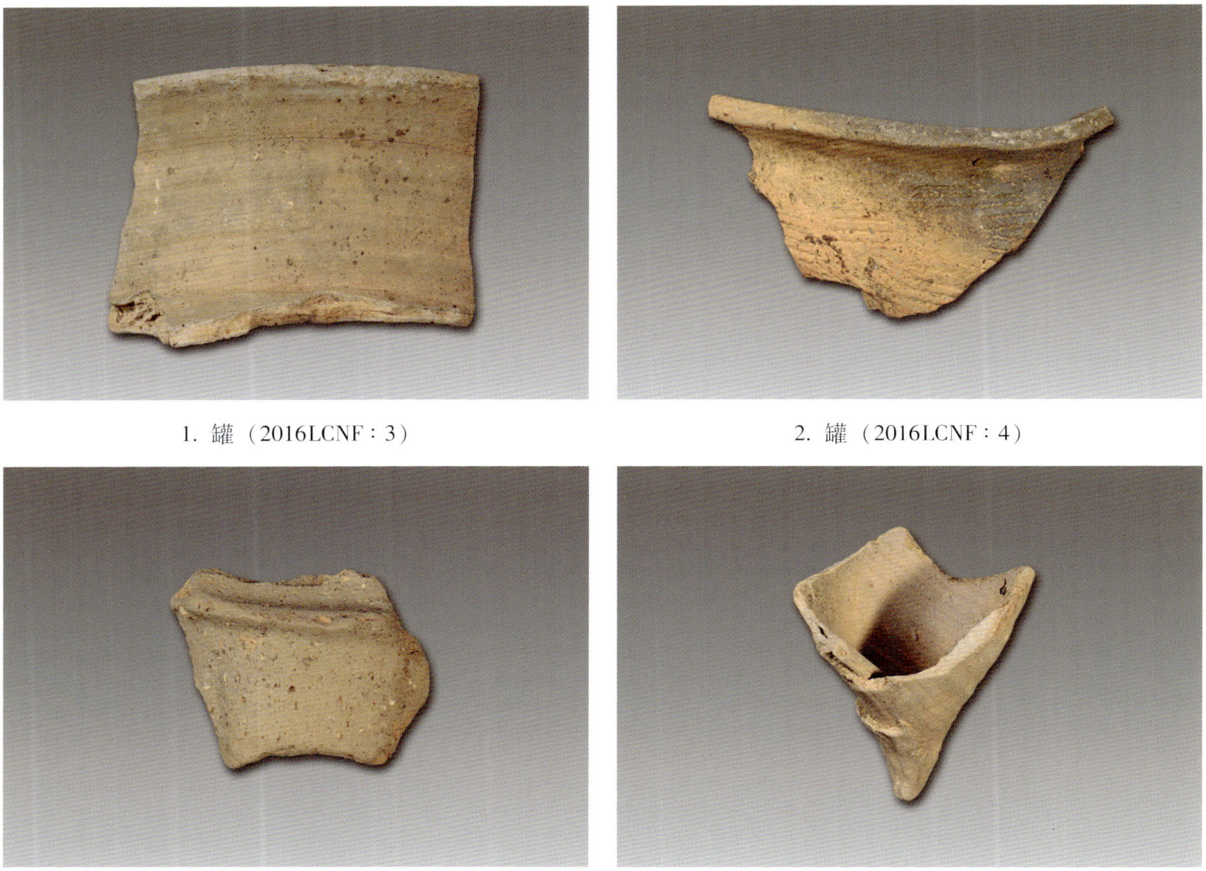

1. 罐（2016LCNF：3）　2. 罐（2016LCNF：4）

3. 鼎足（2016LCNF：14）　4. 鬲足（2016LCNF：15）

图版四三　南丰段遗址采集陶器

① 江西省文物考古研究院、鹰潭市博物馆：《角山窑址：1983—2007 年考古发掘报告》，文物出版社，2017 年。

南丰段遗址的发现与初步研究，为区域遗址类型划分、文化序列建立等方面研究提供了十分重要的考古学资料。

一六 彭头村遗址

1. 遗址概况

彭头村遗址位于潭溪乡文青村委会彭头村西南约450米（图三六八），东南距油三段约170米，东北距文青村约1.3千米（图三六九）。地理坐标为北纬27°17′53.0″，东经116°57′14.8″，海拔129米。

图三六八 彭头村遗址位置示意图

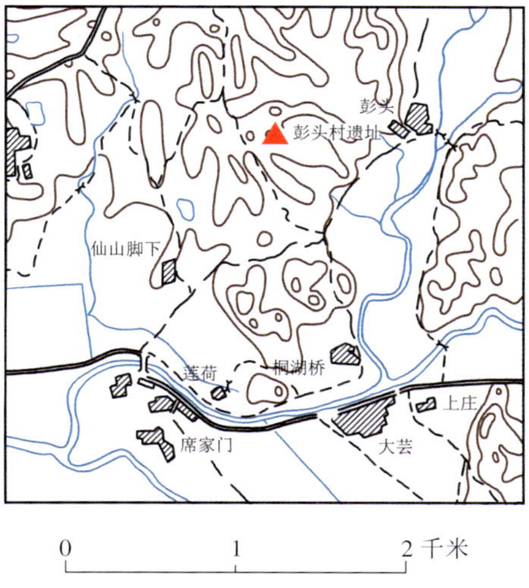

图三六九 彭头村遗址地貌示意图

该遗址为一缓坡山岗，地势东北高西南低，平面呈西北至东南向不规则形（图三七〇），长径约424米，短径约171米。遗址部分区域现已被人为修整为梯田种植橘树，其余部位被杂草和灌木丛覆盖（图三七一），地表植被较茂密。

图三七〇　彭头村遗址远景图（由南向北）

图三七一　彭头村遗址近景图（由西向东）

图三七二 彭头村遗址近景图（地表陶片）

2. 遗物介绍

彭头村遗址采集遗物较多，石器有石镞、石球，陶器残片数量较多（图三七二）。

（1）石器

石镞 1件。

2016LCPT∶1，青灰色砂岩，锋部残，中部起脊，刃部较为锋利。残高2.8厘米（图三七三，1；图版四四，1）。

石球 1件。

2016LCPT∶2，红色砂岩，器表磨制较光滑，截面呈椭圆形。长径7.2、短径6.9厘米（图三七三，2；图版四四，2）。

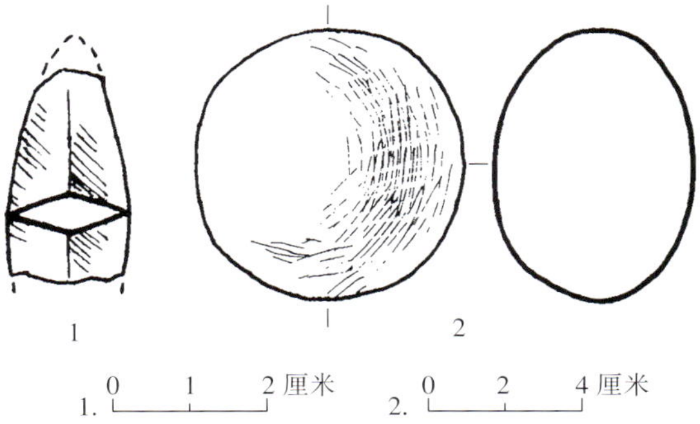

图三七三 彭头村遗址采集石器

1. 石镞（2016LCPT∶1） 2. 石球（2016LCPT∶2）

（2）陶器

该遗址采集陶器主要为印纹硬陶和夹砂陶。印纹硬陶陶色有灰色、浅黄色，纹饰有折线纹（图三七四，1～4、6；图三七五，6）、绳纹（图三七五，7）、短线纹（图三七五，1～3）、雷纹、菱格纹（图三七四，5；图三七五，4）、重菱纹（图三七五，5），部分器表施釉，器形有罐、杯等；夹砂陶较少，陶色有浅黄色、浅灰色，均为素面，器形有罐、鼎（足）等。

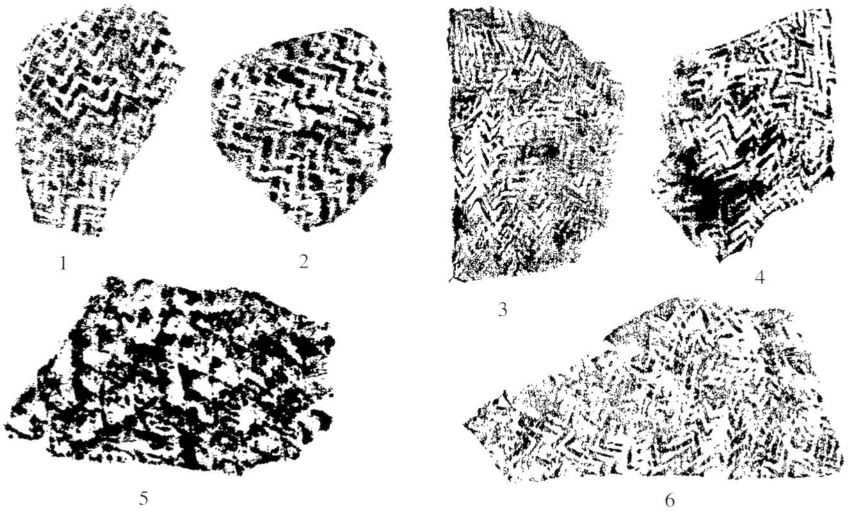

图三七四　彭头村遗址采集陶片纹饰拓片
1～4、6. 折线纹　5. 菱格纹

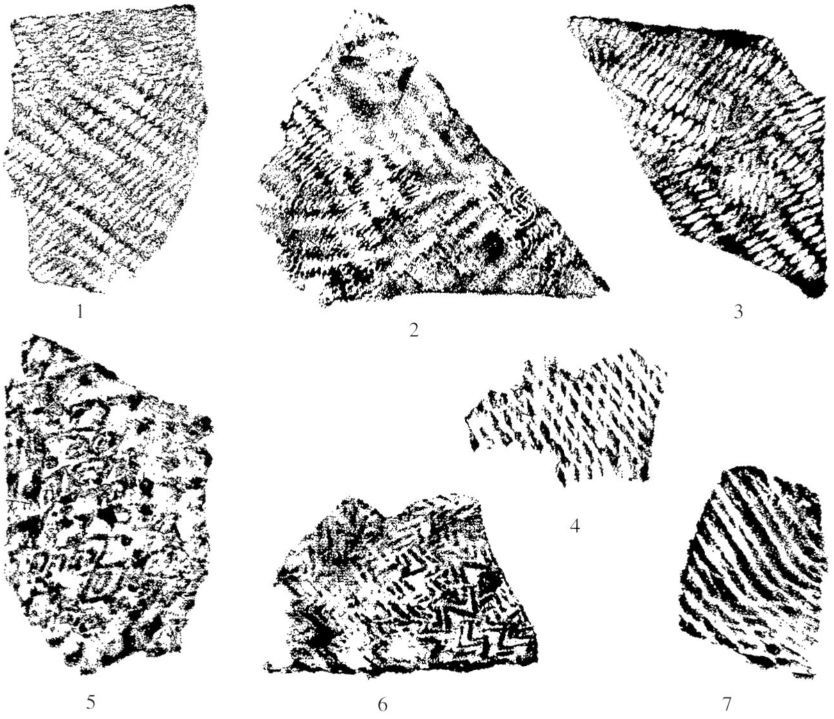

图三七五　彭头村遗址采集陶片纹饰拓片
1～3. 短线纹　4. 菱格纹　5. 重菱纹　6. 折线纹　7. 绳纹

罐 6件。

2016LCPT：3，夹砂灰陶，侈口，圆唇。素面。残高4.4厘米（图三七六，1）。

2016LCPT：4，浅灰色硬陶，近直口，折沿，唇部残。器表施折线纹。残高6.0厘米（图三七六，2；图版四四，3）。

2016LCPT：5，夹砂灰褐陶，侈口，折沿，唇部残。器表施绳纹。残高4.4厘米（图三七六，3；图版四四，4）。

2016LCPT：6，夹砂黄褐陶，侈口，高领，窄折沿，方唇，口沿处有轮修痕迹。素面。残高6.6厘米（图三七六，4）。

2016LCPT：10，浅灰色硬陶，微卷沿，方唇。素面。残高3.0厘米（图三七六，5）。

2016LCPT：14，褐色硬陶，口微侈，卷沿，方唇。素面。残高5.6厘米（图三七六，6）。

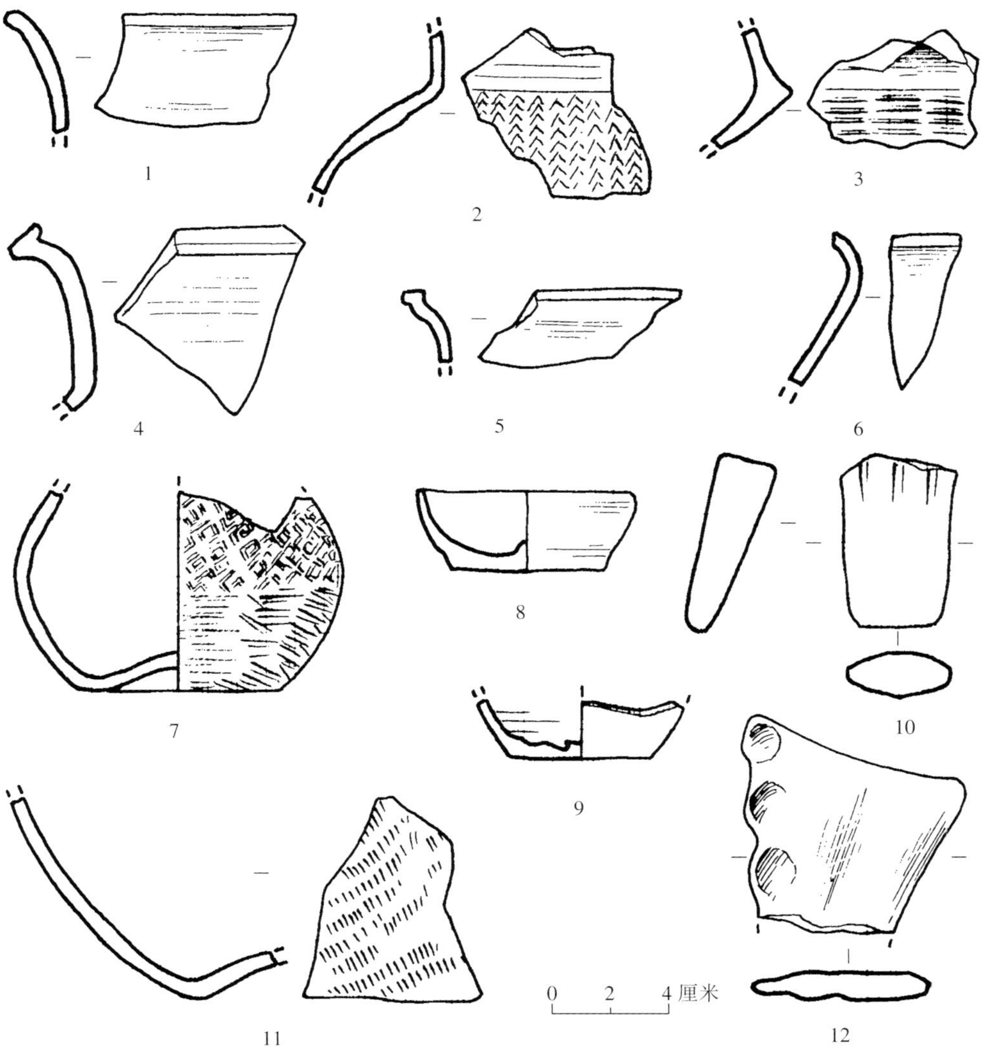

图三七六 彭头村遗址采集陶器

1～6. 罐（2016LCPT：3、2016LCPT：4、2016LCPT：5、2016LCPT：6、2016LCPT：10、2016LCPT：14）
7、9、11. 罐底（2016LCPT：7、2016LCPT：11、2016LCPT：9） 8. 杯（2016LCPT：8）
10、12. 鼎足（2016LCPT：12、2016LCPT：13）

杯　1件。

2016LCPT∶8，夹细砂浅灰陶，敞口，圆唇，斜直腹，平底，内外壁可见明显轮制痕迹。素面。高3.3厘米（图三七六，8）。

1. 石镞（2016LCPT∶1）

2. 石球（2016LCPT∶2）

3. 陶罐（2016LCPT∶4）

4. 陶罐（2016LCPT∶5）

5. 陶器底（2016LCPT∶7）

6. 陶鼎足（2016LCPT∶12）

图版四四　彭头村遗址采集遗物

陶鼎足（2016LCPT∶13）
图版四五 彭头村遗址采集遗物

罐底 3件。

2016LCPT∶7，夹砂灰褐陶，圆弧腹，平底内凹。上腹部施雷纹，下腹部施交错绳纹。残高7.0厘米（图三七六，7；图版四四，5）。

2016LCPT∶9，夹砂浅灰陶，斜弧腹，器表施短线纹，内壁可见捏制痕迹。残高7.2厘米（图三七六，11）。

2016LCPT∶11，夹砂浅灰陶，斜直腹，平底，内外壁可见轮修痕迹。素面。残高2.2厘米。（图三七六，9）。

鼎足 2件。

2016LCPT∶12，夹砂灰陶，扁柱状足，截面呈椭圆形。一侧足根部可见三道竖向戳印纹。残高6.4厘米（图三七六，10；图版四四，6）。

2016LCPT∶13，夹砂红陶，扁足，截面呈长条形。足外侧可见三对按压凹窝。残高7.8厘米（图三七六，12；图版四五）。

3. 遗址性质与年代

彭头村遗址是一处典型的缓坡岗地类遗址，该遗址采集遗物较丰富，为遗址的年代判断提供十分重要的条件。遗址所见遗物主要为印纹硬陶和夹砂陶。印纹硬陶器形见有大侈口罐、高领罐等，纹饰见有折线纹、菱格纹和绳纹，这一特征与该地区商时期陶器形态十分相似。夹砂陶见有扁状鼎足，鼎足边缘按捏成凹窝，此类鼎足在金溪县釜山遗址①发掘遗物中有复原器形，其年代也大致为商时期。因此，可以得出彭头村遗址的年代较为单纯，主要集中在商时期。

彭头村遗址的发现与初步研究为区域文化序列及聚落形态方面的研究提供了十分重要的材料。

① 该遗址由江西省文物考古研究院主持发掘，资料未发表。

一七　饶家顶山Ⅰ号遗址

1. 遗址概况

饶家顶山Ⅰ号遗址位于中田乡河东村委会新桥村（图三七七），南距左机山遗址约170米，东南距张家井遗址约210米，西南距饶家顶山Ⅱ号遗址约380米（图三七八）。地理坐标为北纬27°17′55.7″，东经116°49′15.2″，海拔121米。

图三七七　饶家顶山Ⅰ号遗址位置示意图

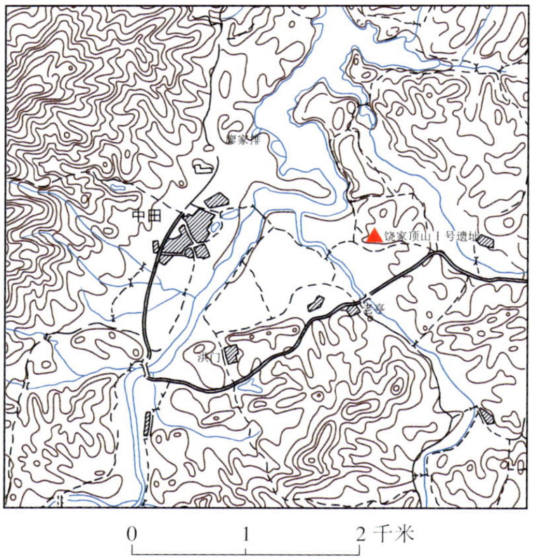

图三七八　饶家顶山Ⅰ号遗址地貌示意图

图三七九　饶家顶山Ⅰ号遗址远景图（由东南向西北）

图三八〇　饶家顶山Ⅰ号遗址近景图（由东向西）

该遗址为一山岗，地势南侧较高，其余区域地势稍低，遗址区域平面近南北向不规则形（图三七九）。长径约181米，短径约172米。遗址被人为修整为梯田状，种植橘树，地表植被较为稀疏（图三八〇）。

2. 遗物介绍

饶家顶山Ⅰ号遗址采集遗物较多，石器有石镞1件，陶器残片发现较多。

（1）石器

石镞　1件。

2016LCRJⅠ：1，青灰色砂岩。磨制而成，残甚。残高4.7厘米（图三八一）。

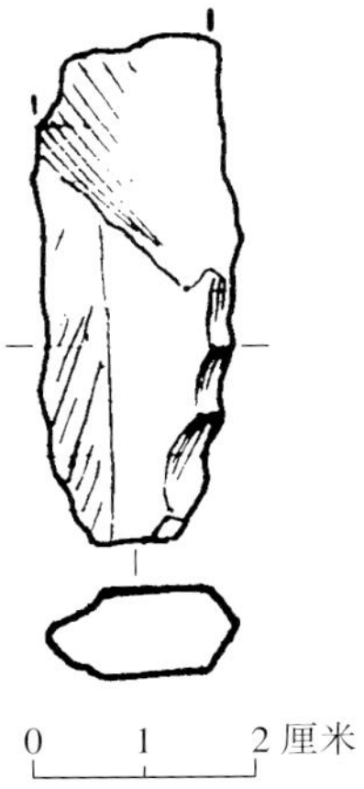

图三八一　饶家顶山Ⅰ号遗址采集石镞（2016LCRJⅠ：1）

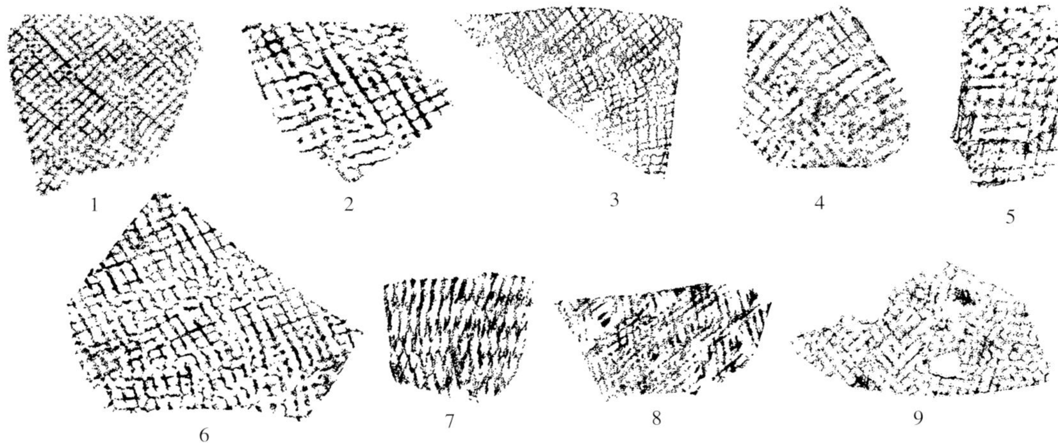

图三八二　饶家顶山Ⅰ号遗址采集陶片纹饰拓片
1～6、9. 方格纹　7. 短线纹　8. 重菱纹

（2）陶器

该遗址采集陶器主要为印纹硬陶，夹砂陶较少。印纹硬陶陶色有红褐色、褐色、灰褐色、灰色以及施黑釉陶，纹饰较为丰富，有方格纹（图三八二，1～6、9）、“菱格纹”+“圆点纹”的组合纹饰（图三八三，1～4、7；图三八四，6～8）、重菱纹（图三八二，8；图三八四，1、3、9）、折线纹（图三八四，10）、菱格纹（图三八三，6、8）、绳纹（图三八三，9）、席纹（图三八三，5）、短线纹（图三八二，7；图三八三，10）、变体雷纹（图三八四，2、4、5），器形有罐、尊、鼎（足）等；夹砂陶陶色有浅红色、红色、浅黄色，均为素面，器形有罐等。

罐　12件。依形态可分为两型。

A型：11件。侈口，折沿。据其口沿特征又可分为两亚型：

Aa型：5件。宽折沿。

2016LCRJⅠ：2，夹细砂黄褐色硬陶，侈口，宽折沿，圆唇。器表施菱格纹。残高4.6厘米（图三八五，1；图版四六，1）。

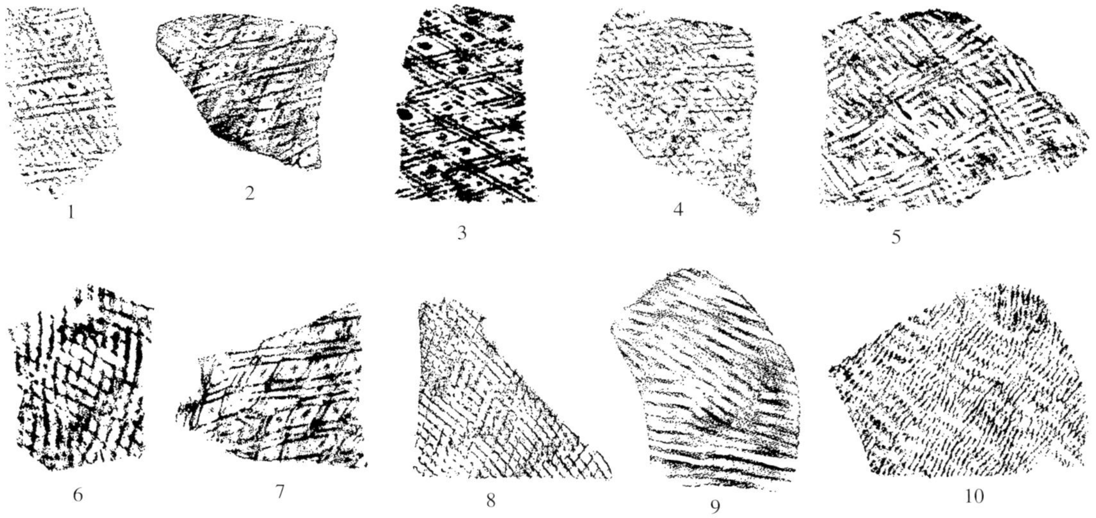

图三八三　饶家顶山Ⅰ号遗址采集陶片纹饰拓片
1～4、7. “菱格纹”+“圆点纹”　5. 席纹　6、8. 菱格纹　9. 绳纹　10. 短线纹

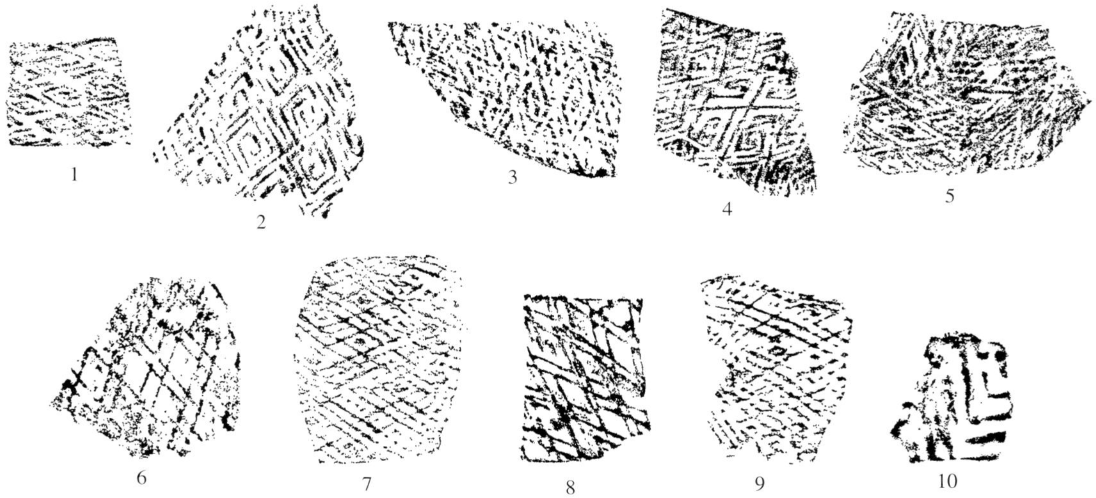

图三八四　饶家顶山Ⅰ号遗址采集陶片纹饰拓片
1、3、9. 重菱纹　2、4、5. 变体雷纹　6～8. “菱格纹”+“圆点纹”　10. 折线纹

2016LCRJⅠ∶6，灰色硬陶，侈口，宽折沿，方唇内勾。器表施菱格纹。残高 3.4 厘米（图三八五，5）。

2016LCRJⅠ∶7，灰褐色硬陶，侈口，宽折沿，圆唇，颈部较高，颈内壁可见轮修痕迹。器表施方格纹。残高 4.2 厘米（图三八五，6）。

2016LCRJⅠ∶8，夹砂黄褐陶，侈口，宽折沿，方唇。素面。残高 3.36 厘米（图三八五，7）。

2016LCRJⅠ∶13，夹细砂灰色硬陶，侈口，颈部外侧有一周凸棱，唇部残。器表施重菱纹。残高 3.4 厘米（图三八六，3）。

Ab 型：4 件。窄折沿。

2016LCRJⅠ∶4，褐色硬陶，侈口，窄折沿，方唇。器表施方格纹，肩腹结合处有一道凹弦纹。残高 5.4 厘米（图三八五，3；图版四六，2）。

2016LCRJⅠ：5，夹细砂灰褐色硬陶，侈口，窄折沿，圆唇，沿面有轮修痕迹。器表施重菱纹。残高4.4厘米（图三八五，4；图版四六，3）。

2016LCRJⅠ：9，夹砂灰陶，侈口，窄折沿，圆唇。素面。残高3.4厘米（图三八五，8）。

2016LCRJⅠ：11，灰褐色硬陶，侈口，窄折沿，圆唇。器表施重菱纹，间施乳钉纹。残高5.6厘米（图三八六，2）。

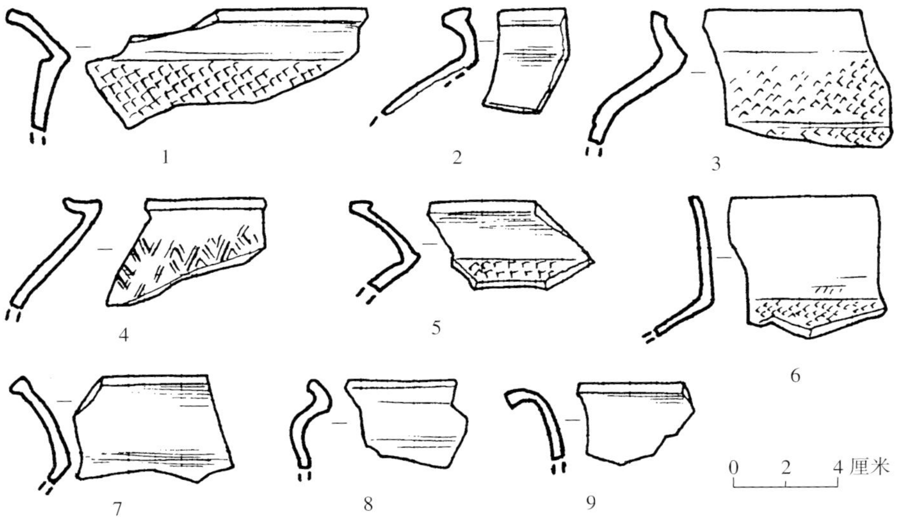

图三八五　饶家顶山Ⅰ号遗址采集陶器

1～9. 罐（2016LCRJⅠ：2、2016LCRJⅠ：3、2016LCRJⅠ：4、2016LCRJⅠ：5、2016LCRJⅠ：6、2016LCRJⅠ：7、2016LCRJⅠ：8、2016LCRJⅠ：9、2016LCRJⅠ：10）

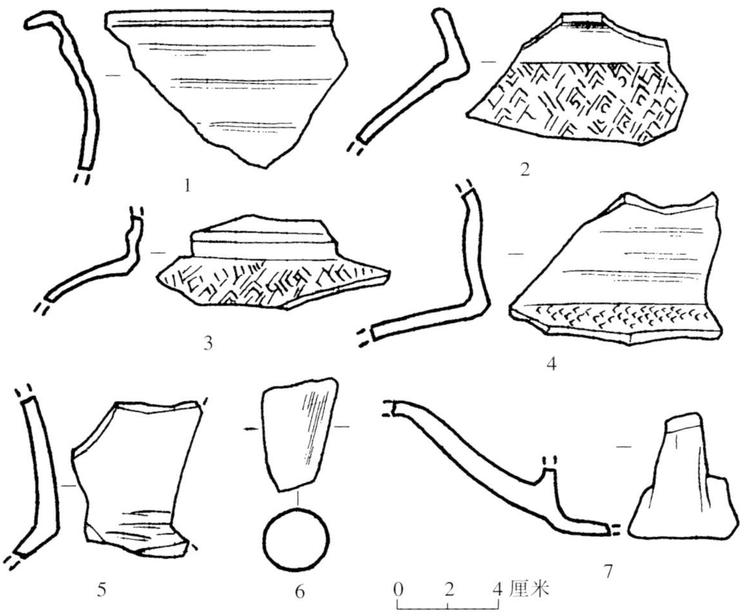

图三八六　饶家顶山Ⅰ号遗址采集陶器

1～3. 罐（2016LCRJⅠ：17、2016LCRJⅠ：11、2016LCRJⅠ：13）　4、5. 尊（2016LCRJⅠ：12、2016LCRJⅠ：15）　6. 鼎足（2016LCRJⅠ：14）　7. 器把（2016LCRJⅠ：16）

B 型：3 件。卷沿。

2016LCRJⅠ：3，灰色硬陶，侈口，卷沿，方唇，内外壁可见轮修痕迹。素面。残高 4.4 厘米（图三八五，2）。

2016LCRJⅠ：10，灰褐色硬陶，沿微卷，方唇，器表有轮修痕迹。素面。残高 3.4 厘米（图三八五，9）。

2016LCRJⅠ：17，灰褐色硬陶，卷沿，圆唇。素面，颈部有轮修痕迹。残高 6.4 厘米（图三八六，1）。

尊　2 件。

2016LCRJⅠ：12，浅灰色硬陶，侈口，折沿，颈部较高。器表施菱格纹。残高 6.2 厘米（图三八六，4）。

2016LCRJⅠ：15，夹砂黄褐陶，侈口，折沿。素面。残高 6.4 厘米（图三八六，5）。

鼎足　1 件。

2016LCRJⅠ：14，夹砂黄陶，柱状足，截面呈圆形。素面。残高 4.2 厘米（图三八六，6）。

器把　1 件。

2016LCRJⅠ：16，夹砂灰陶，截面呈扁圆形，柄身有捏痕。素面。残长 8.3 厘米（图三八六，7；图版四六，4）。

1. 罐（2016LCRJⅠ：2）

2. 罐（2016LCRJⅠ：4）

3. 罐（2016LCRJⅠ：5）

4. 器把（2016LCRJⅠ：16）

图版四六　饶家顶山Ⅰ号遗址采集陶器

3. 遗址性质与年代

饶家顶山Ⅰ号遗址是一处缓坡状山岗遗址，属于该区域典型的岗地类遗址聚落。从采集遗物特征推断，该遗址年代较为集中，器形主要以罐、大口尊为主，纹饰以菱格纹、交错线纹、方格纹、变体雷纹等为代表。该类型器物特征常见于区域内商代遗址。因此，推测该遗址年代应为商时期。

饶家顶山Ⅰ号遗址的发现与初步研究，为区域内文化序列的构建以及年代判定起到一定的推动作用，为聚落形态的研究提供了十分重要的考古资料。

一八　饶家顶山Ⅱ号遗址

1. 遗址概况

饶家顶山Ⅱ号遗址位于中田乡河东村委会新桥村（图三八七），东南距896县道约220米，西北距张家井遗址约190米，西距饶家顶山Ⅰ号遗址约240米（图三八八）。地理坐标为北纬27°17′45.4″，东经116°49′25.3″，海拔118米。

该遗址现存为一缓坡地带（图三八九），地势北高南低，平面近东西向不规则形（图三九〇）。长径约184米，短径约55米。

图三八七　饶家顶山Ⅱ号遗址位置示意图

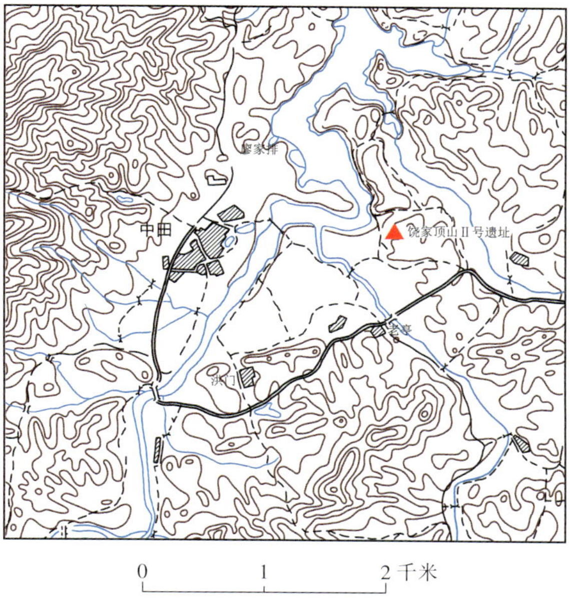

图三八八 饶家顶山Ⅱ号遗址地貌示意图

图三八九 饶家顶山Ⅱ号遗址远景图（由西向东）

图三九〇　饶家顶山Ⅱ号遗址近景图（由南向北）

2. 遗物介绍

饶家顶山Ⅱ号遗址采集遗物较少，均为陶器残片，陶器主要为印纹硬陶。陶色有灰色、灰褐色，纹饰有折线纹、变体雷纹（图三九一，4、5、7；图三九二，3）、菱格纹（图三九一，2）、绳纹（图三九一，1、6）、叶脉纹（图三九二，2、4）、细线纹（图三九一，3）、“雷纹”与“菱格纹”组合纹饰（图三九二，1、5），器形主要为罐。

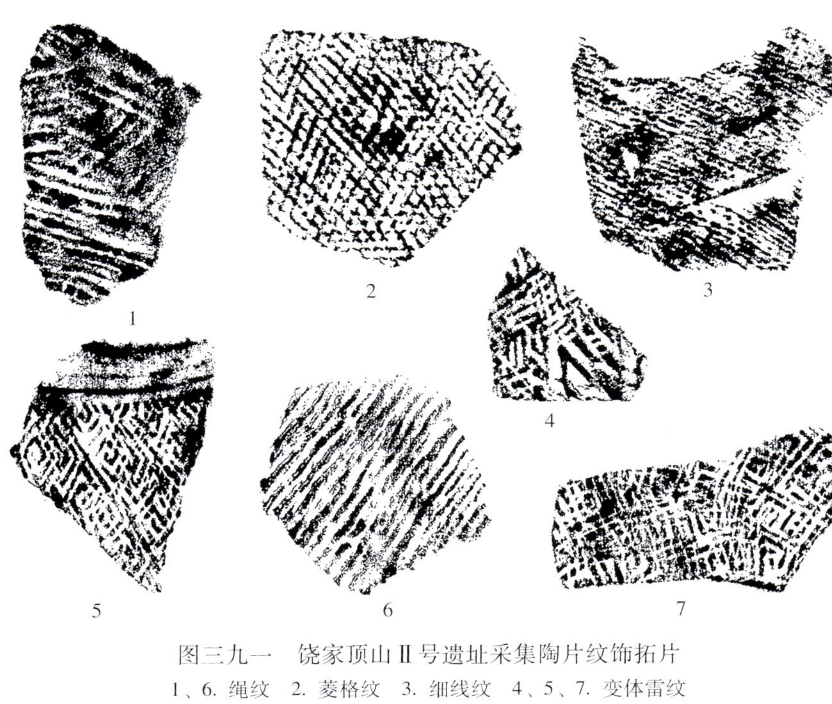

图三九一　饶家顶山Ⅱ号遗址采集陶片纹饰拓片

1、6. 绳纹　2. 菱格纹　3. 细线纹　4、5、7. 变体雷纹

图三九二 饶家顶山Ⅱ号遗址采集陶片纹饰拓片
1、5. "雷纹"与"菱格纹"组合纹饰 2、4. 叶脉纹 3. 变体雷纹

罐 3件。

2016LCRJⅡ：1，灰褐色硬陶，侈口，宽折沿，方唇内折。器表施菱格纹。残高8.8厘米（图三九三，2；图版四七，1）。

2016LCRJⅡ：2，夹砂红褐色硬陶，侈口，折沿，方唇。器表施交错线纹。残高6.8厘米（图三九三，1；图版四七，2）。

2016LCRJⅡ：3，夹砂灰陶，侈口，宽折沿，方唇。素面。残高6.6厘米（图三九三，3）。

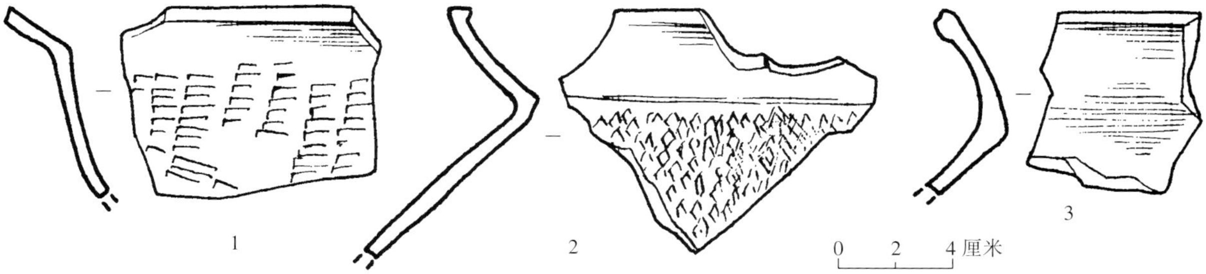

图三九三 饶家顶山Ⅱ号遗址采集陶器
1～3. 罐（2016LCRJⅡ：2、2016LCRJⅡ：1、2016LCRJⅡ：3）

3. 遗址性质与年代

饶家顶山Ⅱ号遗址为一较高山岗，属于该区域典型的岗地类遗址。由于遗址采集遗物较少，对于遗址年代的判断有一定的困难，从采集遗物多以印纹硬陶来看，所见雷纹、叶脉纹等纹饰，具有商时期或略早时期特征。因此，推断该遗址的年代应为商时期或稍早。

该遗址的发现与初步年代判断，为区域聚落形态及文化序列等方面的研究提供了十分重要的考古学材料。

1. 罐（2016LCRJⅡ：1）

2. 罐（2016LCRJⅡ：2）

图版四七　饶家顶山Ⅱ号遗址采集陶器

一九　上坑山Ⅰ号遗址

1. 遗址概况

上坑山Ⅰ号遗址位于中田乡河东村委会新桥村东侧（图三九四），西北距896县道约220米，西南距毛家山遗址约260米，南部紧邻上坑山Ⅱ号遗址（图三九五）。地理坐标为北纬27°17′29.8″，东经116°49′30.1″，海拔129米。

图三九四　上坑山Ⅰ号遗址位置示意图

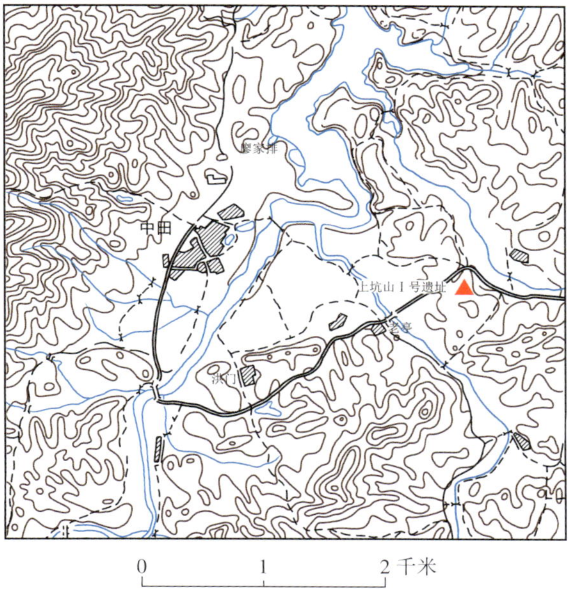

图三九五　上坑山Ⅰ号遗址地貌示意图

该遗址现存为一斜坡山岗（图三九六），地势北高南低，平面略呈东西向不规则形，长径约208米，短径约131米。遗址现已被人为修整为梯田种植橘树，北部地表植被较稀疏，南部地表植被较光秃（图三九七）。

图三九六　上坑山Ⅰ号遗址远景图（由西南向东北）

图三九七　上坑山Ⅰ号遗址近景图（由东向西）

2. 遗物介绍

上坑山Ⅰ号遗址采集遗物较少，石器有石镞，陶器残片若干。

（1）石器

石镞　1件。

2016LCSKⅠ:1，青灰色砂岩，锋部及铤部残甚，刃部较锋利，中部起脊。磨制而成，残高4.2厘米（图三九八；图版四八，1）。

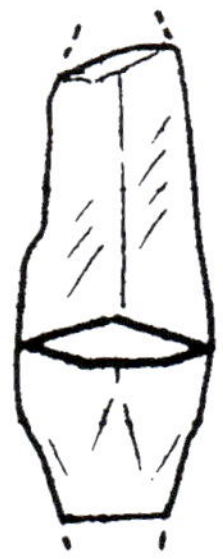

图三九八　上坑山Ⅰ号遗址采集石器石镞（2016LCSKⅠ:1）

（2）陶器

该遗址采集陶器主要以印纹硬陶为主，夹砂陶较少。印纹硬陶陶色有灰色、灰褐色、红色、浅灰色、浅黄色，纹饰有绳纹（图三九九，2、5；图四〇〇，6）、短线纹（图三九九，1）、方格纹（图三九九，6）、小方格纹（图四〇〇，1、3、5、8、9）、菱格纹（图三九九，3、4；图四〇〇，2、4、7），器形有见罐、尊、鼎（足）；夹砂陶陶色有红色、浅黄色，多为素面，见有少量绳纹，器形见有罐。

罐　12件。依形态特征可划分为两型。

A型：7件。侈口，折沿。

2016LCSKⅠ:3，夹砂灰褐陶，侈口，折沿，圆唇。素面。残高2.6厘米（图四〇一，6）。

2016LCSKⅠ:4，黄褐色硬陶，侈口，折沿，唇部残。折肩腹部施菱格纹。残高5.0厘米（图四〇一，2）。

图三九九　上坑山Ⅰ号遗址采集陶片纹饰拓片
1. 短线纹　2、5. 绳纹　3、4. 菱格纹　6. 方格纹

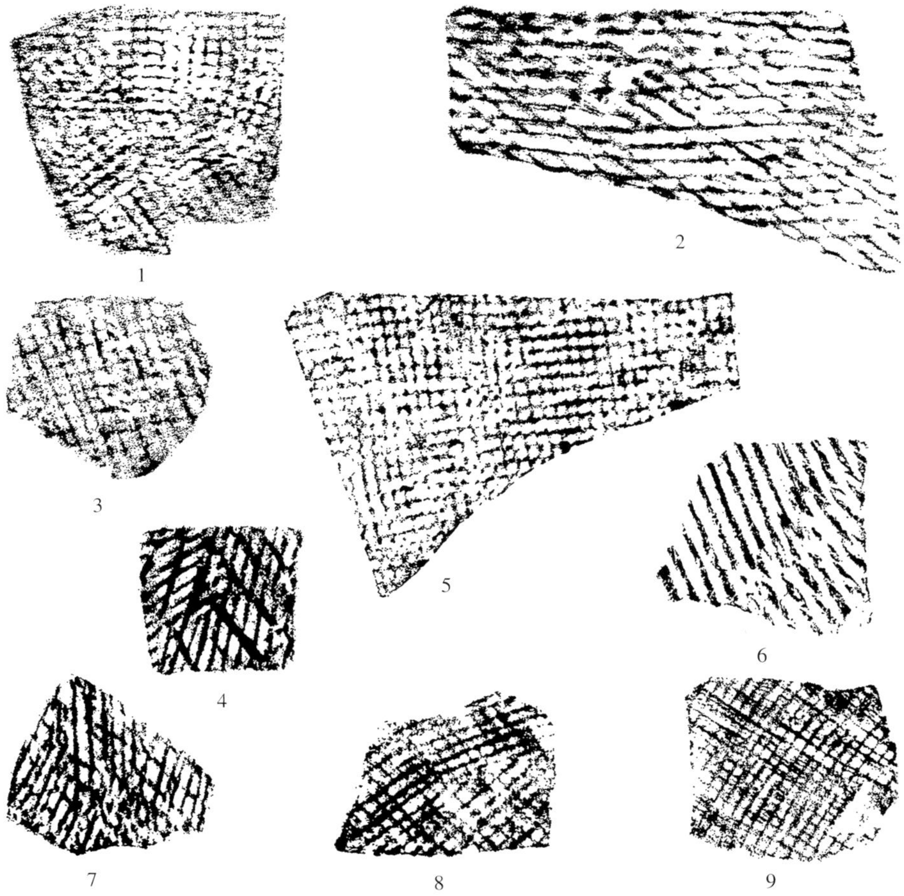

图四〇〇　上坑山Ⅰ号遗址采集陶片纹饰拓片
1、3、5、8、9. 小方格纹　2、4、7 菱格纹　6. 绳纹

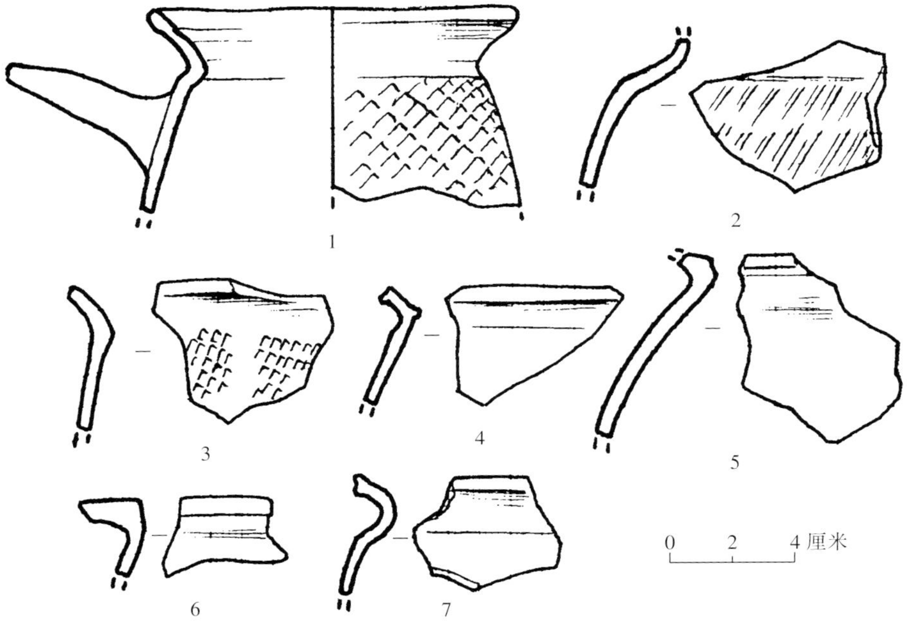

图四〇一 上坑山Ⅰ号遗址采集陶器

1～7. 罐（2016LCSKⅠ：9、2016LCSKⅠ：4、2016LCSKⅠ：10、2016LCSKⅠ：7、2016LCSKⅠ：5、2016LCSKⅠ：3、2016LCSKⅠ：6）

2016LCSKⅠ：5，灰褐色硬陶，侈口。素面。残高6.4厘米（图四〇一，5）。

2016LCSKⅠ：6，灰褐色硬陶，侈口，折沿，斜方唇。素面。残高4.0厘米（图四〇一，7）。

2016LCSKⅠ：7，灰色硬陶，侈口，折沿，斜方唇。素面。残高4.0厘米（图四〇一，4）。

2016LCSKⅠ：9，灰色硬陶，侈口，折沿，方唇。器表施菱格纹，口沿下有一长锥状器柄。残高6.8厘米（图四〇一，1；图版四八，2）。

2016LCSKⅠ：10，夹砂灰褐陶，侈口，方唇。器表施菱格纹。残高5.0厘米（图四〇一，3）。

B型：5件。平沿，斜腹。

2016LCSKⅠ：2，夹砂黄褐陶，侈口，平沿，圆唇。素面。残高3.2厘米（图四〇二，4）。

2016LCSKⅠ：8，灰色硬陶，敞口，平沿，方唇。沿内侧有一周凸棱。素面。残高2.2厘米（图四〇二，5）。

2016LCSKⅠ：12，灰色硬陶，微侈口，平沿，方唇。素面。残高4.2厘米（图四〇二，3）。

2016LCSKⅠ：15，夹砂浅黄陶，侈口，平沿，圆唇。素面。残高4.4厘米（图四〇二，1）。

2016LCSKⅠ：19，夹砂黄陶，敞口，平沿，尖圆唇。素面。残高4.2厘米（图四〇二，2）。

尊 1件。

2016LCSKⅠ：11，灰褐色硬陶，侈口，宽折沿，方唇。沿面有明显轮修痕迹。素面。残高6.4厘米（图四〇二，8；图版四八，3）。

钵 2件。

2016LCSKⅠ：13，灰色硬陶，敞口，方唇，浅弧腹。器表施斜线纹。残高3.5厘米（图四〇二，6）。

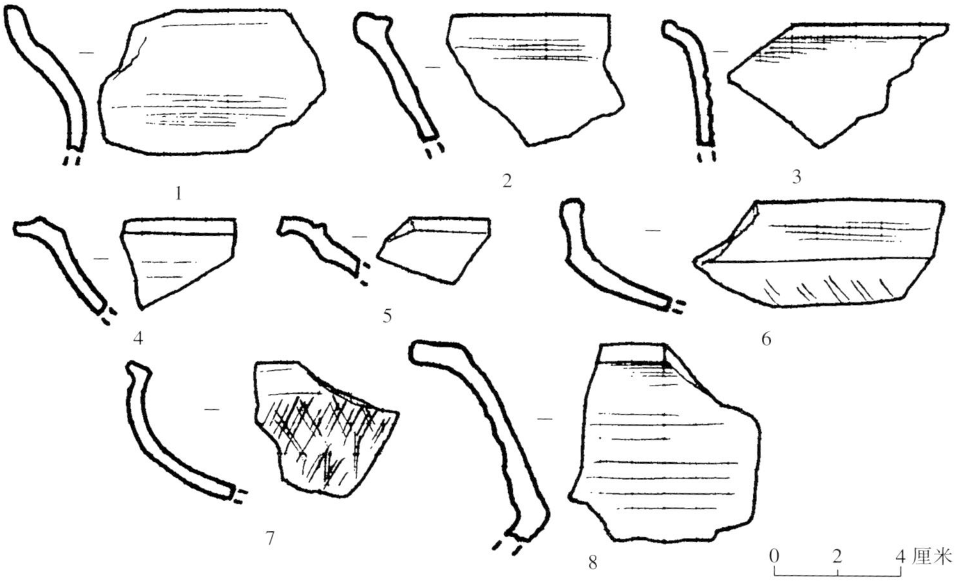

图四〇二 上坑山Ⅰ号遗址采集陶器
1～5. 罐（2016LCSKⅠ:15、2016LCSKⅠ:19、2016LCSKⅠ:12、2016LCSKⅠ:2、2016LCSKⅠ:8） 6、7. 钵（2016LCSKⅠ:13、2016LCSKⅠ:18） 8. 尊（2016LCSKⅠ:11）

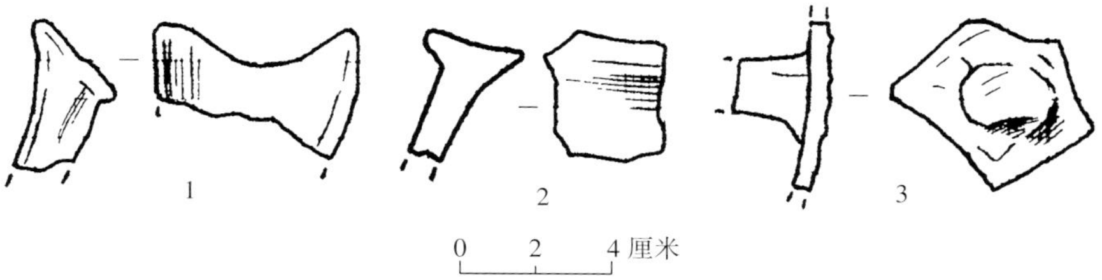

图四〇三 上坑山Ⅰ号遗址采集陶器
1、2. 鼎足（2016LCSKⅠ:14、2016LCSKⅠ:17） 3. 器把（2016LCSKⅠ:16）

2016LCSKⅠ:18，夹砂灰褐陶，窄折沿，方唇，圆鼓腹。器表施交错线纹。残高4.2厘米（图四〇二，7；图版四八，4）。

鼎足 2件。

2016LCSKⅠ:14，夹砂黄褐陶，瓦状足，截面呈圆弧形。素面。残高4.0厘米（图四〇三，1）。

2016LCSKⅠ:17，夹砂黄褐陶，扁足，截面呈扁圆形。素面。残高3.4厘米（图四〇三，2）。

器把 1件。

2016LCSKⅠ:16，灰色硬陶，器外壁有一圆柱状捏塑器把，内壁可见明显轮修痕迹。素面。残高4.6厘米（图四〇三，3）。

3. 遗址性质与年代

上坑山Ⅰ号遗址是一处典型的坡状岗地类遗址，遗址采集遗物较丰富，为年代判断提供了材料。从遗址采集遗物情况分析，可将所见遗存分为以下两组：

第1组：以瓦状鼎足、大口尊等为代表。该组遗物与抚河流域商时期陶器形态相近，年代可推测为商时期。

第2组：以菱格纹、小方格纹、折沿罐等为代表。该组遗物年代应晚于第1组，多见菱格纹、方格纹，器形多见折沿罐，其年代推断应为西周时期。

经过以上初步分析可知，该遗址年代应主要集中在商至西周时期。上坑山Ⅰ号遗址的发现与初步研究，为区域文化面貌的厘清及聚落形态等方面，提供了十分重要的考古学材料。

1. 石镞（2016LCSKⅠ：1）

2. 陶罐（2016LCSKⅠ：9）

3. 陶尊（2016LCSKⅠ：11）

4. 陶钵（2016LCSKⅠ：18）

图版四八　上坑山Ⅰ号遗址采集遗物

二〇　上坑山Ⅱ号遗址

1. 遗址概况

上坑山Ⅱ号遗址位于中田乡河东村委会新桥村东侧（图四〇四），东北距896县道约400米，西南距898县道约390米，北部紧邻上坑山Ⅰ号遗址（图四〇五）。地理坐标为北纬27°17′26.2″，东经116°49′32.8″，海拔128米。

该遗址现存为一斜坡山岗（图四〇六），地势南高北低，平面呈东北至西南向不规则形，长径约250米，短径约142米。遗址现已被人为修整种植橘树，地表植被稀少（图四〇七）。

图四〇四　上坑山Ⅱ号遗址位置示意图

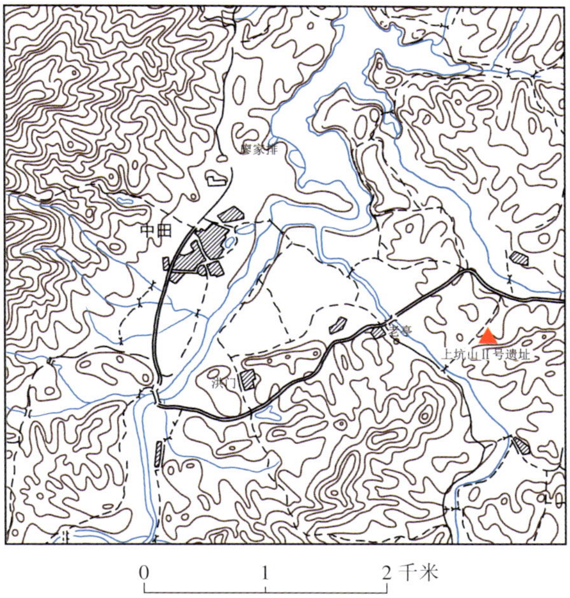

图四〇五　上坑山Ⅱ号遗址地貌示意图

图四〇六　上坑山Ⅱ号遗址远景图（由北向南）

图四〇七　上坑山Ⅱ号遗址近景图（由南向北）

2. 遗物介绍

上坑山Ⅱ号遗址采集遗物较少，石器有石杵，陶器有残片若干。

（1）石器

石杵　1件。

2016LCSKⅡ：1，红色砂岩，平面呈梭形，器表磨制较为平整。高14.6厘米（图四〇八；图版四九，1）。

（2）陶器

该遗址采集陶器主要为印纹硬陶和夹砂陶。印纹硬陶陶色有灰色、灰黑色、灰褐色以及施黑釉的陶片，纹饰有菱格纹（图四〇九，2～4）、交错绳纹（图四〇九，5、8；图四一〇，1、5、8）、方格纹（图四一〇，4、6、7、9）、折线纹、短线纹（图四〇九，1、6）、"折线纹"与"雷纹"的组合纹饰（图四〇九，7）、绳纹（图四〇九，9；图四一〇，2、3），器形有罐、鼎（足）等；夹砂陶陶色有红色、浅黄色、浅红色、红褐色，多为素面，见有少量绳纹，器形有罐、鼎（足）等。

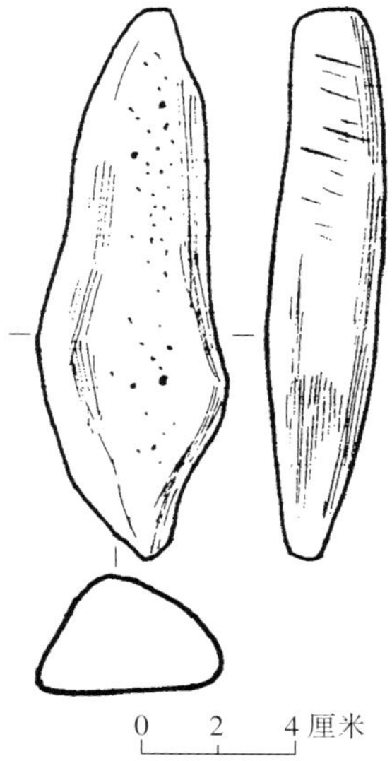

图四〇八　上坑山Ⅱ号遗址采集石杵
（2016LCSKⅡ：1）

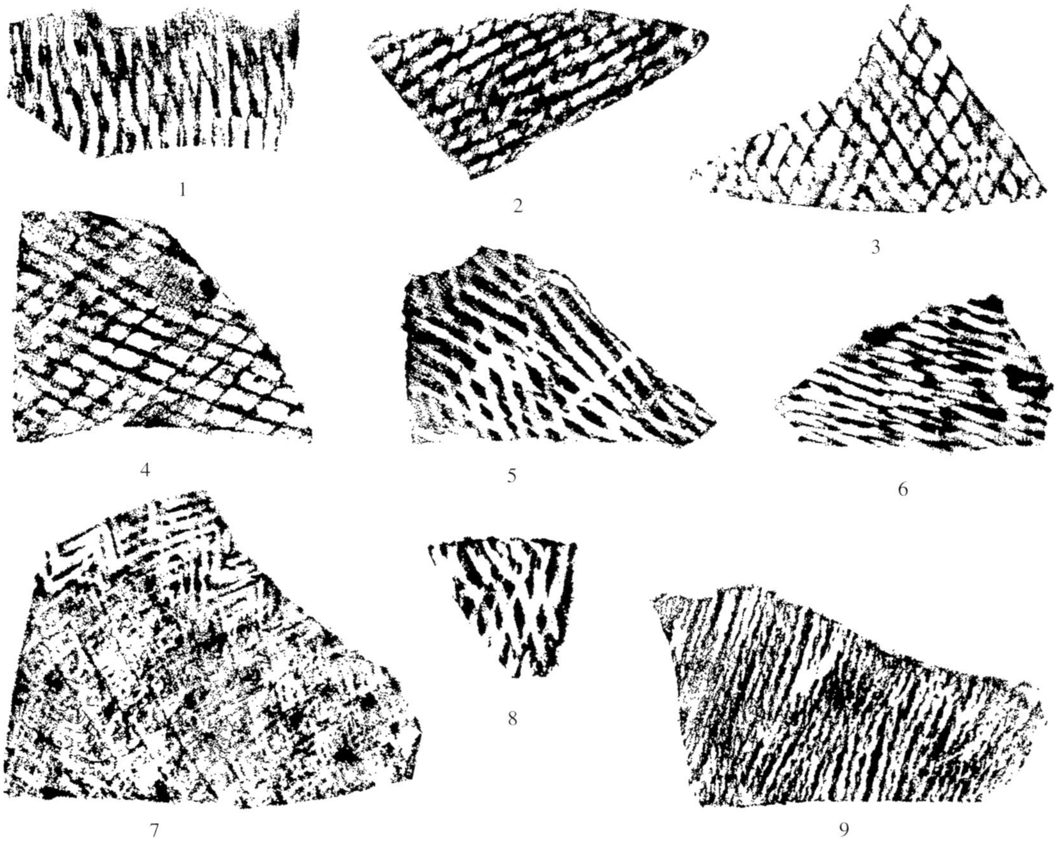

图四〇九　上坑山Ⅱ号遗址采集陶片纹饰拓片
1、6. 短线纹　2～4. 菱格纹　5、8. 交错绳纹　7. "折线纹"与"雷纹"组合纹饰　9. 绳纹

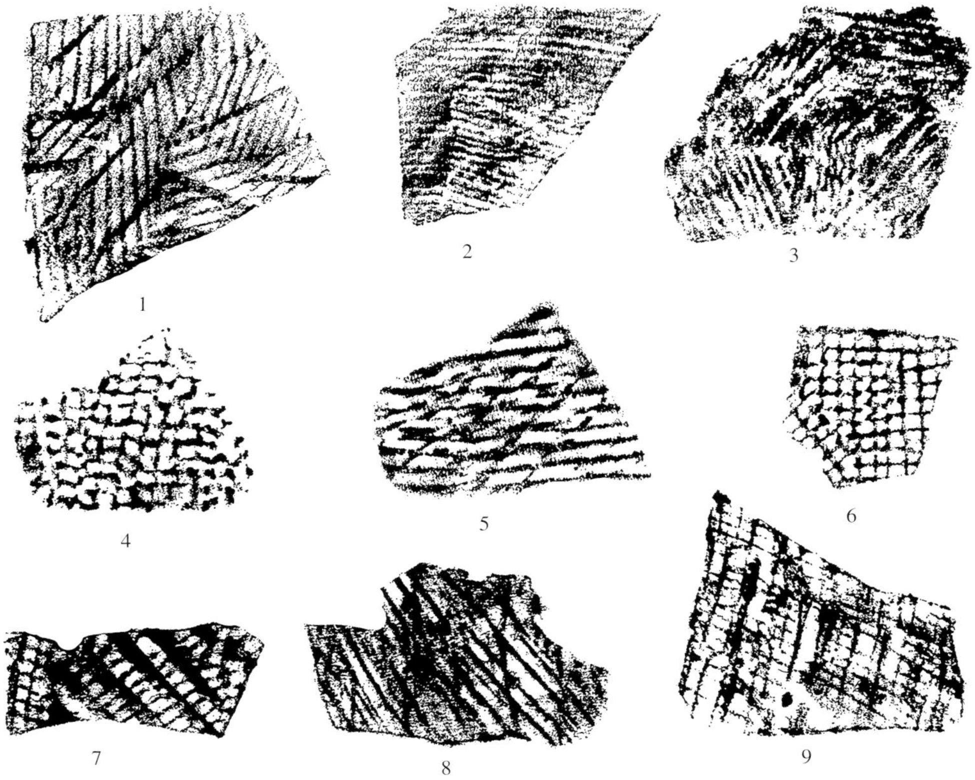

图四一〇　上坑山Ⅱ号遗址采集陶片纹饰拓片

1、5、8. 交错绳纹　2、3. 绳纹　4、6、7、9. 方格纹

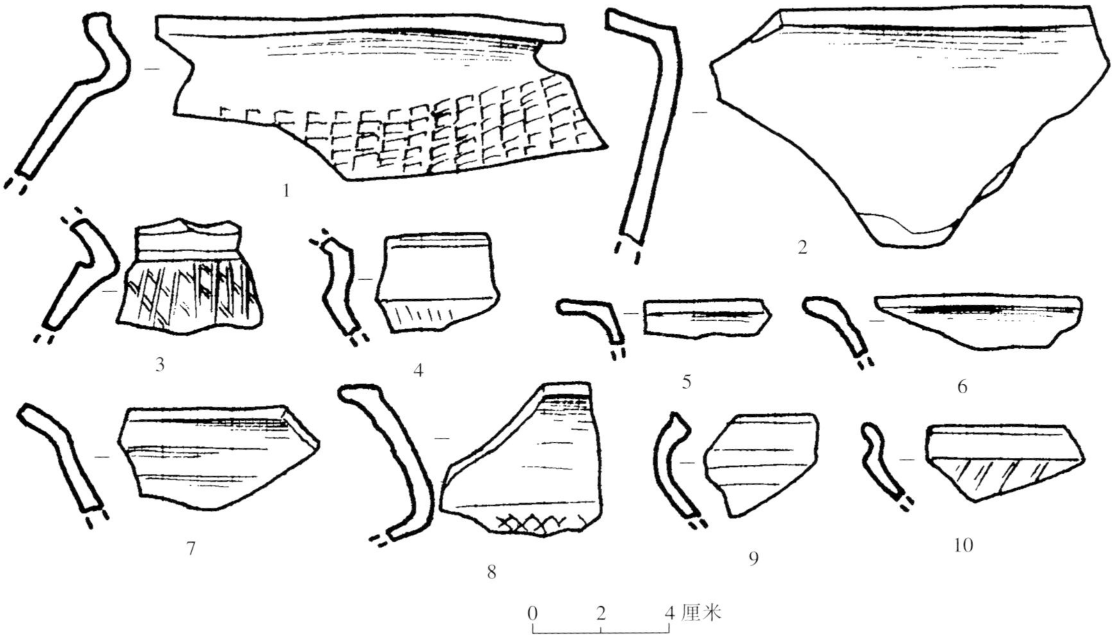

图四一一　上坑山Ⅱ号遗址采集陶器

1～4. 罐（2016LCSKⅡ：2、2016LCSKⅡ：3、2016LCSKⅡ：7、2016LCSKⅡ：10）

5～7. 盆（2016LCSKⅡ：9、2016LCSKⅡ：4、2016LCSKⅡ：5）

8. 尊（2016LCSKⅡ：8）　9、10. 钵（2016LCSKⅡ：11、2016LCSKⅡ：12）

罐 4件。

2016LCSKⅡ:2，灰色硬陶，敛口，折沿，方圆唇，肩部略折，口沿烧制变形。器表施方格纹。残高5.0厘米（图四一一，1；图版四九，2）。

2016LCSKⅡ:3，夹砂红陶，侈口，折沿，颈部较高，方唇。素面。残高7.2厘米（图四一一，2；图版四九，3）。

2016LCSKⅡ:7，灰褐色硬陶，口微敛，折沿，唇部残，肩部略折。器表施菱格纹。残高3.6厘米（图四一一，3）。

2016LCSKⅡ:10，夹砂红褐陶，直口，方唇。器表施方格纹。残高3.2厘米（图四一一，4）。

盆 3件。

2016LCSKⅡ:4，夹细砂黄陶，侈口，圆唇。素面。残高1.8厘米（图四一一，6）。

2016LCSKⅡ:5，灰色硬陶，侈口，沿微卷，圆唇。素面。残高3.3厘米（图四一一，7）。

2016LCSKⅡ:9，泥质浅灰陶，折沿，圆唇。素面。残高1.4厘米（图四一一，5）。

尊 1件。

2016LCSKⅡ:8，夹砂红陶，侈口，折沿，圆唇，颈部有轮修痕迹。器表施菱格纹。残高5.2厘米（图四一一，8；图版四九，4）。

钵 2件。

2016LCSKⅡ:11，夹砂灰褐陶，口微敛，方唇。素面。残高3.2厘米（图四一一，9）。

2016LCSKⅡ:12，夹砂黄褐陶，敞口，圆唇。器表施方格纹，部分被抹平。残高2.2厘米（图四一一，10）。

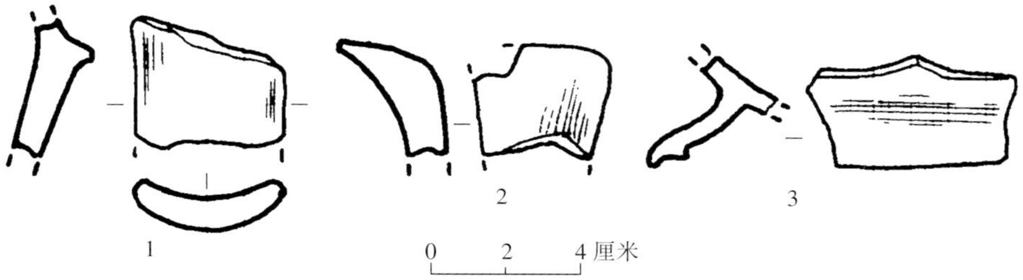

图四一二 上坑山Ⅱ号遗址采集陶器
1、2. 鼎足（2016LCSKⅡ:14、2016LCSKⅡ:13） 3. 圈足（2016LCSKⅡ:6）

鼎足 2件。

2016LCSKⅡ:14，夹砂灰陶，瓦状足，截面呈弧形。素面。残高3.9厘米（图四一二，1）。

2016LCSKⅡ:13，夹砂黄陶，扁足，截面呈扁圆形。一侧足根部可见三道竖向刻槽。残高3.2厘米（图四一二，2）。

圈足 1件。

2016LCSKⅡ:6，褐色硬陶，矮圈足，微外撇。素面。残高3.2厘米（图四一二，3）。

3. 遗址性质与年代

上坑山Ⅱ号遗址是一处典型的岗地类遗址，从采集到的遗物来看，上坑山Ⅱ号遗址遗物的文化面貌较为单纯，以印纹硬陶为多，常见方格纹、菱格纹、绳纹、交错绳纹等，器形主要为罐、尊，钵等，所见夹砂陶扁足鼎，其年代应为商时期，其次结合印纹硬陶罐的形态，可初步判断该遗址的年代为商周时期。

上坑山Ⅱ号遗址的发现增加了区域内遗址的数量，并且为区域内文化面貌的厘清提供了重要的考古资料。

1．石杵（2016LCSKⅡ：1）

2．陶罐（2016LCSKⅡ：2）

3．陶罐（2016LCSKⅡ：3）

4．陶尊（2016LCSKⅡ：8）

图版四九　上坑山Ⅱ号遗址采集遗物

二一　十里山遗址

1．遗址概况

十里山遗址位于日峰镇十里中心村委会十里村东南部（图四一三），西距889县道约60米，南距894县道约270米，西北距张家山遗址约540米（图四一四）。地理坐标为北纬27°18′55.8″，东经116°54′02.3″，海拔125米。

遗址现存为一山岗（图四一五、四一六），遗址区域平面呈东北至西南向不规则形，长径约

259 米，短径约 116 米，面积约 29278.0 平方米。遗址整体地势中部高东西两侧低，遗址现已被人为修整为梯田种植橘树（图四一七），东北植被较为稀疏，遗址中部被一排杉树贯穿。

图四一三 十里山遗址位置示意图

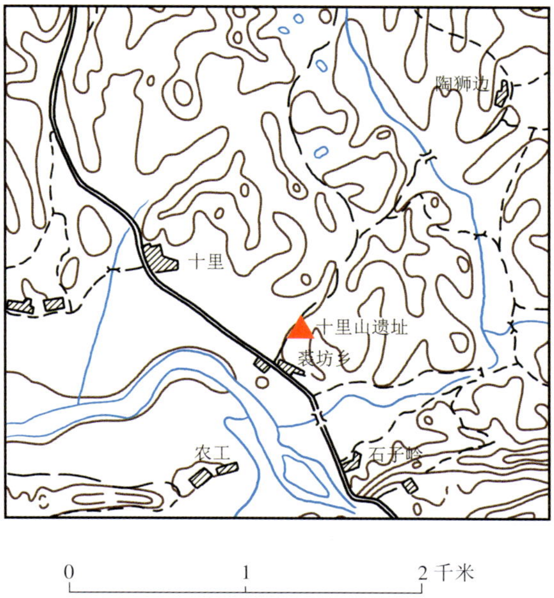

图四一四 十里山遗址地貌示意图

图四一五　十里山遗址远景图（由东南向西北）

图四一六　十里山遗址远景图（由东南向西北）

图四一七 十里山遗址近景图（由南向北）

2. 遗物介绍

十里山遗址采集遗物较多，石器有石刀，陶器残片若干。

（1）石器

石刀 2件。

2016LCSL：1，灰褐色砂岩，背部近直，中部有一圆形穿孔。单面斜刃，器表磨制较为光滑。残高6.1、残长4.6厘米（图四一八，2；图版五〇，1）。

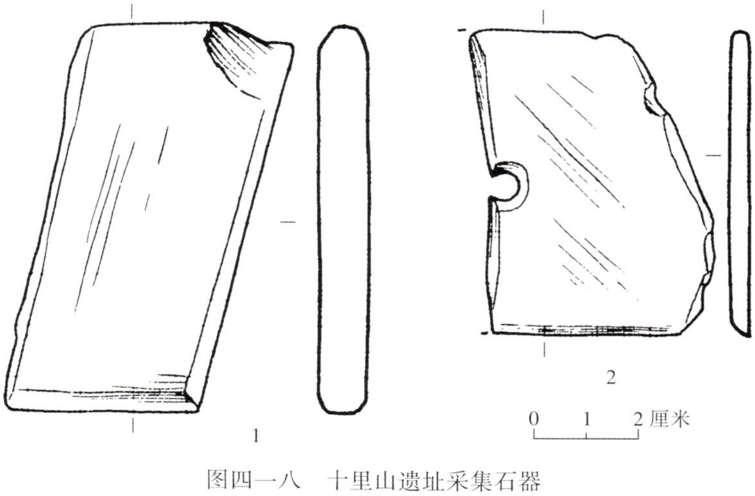

图四一八 十里山遗址采集石器

1、2. 石刀（2016LCSL：2、2016LCSL：1）

2016LCSL∶2，青灰色页岩，背部近直，一侧斜直，刃部残。磨制而成，残高7.5、残宽4.8厘米（图四一八，1；图版五〇，2）。

（2）陶器

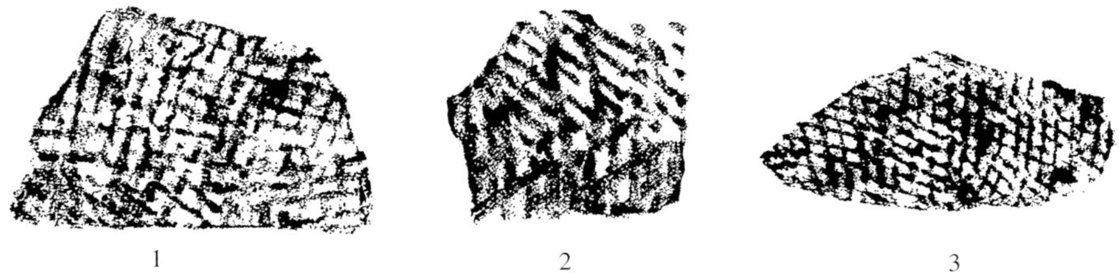

图四一九　十里山遗址采集陶片纹饰拓片
1、3. 方格纹　2. 菱形纹

该遗址采集陶器主要为印纹硬陶，夹砂陶较少。印纹硬陶陶色有红色、灰色、褐色、灰褐色，纹饰有方格纹（图四一九，1、3）、雷纹、变体雷纹、“菱格纹”+“圆点纹”的组合纹饰、菱格纹（图四一九，2）、交错线纹、细绳纹，器形有罐、尊、鼎（足）等；夹砂陶数量较少，主要陶色为红色，均为素面，器形不明。

罐　10件。

2016LCSL∶3，夹砂灰褐陶，敛口，折沿，方唇，肩部略折。器表施方格纹。残高3.8厘米（图四二〇，1）。

2016LCSL∶4，浅黄色硬陶，口微敛，卷沿。器表施重菱纹。残高5.4厘米（图四二〇，10）。

2016LCSL∶5，夹砂灰褐陶，侈口，折沿，方圆唇，沿面有一周凸棱。素面。残高3.6厘米（图四二〇，5）。

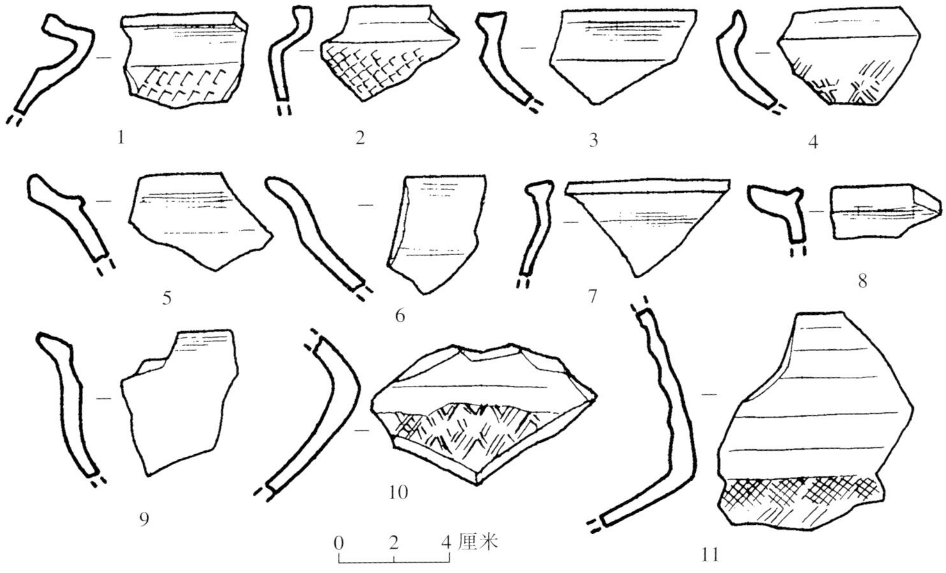

图四二〇　十里山遗址采集陶器
1～10. 罐（2016LCSL∶3、2016LCSL∶6、2016LCSL∶16、2016LCSL∶9、2016LCSL∶5、2016LCSL∶10、2016LCSL∶8、2016LCSL∶11、2016LCSL∶7、2016LCSL∶4）　11. 尊（2016LCSL∶15）

2016LCSL∶6，夹砂灰陶，口微敛，方唇，微折肩。器表施菱格纹。残高3.6厘米（图四二〇，2）。

2016LCSL∶7，夹砂灰陶，侈口，尖圆唇。素面。残高5.4厘米（图四二〇，9）。

2016LCSL∶8，夹砂灰褐陶，近直口，窄折沿，圆唇。素面。残高3.6厘米（图四二〇，7）。

2016LCSL∶9，夹细砂灰褐陶，敛口，内折沿，圆唇。器表施重菱纹。残高3.6厘米（图四二〇，4）。

2016LCSL∶10，泥质黄陶，敞口，圆唇。素面。残高4.4厘米（图四二〇，6）。

2016LCSL∶11，灰色硬陶，侈口，折沿，尖圆唇，口沿处有轮修痕迹。素面。残高2.2厘米（图四二〇，8）。

2016LCSL∶16，夹砂红褐陶，敛口，方唇。器表施菱格纹。残高3.6厘米（图四二〇，3）。

尊1件。

2016LCSL∶15，夹砂红褐陶，侈口，高领，唇部残，颈部有轮修痕迹。器表施方格纹。残高8.5厘米（图四二〇，11；图版五〇，3）。

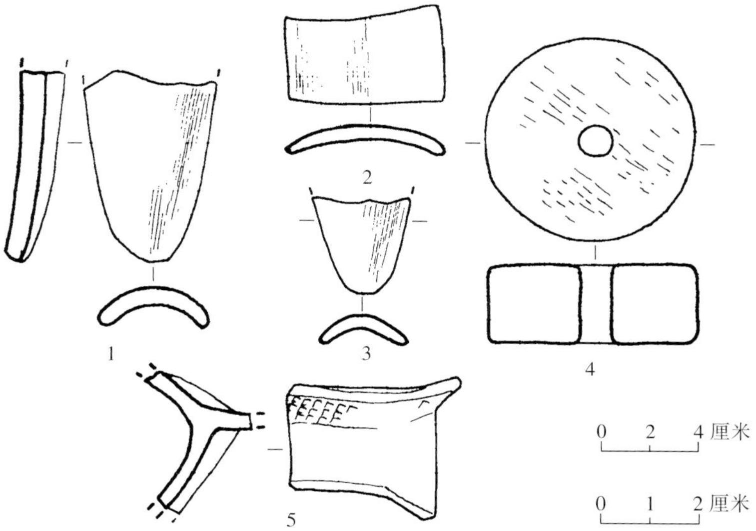

图四二一　十里山遗址采集陶器

1～3. 鼎足（2016LCSL∶12、2016LCSL∶17、2016LCSL∶13）

4. 纺轮（2016LCSL∶18）5. 圈足（2016LCSL∶14）

鼎足　3件。

2016LCSL∶12，夹砂灰陶，瓦状扁足，截面呈弧形，足底部有捏痕。素面。残高8.2厘米（图四二一，1；图版五〇，4）。

2016LCSL∶13，夹砂灰陶，瓦状扁足，截面呈弧形，足底部有捏痕。素面。残高4.0厘米（图四二一，3）。

2016LCSL∶17，夹砂浅灰陶，瓦状扁足，截面呈弧形。素面。残高4.4厘米（图四二一，2）。

圈足　1件。

2016LCSL∶14，夹砂红褐陶，圈足外撇。残腹部表面施菱格纹。残高6.0厘米（图四二一，5；图版五〇，5）。

纺轮　1件。

2016LCSL：18，夹砂灰褐陶，圆柱状，四周近直，中部有一圆形穿孔。长径4.2、孔径0.7、厚1.7厘米（图四二一，4；图版五〇，6）。

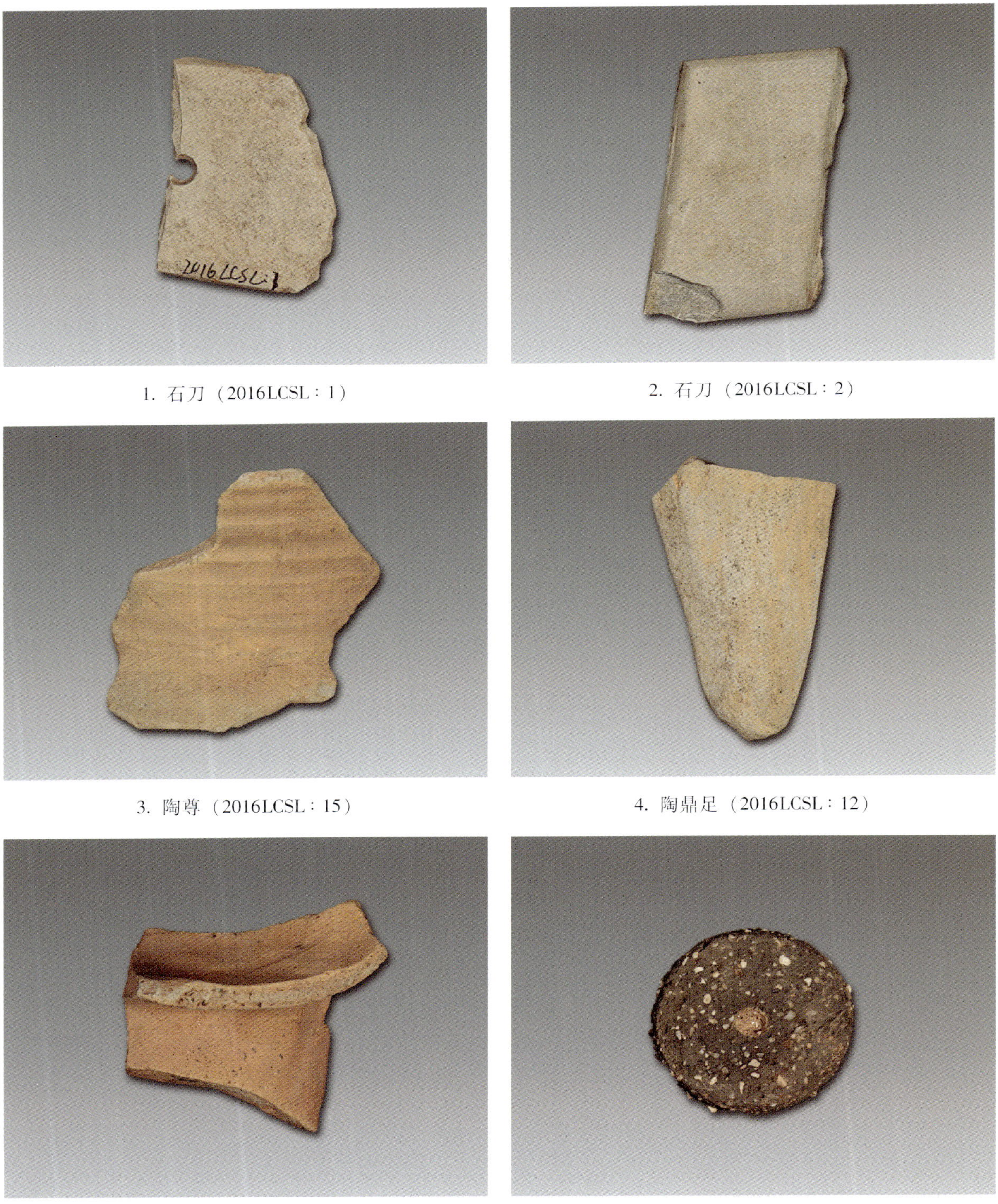

1. 石刀（2016LCSL：1）　2. 石刀（2016LCSL：2）

3. 陶尊（2016LCSL：15）　4. 陶鼎足（2016LCSL：12）

5. 陶圈足（2016LCSL：14）　6. 陶纺轮（2016LCSL：18）

图版五〇　十里山遗址采集遗物

3. 遗址性质与年代

十里山遗址是一处典型的坡状岗地遗址，遗址采集遗物较为丰富，为该遗址的年代判断提供了较好的考古材料。所见陶器主要以印纹硬陶为主，以敛口罐、尊等为代表，纹饰常见方格纹、菱格纹、雷纹等。所见器形及纹饰与该地区商代晚期至西周时期陶器形态十分相似，可推测十里山遗址的年代为晚商至西周时期。

十里山遗址的发现与初步研究，为区域文化序列的建构及聚落形态的研究等方面提供了十分重要的实物材料。

二二 松塘遗址

1. 遗址概况

松塘遗址位于日峰镇日峰山花园（图四二二），东北距日下段约290米，东距下桥村约430米，东南距332省道约540米（图四二三）。地理坐标为北纬27°17′35.7″，东经116°54′05.4″，海拔164米。

该遗址为一山岗地形（图四二四），地势西北高东南低，平面呈西北至东南向不规则形，长径约151米，短径约78米。遗址现为杂草、杉树等覆盖，地表植被茂密，遗址中部现被一西北至东南向村道贯穿，部分区域岩石暴露。

图四二二 松塘遗址位置示意图

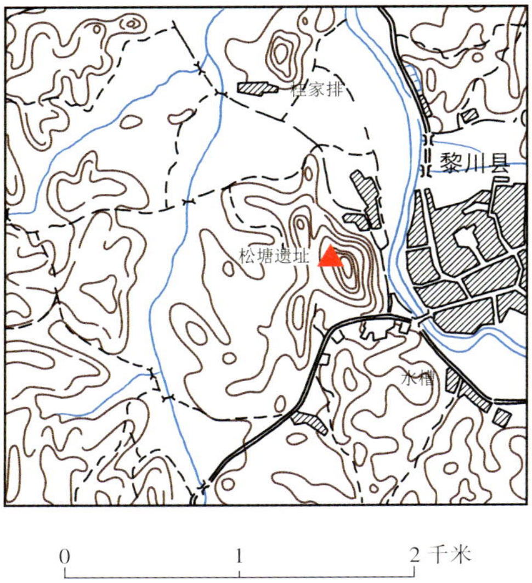

图四二三　松塘遗址地貌示意图

图四二四　松塘遗址远景图（由西南向东北）

2. 遗物介绍

松塘遗址采集遗物较少，均为陶器残片。陶器以印纹硬陶为主，陶色有灰色、灰褐色，纹饰有绳纹（图四二五，3、5）、菱格纹、方格纹（图四二五，6）、短线纹（图四二五，4）、变体雷纹（图四二五，1、2），器形不明。

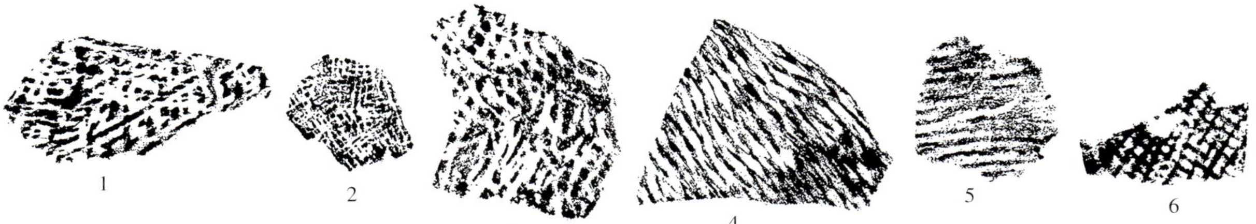

图四二五　松塘遗址采集陶片纹饰拓片

1、2. 变体雷纹　3、5. 绳纹　4. 短线纹　6. 方格纹

3. 遗址性质与年代

松塘遗址为一处典型的岗地类遗址。该遗址采集遗物较少，主要为印纹硬陶，纹饰见有变体雷纹、绳纹和方格纹，此类纹饰主要流行于该地区商周时期，由此可推断松塘遗址的年代为商周时期。

松塘遗址的发现增加了区域先秦遗址的数量，也为聚落形态研究提供了十分重要的考古资料。

二三　围家花场遗址

1. 遗址概况

围家花场遗址位于中田乡河中田村委会草坪村（图四二六），东北距草坪约 680 米，西距 896 县道约 480 米，西南距廖家排山遗址约 500 米（图四二七）。地理坐标为北纬 27°18′30. 2″，东经 116°48′39. 1″，海拔 107 米。

图四二六　围家花场遗址位置示意图

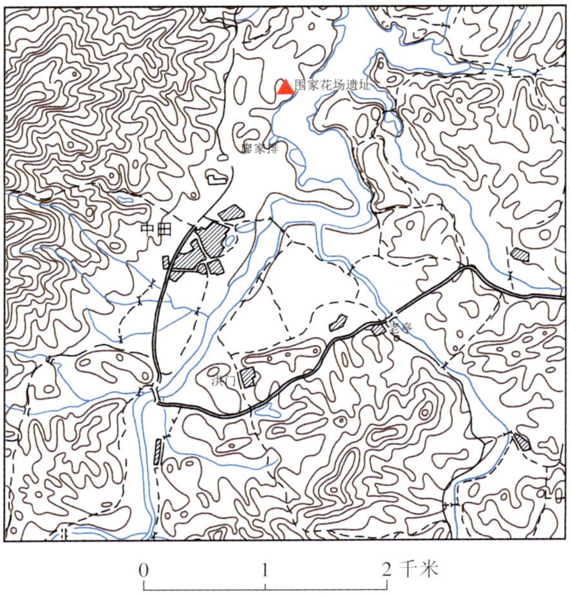

图四二七　围家花场遗址地貌示意图

图四二八　围家花场遗址远景图（由西南向东北）

该遗址为一缓坡地带（图四二八），地势东高西低，平面近南北向不规则形（图四二九）。长径约 175 米，短径约 34 米。

图四二九　围家花场遗址近景图（由西北向东南）

2. 遗物介绍

围家花场遗址采集遗物较少，均为陶器残片，主要为印纹硬陶与夹砂陶。印纹硬陶较少，陶色为灰色，纹饰有方格纹（图四三〇，7）、雷纹（图四三〇，4、5、9）、绳纹（图四三〇，2、3）、菱格纹（图四三〇，6）、短线纹（图四三〇，1）、席纹（图四三〇，8），器形主要见有瓮、罐、尊等；夹砂陶较多，陶色有浅灰色、红色、灰色，纹饰见有绳纹，多为素面，器形主要有罐、鼎（足）。

罐　5件。

2016LCWJ：1，灰色硬陶，微侈口，方唇。素面。残高2.6厘米（图四三一，3）。

2016LCWJ：5，夹砂灰陶，微敛口。沿外有一周堆塑泥条。器表施交错线纹。残高3.6厘米（图四三一，4）。

2016LCWJ：8，灰色硬陶，敛口，方唇。器表施菱格纹。残高2.0厘米（图四三一，2）。

2016LCWJ：9，灰褐色硬陶，折沿。器表可见明显轮制痕迹。素面。残高4.8厘米（图四三一，5）。

2016LCWJ：7，灰色硬陶，微侈口，折沿，方唇。器表施回纹。残高3.0厘米（图四三一，1；图版五一，1）。

尊　2件。

2016LCWJ：4，夹砂黄褐陶，近直口，折沿，圆唇。器表施交错线纹，大部分被抹平。残高6.4厘米（图四三二，1；图版五一，2）。

2016LCWJ：6，灰色硬陶，侈口，微卷沿，圆唇。器表施折线纹。残高6.0厘米（图四三二，2）。

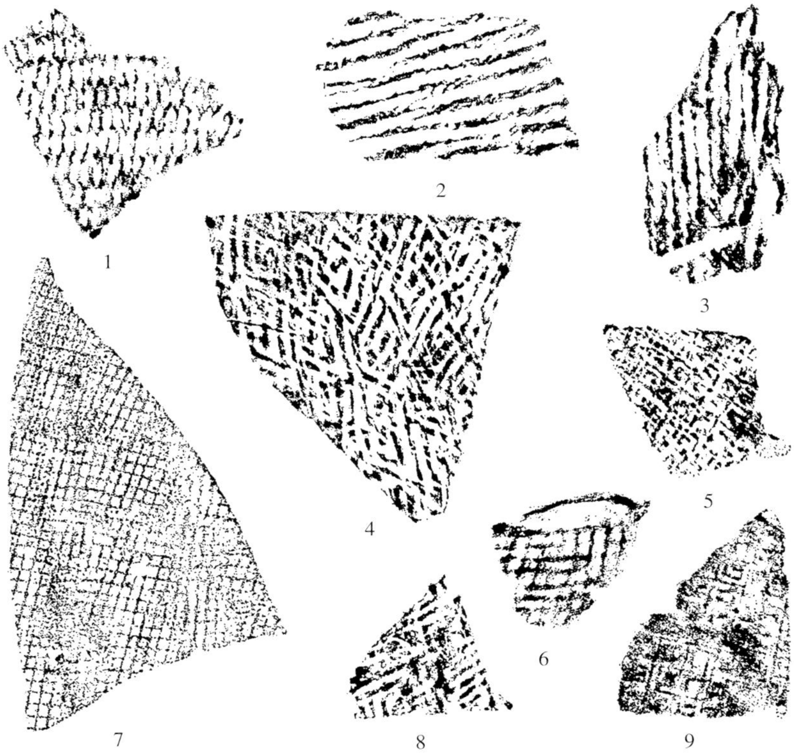

图四三〇　围家花场遗址采集陶片纹饰拓片

1. 短线纹　2、3. 绳纹　4、5、9. 雷纹　6. 菱格纹　7. 方格纹　8. 席纹

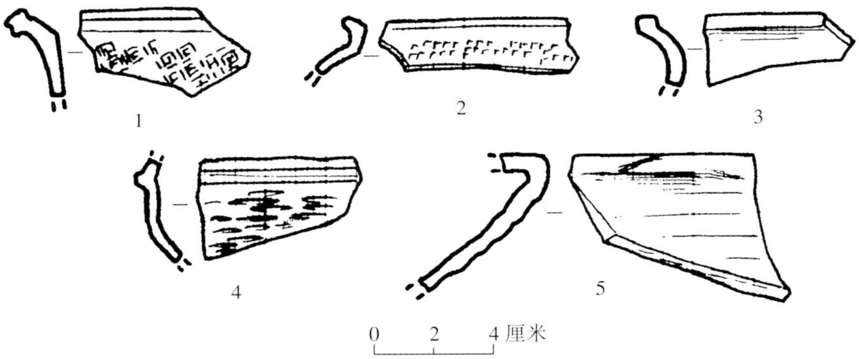

图四三一　围家花场遗址采集陶器

1～5. 罐（2016LCWJ：7、2016LCWJ：8、2016LCWJ：1、2016LCWJ：5、2016LCWJ：9）

甗腰　1件。

2016LCWJ：2，夹砂黄褐陶，斜直腹。腰部有一周按压凹窝。残高7.2厘米（图四三二，3）。

鼎足　2件。

2016LCWJ：3，夹砂灰褐陶，柱状足，截面呈扁圆形。素面。残高6.4厘米（图四三二，4；图版五一，3）。

2016LCWJ：10，夹砂黄褐陶，扁状足，截面呈扁圆形。一侧可见两道竖向刻槽。残高6.6厘米（图四三二，5；图版五一，4）。

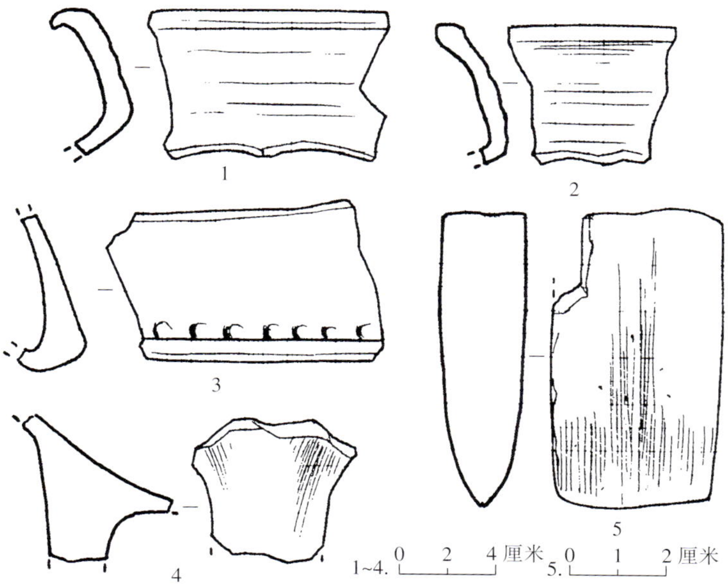

图四三二　围家花场遗址采集陶器

1、2. 尊（2016LCWJ：4、2016LCWJ：6）　3. 甗腰（2016LCWJ：2）

4、5. 鼎足（2016LCWJ：3、2016LCWJ：10）

1. 罐（2016LCWJ：7）

2. 尊（2016LCWJ：4）

3. 鼎足（2016LCWJ：3）

4. 鼎足（2016LCWJ：10）

图版五一　围家花场遗址采集陶器

3. 遗址性质与年代

围家花场遗址是一处典型的岗地类遗址，遗址东侧邻近小河，地理位置十分优越。从采集遗物来看，主要以印纹硬陶为主，纹饰多见有雷纹、方格纹、绳纹，器形主要为小口罐，此遗物特征与区域内商时期陶器风格相近，所见夹砂鼎足的年代或有略早的可能。因此，可以初步判断围家花场的年代为商时期或更早。

该遗址的发现与初步研究，为区域内遗址文化序列的构建以及年代的判断提供了十分重要的考古资料。

二四　新建村遗址

1. 遗址概况

新建村遗址位于中田乡新建村（图四三三），西北距程家山遗址约870米，北距洪门水库约180米，西北距会源村约1.6千米（图四三四）。地理坐标为北纬27°23′02.6″，东经116°47′21.5″，海拔112米。

该遗址现为一山岗（图四三五），地势西高东低，平面呈西北至东南向不规则形（图四三六）。长径约213米，短径约118米。

图四三三　新建村遗址位置示意图

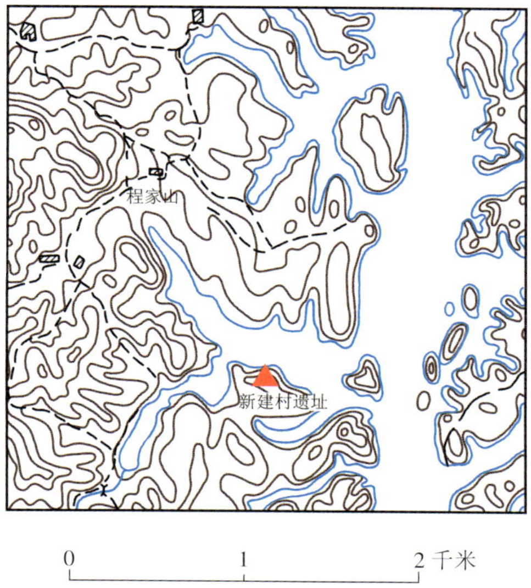

图四三四　新建村遗址地貌示意图

图四三五　新建村遗址远景图（由东南向西北）

图四三六　新建村遗址远景图（由西南向东北）

2. 遗物介绍

新建村遗址采集遗物较少，有石镞等石器及陶器残片若干（图四三七）。

图四三七　新建村遗址近景图（地表陶片）

（1）石器

石器　2 件。

2016LCXJ：1，灰褐色砂岩，呈梭形，器表磨制较为规整。残高 11.2 厘米（图四三八，3；图版五二，1）。

2016LCXJ：2，青灰色砂岩，截面呈梯形，两侧斜直，一端残。器表磨制较为平整。残高 7.2 厘米（图四三八，2；图版五二，2）。

石镞　1 件。

2016LCXJ：3，青色砂岩，三角形锋，刃部较为锋利，中部起脊，直铤略残。器表磨制光滑。残高 3.6 厘米（图四三八，1；图版五二，3）。

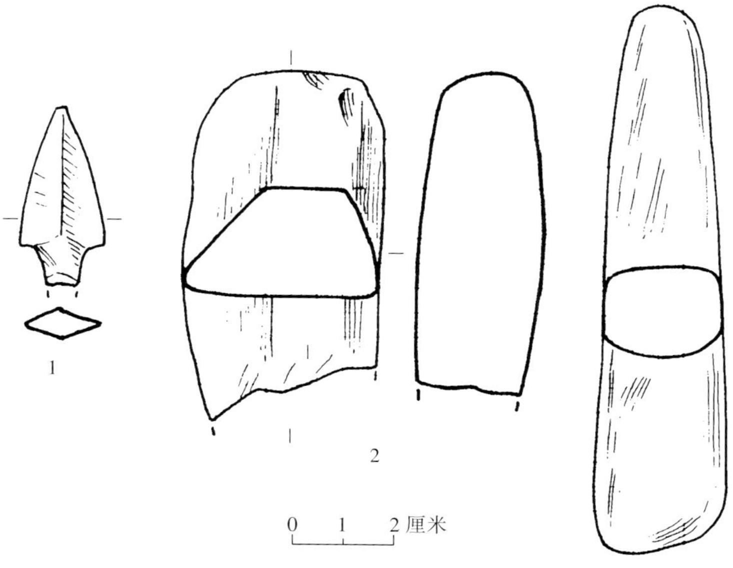

图四三八　新建村遗址采集石器
1. 石镞（2016LCXJ：3）2、3. 石器（2016LCXJ：2、2016LCXJ：1）

（2）陶器

该遗址采集陶器主要为印纹硬陶与夹砂陶。印纹硬陶居多，陶色有灰色、浅灰色，纹饰有方格纹（图四三九，10、11）、“菱格纹”+“圆点纹”的组合纹饰（图四三九，4、5、9）、绳纹、弦纹、交错绳纹（图四三九，2）、菱格纹（图四三九，1、3、7、8）、“菱格纹”+“弦纹”的组合纹饰（图四三九，6），器形见有罐、钵；夹砂陶较少，陶色主要为红色、浅黄色，素面，器形不明。

罐　5 件。

2016LCXJ：4，夹砂灰陶，侈口，折沿，圆唇。器表施菱格纹。残高 2.6 厘米（图四四〇，1）。

2016LCXJ：5，灰色硬陶，敛口，圆唇。器表施菱格纹。残高 3.6 厘米（图四四〇，2；图版五二，4）。

2016LCXJ：6，灰色硬陶，敞口，折沿，圆唇。器表施菱格纹。残高 5.2 厘米（图四四〇，3；图版五二，5）。

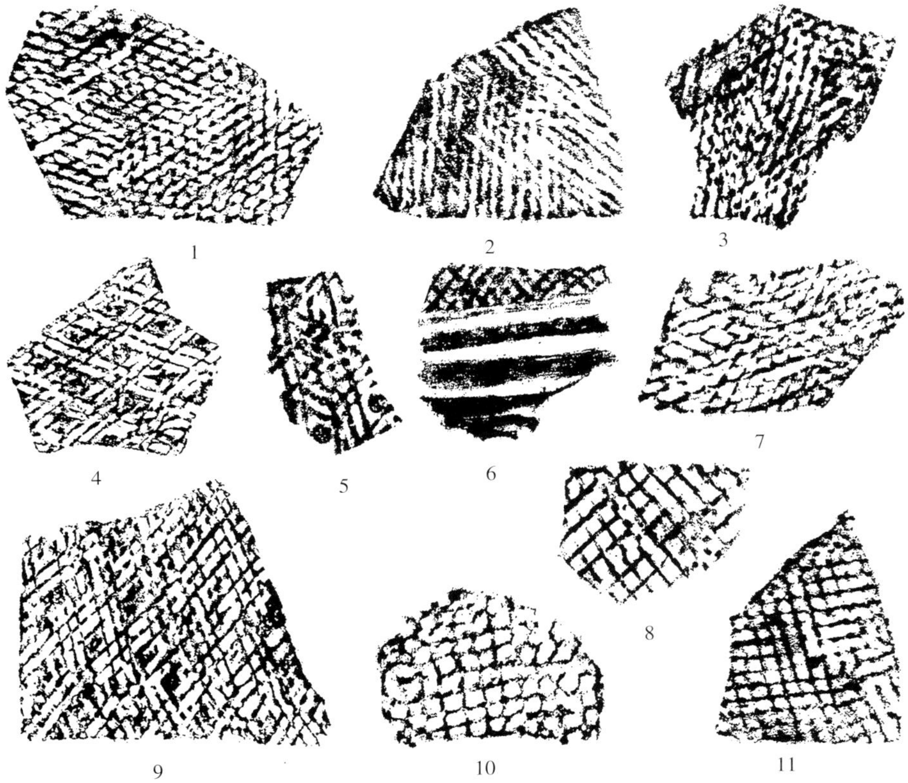

图四三九 新建村遗址采集陶片纹饰拓片
1、3、7、8. 菱格纹 2. 交错绳纹 4、5、9. “菱格纹”+“圆点纹” 6. 菱格纹与弦纹组合纹饰 10、11. 方格纹

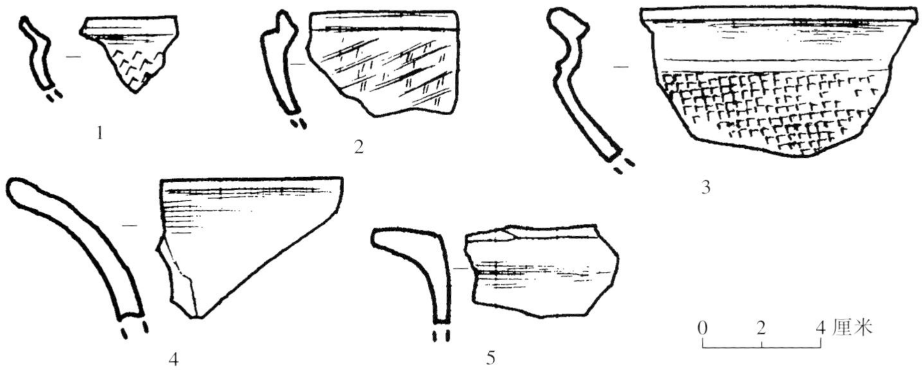

图四四〇 新建村遗址采集陶器
1～5. 罐（2016LCXJ：4、2016LCXJ：5、2016LCXJ：6、2016LCXJ：8、2016LCXJ：7）

2016LCXJ：7，夹砂灰陶，折沿，方唇。素面。残高3.2厘米（图四四〇，5）。

2016LCXJ：8，夹砂灰陶，侈口，圆唇。素面。残高4.6厘米（图四四〇，4）。

3. 遗址性质与年代

新建村遗址是一处典型的岗地类遗址，从采集遗物来看，以印纹硬陶较多，器形主要为罐，纹饰见有菱格纹、方格纹等，该类陶器与该区域内晚商至西周时期陶器相近。因此，可推测该遗址的年代为商至西周时期。

该遗址的发现与初步研究，增加了区域内先秦遗址的数量，对于该地区先秦文化序列的构建以及文化序列的演变提供一定的考古资料。

1. 石器（2016LCXJ：1）

2. 石器（2016LCXJ：2）

3. 石镞（2016LCXJ：3）

4. 陶罐（2016LCXJ：5）

5. 陶罐（2016LCXJ：6）

图版五二　新建村遗址采集遗物

二五　杨梅陂遗址

1. 遗址概况

杨梅陂遗址位于社苹乡杨梅陂村西北方约 310 米（图四四一），东北距南丰段遗址约 280 米，西北距栗林约 760 米（图四四二）。地理坐标为北纬 27°12′40.2″，东经 116°50′52.5″，海拔 152 米。

图四四一　杨梅陂遗址位置示意图

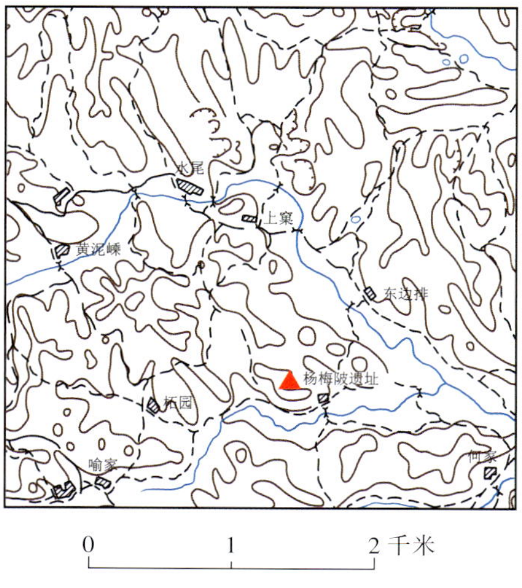

图四四二　杨梅陂遗址地貌示意图

该遗址为一缓坡山岗，地势南高北低，平面近东西向不规则形（图四四三）。长径约 128 米，短径约 88 米。遗址现已被人为修整为梯田种植橘树，地表植被稀疏，部分区域散落有杉树（图四四四）。

图四四三 杨梅陂遗址远景图（由东北向西南）

图四四四 杨梅陂遗址近景图（由东南向西北）

2. 遗物介绍

杨梅陂遗址采集遗物较少，均为陶器残片。陶器以夹砂陶为主，陶色有浅黄色、浅灰色、红色，纹饰见有绳纹（图四四五）、戳印纹，器形有罐、鼎（足）等。

图四四五　杨梅陂遗址采集陶片纹饰拓片
绳纹

罐　1件。

2016LCYM∶1，夹砂灰陶，侈口，圆唇。素面。残高3.6厘米（图四四六，1）。

鼎足　3件。

2016LCYM∶2，夹砂黄陶，扁柱状足，截面呈椭圆形。一侧可见数道竖向刻槽。残高6.4厘米（图四四六，2；图版五三，1）。

2016LCYM∶3，夹砂黄陶，圆柱状足，截面呈圆形。素面。残高4.4厘米（图四四六，3）。

2016LCYM∶4，夹砂灰陶，扁柱状足，截面呈椭圆形。素面。残高4.5厘米（图四四六，4；图版五三，2）。

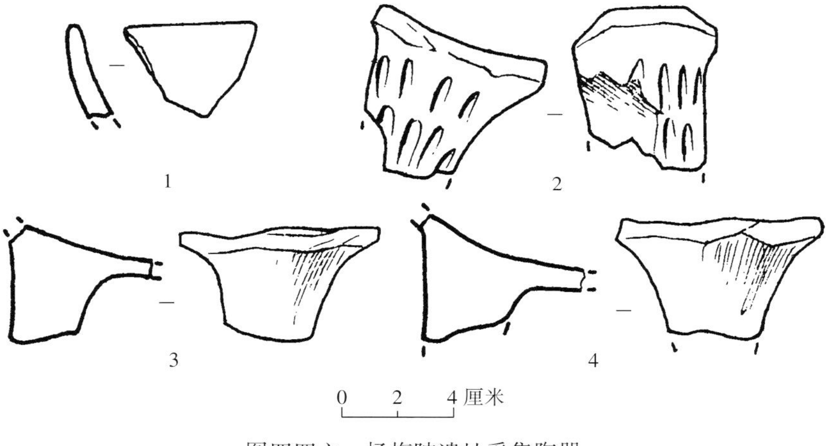

图四四六　杨梅陂遗址采集陶器
1. 罐（2016LCYM∶1）　2～4. 鼎足（2016LCYM∶2、2016LCYM∶3、2016LCYM∶4）

3. 遗址性质与年代

杨梅陂遗址是一处典型的岗地类遗址，遗址采集遗物较少，但从器物特征来看，该遗址的文化面貌较为单纯，所见鼎足多见斜向的凹槽，其风格与新石器时代晚期陶器十分相近。因此，可推测该遗址的年代为新石器时代晚期。

该遗址的发现与初步研究，为区域文化序列及聚落形态研究提供了十分重要的考古资料。

1. 鼎足（2016LCYM：2）

2. 鼎足（2016LCYM：4）

图版五三　杨梅陂遗址采集陶器

二六　杨塘遗址

1. 遗址概况

杨塘遗址位于中田乡洪门村西南方约500米（图四四七），北部紧邻896县道，西距241乡道约680米（图四四八）。地理坐标为北纬27°16′59.6″，东经116°48′15.4″，海拔123米。该遗址为一缓坡山岗，地势东西高中间低，平面呈南北向不规则形（图四四九）。长径约179米，短径约176米。遗址被人工修整为梯田，地表种植橘树，植被较稀疏。

图四四七　杨塘遗址位置示意图

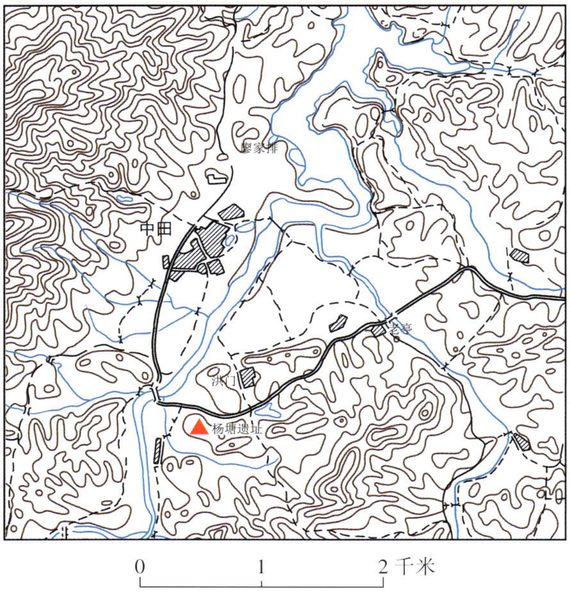

图四四八　杨塘遗址地貌示意图

图四四九　杨塘遗址远景图（由东向西）

2. 遗物介绍

杨塘遗址采集遗物较少，均为陶器残片（图四五〇），主要为印纹硬陶与夹砂陶。印纹硬陶较多，陶色有灰色、浅灰色，纹饰有绳纹（图四五一，5）、小方格纹（图四五一，2～4）、方格纹（图四五一，1），器形见有罐；夹砂陶较少，陶色有红色、浅灰色、灰色，素面，器形见有鼎（足）。

图四五〇 杨塘遗址近景图（地表陶片）

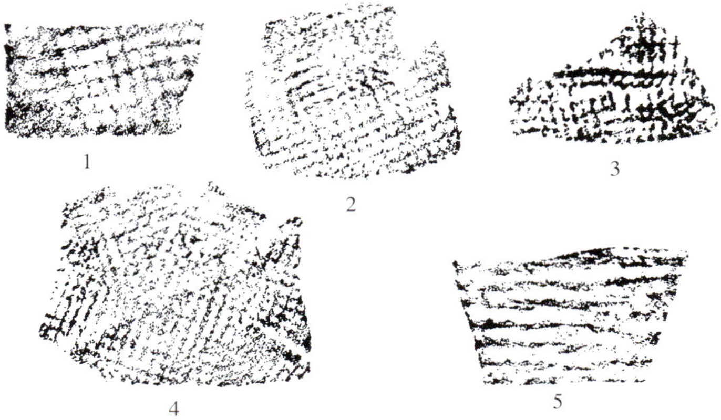

图四五一 杨塘遗址采集陶片纹饰拓片
1. 方格纹 2～4. 小方格纹 5. 绳纹

罐 2件。

2016LCYT：1，夹砂灰陶，敛口，折沿，方唇。素面。残高3.2厘米（图四五二，1）。

2016LCYT：2，灰色硬陶，侈口，折沿，圆唇，沿面有一周凸棱，内外壁可见轮制痕迹。素面。残高3.6厘米（图四五二，2）。

鼎足 2件。

2016LCYT：3，夹砂黄褐陶，扁足，截面呈扁圆形。素面。残高4.4厘米（图四五二，3）。

2016LCYT：4，夹砂灰褐陶，瓦状扁足，截面呈圆弧形，足根部有捏痕。素面。残高5.58厘米（图四五二，4）。

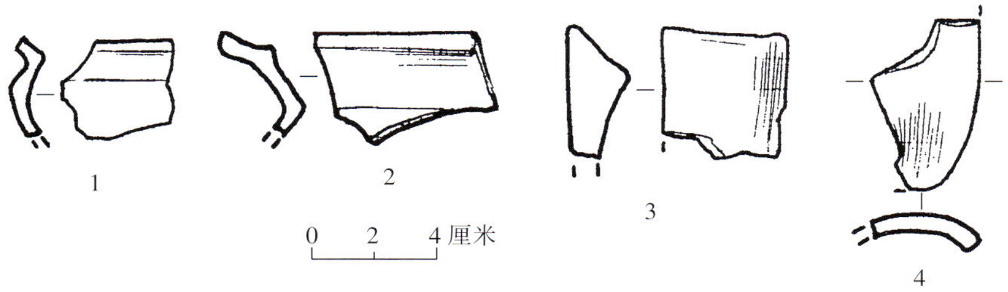

图四五二　杨塘遗址采集陶器

1、2. 罐（2016LCYT：1、2016LCYT：2）　3、4. 鼎足（2016LCYT：3、2016LCYT：4）

3. 遗址性质与年代

杨塘遗址是一处典型的缓坡岗地类遗址，该遗址采集遗物较少，仅从采集到的遗物来看，多见印纹硬陶，纹饰常见小方格纹、绳纹，其风格与周代陶器风格相近，另所见鼎足形态有瓦状，其年代或略早可至商时期。因此初步判断杨塘遗址的年代为商周时期。

该遗址的发现与初步研究为该区域文化序列的构建以及文明化进程的研究提供了十分重要的考古资料。

二七　野窠山遗址

1. 遗址概况

野窠山遗址位于龙安镇水尾村委会（图四五三），西南距朱氏坑约560米，东南距水尾村约470米，北距332省道约1.7千米（图四五四）。地理坐标为北纬27°13′31.7″，东经116°50′13.6″，海拔162米。

图四五三　野窠山遗址位置示意图

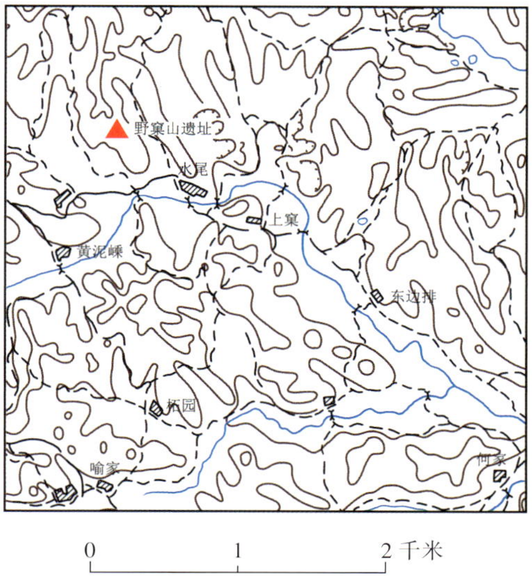

图四五四　野窠山遗址地貌示意图

图四五五　野窠山遗址远景图（由东北向西南）

图四五六　野窠山遗址远景图（由西北向东南）

图四五七　野窠山遗址近景图（由北向南）

该遗址为一缓坡状山岗，地势中部高、东西两侧低，平面呈西北至东南向不规则形（图四五五、图四五六）。长径约215米，短径约174米。遗址现已被人为修整为梯田种植油茶树（图四五七），地表植被较稀疏。

2. 遗物介绍

野窠山遗址采集遗物较多，均为陶器残片。主要为印纹硬陶，夹砂陶较少。印纹硬陶陶色有灰色、浅灰色、红色，纹饰有小方格纹（图四五八，5）、折线纹（图四五八，6）、绳纹（图四五八，3）、交错绳纹（图四五八，1），短线纹（图四五八，2、4），器形有罐；夹砂陶陶色有浅灰色、浅黄色、褐色、黑褐色，纹饰见有折线纹，多为素面，器形见有罐、鼎（足）。

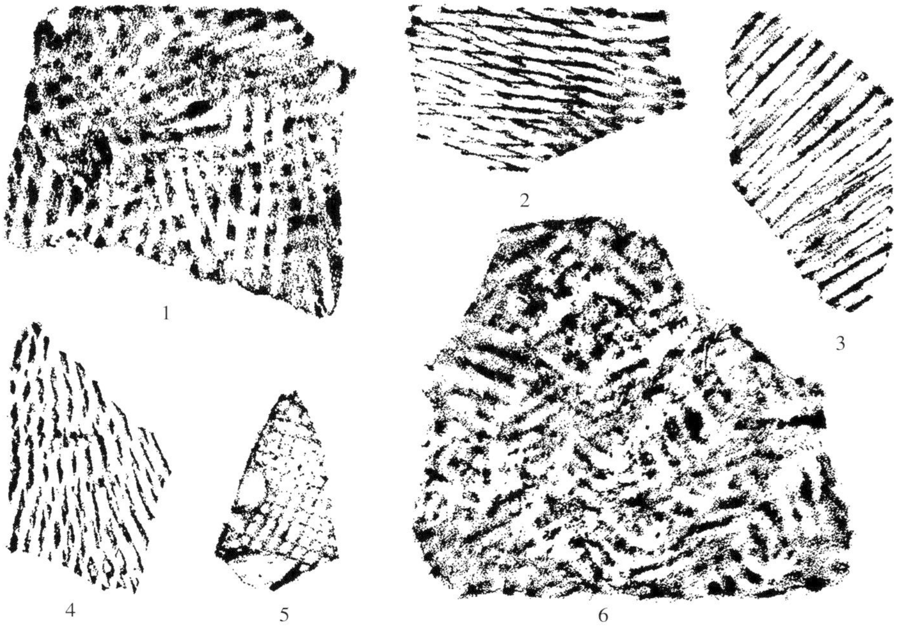

图四五八 野窠山遗址采集陶片纹饰拓片
1. 交错绳纹 2、4. 短线纹 3. 绳纹 5. 小方格纹 6. 折线纹

罐 7件。

2016LCYK：12，灰色硬陶，敛口，尖圆唇，口沿下有一周凸棱。器表施线纹。残高5.2厘米（图四五九，6；图版五四，1）。

2016LCYK：13，灰褐色硬陶，微敛口，方唇，折沿，器表可见轮修痕迹。素面。残高4.4厘米（图四五九，5）。

2016LCYK：14，夹砂黄褐陶，侈口，折沿，圆唇。素面。残高3.6厘米（图四五九，2）。

2016LCYK：15，夹砂浅灰陶，微侈口，折沿，斜方唇。素面。残高4.6厘米（图四五九，4；图版五四，2）。

2016LCYK：17，夹砂黄陶，侈口，折沿，圆唇。素面。残高4.2厘米（图四五九，3）。

2016LCYK：18，夹砂灰褐陶，侈口，折沿。器表施粗线纹。残高5.2厘米（图四五九，7）。

2016LCYK：19，夹砂灰褐陶，侈口，折沿，圆唇。素面。残高4.6厘米（图四五九，1）。

器底　1件。

2016LCYK∶10，黄褐色硬陶，斜直腹，平底，内外壁可见明显轮制痕迹。素面。残高8.4厘米（图四五九，9；图版五四，6）。

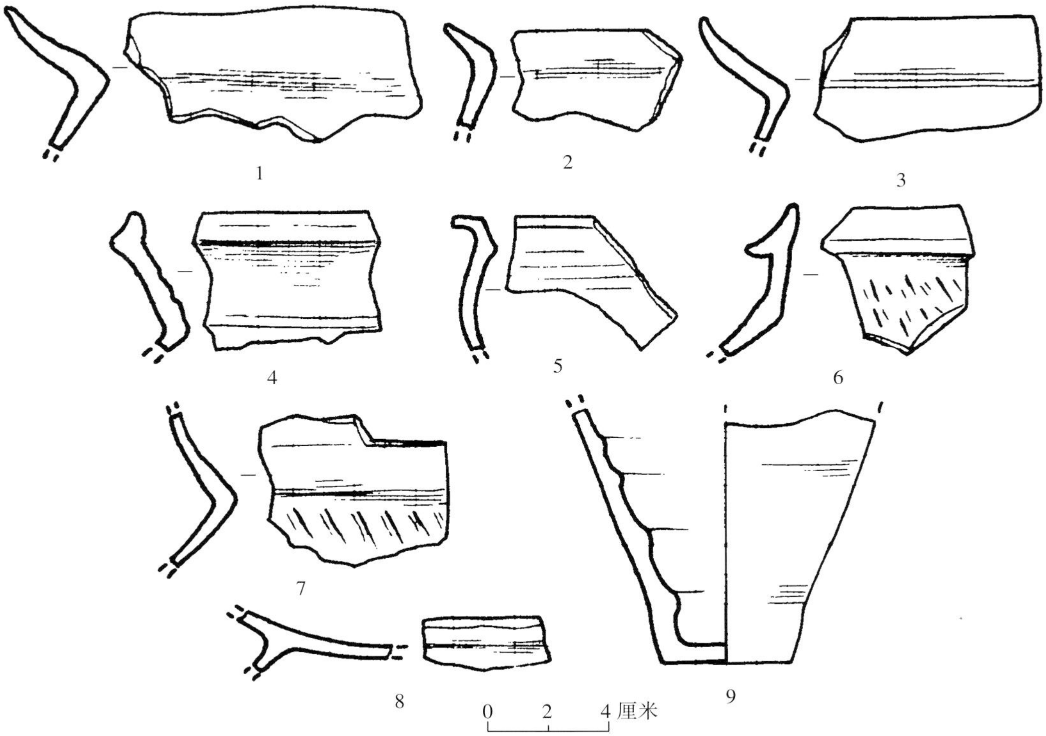

图四五九　野窠山遗址采集陶器
1～7. 罐（2016LCYK∶19、2016LCYK∶14、2016LCYK∶17、2016LCYK∶15、2016LCYK∶13、2016LCYK∶12、2016LCYK∶18）　8. 圈足（2016LCYK∶11）　9. 器底（2016LCYK∶10）

圈足　1件。

2016LCYK∶11，夹砂黄褐陶，矮圈足，底部微凸。素面。残高2.0厘米（图四五九，8）。

鼎足　10件。据形态可分为两型：

A型：8件。扁平状足。据鼎足外缘有无按窝可划分为两亚型：

Aa型：6件。无按窝。

2016LCYK∶1，夹砂黄褐陶，截面呈扁圆形。一侧足根部有一按压凹窝。残高10.0厘米（图四六〇，9；图版五四，3）。

2016LCYK∶2，夹砂灰陶，截面呈扁圆形。素面。残高3.6厘米（图四六〇，2）。

2016LCYK∶3，夹砂灰陶，截面呈近圆形。素面。残高5.4厘米（图四六〇，3）。

2016LCYK∶4，夹砂黄褐陶。素面。残高4.4厘米（图四六〇，5）。

2016LCYK∶6，夹砂黄陶，截面呈扁圆形，一侧足上部有一凸起。素面。残高4.6厘米（图四六〇，8）。

2016LCYK∶7，夹砂灰陶，截面呈扁圆形，足底部有捏痕。素面。残高4.4厘米（图四六〇，1）。

Ab 型：2 件。有按窝。

2016LCYK∶5，夹砂灰褐陶，截面呈扁圆形。一侧足根部有一对按压凹窝。残高 6.4 厘米（图四六〇，6）。

2016LCYK∶9，夹砂灰陶，截面呈扁圆形。一侧足部有四对按压凹窝。残高 18.0 厘米（图四六〇，10；图版五四，4）。

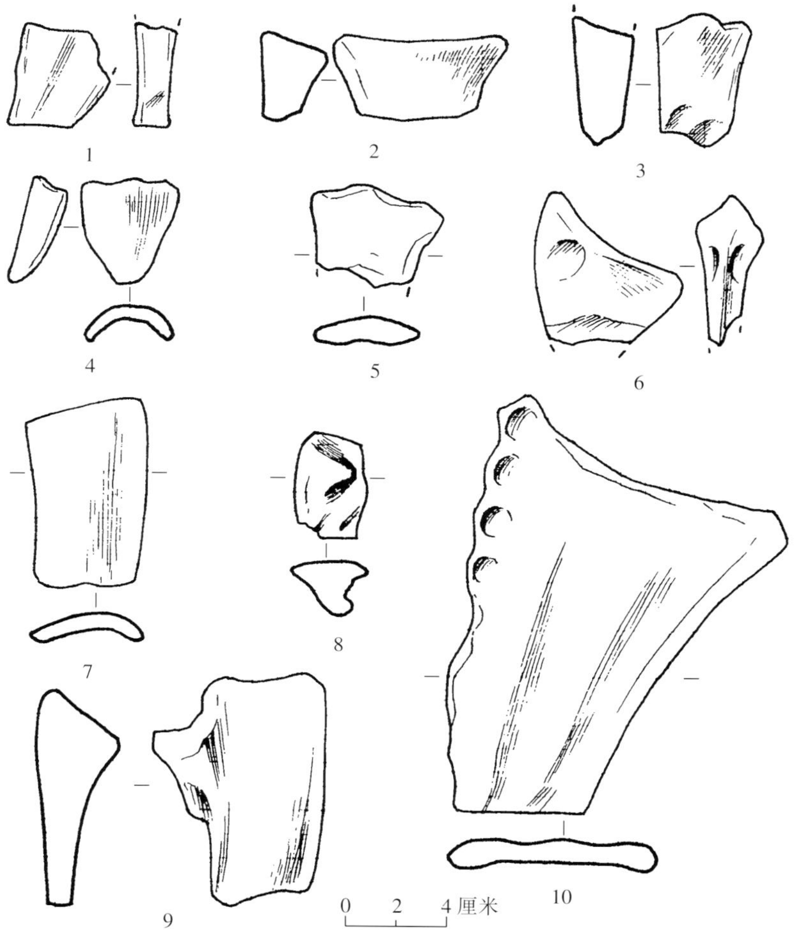

图四六〇 野窠山遗址采集陶器
1～10. 鼎足（2016LCYK∶7、2016LCYK∶2、2016LCYK∶3、2016LCYK∶8、2016LCYK∶4、2016LCYK∶5、2016LCYK∶16、2016LCYK∶6、2016LCYK∶1、2016LCYK∶9）

B 型：2 件。瓦状足。

2016LCYK∶8，夹砂黄褐陶，瓦状扁足，截面呈圆弧形。素面。残高 4.4 厘米（图四六〇，4）。

2016LCYK∶16，夹砂黄褐陶，瓦状扁足，截面呈圆弧形。素面。残高 8.2 厘米（图四六〇，7；图版五四，5）。

3. 遗址性质与年代

野窠山遗址是一处典型的岗地类遗址。从采集遗物来看，遗址所见鼎足为扁状，边缘只有按压窝纹，其年代为商至西周时期；另见印纹硬陶器，器形、纹饰均具有同时期的特征。因此，可以判断，野窠山遗址的年代为商周时期。

该遗址的发现与研究，为区域文化序列及聚落结构等方面的研究提供了十分重要的考古材料。

1. 罐（2016LCYK：12）

2. 罐（2016LCYK：15）

3. 鼎足（2016LCYK：1）

4. 鼎足（2016LCYK：9）

5. 鼎足（2016LCYK：16）

6. 器底（2016LCYK：10）

图版五四　野窠山遗址采集陶器

二八 永兴村遗址

1. 遗址概况

永兴村遗址位于中田乡公村村委会永兴村小组东北部约350米（图四六一），东部紧邻896县道（图四六二）。地理坐标为北纬27°21′23.8″，东经116°46′34.9″，海拔107米。

该遗址为山岗地形，中部高四周低，平面呈西北至东南向不规则形（图四六三）。长径约108米，短径约95米。遗址被人工修整为梯田，种植橘树，植被相对茂密（图四六四）。

图四六一　永兴村遗址位置示意图

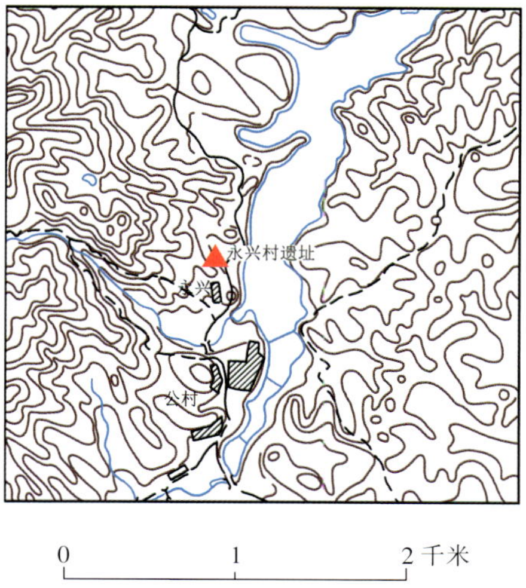

图四六二　永兴村遗址地貌示意图

图四六三　永兴村遗址远景图（由东北向西南）

图四六四　永兴村遗址近景图（由东向西）

2. 遗物介绍

永兴村遗址采集遗物较少，均为陶器残片。采集陶器主要为印纹硬陶，陶色有灰色、浅灰色，纹饰有方格纹（图四六五，2、5、8）、雷纹（图四六五，7）、绳纹（图四六五，9）、交错绳纹（图四六五，6）、菱格纹（图四六五，1、3、4），器形主要为罐；夹砂陶数量较少，陶色为浅灰色、浅黄色，均为素面，器形不明。

罐　4件。

2016LCYX：1，夹砂灰陶，敛口，卷沿，唇部残。沿下有数道竖向短刻槽，肩部施交错绳纹。残高4.2厘米（图四六六，4；图版五五，1）。

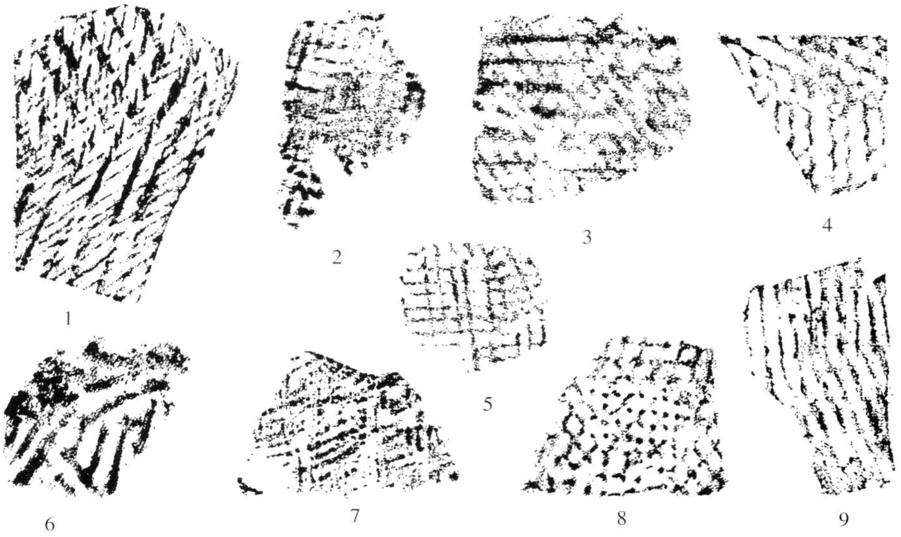

图四六五　永兴村遗址采集陶片纹饰拓片
1、3、4. 菱格纹　2、5、8. 方格纹　6. 交错绳纹　7. 雷纹　9. 绳纹

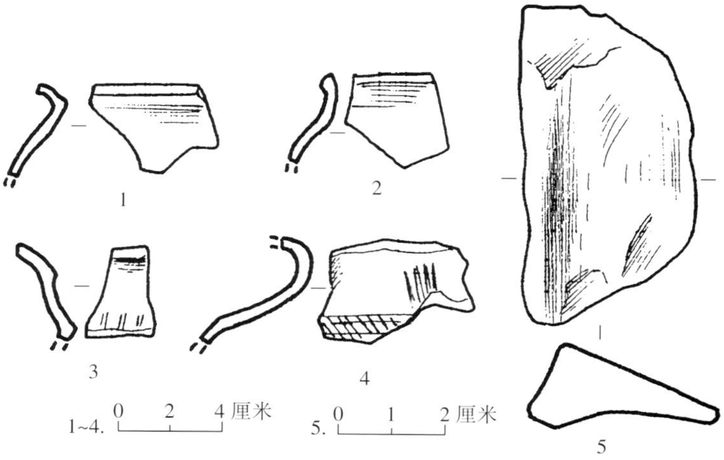

图四六六　永兴村遗址采集陶器
1～4. 罐（2016LCYX：5、2016LCYX：2、2016LCYX：3、2016LCYX：1）　5. 器錾（2016LCYX：4）

2016LCYX：2，红褐色硬陶，微敛口，圆唇。素面。残高 3.6 厘米（图四六六，2）。

2016LCYX：3，灰色硬陶，侈口，折沿，方圆唇。器表有戳印纹。残高 3.8 厘米（图四六六，3）。

2016LCYX：5，灰色硬陶，敛口，窄折沿，方唇。器表施菱格纹，大部分被抹光。残高 3.6 厘米（图四六六，1）。

器錾　1 件。

2016LCYX：4，夹砂黄陶，截面呈三棱形。素面。残高 6.32 厘米（图四六六，5；图版五五，2）。

3. 遗址性质与年代

永兴村遗址是一处坡状岗地类遗址，该遗址采集遗物较少，从以印纹硬陶为主来看，所见陶器的年代主要集中在商周时期，而所见的夹砂鼎足，截面近三棱形，其略晚于该区域新石器时代晚期所见遗存。因此，可推测该遗址的年代为商周时期或略早。

1. 罐（2016LCYX：1）

2. 器鋬（2016LCYX：4）

图版五五　永兴村遗址采集陶器

二九　张家井遗址

1. 遗址概况

张家井遗址位于中田乡河东村委会上饶村（图四六七），西北距饶家顶山Ⅰ号遗址约210米，东南距饶家顶山Ⅱ号遗址约120米，西距左机山遗址约150米（图四六八）。地理坐标为北纬27°17′50.3″，东经116°49′21.2″，海拔119米。

该遗址为一缓坡山岗，地势东高西低，平面近南北向不规则形（图四六九）。长径约204米，短径约106米。遗址被人工修整为梯田，种植橘树，植被相对较茂密（图四七〇）。

图四六七　张家井遗址位置示意图

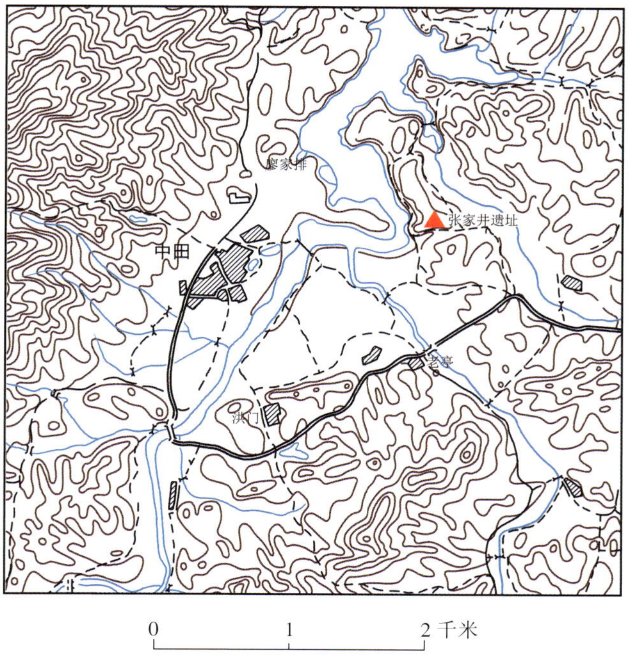

图四六八　张家井遗址地貌示意图

图四六九　张家井遗址远景图（由西北向东南）

图四七〇　张家井遗址近景图（由南向北）

图四七一　张家井遗址近景图（地表石刀）

图四七二 张家井遗址近景图（地表鼎足）

2. 遗物介绍

张家井遗址采集遗物较少，石器有石刀、石镞、石锛，陶器残片数量较多（图四七一、四七二）。

（1）石器

石刀 1件。

2016LCZJJ：1，青灰色砂岩，两侧均残，中部有一圆形对穿孔，顶端及刃部平直。器表磨制较为光滑。残高9.4、残宽9.2厘米（图四七三，1；图版五六，1）。

石镞 3件。

2016LCZJJ：2，灰褐色砂岩，锋部、刃部残，器身起脊，直铤残。器表磨制光滑。残高2.9厘米（图四七三，2；图版五六，2）。

2016LCZJJ：3，灰褐色砂岩，三角形锋，刃部较为锋利，器身起脊，铤部残。器表磨制较为光滑。残高4.7厘米（图四七三，3；图版五六，3）。

2016LCZJJ：4，青灰色砂岩，一侧刃部斜直，锋与铤部均残。磨制，残高5.2厘米（图四七三，4；图版五六，4）。

石锛 1件。

2016LCZJJ：5，灰褐色页岩磨制而成，顶部平直，两侧圆弧，单面斜刃。器表较为粗糙。残高5.5、残宽3.8厘米（图四七三，5；图版五六，5）。

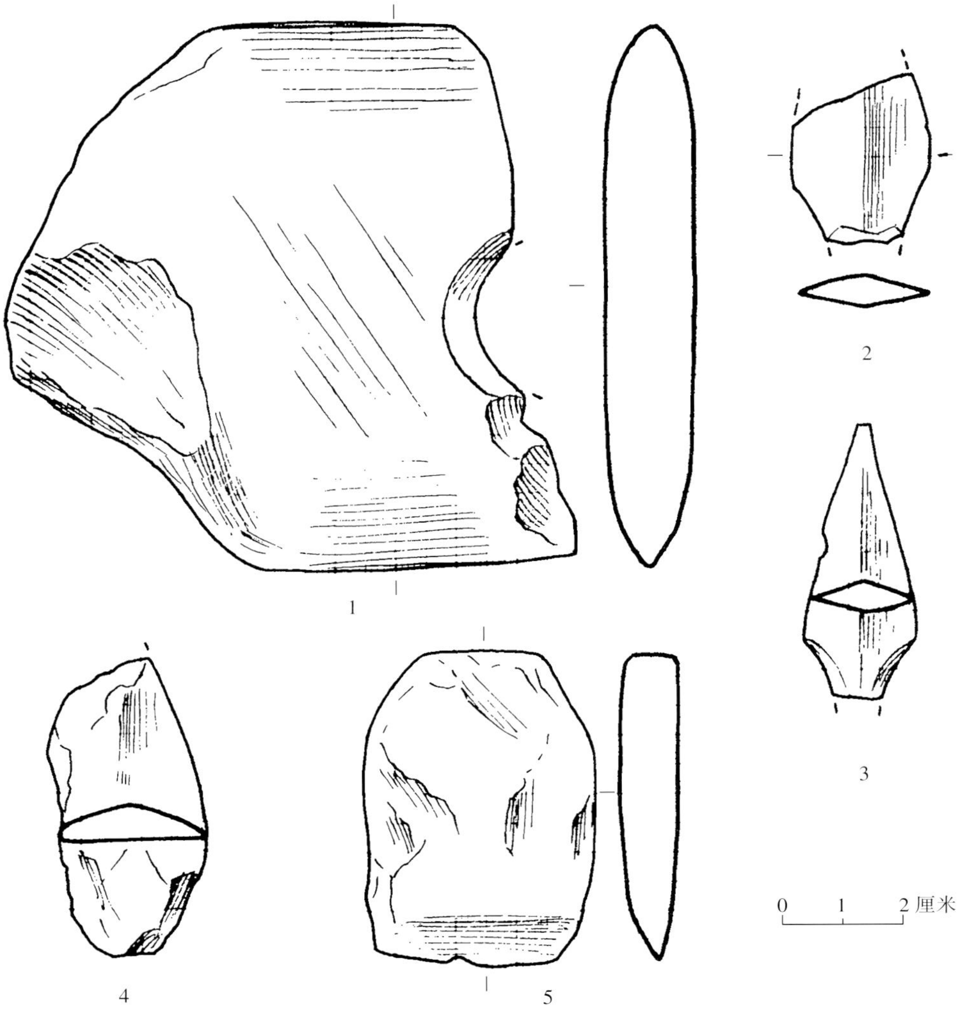

图四七三　张家井遗址采集石器

1. 石刀（2016LCZJJ：1）2～4. 石镞（2016LCZJJ：2、2016LCZJJ：3、2016LCZJJ：4）5. 石锛（2016LCZJJ：5）

（2）陶器

该遗址采集陶器主要为夹砂陶，印纹硬陶较少。印纹硬陶陶色主要为灰色，纹饰有绳纹、折线纹、"菱格纹" + "圆点纹"组合纹饰、变体雷纹（图四七四，1、2、4、5、7、8）、菱格纹（图四七四，3、6），器形有罐、甗等；夹砂陶陶色见有红色、浅黄色、浅灰色，多为素面，有少量方格纹以及刻划纹，器形见有罐、鼎（足）等。

罐　1件。

2016LCZJJ：6，夹砂灰陶，侈口，微卷沿，圆唇。素面。残高3.4厘米（图四七五，1）。

甗腰　1件。

2016LCZJJ：7，夹砂灰褐陶，斜直腹，窄箅格，箅格近腹壁处有一周戳印圆窝。素面。残高7.6厘米（图四七五，2；图版五七，3、4）。

鼎足　5件。

2016LCZJJ：8，夹砂黄陶，扁柱状足，截面呈椭圆形。素面。残高8.4厘米（图四七六，2）。

图四七四　张家井遗址采集陶片纹饰拓片
1、2、4、5、7、8. 变体雷纹　3、6. 菱格纹

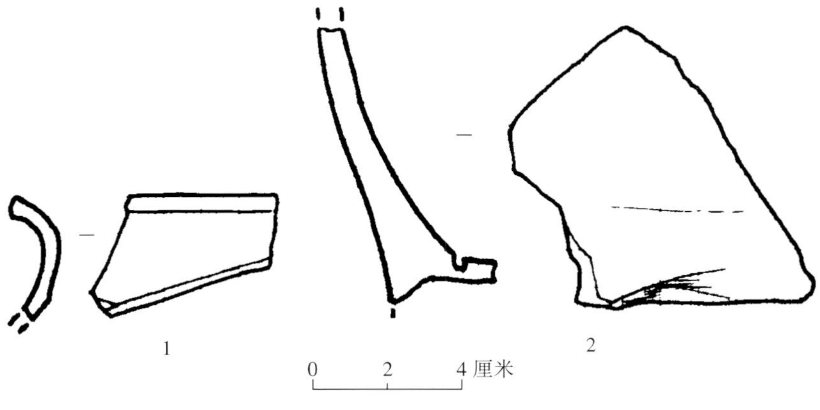

图四七五　张家井遗址采集陶器
1. 罐（2016LLZJJ : 6）　2. 甗腰（2016LCZJJ : 7）

2016LCZJJ : 9，夹砂黄陶，扁状足，截面呈扁圆形。足根一侧有一道竖向刻槽，另一侧有一按压凹窝及数道竖向刻槽。残高 7.2 厘米（图四七六，5；图版五六，6）。

2016LCZJJ : 10，夹砂灰陶，柱状足，截面近圆形。素面。残高 8.8 厘米（图四七六，1；图版五七，1）。

2016LCZJJ：11，夹砂浅灰陶，柱状足，截面近圆形。器表可见戳印凹窝。残高10.2厘米（图四七六，4；图版五七，2）。

2016LCZJJ：12，夹砂灰陶，扁足，截面呈扁圆形。器表可见数道竖向刻槽。残高7.2厘米（图四七六，3）。

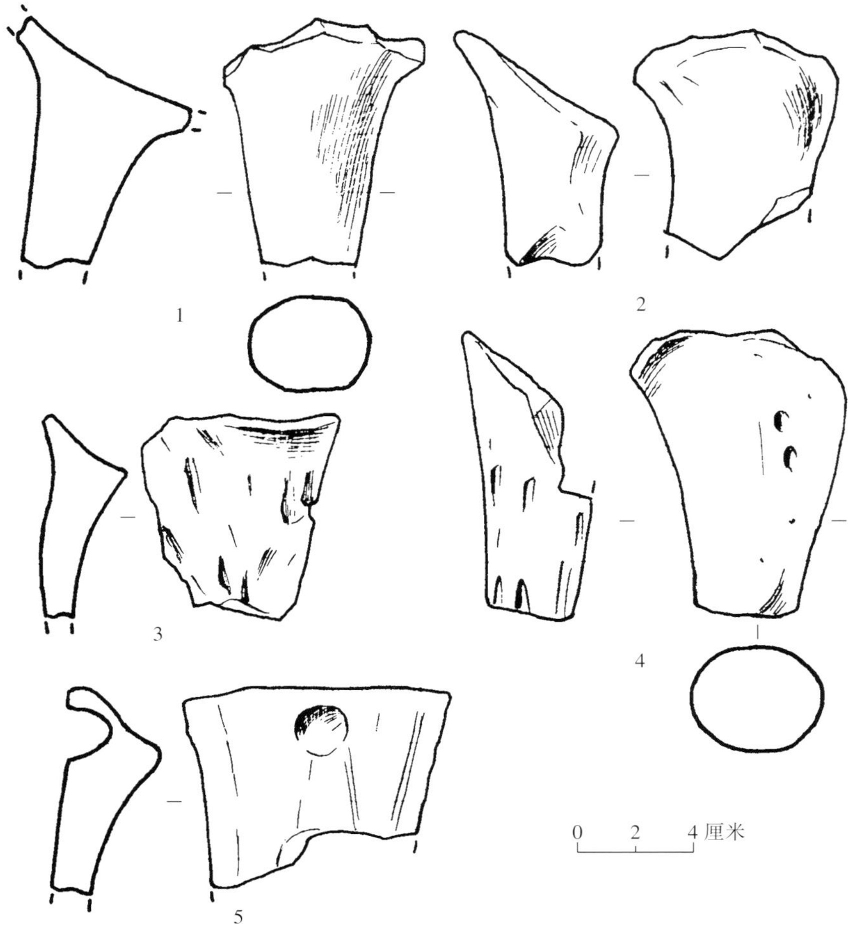

图四七六　张家井遗址采集陶器

1～5. 鼎足（2016LCZJJ：10、2016LCZJJ：8、2016LCZJJ：12、2016LCZJJ：11、2016LCZJJ：9）

3. 遗址性质与年代

张家井遗址是一处典型的坡状岗地类遗址，遗址采集遗物较丰富，从整体上来看，该遗址采集陶器可分为以下两个年代组：

第1组：以陶鼎足为代表。该类鼎足为区域内新石器时代晚期常见。

第2组：以印纹硬陶器为代表。器形主要见有罐和甗，纹饰常见雷纹、折线纹、方格纹等，该组陶器与商时期陶器风格相近。因此，可以推断该组年代为商时期。

综上所述，张家井遗址的年代为新石器时代晚期和商时期。该遗址的发现与初步研究，为区域文化序列及聚落形态等方面的研究提供了十分重要的考古学材料。

1. 石刀（2016LCZJJ：1）

2. 石镞（2016LCZJJ：2）

3. 石镞（2016LCZJJ：3）

4. 石镞（2016LCZJJ：4）

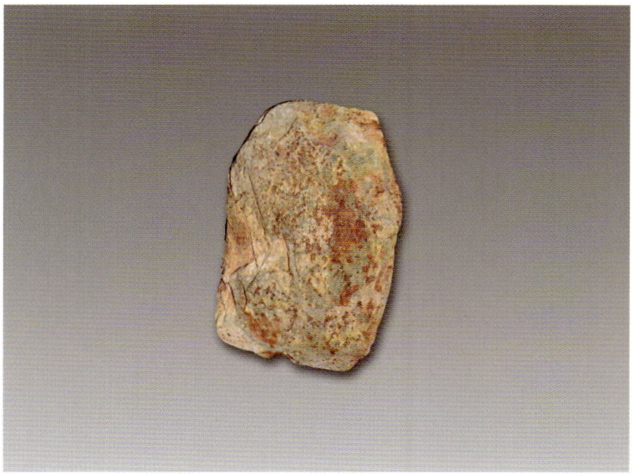

5. 石锛（2016LCZJJ：5）

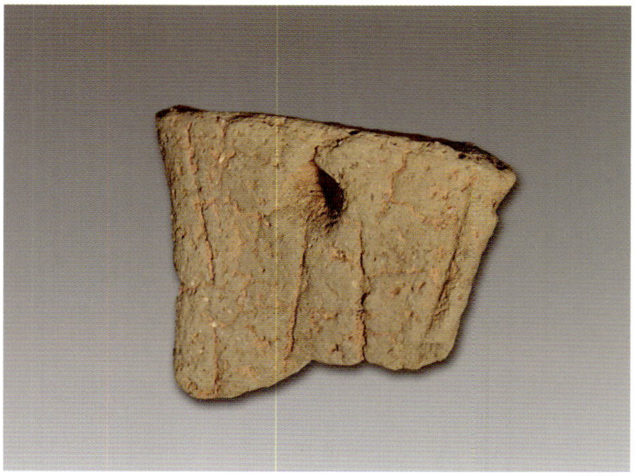

6. 陶鼎足（2016LCZJJ：9）

图版五六　张家井遗址采集遗物

1. 鼎足（2016LCZJJ：10）

2. 鼎足（2016LCZJJ：11）

3. 甗腰（2016LCZJJ：7）

4. 甗腰（2016LCZJJ：7）

图版五七　张家井遗址采集陶器

三〇　张家山遗址

1. 遗址概况

张家山遗址位于日峰镇十里中心村委会十里中心村东部（图四七七），西距十里村约 480 米，西南距黎连段约 370 米，东南距 889 县道约 410 米（图四七八）。地理坐标为北纬 27°19′10.0″，东经 116°53′50.5″，海拔 122 米。

该遗址为一缓坡地带，地势东北高西南低，平面呈南北向不规则形（图四七九），南北长径约 218 米，东西短径约 79 米。遗址北侧现为新开荒地，种植有橘树等，地表植被稀疏，南侧被人为修整为梯田种植橘树（图四八〇），地表植被较为茂密。

图四七七　张家山遗址位置示意图

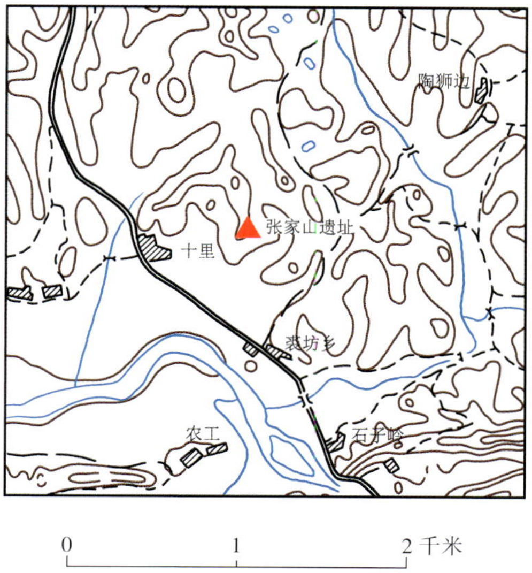

图四七八　张家山遗址地貌示意图

图四七九　张家山遗址远景图（由东南向西北）

图四八〇　张家山遗址近景图（由东向西）

2. 遗物介绍

张家山遗址采集遗物较多，石器有石镞，陶器残片数量较多。

（1）石器

石镞　2件。

2016LCZj：1，青色砂岩，扁平状，尖锋及铤部残，刃部较为锋利。器表磨制较为光滑。残高2.7厘米（图四八一，1；图版五八，1）。

2016LCZj：2，青灰色砂岩，三角形锋，刃部斜直，铤部残。器表磨制较为光滑。残高4.0厘米（图四八一，2；图版五八，2）。

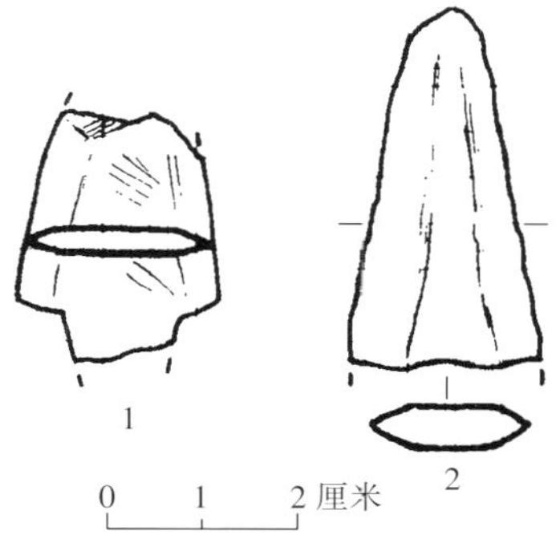

图四八一　张家山遗址采集石器
1、2. 石镞（2016LCZj：1、2016LCZj：2）

（2）陶器

该遗址采集陶器主要有印纹硬陶与夹砂陶。印纹硬陶较多，陶色多见灰色、灰褐色、红褐色，纹饰有方格纹（图四八二，1、8；图四八三，3）、菱格纹（图四八二，2、4、9；图四八三，2、5、7、8）、绳纹（图四八二，5、10；图四八三，1、4、10）、折线纹（图四八二，3、6、7；图四八三，9）、“方格纹”+“圆点纹”组合纹饰（图四八三，6）、弦纹等，器形有罐、甗、鼎足等；夹砂陶较少，陶色主要为黄色、灰色、灰黑色，多为素面，见有少量绳纹，器形有罐、鼎（足）等。

罐　17件。据形态可划分为三型：

A型：3件。敛口，折沿。

2016LCZj：3，夹砂灰陶，弧腹，沿面有两周凸棱。器表施菱格纹。残高4.0厘米（图四八四，1）。

图四八二　张家山遗址采集陶片纹饰拓片
1、8. 方格纹　2、4、9. 菱格纹　3、6、7. 折线纹　5、10. 绳纹

2016LCZj∶5，灰色硬陶，方唇。器表施方格纹。残高3.6厘米（图四八四，3）。

2016LCZj∶20，灰色硬陶，圆唇，肩部略折。器表施菱格纹。残高2.2厘米（图四八五，8）。

B型：12件。侈口，折沿。据口沿特征可主要分为两亚型：

Ba型：7件。窄折沿。

2016LCZj∶4，灰色硬陶，圆唇。器表施菱格纹。残高4.0厘米（图四八四，2）。

2016LCZj∶9，夹砂红褐陶，方唇。素面。残高3.8厘米（图四八五，1）。

2016LCZj∶11，灰褐色硬陶，圆唇，沿面有一圈凸棱。器表施斜线纹。残高4.2厘米（图四八四，7；图版五八，4）。

2016LCZj∶12，灰色硬陶，圆唇。器表施菱格纹。残高2.8厘米（图四八五，3）。

2016LCZj∶17，浅灰色硬陶，方唇。器表施菱格纹。残高3.6厘米（图四八五，4）。

2016LCZj∶18，夹砂红陶，圆唇。素面。残高2.0厘米（图四八五，5）。

2016LCZj∶23，夹砂黄陶，口沿下有一周凸棱。素面。残高4.6厘米（图四八五，2）。

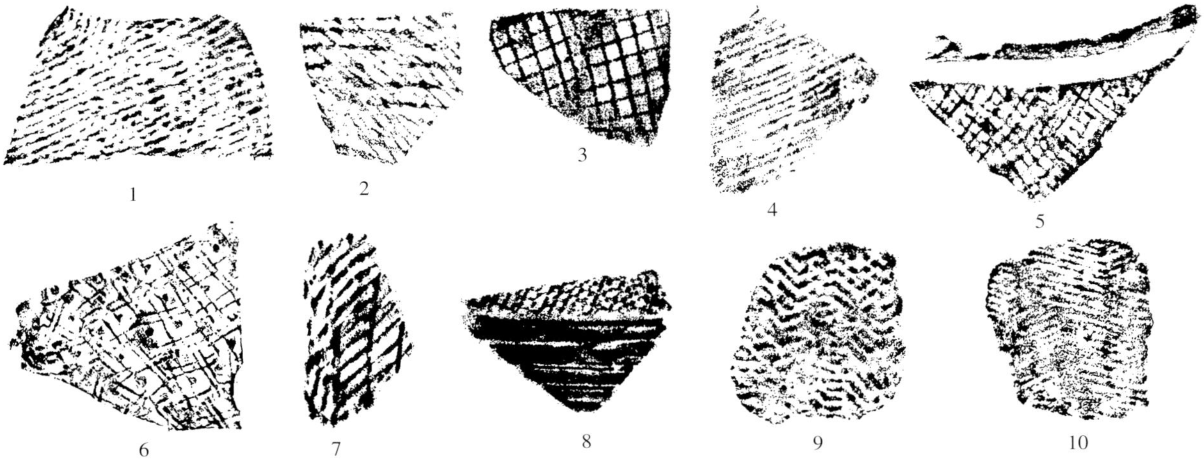

图四八三　张家山遗址采集陶片纹饰拓片

1、4、10. 绳纹　2、5、7、8. 菱格纹　3. 方格纹　6. “方格纹”+“圆点纹”组合纹饰　9. 折线纹

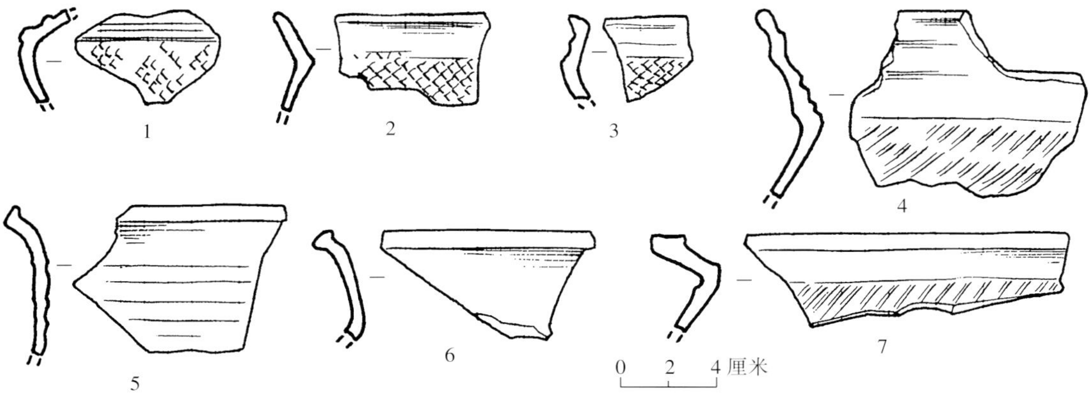

图四八四　张家山遗址采集陶器

1～7. 罐（2016LCZj∶3、2016LCZj∶4、2016LCZj∶5、2016LCZj∶6、2016LCZj∶7、2016LCZj∶8、2016LCZj∶11）

Bb 型：5 件。宽折沿。

2016LCZj：6，夹砂黄褐陶，圆唇。器表施斜线纹。残高 8.1 厘米（图四八四，4；图版五八，3）。

2016LCZj：7，灰色硬陶，方唇，器表有明显轮制痕迹。素面。残高 6.4 厘米（图四八四，5）。

2016LCZj：8，灰色硬陶，方唇。素面。残高 4.8 厘米（图四八四，6）。

2016LCZj：19，夹砂灰褐陶，唇部残，沿面有一圈凸棱。器表施绳纹。残高 4.0 厘米（图四八五，7）。

2016LCZj：24，泥质红陶，方唇，器表有轮修痕迹。素面。残高 4.9 厘米（图四八五，9）。

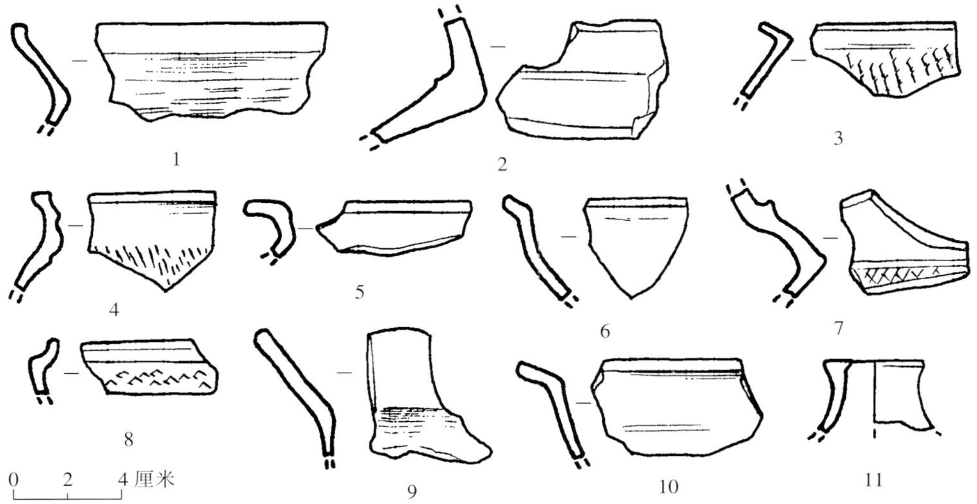

图四八五　张家山遗址采集陶器

1～10. 罐（2016LCZj：9、2016LCZj：23、2016LCZj：12、2016LCZj：17、2016LCZj：18、2016LCZj：10、2016LCZj：19、2016LCZj：20、2016LCZj：24、2016LCZj：21）　11. 豆柄（2016LCZj：25）

C 型：2 件。折沿，斜腹。

2016LCZj：10，灰色硬陶，敞口，斜方唇，斜弧腹。素面。残高 4.0 厘米（图四八五，6）。

2016LCZj：21，夹砂黄褐陶，侈口，圆唇，斜弧腹。素面。残高 3.4 厘米（图四八五，10）。

鼎足　9 件。据形态可划分为三型：

A 型：4 件。柱状足。

2016LCZj：13，夹砂红陶，扁足，截面呈椭圆形。足外侧有一竖向刻槽。残高 8.2 厘米（图四八六，4）。

2016LCZj：15，灰色硬陶，圆锥状足，截面呈圆形。素面。残高 4.6 厘米（图四八六，6；图版五八，5）。

2016LCZj：16，夹砂红陶，圆柱状足，截面呈圆形。素面。残高 7.2 厘米（图四八六，2）。

2016LCZj：28，夹砂灰陶，扁柱状足，截面呈扁圆形。素面。残高 6.4 厘米（图四八六，1；图版五九，2）。

B 型：3 件。扁状足。

2016LCZj：14，夹砂黄褐陶，扁状实心足。一侧足上部有三道竖向短刻槽。残高 5.0 厘米（图四八六，7）。

2016LCZj：26，夹砂红褐陶，扁足，截面呈扁条形，足腹结合处有一周凸棱。素面。残高5.0厘米（图四八六，9）。

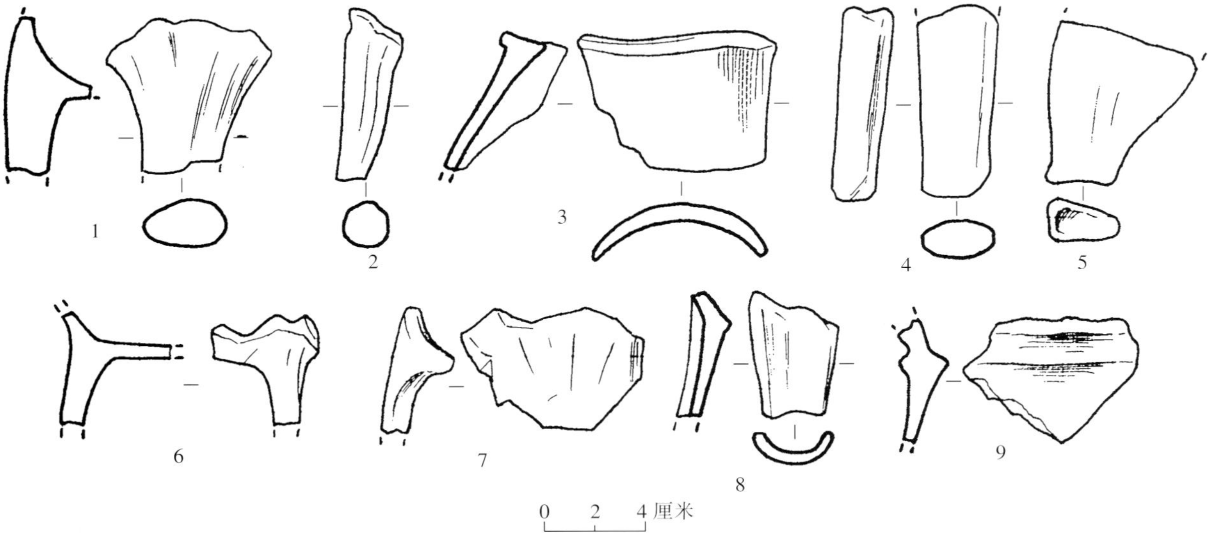

图四八六　张家山遗址采集遗物
1～9. 鼎足（2016LCZj：28、2016LCZj：16、2016LCZj：22、2016LCZj：13、2016LCZj：29、2016LCZj：15、2016LCZj：14、2016LCZj：27、2016LCZj：26）

2016LCZj：29，夹砂灰陶，扁足，截面呈扁圆形，足根部有捏痕。素面。残高6.8厘米（图四八六，5）。

C型：2件。瓦状足。

2016LCZj：22，夹砂黄褐陶，瓦状足，截面呈弧形。素面。残高5.8厘米（图四八六，3；图版五八，6）。

2016LCZj：27，夹砂灰陶，瓦状扁足，截面呈弧形。素面。残高5.2厘米（图四八六，8；图版五九，1）。

豆柄　1件。

2016LCZj：25，泥质浅黄陶，柱状空心柄，微外撇。素面。残高2.8厘米（图四八五，11）。

3. 遗址性质与年代

张家山遗址是一处典型的岗地类遗址。遗址采集遗物较为丰富，为遗址的年代判断提供了条件。从遗址采集遗物来看，该遗址所见遗存可分为两组：

第1组：以柱状鼎足、细柄豆等为代表。该组陶器以夹砂陶为主，器形与区域内新石器时代晚期遗存较为相似。因此，可判断该组年代为新石器时代晚期。

第2组：以印纹硬陶为主的浅腹盘、罐、瓦状鼎足、甗以及方格纹、菱格纹等为代表。该组陶器多为区域内商周时期遗址常见，可推断其年代为商周时期。

综合分析，张家山遗址的年代应主要集中在新石器时代晚期与商周时期。该遗址的发现增加了区域内先秦遗址的数量，对该区域文化序列的构建以及聚落结构的研究提供了十分重要的考古资料。

1. 石镞（2016LCZj：1）

2. 石镞（2016LCZj：2）

3. 陶罐（2016LCZj：6）

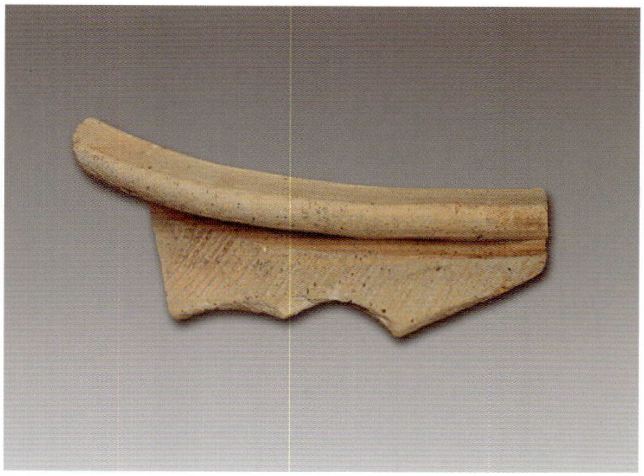

4. 陶罐（2016LCZj：11）

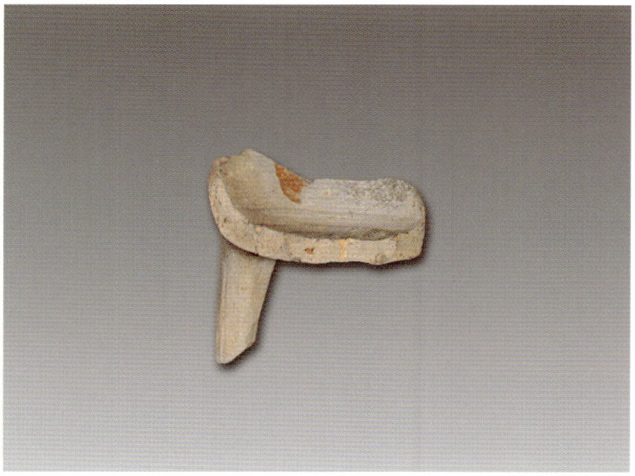

5. 陶鼎足（2016LCZj：15）

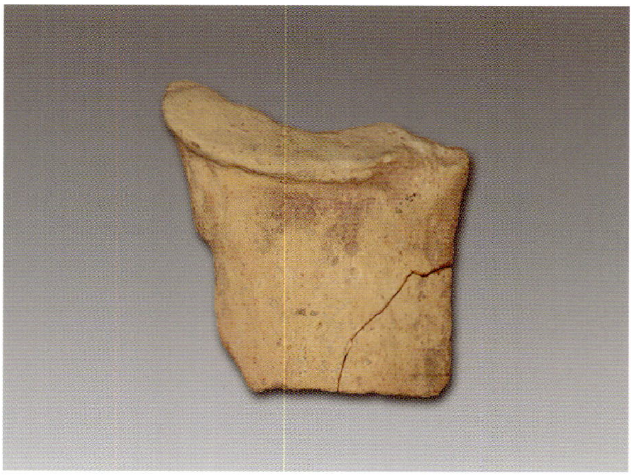

6. 陶鼎足（2016LCZj：22）

图版五八　张家山遗址采集遗物

1. 鼎足（2016LCZj：27）

2. 鼎足（2016LCZj：28）

图版五九　张家山遗址采集陶器

三一　长益洲水库遗址

1. 遗址概况

长益洲水库遗址位于荷源乡炉油村东南部约860米（图四八七），南距长益洲水库约140米，西南距327省道约360米（图四八八）。地理坐标为北纬27°23′14.5″，东经116°57′56.1″，海拔124米。

该遗址为一缓坡地带，地势东高西低，平面近南北向不规则形（图四八九），长径约126米，短径约115米。遗址东南部种植有杉树苗（图四九〇），植被较稀疏，其余区域均为茂密的杉树林。

图四八七　长益洲水库遗址位置示意图

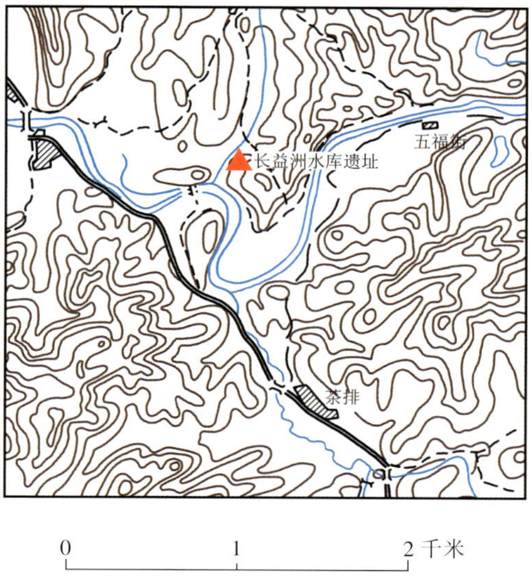

图四八八　长益洲水库遗址地貌示意图

图四八九　长益洲水库遗址远景图（由东向西）

图四九〇　长益洲水库遗址近景图（由东向西）

2. 遗物介绍

长益洲水库遗址采集遗物较少，均为陶器，主要以印纹硬陶与夹砂陶为主。印纹硬陶陶色有灰色，纹饰有绳纹（图四九一，2）、方格纹（图四九一，1），器形不明；夹砂陶陶色有灰色、红色，素面，器形见有鼎（足）。

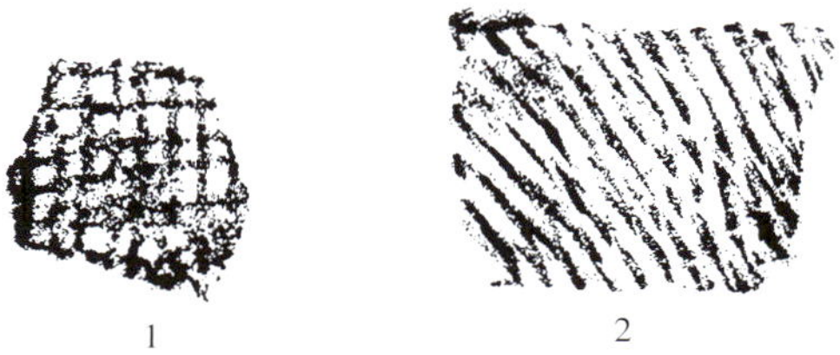

图四九一　长益洲水库遗址采集陶片纹饰拓片
1. 方格纹　2. 绳纹

鼎足　2件。

2016LCCY：1，夹砂灰陶，扁足，截面呈扁圆形。素面。残高6.0厘米（图四九二，1）。

2016LCCY：2，夹砂黄褐陶，扁足，截面呈椭圆形。素面。残高7.0厘米（图四九二，2）。

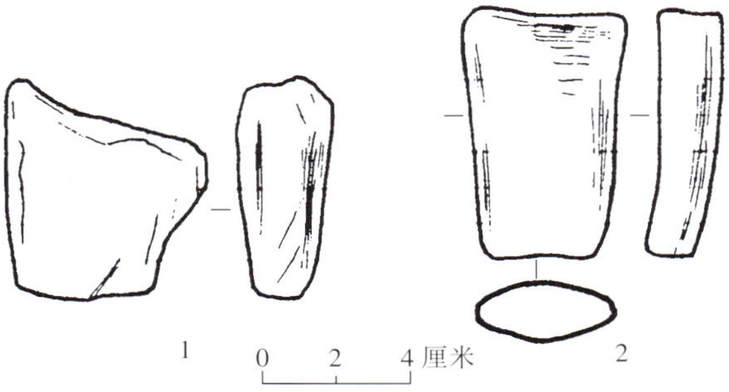

图四九二　长益洲水库遗址采集陶器
1、2. 鼎足（2016LCCY：1、2016LCCY：2）

3. 遗址性质与年代

长益洲水库遗址是一处典型的岗地类遗址，遗址采集遗物较少，通过陶片可大致判断遗址的年代。该遗址所见遗存主要以印纹硬陶为主，器形主要为扁状鼎足，该类鼎足延续时间较长，商周时期或略早阶段均有发现。纹饰见有方格纹和绳纹，该类纹饰特征主要见于商周时期。因此，推断该遗址的年代应为商周时期或略早。

该遗址的发现与初步研究，对该区域文化序列的构建以及聚落形态的探索提供了十分重要的实物遗存。

三二 左机山遗址

1. 遗址概况

左机山遗址位于中田乡饶家顶村东北部约 220 米（图四九三），北距饶家顶山Ⅰ号遗址约 170 米，西距张家井遗址约 150 米（图四九四）。地理坐标为北纬 27°17′50. 3″，东经 116°49′15. 7″，海拔 120 米。

该遗址为一缓坡状山岗，地势西南高，其余区域较低，平面略呈西北至东南向不规则形（图四九五）。长径约 220 米，短径约 143 米。遗址种植有板栗树及松树，分布较为稀疏（图四九六）。

图四九三 左机山遗址位置示意图

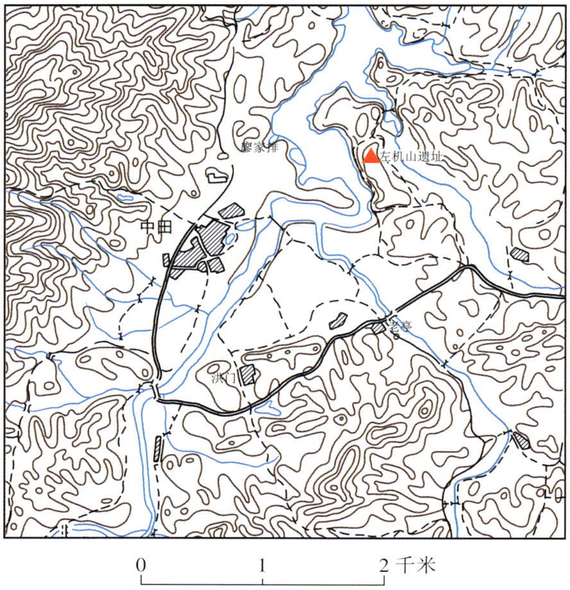

图四九四　左机山遗址地貌示意图

图四九五　左机山遗址远景图（由西北向东南）

图四九六 左机山遗址近景图（由西北向东南）

2. 遗物介绍

左机山遗址采集遗物较多，石器有石锛、石刀等，陶器残片数量较多（图四九七、四九八、四九九）。

图四九七 左机山遗址近景图（地表纺轮）

图四九八　左机山遗址近景图（地表陶片）

图四九九　左机山遗址近景图（地表陶片）

（1）石器

石锛　2件。

2016LCZJ：1，黄褐色砂岩磨制而成，顶部平直，两侧斜直，底端残。器表磨制较为光滑。残高11.8厘米（图五〇〇，1；图版六〇，1）。

2016LCZJ：2，黄红色砂岩磨制而成，顶部平整，两侧近直，单面磨制成刃。中部有凸阶，器表磨制光滑。残高8.2厘米（图五〇〇，2；图版六〇，2）。

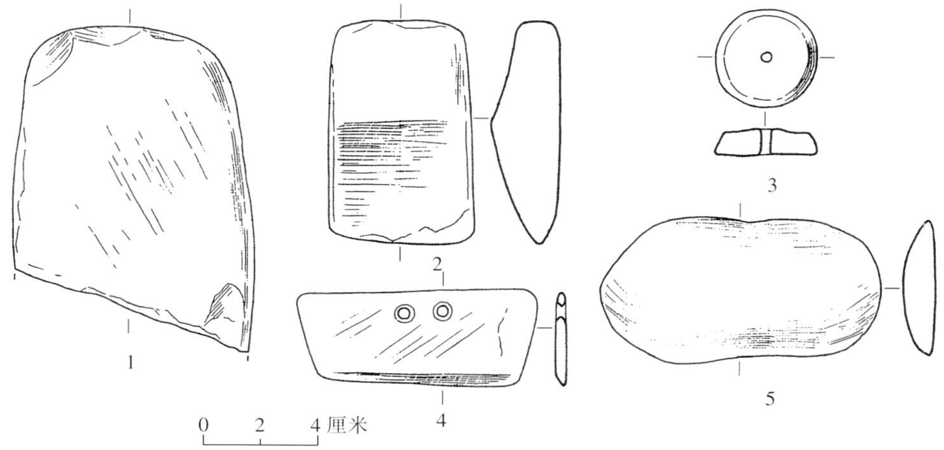

图五〇〇　左机山遗址采集石器
1、2. 石锛（2016LCZJ：1、2016LCZJ：2）　3. 陶纺轮（2016LCZJ：4）　4. 石刀（2016LCZJ：3）　5. 石器（2016LCZJ：5）

石刀　1件。

2016LCZJ：3，青灰色砂岩，平面呈梯形，直背，单面刃。器表磨制光滑，近背部有两个对穿圆孔。高3.8、宽8.5厘米（图五〇〇，4；图版六〇，3）。

石器　1件。

2016LCZJ：5，灰褐色砂岩，束腰扁圆形，一端有打击痕迹，截面呈扁圆形。高5.3、宽9.8厘米（图五〇〇，5；图版六〇，4）。

（2）陶器

该遗址采集遗物主要以印纹硬陶为主，夹砂陶较少。印纹硬陶陶色有灰色、灰褐色、红褐色，纹饰有方格纹（图五〇二，1～3、5、6）、菱格纹（图五〇一，1～8、10、11）、绳纹（图五〇一，9）、变体雷纹（图五〇二，4）、“菱格纹”＋“圆点纹”组合纹饰、折线纹等，器形见有罐、尊、盘、鼎（足）、豆等；夹砂陶较少，陶色有红色、浅黄色、浅灰色，均为素面，器形有罐、鼎（足）等。

罐　21件。据口沿形态可分为三型。

A型：12件。侈口，折沿。以沿部差异可分为两亚型。

Aa型：4件。窄折沿。

2016LCZJ：9，灰色硬陶，方唇。器表施菱格纹。残高2.6厘米（图五〇三，6；图版六一，1）。

2016LCZJ：10，灰色硬陶，方唇，斜腹，折肩。器表施方格纹。残高3.0厘米（图五〇三，7；图版六一，2）。

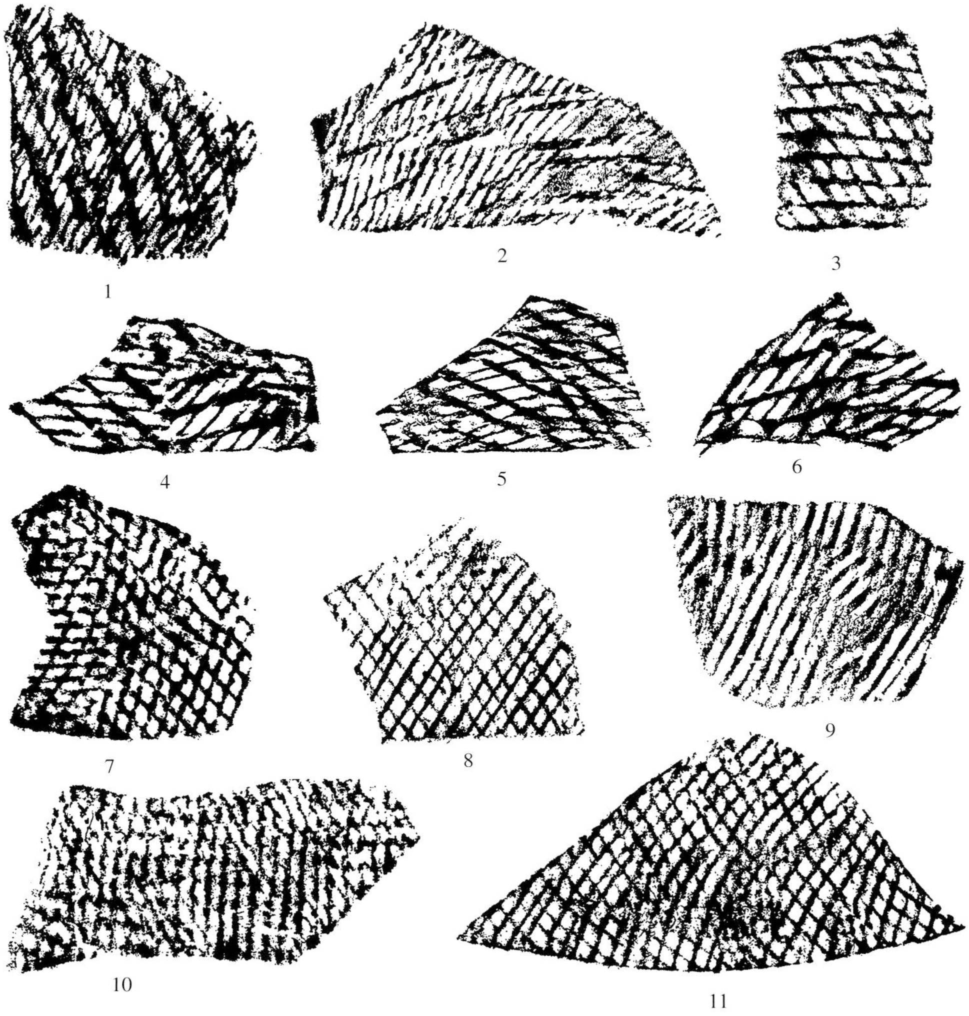

图五〇一　左机山遗址采集陶片纹饰拓片

1～8、10、11. 菱格纹　9. 绳纹

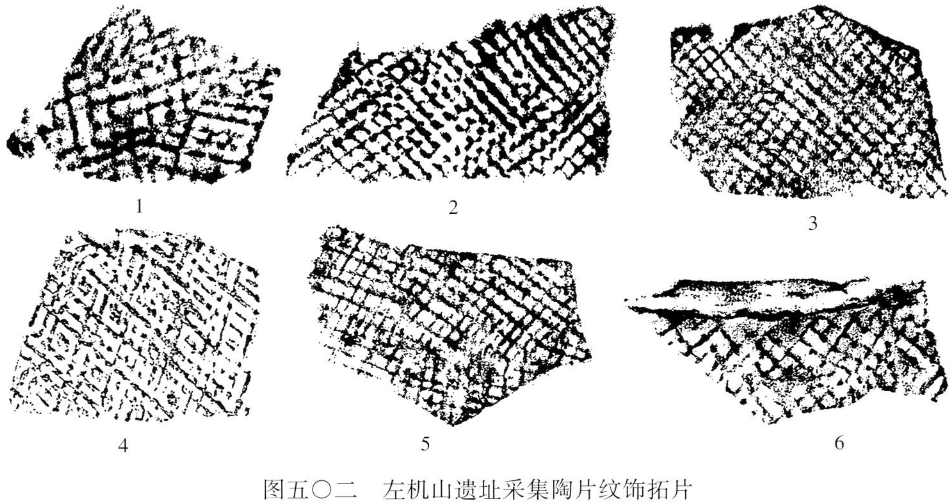

图五〇二　左机山遗址采集陶片纹饰拓片

1～3、5、6. 方格纹　4. 变体雷纹

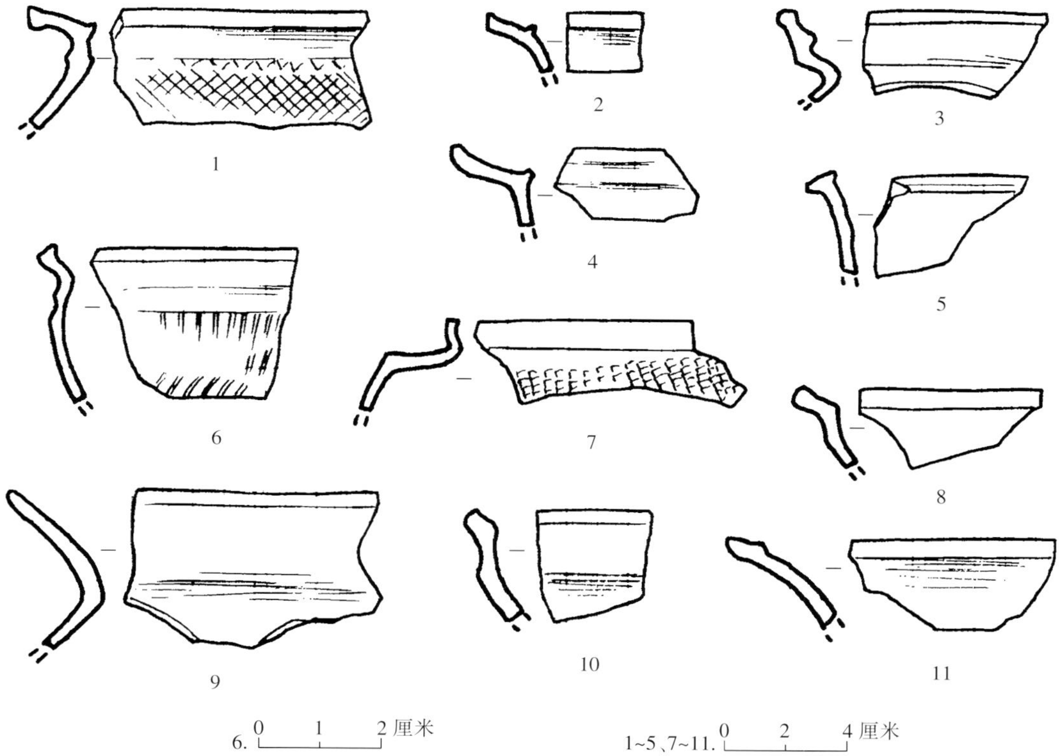

图五〇三　左机山遗址采集陶器
1～11. 罐（2016LCZJ：6、2016LCZJ：8、2016LCZJ：11、2016LCZJ：7、2016LCZJ：12、2016LCZJ：9、2016LCZJ：10、2016LCZJ：13、2016LCZJ：15、2016LCZJ：16、2016LCZJ：14）

2016LCZJ：13，夹砂浅黄陶，圆唇。素面。残高2.8厘米（图五〇三，8）。

2016LCZJ：16，夹砂红陶，圆唇，沿面有一周凸棱。素面。残高3.8厘米（图五〇三，10）。

Ab型：8件。宽折沿。

2016LCZJ：6，灰色硬陶，方唇。器表施方格纹。残高4.2厘米（图五〇三，1；图版六〇，5）。

2016LCZJ：11，夹细砂灰色硬陶，圆唇。沿面有一周凸棱，间施两排竖向短刻槽。残高3.0厘米（图五〇三，3）。

2016LCZJ：15，夹砂红陶，圆唇。素面。残高5.4厘米（图五〇三，9；图版六一，3）。

2016LCZJ：19，夹砂黄褐陶，圆唇。器表施斜线纹。残高5.4厘米（图五〇四，4）。

2016LCZJ：21，灰褐色硬陶，方唇。沿面微凹，颈部外侧有两周凸棱。器表施菱格纹，大部分被抹平，器表可见酱色釉层，部分剥落。残高6.4厘米（图五〇四，7；图版六一，6）。

2016LCZJ：23，夹砂灰陶，圆唇。器表施粗绳纹。残高5.2厘米（图五〇四，5）。

2016LCZJ：24，夹砂灰陶，圆唇。素面。残高2.4厘米（图五〇五，1）。

2016LCZJ：27，夹砂灰褐陶，圆唇。器表施斜线纹，部分被抹平。残高4.8厘米（图五〇五，6）。

B型：8件。敞口。

2016LCZJ：7，灰色硬陶，折沿，圆唇。沿面微凹。素面。残高2.6厘米（图五〇三，4）。

2016LCZJ：8，浅灰色硬陶，方唇。沿面有一周凸棱。素面。残高2.4厘米（图五〇三，2）。

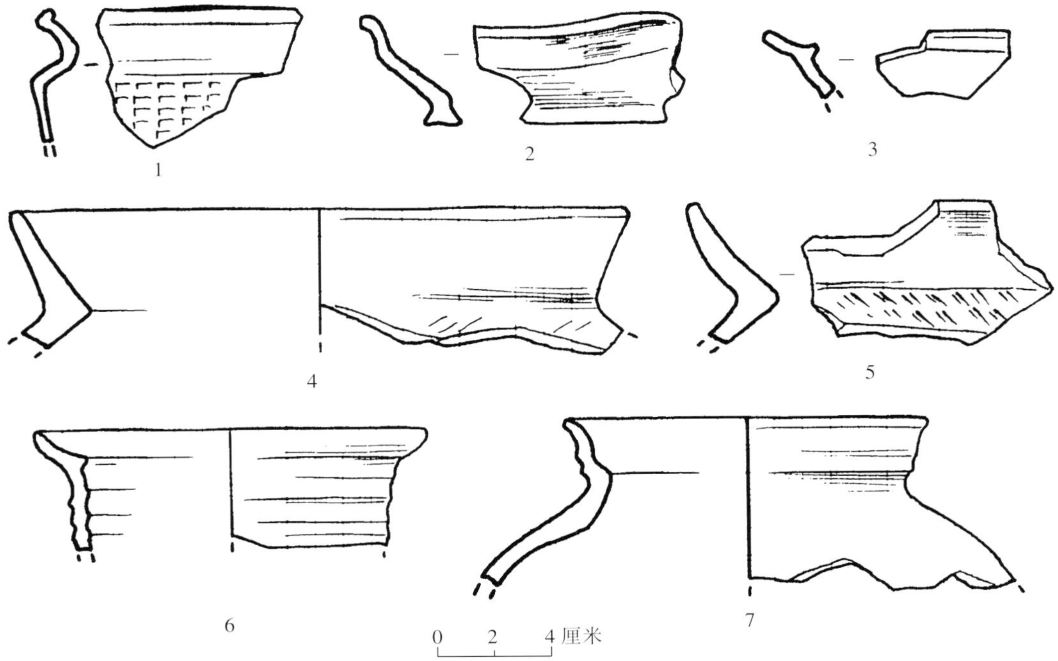

图五〇四 左机山遗址采集陶器

1、3~7. 罐（2016LCZJ：17、2016LCZJ：22、2016LCZJ：19、2016LCZJ：23、2016LCZJ：20、2016LCZJ：21） 2. 豆（2016LCZJ：18）

2016LCZJ：12，灰色硬陶，斜方唇。素面。残高3.6厘米（图五〇三，5）。

2016LCZJ：14，夹砂灰陶，宽折沿，尖圆唇。素面。残高3.2厘米（图五〇三，11）。

2016LCZJ：20，灰褐色硬陶，微敞口，折沿，圆唇，沿面微凹，内外壁可见轮制痕迹。素面。残高4.4厘米（图五〇四，6；图版六一，5）。

2016LCZJ：22，灰色硬陶，折沿，圆唇，沿面有一周凸棱。素面。残高2.4厘米（图五〇四，3）。

2016LCZJ：25，灰褐色硬陶，斜方唇。器表施绳纹及一道弦纹。残高4.4厘米（图五〇五，2；图版六〇，6）。

2016LCZJ：26，夹砂灰陶，圆唇。素面。残高1.8厘米（图五〇五，4）。

C型：1件。敛口。

2016LCZJ：17，夹砂灰陶，折沿，方唇，折肩。器表施方格纹，大部分被抹平。残高5.2厘米（图五〇四，1；图版六一，4）。

盘 1件。

2016LCZJ：29，夹砂黄陶，沿内折，圆唇。素面。残高3.6厘米（图五〇五，3）。

器腹残片 1件。

2016LCZJ：28，夹砂浅黄陶，折肩，斜直腹。器表施方格纹。残高4.6厘米（图五〇五，7）。

鼎足 8件。

2016LCZJ：33，夹砂黄褐陶，瓦状扁足，截面呈弧形。足外侧有一道竖向戳刻槽。残高4.6厘米（图五〇五，10；图版六二，1）。

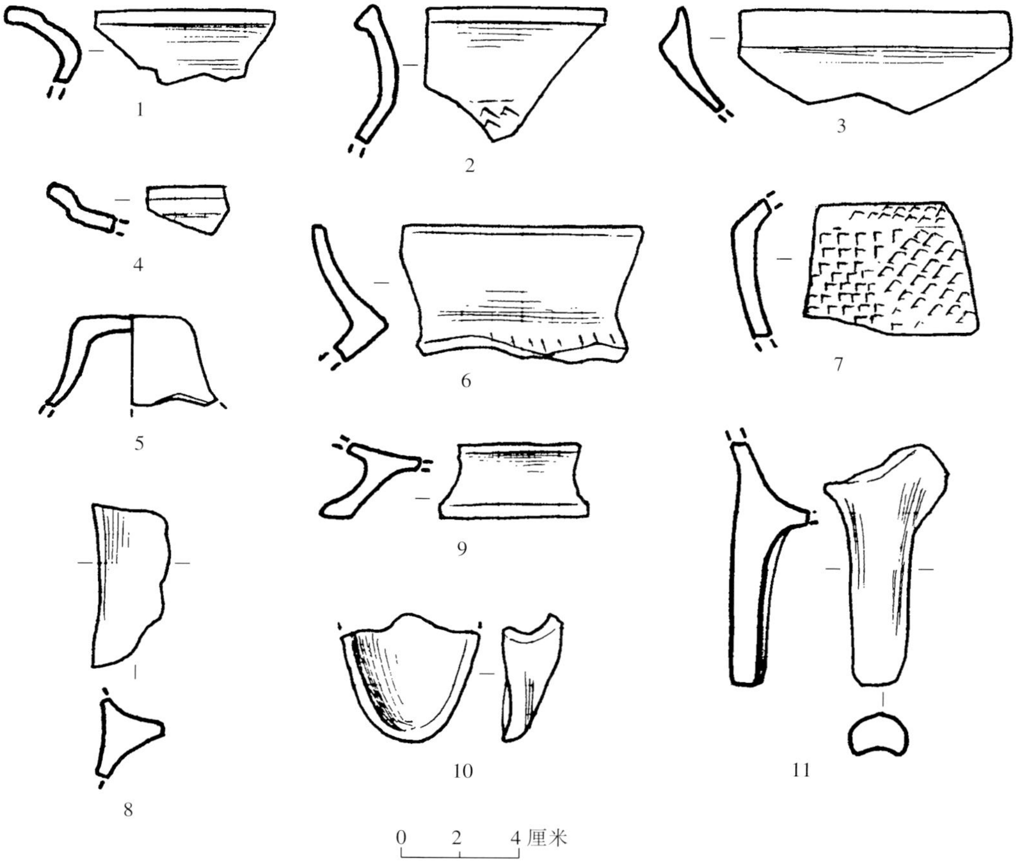

图五〇五 左机山遗址采集陶器

1、2、4、6. 罐（2016LCZJ：24、2016LCZJ：25、2016LCZJ：26、2016LCZJ：27） 3. 盘（2016LCZJ：29） 5. 豆（2016LCZJ：30） 7. 器腹残片（2016LCZJ：28） 8. 器鋬（2016LCZJ：31） 9. 圈足（2016LCZJ：32）10、11. 鼎足（2016LCZJ：33、2016LCZJ：34）

2016LCZJ：34，夹砂灰陶，扁足，截面呈弧形。素面。残高 8.4 厘米（图五〇五，11；图版六二，2）。

2016LCZJ：35，夹砂灰陶，扁足，截面呈扁圆形。足面有一竖向凹槽。残高 7.46 厘米（图五〇六，6）。

2016LCZJ：36，夹砂红陶，扁柱状足，截面呈椭圆形。素面。残高 5.2 厘米（图五〇六，2）。

2016LCZJ：37，夹砂红陶，扁足，截面呈扁圆形。足外侧上部有一按压凹窝。残高 11.2 厘米（图五〇六，3；图版六二，3）。

2016LCZJ：38，夹砂红陶，圆柱状足，截面呈椭圆形。素面。残高 4.6 厘米（图五〇六，4）。

2016LCZJ：39，夹砂灰陶，圆柱状足，截面呈椭圆形。素面。残高 6.4 厘米（图五〇六，5）。

2016LCZJ：40，夹砂红陶，扁足，截面呈半圆形。足内侧可见数道竖向刻槽。残高 6.4 厘米（图五〇六，1）。

豆 2 件。

2016LCZJ：18，泥质灰陶，敞口，圆唇，浅腹，烧制变形。素面。残高 4.0 厘米（图五〇四，2）。

2016LCZJ：30，泥质浅黄陶，空心柄，喇叭状外撇。素面。残高3.2厘米（图五〇五，5）。

纺轮　1件。

2016LCZJ：4，浅灰色夹砂陶，平面圆形，截面呈梯形，中部有一穿孔，上下面平整。厚1.1、长径3.5、孔径0.4厘米（图五〇〇，3；图版六二，4）。

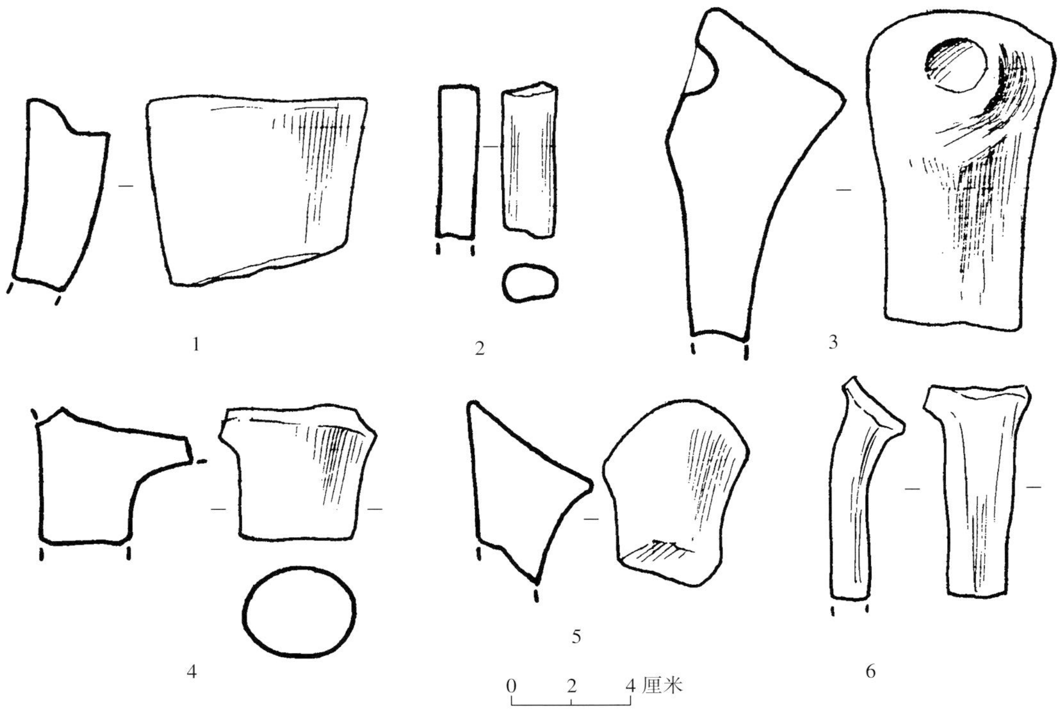

图五〇六　左机山遗址采集陶器

1～6. 鼎足（2016LCZJ：40、2016LCZJ：36、2016LCZJ：37、2016LCZJ：38、2016LCZJ：39、2016LCZJ：35）

圈足　1件。

2016LCZJ：32，夹砂黄陶，矮圈足外撇。素面。残高2.6厘米（图五〇五，9）。

器鋬　1件。

2016LCZJ：31，夹砂黄褐陶，呈鸡冠状。素面。残高5.3厘米（图五〇五，8）。

3. 遗址性质与年代

左机山遗址是一处典型的岗地类遗址，遗址采集遗物较多，为年代判断提供了条件。根据遗址中采集遗物情况推断，该遗址所见遗存可主要分为三组：

第1组：以浅盘鼎、锥状鼎足、夹砂罐等为代表。年代应该为新石器时代晚期。

第2组：以印纹硬陶豆、尊、圆锥状鼎足为主要器形，纹饰主要以方格纹、菱格纹为代表。该类陶器特征为商时期常见，因此判断该组的年代为商时期。

第3组：以表面有施釉痕迹的陶片为代表。其年代应为战国或略晚。

总体来看，左机山遗址的年代延续时间较长，其年代为新石器时代晚期、商和东周时期。左机山遗址的发现与初步研究为区域文化序列的构建以及聚落形态的研究等方面提供了十分重要的考古资料。

1. 石锛（2016LCZJ：1）

2. 石锛（2016LCZJ：2）

3. 石刀（2016LCZJ：3）

4. 石器（2016LCZJ：5）

5. 陶罐（2016LCZJ：6）

6. 陶罐（2016LCZJ：25）

图版六〇　左机山遗址采集遗物

1. 罐（2016LCZJ：9）

2. 罐（2016LCZJ：10）

3. 罐（2016LCZJ：15）

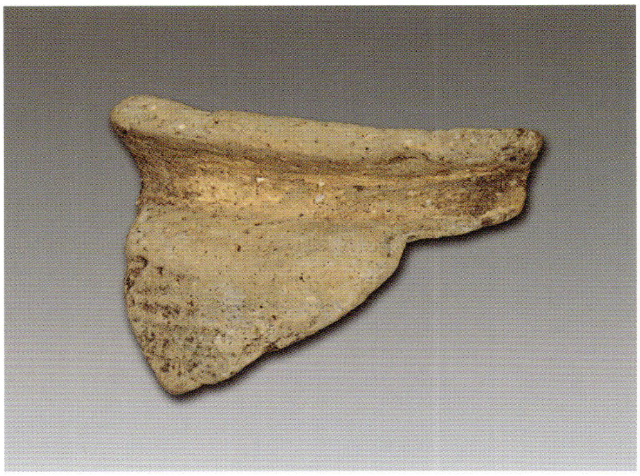
4. 罐（2016LCZJ：17）

5. 罐（2016LCZJ：20）

6. 罐（2016LCZJ：21）

图版六一　左机山遗址采集陶器

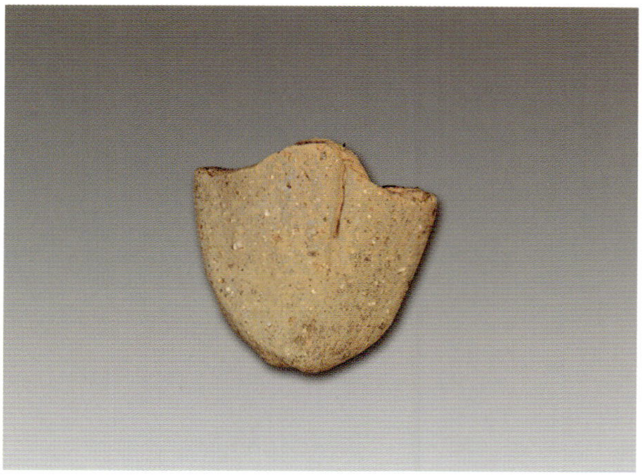
1. 鼎足（2016LCZJ：33）

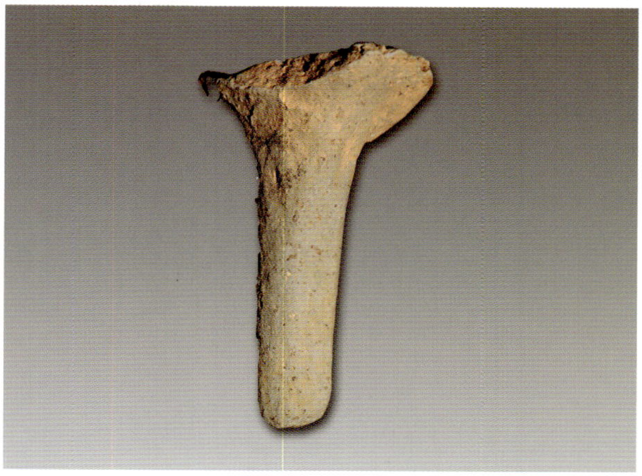
2. 鼎足（2016LCZJ：34）

3. 鼎足（2016LCZJ：37）

4. 纺轮（2016LCZJ：4）

图版六二 左机山遗址采集陶器

第四章 结 语

2016～2017年度对抚河下游地区的南城、黎川两县展开考古调查工作，此次调查收获颇丰。先后在南城、黎川两县调查先秦时期遗址共60处，其中南城县发现先秦遗址28处，包括环壕遗址3处、岗地类遗址25处；黎川县发现先秦遗址32处，均为岗地类遗址。在大多数遗址中都采集到较为丰富的实物遗存，对该区域文化序列构建、聚落形态探索等方面的研究起到十分重要的推动作用。以下以南城、黎川两县调查遗址为对象，对抚河中上游地区的考古学文化序列及文化发展特征等方面进行简要分析、总结，以助于对该地区社会演进、文明进程等相关问题的深入探讨。

第一节 遗址阶段划分

本报告在第二、三章时已经对南城、黎川两县所发现的60处遗址进行了介绍，通过与周边遗址的比较，初步判断出诸遗址的年代。从南城、黎川两县的年代列表（表一、二）中可以看出，该区域先秦时期的遗址依时间早晚可划分为四个阶段。以下分别对这两个县区遗址的发展阶段进行分析说明。

一 南城县遗址阶段划分

第一阶段：新石器时代晚期。该阶段发现遗址数量较多，且诸遗址年代多可延续至商周时期，这一时期代表性遗址有华家山、栎树墩、石溪水库等环壕遗址，板栗山农场、大徐村Ⅱ号、洑牛村Ⅰ号、猪头山等岗地类遗址。所见遗址主要分布于盱江沿岸、芦河支流（河流）及一些大型水库如洪门水库、石溪水库周边。河流所经地势较低，两侧多分布有低山丘陵。岗地类遗址多分布于河流边缘的缓坡地带，环壕类遗址则主要分布在地势相对较为平坦之地，人工垒土而成。从采集遗物来看，这一时期少见印纹硬陶，主要为夹砂陶，夹砂颗粒较大，所见陶器极易粉碎，表明其烧造火候较低。陶色主要为浅黄色、灰色、红色；器形多见鼎足和罐，鼎足数量较多，形态多样，以“T”形、空心柱状、舌状、刻槽、柱状鼎足为代表，一般鼎足表面见有刻槽或按捏凹窝，这类鼎足与抚河上游地区出土鼎足十分相似。罐数量相对较少，多为素面，部分见有绳纹及刻划纹饰。从年代来看，这一时期该地区已经开始营建和使用环壕遗址，此类聚落特征在我国长江中游地区较早时代便可见到，其与抚河流域聚落形态特征有许多相似之处。

第二阶段：夏商时期。属于这一阶段的环壕类遗址有华家山、石溪水库环壕遗址，岗地类遗址有洑牛村Ⅰ号、洑牛村Ⅱ号、洑牛村Ⅲ号、黄狮村Ⅰ号、吉兴农场、王丁排山等诸多遗址。从分布特征来看，这一时期遗址在南城县分布与上一阶段基本相同，较为分散，在南城县的西北、东北、东南部均有分布。从这一时期采集遗物来看，硬陶数量大大增加，烧造水平较高；陶色主要为灰色、浅灰色、灰褐色；器形多见大口尊、高领罐、口沿内部有数道凹槽的折沿罐、甗形器等；纹饰非常丰富，常见雷纹、席纹、大菱格纹、"菱格纹" + "圆点纹"组合纹饰等。这一阶段常见瓦状扁足，具有时代特征。从这一时期遗址分布及遗存特征来分析，此阶段该地区文化继续稳步发展，人口数量持续均衡增长。

第三阶段：西周时期。这一阶段与上阶段遗址数量相当，遗址数量相对较多。属于该阶段的环壕类遗址有石溪水库环壕遗址，岗地类遗址有板栗山、大徐村Ⅱ号、洑牛村Ⅱ号、洑牛村Ⅳ号、洑牛村Ⅴ号、黄狮村Ⅱ号、石溪水库Ⅰ号、石溪水库Ⅳ号遗址。遗址的分布多是上一阶段的延续，这一阶段常见器类较上一阶段有所减少，陶器也以印纹硬陶为主，夹砂陶发现极少；陶色主要见有灰色、灰褐色等；器形常见折沿罐、钵等；纹饰种类相对上一阶段较为单调，见有菱格纹、方格纹、绳纹等。这一阶段扁状鼎足边缘常见有按捏凹窝。整体上来看，这一时期是抚河流域各遗址文化面貌较为相似的阶段，也是区域文化发展的重要阶段。

第四阶段：东周时期。这一阶段发现遗址数量与上一阶段相比有所减少。属于这一阶段的遗址有洑牛村Ⅰ号、黄狮村Ⅱ号、吉兴农场、石溪水库Ⅲ号、石溪水库Ⅳ号、猪头山遗址等。从遗址分布范围来看，多为前一阶段遗址的延续。这一阶段所见印纹硬陶器类主要为罐，纹饰常见小方格纹，部分器表有施釉现象。该阶段未见夹砂陶及鼎足。与上一阶段相比，东周时期遗址数量减少，表明该区域文化或有衰退趋势，人口数量也应较上一时期有所减少。

表一　南城县先秦时期遗址年代对应表

遗址＼时代	新石器时代晚期	夏商时期	西周时期	东周时期
华家山环壕	√	√	?	
栎树墩环壕	√			
石溪水库环壕	1组	2组	3组	
板栗山农场	1组		2组	
大徐村Ⅱ号	1组	√	√	
邓家村			√	
洑牛村Ⅰ号	1组	2组		3组
洑牛村Ⅱ号		1组	2组	
洑牛村Ⅲ号		√		
洑牛村Ⅳ号			√	
洑牛村Ⅴ号			√	
黄狮村Ⅰ号		√		

续表

遗址＼时代	新石器时代晚期	夏商时期	西周时期	东周时期
黄狮村Ⅱ号			1组	2组
吉兴农场遗址		1组		2组
石溪水库Ⅰ号		?	√	
石溪水库Ⅲ号				√
石溪水库Ⅳ号			1组	2组
王丁排山		√		
猪头山	1组			2组

注：由于部分遗址年代判断存在较大困难，这里仅列出可明确判断年代的遗址；“√”表示该遗址存在这一时期的遗存；“?”表示对这一时期遗存年代判断还有待进一步讨论。

二　黎川县遗址阶段划分

黎川县处于抚河上游地区，区域多山地，地形较为复杂，遗址多分布于山间小型盆地或河流两岸岗地。以下对黎川县先秦时期遗址的发展阶段进行简要概括如下：

第一阶段：新石器时代晚期。该阶段遗址数量较多，且大多数遗址延续至商周时期。这一阶段代表性遗址有陈家源、程家山、燎原水库Ⅰ号、燎原水库Ⅱ号、燎原水库Ⅲ号、垅边山Ⅰ号、杨梅陂、张家井、张家山、左机山遗址等。所见遗址主要分布在黎滩河、龙安河沿岸及其支流附近，部分遗址则分布在一些大型水库如燎原水库周边，依靠缓坡状山岗而建。有河流流经的地方大多地势较为平坦，便于史前人类居住与生活。从采集遗物来看，该阶段采集陶器少见印纹硬陶，多为夹砂陶，夹砂颗粒较粗，陶器整体烧制温度较低，陶质较脆；陶色见有浅黄色、红色、浅灰色等；器形多见夹砂罐及鼎足，罐数量较少，多为素面，少见绳纹等装饰特征，鼎足形态各异，数量较多，以“T”形、舌状、扁状刻槽、柱状鼎足等为代表，此类鼎足在抚河流域较为常见，分布范围较广泛。从该阶段遗址形态来看，这一时期遗址数量较多，且大多分布特征相同，应为该地区文化发展繁荣的初期阶段。

第二阶段：夏商时期。该阶段在继承上一阶段的基础上，遗址数量有所增加。属于这一阶段的遗址有边山、陈家源、程家山、东窠山、垅边山Ⅱ号、毛家山Ⅰ号、毛家山Ⅱ号、南丰段、彭头村、饶家顶山Ⅰ号、上坑山Ⅰ号、上坑山Ⅱ号、十里山、围家花场、新建村、野窠山、张家井、张家山、左机山遗址等。根据这一阶段采集遗物情况来看，硬陶数量明显增多，夹砂陶数量较少，器物种类同样有所增加，器形多见折沿罐（口沿内部有数道凹槽）、尊、豆、甗形器、圈足器、瓦状鼎足等；陶色常见灰色、灰褐色、红色等；纹饰较为丰富，常见雷纹、大菱格纹、大方格纹、变体雷纹、折线纹、“菱格纹”+“圆点纹”组合纹饰等，一般纹痕较深。从遗址分布特征分析，该阶段遗址数量众多，并且器物种类丰富，形制特征变化明显，应为该地区文化繁荣发展的鼎盛阶段，人口数量也应较前期有较大的增长。

第三阶段：西周时期。这一时期与上一阶段较为相似，遗址数量略有减少。属于这一阶段的遗址有陈家源、程家山、燎原水库Ⅰ号、燎原水库Ⅲ号、垅边山Ⅱ号、毛家山Ⅰ号、毛家山Ⅱ号、上坑山Ⅰ号、十里山、新建村、野窠山、张家山遗址等。遗址的分布多是上一阶段的延续，这一阶段常见器类较上阶段有所减少，陶器也以印纹硬陶为主，夹砂陶发现极少；陶色多为灰色、浅灰色；器形多见罐、盆、杯、边缘有按捏凹窝的扁状鼎足等；纹饰见有绳纹、菱格纹、方格纹、变体雷纹等。整体上来看，该阶段文化面貌趋于统一，遗址数量未有大的变化，应是该区域先秦文化发展鼎盛的后期阶段。

第四阶段：东周时期。这一阶段发现遗址数量相对减少。属于这一阶段的遗址有边山、燎原水库Ⅱ号、燎原水库Ⅲ号、垅边山Ⅰ号、垅边山Ⅱ号、毛家山Ⅰ号、野窠山、左机山遗址等。该阶段所见陶器种类单调，主要为罐类，陶色主要为灰色，纹饰常见小方格纹，亦多见表面施釉的陶器，未见有夹砂陶及鼎足。与上阶段遗址相比，该阶段遗址数量明显减少，其区域文化或有衰退的趋势，人口数量也应有一定的减少。

表二　黎川县先秦时期遗址年代对应表

时代 遗址	新石器时代晚期	夏商时期	西周时期	东周时期
边山		1组		2组
陈家源	1组	1组	2组	
程家山	1组	2组	2组	
东窠山		√		
燎原水库Ⅰ号	1组		2组	
燎原水库Ⅱ号	1组			2组
燎原水库Ⅲ号	1组		2组	2组
垅边山Ⅰ号	1组			2组
垅边山Ⅱ号		1组	1组	2组
毛家山Ⅰ号		√	√	√
毛家山Ⅱ号		1组	2组	
南丰段		√	?	
彭头村		√		
饶家顶山Ⅰ号		√		
上坑山Ⅰ号		1组	2组	
上坑山Ⅱ号		√	?	?
十里山		√	√	
围家花场	?	√		

续表

时代 遗址	新石器时代晚期	夏商时期	西周时期	东周时期
新建村		√	√	
杨梅陂	√			
野窠山		√	√	√
张家井	1 组	2 组		
张家山	1 组	2 组	2 组	
左机山	1 组	2 组		3 组

注：由于部分遗址年代判断存在较大困难，这里仅列出可明确判断年代的遗址；“√”表示该遗址存在这一时期的遗存；“?”表示对这一时期遗存年代判断还有待进一步讨论。

第二节　区域文化发展特征简述

本报告对抚河中游的南城和抚河上游的黎川两县调查所获遗存进行了较为详细的整理，以下对两县所获遗存予以比较，在揭示两者间的共同点之外，亦对两者的差异进行说明。

第一，从地理位置上来看，南城县地处抚河中游，地形多为丘陵，高山相对略少；黎川县地处抚河上游，区域内多为高山，遗址多发现于高山间的小型盆地之中。

第二，从调查发现的遗址类型来看，南城县以岗地类遗址为多，另发现有 3 处环壕遗址，此类环壕遗址与金溪县、临川区、东乡县所见环壕遗址形态相近。南城县地处丘陵与山地的过渡地带，所发现的环壕遗址，主要集中在该县的北部，与金溪县相近的区域，县境南部多为岗地类遗址，其多位于丘陵岗地之上，而黎川县所见岗地类遗址多处于高山岗地类的边缘区域。由此可见，抚河流域遗址类型的差异，与遗址所处的地理环境间关系至关重要，环壕遗址多处于丘陵地带，其所在水系发达，高山地区环壕遗址少见，其从另一侧面揭示出环壕遗址的修建与水系存在密切关系。

第三，从遗址的文化内涵来看，两个县境内所见遗址的阶段划分基本相当。黎川县新石器时代晚期遗存发现较少，抚河中下游地区各时期文化面貌更为复杂，其与信江、赣江流域的文化交流较为频繁，而抚河上游因地理环境比较闭塞，遗存与外来文化的联系相对较少。

第四，从聚落形态来看，抚河中游地区聚落面积和数量相对更多，聚落类型更为复杂，人口数量也应更多；抚河上游地区聚落多见于小型盆地附近，且多分布于大河沿岸，高山、大河地形制约了聚落的发展，使得区域聚落分布十分稀少。

总之，通过以上的简要分析，可以揭示出区域文化发展与地理环境、文化交流等方面都存在关系，社会复杂化的形成与物质资源的积累、人口数量的增多、共同协作能力的提升等方面都应存在密切关系。环壕聚落作为该地区重要的聚落形式，在区域文明化进程中起到了十分重要的作用，对该类聚落的探索应是以后考古工作的重点。

附录一 南城、黎川县先秦时期遗址统计表

县名	编号	遗址名称	遗址类型	位置	坐标	采集遗物	年代
南城县	1	华家山环壕遗址	环壕遗址	沙洲镇林坊村委会邓家村的东南方向	N：27°42′56.12″ E：116°45′56.53″ H：81 米	采集有较为丰富的陶片及石器	新石器时代晚期、商时期、西周时期
	2	栎树墩环壕遗址	环壕遗址	沙洲镇黄狮村委会万坊村西部	N：27°44′15.88″ E：116°47′54.80″ H：84 米	采集有少量陶片	新石器时代晚期
	3	石溪水库环壕遗址	环壕遗址	湖东村石溪水库的东北侧	N：27°37′03.4″ E：116°40′52.9″ H：75 米	采集较为丰富的陶片及石器	新石器时代晚期或略晚时期、商时期、东周时期
	4	板栗山农场遗址	岗地遗址	龙湖镇凤洲村委会于家府亭	N：27°28′46.05″ E：116°53′19.79″ H：113 米	采集有较多陶片	新石器时代晚期、西周时期
	5	大徐村Ⅰ号遗址	岗地遗址	万坊镇大徐村三组	N：27°41′30.02″ E：116°34′38.42″ H：74 米	采集若干陶片及石镞等	东周时期
	6	大徐村Ⅱ号遗址	岗地遗址	万坊镇大徐村三组	N：27°41′36.30″ E：116°34′57.68″ H：68 米	采集有少量陶片及石杵等	新石器时代晚期、商至西周时期

续表

县名	编号	遗址名称	遗址类型	位置	坐标	采集遗物	年代
南城县	7	邓家村遗址	岗地遗址	沙洲镇林坊村委会邓家村北部	N：27°43′13.76″ E：116°45′53.4″ H：78 米	采集有少量陶片及石器、铜器、铁器等	西周时期
	8	湫牛村Ⅰ号遗址	岗地遗址	万坊镇湫牛村	N：27°41′29.5″ E：116°35′29.6″ H：66 米	采集有较为丰富的陶片及石器	新石器时代晚期、商时期、东周时期
	9	湫牛村Ⅱ号遗址	岗地遗址	万坊镇湫牛村	N：27°41′28.1″ E：116°35′24.1″ H：65 米	采集有较多陶片及少量石器	商时期或略早、西周时期
	10	湫牛村Ⅲ号遗址	岗地遗址	万坊镇湫牛村	N：27°41′21.0″ E：116°35′08.9″ H：70 米	采集有若干陶片	商代晚期
	11	湫牛村Ⅳ遗址	岗地遗址	万坊镇湫牛村	N：27°41′25.4″ E：116°35′03.9″ H：71 米	采集有少量陶片及一件砺石	西周时期
	12	湫牛村Ⅴ号遗址	岗地遗址	万坊镇湫牛村	N：27°41′29.4″ E：116°35′32.1″ H：66 米	采集有少量陶片及一件石刀	西周时期
	13	黄狮村Ⅰ号遗址	岗地遗址	沙洲镇黄狮村东南侧	N：27°44′36.95″ E：116°47′32.52″ H：99 米	采集有少量陶片及一件石镞	商时期或略晚
	14	黄狮村Ⅱ号遗址	岗地遗址	沙洲镇黄狮村东南侧	N：27°44′42.75″ E：116°47′35.70″ H：100 米	采集有少量陶片	周代
	15	老店上遗址	岗地遗址	沙洲镇林坊村委会田西村西部	N：27°42′47.73″ E：116°46′43.46″ H：87 米	采集有少量陶片及一件石镞	商周时期

续表

县名	编号	遗址名称	遗址类型	位置	坐标	采集遗物	年代
南城县	16	吉兴农场遗址	岗地遗址	龙湖镇卷桥村东侧	N：27°30′31.52″ E：116°53′4.08″ H：127 米	采集有少量陶片及一件石镞	商时期、东周时期
	17	牛栏窠山遗址	岗地遗址	沙洲镇林坊村委会	N：27°43′44.67″ E：116°47′30.10″ H：84 米	采集有少量陶片及石器	西周时期
	18	石碑遗址	岗地遗址	万坊镇大徐村石碑村北侧	N：27°41′24.22″ E：116°34′29.96″ H：81 米	采集有少量陶片	商周时期
	19	石溪水库Ⅰ号遗址	岗地遗址	徐家乡湖东村石溪水库西北部	N：27°37′09.19″ E：116°40′55.89″ H：77 米	采集有少量陶片	西周时期
	20	石溪水库Ⅱ号遗址	岗地遗址	徐家乡湖东村石溪水库北部	N：27°37′09.55″ E：116°40′42.06″ H：80 米	采集有较为丰富的陶片	商周时期
	21	石溪水库Ⅲ号遗址	岗地遗址	徐家乡湖东村石溪水库西南部	N：27°36′55.30″ E：116°40′31.50″ H：77 米	采集有少量陶片	东周时期
	22	石溪水库Ⅳ号遗址	岗地遗址	徐家乡湖东村石溪水库西北部	N：27°37′07.97″ E：116°40′31.70″ H：75 米	采集有少量陶片	周代
	23	武岗山遗址	岗地遗址	建昌镇盱江东侧	N：27°34′57.2″ E：116°39′45.8″ H：131 米	采集有少量陶片	商周时期
	24	窑上村遗址	岗地遗址	万坊镇大徐村委会窑上村	N：27°41′39.88″ E：116°35′19.69″ H：61 米	采集有少量陶片及石器	周代

续表

县名	编号	遗址名称	遗址类型	位置	坐标	采集遗物	年代
南城县	25	王丁排山遗址	岗地遗址	沙洲镇林坊村委会田西村北部	N：27°43′06.79″ E：116°46′52.29″ H：89 米	采集有较多陶片及少量石器	商时期
	26	易陂塘遗址	岗地遗址	洪门镇易陂塘村东南侧约320 米处	N：27°29′09.17″ E：116°47′15.35″ H：93 米	采集有少量陶片	东周时期
	27	游家巷面前山遗址	岗地遗址	万坊镇游家巷村南部约400 米处	N：27°40′07.27″ E：116°37′07.45″ H：66 米	采集有少量陶片及一件铁刀	东周时期
	28	猪头山遗址	岗地遗址	龙湖镇王坪村委会王坪村东北部约 850 米	N：27°29′41.27″ E：116°52′58.20″ H：119 米	采集有少量陶片	新石器时代晚期、东周时期
黎川县	1	边山遗址	岗地遗址	潭溪乡河溪村委会范家村小组	N：27°15′21.5″ E：116°57′19.4″ H：136 米	发现较为丰富的陶片	商时期、东周时期
	2	陈家源遗址	岗地遗址	潭溪乡文青村委会陈家源村	N：27°18′37.8″ E：116°57′53.2″ H：132 米	发现丰富的陶片及石刀等遗物	新石器时代末至商周时期
	3	程家山遗址	岗地遗址	中田乡程家村	N：27°23′29.3″ E：116°47′14.3″ H：112 米	发现较为丰富的陶片	新石器时代晚期、商周时期
	4	东寨山遗址	岗地遗址	荷源乡熊圩村西南部油三段西约 200 米处	N：27°19′34.8″ E：116°57′40.5″ H：135 米	采集有少量陶片	商时期
	5	河东村遗址	岗地遗址	中田乡河东村西侧约 120 米处	N：27°17′24.7″ E：116°49′03.1″ H：116 米	发现陶片若干	商周时期

续表

县名	编号	遗址名称	遗址类型	位置	坐标	采集遗物	年代
黎川县	6	燎原水库Ⅰ号遗址	岗地遗址	社苹乡南坑村东北约1千米处	N：27°13′30.7″ E：116°54′13.7″ H：142米	发现少量陶片	新石器时代晚期、西周时期
	7	燎原水库Ⅱ号遗址	岗地遗址	社苹乡南坑村东北方约1.1千米处	N：27°13′26.2″ E：116°54′19.6″ H：130米	发现较为丰富的陶片及石器若干	新石器时代晚期、东周时期
	8	燎原水库Ⅲ号遗址	岗地遗址	社苹乡南坑村东北约1.2千米处	N：27°13′31.3″ E：116°54′19.9″ H：134米	采集有少量陶片	新石器时代晚期、周代
	9	廖家排山遗址	岗地遗址	中田乡中田村委会廖家排村小组东北方向	N：27°18′18.3″ E：116°48′26.7″ H：113米	采集有少量陶片	新石器时代晚期或商时期
	10	垅边山Ⅰ号遗址	岗地遗址	荷源乡茶园排村西北约500米处	N：27°22′44.9″ E：116°58′11.2″ H：121米	采集有若干陶片	新石器时代晚期、东周时期
	11	垅边山Ⅱ号遗址	岗地遗址	荷源乡茶园排村西北约600米处	N：27°22′49.2″ E：116°58′14.6″ H：134米	发现有若干陶片	商至东周时期
	12	炉油村遗址	岗地遗址	荷源乡炉油村东部约730米处	N：27°23′26.4″ E：116°57′51.6″ H：131米	采集有少量陶片	商周时期
	13	毛家山Ⅰ号遗址	岗地遗址	中田乡河东村委会新桥村	N：27°55′47.7" E：116°51′24.6" H：119米	采集有少量陶片	商周时期
	14	毛家山Ⅱ号遗址	岗地遗址	中田乡河东村委会新桥村	N：27°17′27.8″ E：116°49′20.5″ H：114米	采集有较为丰富的陶片	商至西周时期

续表

县名	编号	遗址名称	遗址类型	位置	坐标	采集遗物	年代
黎川县	15	南丰段遗址	岗地遗址	龙安镇水尾村委会东边排村	N：27°12′47.3″ E：116°50′58.8″ H：155 米	发现丰富的陶片及石镞等石器	商至西周
	16	彭头村遗址	岗地遗址	潭溪乡文青村委会彭头村西南约 450 米处	N：27°17′53.0″ E：116°57′14.8″ H：129 米	采集有较多陶片及石镞、石球等石器	商时期
	17	饶家顶山Ⅰ号遗址	岗地遗址	中田乡河东村委会新桥村	N：27°17′55.7″ E：116°49′15.2″ H：121 米	采集有若干陶片及石镞等	商时期
	18	饶家顶山Ⅱ号遗址	岗地遗址	中田乡河东村委会新桥村	N：27°17′45.4″ E：116°49′25.3″ H：118 米	采集有少量陶片	商时期或略早
	19	上坑山Ⅰ号遗址	岗地遗址	中田乡河东村委会新桥村东侧	N：27°17′29.8″ E：116°49′30.1″ H：129 米	采集有若干陶片及石镞等	商至西周时期
	20	上坑山Ⅱ号遗址	岗地遗址	中田乡河东村委会新桥村东侧	N：27°17′26.2″ E：116°49′32.8″ H：128 米	采集有少量陶片及石杵等	商周时期
	21	十里山遗址	岗地遗址	日峰镇十里中心村委会十里村东南部	N：27°18′55.8″ E：116°54′02.3″ H：125 米	采集有较为丰富的陶片及石刀等	晚商至西周时期
	22	松塘遗址	岗地遗址	日峰镇日峰山花园	N：27°17′35.7″ E：116°54′05.4″ H：164 米	采集有少量陶片	商周时期
	23	围家花场遗址	岗地遗址	中田乡河中田村委会草坪村	N：27°18′30.2″ E：116°48′39.1″ H：107 米	采集有少量陶片	商时期或更早

续表

县名	编号	遗址名称	遗址类型	位置	坐标	采集遗物	年代
黎川县	24	新建村遗址	岗地遗址	中田乡新建村	N：27°23′02.6″ E：116°47′21.5″ H：112 米	发现少量陶片及石镞等石器	商至西周时期
	25	杨梅陂遗址	岗地遗址	社苹乡杨梅陂村西北方约310 米处	N：27°12′40.2″ E：116°50′52.5″ H：152 米	采集有少量陶片	新石器时代晚期
	26	杨塘遗址	岗地遗址	中田乡洪门村西南方约500 米处	N：27°16′59.6″ E：116°48′15.4″ H：123 米	采集有少量陶片	商周时期
	27	野窠山遗址	岗地遗址	龙安镇水尾村委会	N：27°13′31.7″ E：116°50′13.6″ H：162 米	采集有较为丰富的陶片	商周时期
	28	永兴村遗址	岗地遗址	中田乡公村村委会永兴村小组东北部约 350 米处	N：27°21′23.8″ E：116°46′34.9″ H：107 米	采集有少量陶片	商周时期或略早
	29	张家井遗址	岗地遗址	中田乡河东村委会上饶村	N：27°17′50.3″ E：116°49′21.2″ H：119 米	采集有较多陶片及石镞、石刀等石器	新石器时代晚期、商时期
	30	张家山遗址	岗地遗址	日峰镇十里中心村委会十里中心村东部	N：27°19′10.0″ E：116°53′50.5″ H：122 米	发现较多陶片及石镞等	新石器时代晚期、商周时期
	31	长益洲水库遗址	岗地遗址	荷源乡炉油村东南部约860 米处	N：27°23′14.5″ E：116°57′56.1″ H：124 米	发现陶片若干	商周时期或略早
	32	左机山遗址	岗地遗址	中田乡饶家顶村东北部约220 米处	N：27°17′50.3″ E：116°49′15.7″ H：120 米	发现较为丰富的陶片及石锛、石刀等石器	新石器时代晚期、商时期、东周时期

附录二　2016年南城·黎川两县考古调查日记摘要

2016年12月4日　星期日　晴

今天的主要调查区域位于南城县，调查遗址数目较多，采用方法为：将所有人员分为两队，一队对该区域遗址及周边地区进行“搜索”式调查，另一队对已经发现的遗址进行信息采集、记录工作，并对地表可见部分遗物进行采集。总体而言，此番调查效果良好，收获颇丰。

在南城调查的第一天，上午大雾弥漫，天阴沉着仿佛要下雨一样。上午南城县博物馆馆长带我们寻找一个位于江边的遗址，但是由于路线复杂加上多年来环境的变化，最终没能找到。之后我们又继续前往湖东村的石溪水库进行调查。至下午收工前共调查遗址六处，分别为石溪水库环壕遗址、石溪水库Ⅰ号遗址、石溪水库Ⅱ号遗址、石溪水库Ⅲ号遗址、石溪水库Ⅳ号遗址、武岗山遗址。调查所得各类遗存丰富，尤其是调查所见石溪水库环壕遗址，所得各类遗物种类众多，并且在其周边环绕众多岗地类遗址。该类聚落分布特征在该区域的发现有着十分重要的研究价值。

石溪水库Ⅱ号遗址工作照

石溪水库Ⅱ号遗址

石溪水库环壕遗址工作照

石溪水库环壕遗址

石溪水库环壕遗址剖面照

石溪水库环壕遗址台地外围石头堆积

万年桥与聚星塔文物保护石碑

建昌镇聚星塔

2016 年 12 月 5 日　星期一　多云

上午我们来到抚河岸边，在一个到处有着老旧木构古建筑的村子附近的山岗上，发现一处遗址——游家巷面前山遗址，采集有少量陶片。河边是一大片被人工推平的裸露红色土壤，地表见有各种各样的石块和晚期陶片。河面上薄雾弥漫，辽阔的水上几个渔夫划着小木舟正在捕鱼，“一叶轻舟入梦来”，这样渔歌唱晚的情景真实而梦幻。远处的小山头笼罩在水雾之间若隐若现，这里不是众所周知的星级风景区，但却有着风景名胜区所没有的宁静和美丽。大家都沉入这画卷里，激动又平静地欣赏着这大自然赐予的丽色。今天跑了多个山头却未能确认一个遗址。

2016 年 12 月 6 日　星期二　晴

上午在一个水库的河漫滩上找到易陂塘遗址，陶片较少，差一点以为要无功而返了，幸好苍天不负我们，找到了龙湖吉兴农场遗址。下午尝试着爬上了一个普通的山头，竟然出乎意料找到了好几个鼎足，村民说因为该地形酷似一个猪头，所以叫猪头山。后来我们又发现了板栗山农场遗址。今天这四个遗址采集到的陶片都不多，石器也只有一个石镞，觉得压力还大。

龙湖吉兴龙场遗址工作照

易陂塘遗址工作照

2016年12月8日 星期四 晴

今天来到万坊镇。上午发现了石碑遗址、窑上村遗址、大徐村Ⅰ号和大徐村Ⅱ号遗址，下午在潭江水库的对面接连发现了洑牛村Ⅰ、洑牛村Ⅱ、洑牛村Ⅲ、洑牛村Ⅳ、洑牛村Ⅴ号遗址。早上原本有大雾，但是天气就像我们的士气一样，从今天发现的第一个遗址开始，天气也开始慢慢放晴，到第九个遗址的发现，夕阳渐渐落下，象征美好而充实的一天结束。

洑牛村Ⅱ号遗址

洑牛村Ⅱ号遗址调查途中

洑牛村Ⅲ号遗址工作照

洑牛村Ⅲ号遗址工作照

石碑遗址工作照

石碑遗址

2016 年 12 月 9 日　星期五　晴

今天程老师和严老师加入了我们调查的队伍，战斗力更强了。虽然早上大雾，但是大家都是满满的热情。

上午在国道边就发现了华家山环壕遗址，我们刮了环壕中部台地的一个剖面，地层分明，陶片也较多。就在我们认真记录华家山环壕遗址的时候，老师们登上了其他两座山头，发现了邓家村遗址，虽然陶片不多，但是遗址总数增加了，还是很有盼头的。紧接着我们驱车来到田西村，原本目标是一个类似环壕的台地，却发现了王丁排山遗址，陶片较多，面积较大。与此同时，习老师发现了老店上遗址，上午收获还是很不错的。下午吃过饭，我们来到了黄狮村，先发现了栎树墩环壕遗址，陶片较少，外台地较残。接着在面对面的两座山头连续发现了两个遗址，分别为黄狮村Ⅰ、Ⅱ号遗址，陶片较多，Ⅰ号遗址种植橘树，Ⅱ号遗址种植松树。趁着太阳还未落山，我们抓紧时间来到种满橘树的另一座山，不负所望的是又发现了牛栏窠山遗址，采集陶片不多。

华家山环壕遗址剖面清理

华家山环壕遗址

华家山环壕遗址剖面清理与记录

华家山环壕遗址剖面清理及钻探

栎树墩环壕遗址

栎树墩环壕遗址勘探

2016 年 12 月 11 日　星期日　晴

昨日来到黎川县，与县文物部门进行对接，了解该县的地形与以往的文物工作情况。结合对该县地图的分析，决定今日先赴黎川县西北部的龙安河流域进行调查。中田乡位于龙安河中游，是一个较大的盆地，周边所见丘陵地形多为橘树林，这为我们调查提供了十分有利的条件。今日人员较为充足，先分为两大组，每组可分为两个小组，每小组为三至四人。对盆地边缘岗地逐一进行踏查。效果十分明显，今日收获颇丰，调查遗址十二处，大家都异常兴奋。今日调查遗址有：饶家顶山Ⅰ号遗址、饶家顶山Ⅱ号遗址、上坑山Ⅰ号遗址、上坑山Ⅱ号遗址、毛家山Ⅰ号遗址、毛家山Ⅱ号遗址、围家花场遗址、杨塘遗址、左机山遗址、张家井遗址、河东村遗址、廖家排山遗址。

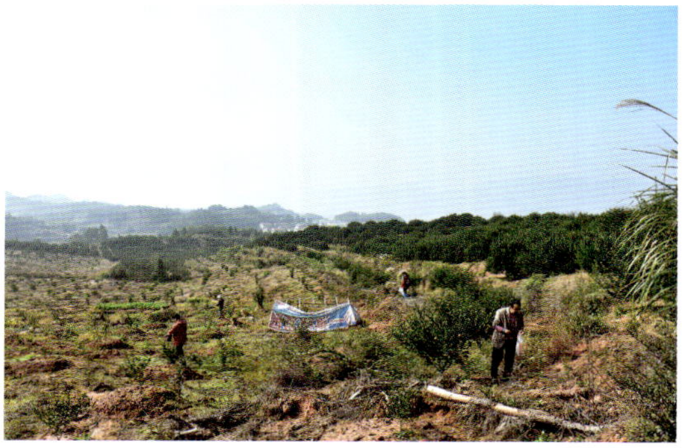

毛家山Ⅰ号遗址工作照

上坑山Ⅰ号遗址工作照

左机山遗址地表陶片

左机山遗址地表石器

2016 年 12 月 12 日　星期一　多云

今天去的水库离县城比较远，一路上车程大约一个小时。今天遗址发现不多。上午只找到程家山遗址，感觉时间就像从指缝溜走，很快就到了中午的饭点。老师们商量了一下，认为出山去乡里吃饭来回路程太远，于是决定继续把想去的点跑完，于是我们继续行走在大山中。伴随着偶尔一小阵雨滴，我们又找到了新建村遗址，在驱车回来的路上怀着侥幸的心理又发现了永兴杠遗址。

程家山遗址调查途中

程家山遗址调查途中

2016 年 12 月 13 日　星期二　小雨

队伍蓦然少了几个人总觉得略有点清冷，尤其在饭桌上，发现终于大家可以宽宽松松坐成一圈了。今天大家去参观天地会洪门帮总舵的洪门圣地——船屋，很喜欢这种古典老旧的建筑，青石板鹅卵石小路，带着青苔的屋檐，梯田上种着橘树和竹子，在稻田里吃虫的小鸡。今天发现有四处遗址，垅边山Ⅰ号遗址、垅边山Ⅱ号遗址，长益洲水库遗址、炉油村遗址。今日遗址的数量虽然不多，但是群山峻岭中的地形不太适合人类居住。

长益洲水库遗址工作照

长益洲水库遗址工作照

红军故居

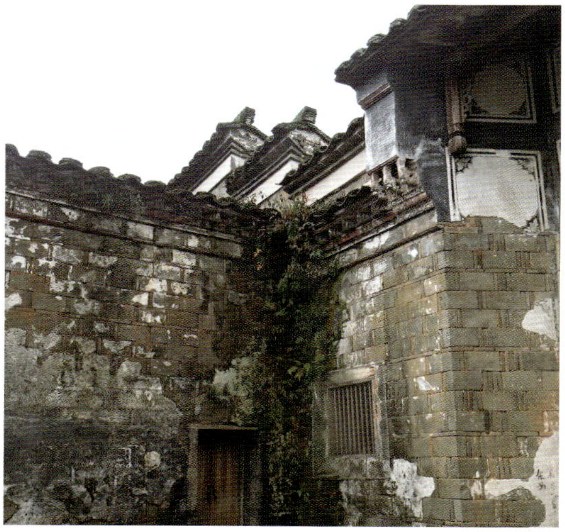

洪门船屋

2016 年 12 月 14 日　星期三　阴

豆老师说今天的任务比较重，吃过早饭以后我们一行就来到了社苹乡，在南坑村燎原水库发现了三处遗址，分别为燎原水库Ⅰ、燎原水库Ⅱ、燎原水库Ⅲ号遗址。水库旁边永远都会有收获，不会让人失望。不过在靠近水库边的山坡上，风有点大，穿梭在松树苗中，接着杨梅陂遗址也被发现了。从社苹乡到龙安镇，我们在水尾村发现了南丰段遗址和野窠山遗址。饭后奔向下潭溪乡，在文青村附近，我们发现了彭头村遗址和陈家源遗址，另一队由余馆带领发现了东窠山遗址。今天共发现了九处遗址。

燎原水库Ⅱ号遗址工作照

彭头村遗址工作照

杨梅陂遗址工作照

野窠山遗址调查途中

2016 年 12 月 15 日　星期四　多云

今天首先调查了“二普”记录的“松塘山遗址”，该遗址已被民居和寺庙所破坏，仅在路旁捡到零星印纹硬陶片。继续向县城西北部寻找合适地形，在日峰镇十里村找到两处遗址。下午在县城东南方向找到了边山遗址。今日调查遗址：松塘山遗址、十里山遗址、张家山遗址、边山遗址。

边山遗址工作照

松塘遗址调查途中

松塘遗址

张家山遗址工作照

后　记

“江西抚河流域先秦时期遗址考古调查”是经江西省文物考古研究院申请、国家文物局立项批复的专题项目，该项工作由江西省文物考古研究院、西北大学文化遗产学院、西安弘道文化遗产保护工程有限公司、抚州市文物博物管理所（2021 年 4 月更名为抚州市文物保护研究中心）、抚州市所涉县市共同合作完成。江西省文物考古研究院徐长青同志负责总体协调，王上海同志负责调查、勘探、资料整理、报告编撰及统稿等工作的具体实施。

根据年度工作计划，2016 ~ 2017 年在南城县博物馆、黎川县博物馆协助下顺利完成了抚河流域南城县、黎川县境内先秦遗址的调查、勘探工作。由于调查成果颇丰，此次对南城县、黎川县的调查所获予以公布，便于读者深入研究。

参加调查和资料整理的工作人员有王上海、豆海锋、程林泉、刁通源、李桃元、严振洪、赵耀、余志忠、王淑娇、丁潮康、金会林、郭勤、全建武、刘威、封世雄、李宝兴、毛林林、程威嘉、王倩、史智伟、张弥、吴磊、史三虎、史忞、曾莉、夏福德、高勇、宋阿倩、闫红贤、蔡孟芳、邢夏涵、于朋飞、韦星星、姜鹏等。航空摄影由程威嘉、刁通源、王倩完成；绘图工作由刘军幸、方丹、姜淼完成；器物摄影由程威嘉、王倩完成；器物拓片由闫红贤、宋阿倩完成。

报告中的第一章由程林泉、李桃元完成；第二章第一、二节由余志忠、全建武完成；第三节由刘威完成；第三章由李育远、赵耀完成；第四章由王上海、豆海锋完成；附录一由章伟云完成，附录二为豆海锋等工作日记摘录；王上海统稿并审定。

该项目从田野调查到资料整理，直至报告出版，得到了国家文物局、省文旅厅（文物局）和当地政府在资金和人力上的大力支持，得到了单位的高度重视，得到了同仁们的无私相助，特别是国家文物局张磊同志在工作中给予了许多具体的指导，西北大学文化遗产学院段清波教授、陈洪海教授、冉万里教授在业务上提供了无私帮助，谨表谢意。

编　者

2024 年 8 月